初心与匠心

经典案例办案实录与复盘解析

徐先宝 著

法律出版社
LAW PRESS·CHINA
北京

图书在版编目(CIP)数据

初心与匠心:经典案例办案实录与复盘解析／徐先宝著. -- 北京:法律出版社,2023
ISBN 978 - 7 - 5197 - 7757 - 9

Ⅰ.①初… Ⅱ.①徐… Ⅲ.①案例－中国 Ⅳ.①D920.5

中国国家版本馆 CIP 数据核字(2023)第 056663 号

初心与匠心
——经典案例办案实录与复盘解析
CHUXIN YU JIANGXIN
—JINGDIAN ANLI BAN'AN SHILU YU FUPAN JIEXI

徐先宝 著

策划编辑 冯雨春
责任编辑 冯雨春 张 颖
装帧设计 汪奇峰 鲍龙卉

出版发行	法律出版社	开本	710 毫米×1000 毫米 1/16
编辑统筹	法律应用出版分社	印张 31 字数 589千
责任校对	晁明慧	版本	2023 年 4 月第 1 版
责任印制	刘晓伟	印次	2023 年 4 月第 1 次印刷
经　　销	新华书店	印刷	北京金康利印刷有限公司

地址:北京市丰台区莲花池西里 7 号(100073)
网址:www.lawpress.com.cn　　　　　销售电话:010 - 83938349
投稿邮箱:info@lawpress.com.cn　　　客服电话:010 - 83938350
举报盗版邮箱:jbwq@lawpress.com.cn　咨询电话:010 - 63939796
版权所有·侵权必究

书号:ISBN 978 - 7 - 5197 - 7757 - 9　　　　　定价:138.00 元
凡购买本社图书,如有印装错误,我社负责退换。电话:010 - 83938349

序　言

近年来，商事案件出现了一些新情况新趋势。一是数量多、标的额大；二是经济关系、法律关系错综复杂，新型案件、疑难案件增多；三是公司类、金融类、资本市场类、知识产权类案件呈上升趋势；四是市场主体对律师解决商事案件的期望和要求更高。这些新情况新趋势，对律师来说，既是机遇，也是挑战。所谓机遇，就是为律师特别是从事商事争议解决的律师提供了更加广阔的空间，可以更好地施展才能。所谓挑战，就是需要从业律师更加专业化、更加精细化，不仅要对相关法律了然于心，还要对纠纷涉及的相关领域有着深刻的理解和把握；不仅要有深厚的法律功底，还要具备一定的理论素养；不仅能低头办好案，还能潜心理论研析。只有这样，才能从容地面对挑战，才能精准地解决疑难复杂案件，才能不断满足当事人对高质量法律服务的需求。从目前的情况来看，精于商事案件办理之道，专业和技巧娴熟的律师不乏其人，但善于从理论和实践的结合上总结办案经验，提炼办案规律，把实务上升为理论，用理论来指导实践的律师并不多。从这个角度来说，本书作者徐先宝律师是难能可贵的。

先宝律师既有从事公司法务的经历，又积累了十余年办理商事案件的经验，办理过不少典型性和非典型性案件。在展业之余，他精选一部分典型的商事案件加以概括总结，结集成书。本书收集了作者代理过的涉及金融、公司、建设工程、商业争议四大类二十二个商事案例，既有最高人民法院的指导性案例（第一章案例），也有大型信托收据贷款类案脱保案例（第二章案例）。本书对案例评释采取统一的格式，包括本章提要、案情概述、争议焦点、代理思路、裁判结果、复盘研析以及参考文献，为案例研究提供了一种新的模式。

本书的清新之处或者说特色，在于作者从裁判者思路和律师代理思路双视角，全景式地呈现了案件的代理过程和裁判结果，让我们清晰地了解律师的代理观点是如何构建的，是如何影响裁判、影响案件走向和结果的。另外，作者又独具匠心地为每一个案件设置了详细的复盘研析，如第二章大型信托收据贷款类案脱保案回顾与评析，作者从收据贷款的法律特征、法律性质、权利主张冲突三个方面作了全面的研析，从而为对此类案件的理解和法律适用，以及防范和争议解决提供了带有规律性和普遍性的专业见解。

先宝律师把自己办案的经历和经验、技术和学问毫无保留地奉献给大家，相信读者一定能受到启迪，也一定能受益。

天册律师事务所主任[*]

2022年10月30日于杭州

---

[*] 章靖忠，浙江天册律师事务所主任，第七、八届浙江省律师协会会长，第九届中华全国律师协会副会长。

初心与匠心

至2022年，创办中银台州律师事务所整整十二年。团队伙伴们提及，十二年，刚好是一纪轮回，又恰逢总所成立三十周年，在这样一个有特殊意义的时刻，应该尝试整理一些值得分享和交流的经典案件。故而萌发写作本书的想法。

当初与法律结缘，始于年少时观摩的一场庭审，双方律师极具语言张力与视觉冲击的庭审演绎，使我的内心深受震撼。从那时起，我便开始憧憬成为律师。后来如愿选择了法学专业，但毕业后未能立刻投身律师行业，而是进入特级建筑企业中从事法务工作。记得当时除了合同审查、诉讼等法律相关工作外，还承担着资料装订、资质申报、团建党务、制度建设、批文办理、走访工地、项目开发等事务性工作。现在回想起来，过去这些经验对律师职业大有帮助。

多年法务经验使我懂得客户需要什么样的律师，以及律师能够为客户提供什么样的服务。在时光的洗礼中，内心的律师梦越发清晰坚定。2010年，在而立之年，我创建了北京中银（台州）律师事务所。我的律师梦正式启航。律师行业不乏机遇与挑战，充满了艰辛与曲折。尽管路途崎岖波折，但一路披荆斩棘，也摘下了些许硕果，获得了客户和同行的肯定和赞赏。

这些年来，沉淀了一些有代表性的案例，遂想精选一批典型案例作为实践素材，进行回顾和总结。一来将自己的一些实务经验，通过一案一章的方式，展现代理思路、法律问题、诉讼策略等，可以为实务界处理类案或处理某类法律问题提供参考借鉴；二来对办理的典型案例进行全面回顾与深度复盘，能够与读者分享、交流与探讨，共同推动社会法治进步；三来对于年轻律师来说，授人以鱼不如授人以渔，希望借此书起到传承与分享的作用，为年轻律师在争议解决领域中的成长与发展提供一些经验与启迪。

提笔展序之时，不禁几番回首既往从业生涯。路漫漫其修远兮，而今算是实现了根植于年少时代的律师梦。但入行愈久，更深知律师之道大不易，仰之弥高，钻之弥坚，尚待上下而求索。法律界德高前辈、佼佼同行、奋进后生鸾翔凤集，只当怀揣年少初心，更加坚定地踔厉奋发、赓续前行。

一路走来，其中艰辛，不言而喻。感谢同事们和团队伙伴们一直以来的支持和鼓励，使我们凝聚团结、共赴新程；感谢社会各界朋友与合作伙伴的信任与认可，鞭策我不断锐意进取、行稳致远；感谢家人们无限的包容和厚爱，让我免于后顾之忧，全心投入律师工作。

在展业之余写就本书，颇为不易。特别感谢我的同事洪加律师在本书书稿录入、校正等工作中的重要贡献，亦对写作过程中社会各界关注的朋友们表示真挚的谢忱。因成书时间有限，笔力略显仓促，难免有错谬粗漏之处，恳请读者不吝批评指正。

谨以此书，致敬未来继续仰望星空、脚踏实地的律师梦。

谨以此书，致敬无数同样拥有律师梦以及实现律师梦的同行者。

二〇二二年秋末

前　　言

当前，法律服务市场对律师专业化能力和行业化背景的要求与标准越来越高，尤其是在争议解决业务领域中，律师的法商思维显得尤为重要。"法"意指法律思维、专业知识及实务技能；"商"意指商业思维、行业知识与方法策略。在一个疑难复杂的商业领域争议解决案件中，要取得漂亮的、典型的、成功的、令人称赞的代理效果，"法"与"商"二者缺一不可、相辅相成。

本书作者深耕于建设工程与房地产、公司及金融业务领域，善于在疑难复杂商业案件争议解决中帮助客户力挽狂澜和提升价值。本书精选作者办理的二十二个经典案件，分为金融、公司、建设工程、商业争议解决四卷，共二十二章，每一章所涉案件均有典型意义，包括最高人民法院第27批第151号指导性案例、大型信托收据贷款类案脱保案例、超亿元建设工程索赔案例等重大影响力案例。本书定位于法律实务参考用书，坚持"法"与"商"双维度、"例"与"理"相结合的撰写原则，具有以下特点：

一、实务总结与理论探讨相结合

律师行业具有很强的实践性，大多律师将重心集中在实务上，一味强调"实用性"，忽视或轻视法学理论的学习与积淀，导致现今存在实务与理论相互割裂或相互脱节的问题。律师之道固然在反复实践中探索、提升与成就，但这并不意味着只重实务而不顾理论。相反，越是疑难复杂的案件，越需要体现律师的理论功底。比如，本书开篇第一章所涉系列案件中，正是因为作者对债法理论具有深入研究，才能精准把握扭转该系列案件的要点，使该系列案件历经多级法院审理、最后改判,并入选为最高人民法院第27批第151号指导性案例。

本书并不畸重于理论或实务,内容上遵循从实务视角延伸至理论探讨,再从理论视角回归到实务实践的内在逻辑,目光在理论与实务之间来回穿梭,呈现出实务中有理论、理论中有实务的成果,可以弥补法律实务与法学理论之间的罅隙,消除实务与理论之间割裂脱节的隔阂与痼见,使读者在品读和学习时得以更加全面、深入地理解和领会本书内容。

二、裁判者思路与律师代理思路双视角

在整体框架上,本书按照金融、公司、建设工程、商业争议解决四领域分卷撰写,每一卷精选三个至七个经典案例,所选案例强调质量、专业、典型。每一章节以本章提要、案情概述、争议焦点、代理思路、裁判结果、复盘研析为体例,结构清晰,内容连贯。

"本章提要"系对每一章节所涉案例、法律问题、代理过程、实践意义等进行高度凝练与重点提示,便于读者更有针对性地阅读;"案情概述"对案件基本事实或主要事实进行必要梳理,当部分案件过于疑难复杂时,将结合可视化方式,使读者快速进入案情、理解案情;"争议焦点"对案件一审、二审或再审中讼争核心争议问题进行概括陈述,读者可以通过争议焦点以及各级审理中争议焦点的变化,精准把握案件重点与案件发展走向;"代理思路"通常包括介入案件时的方向把握、代理案件时的诉讼策略、归纳总结的代理意见、审理法院的裁判思路等内容,整体按照由远及近的案件发展顺序娓娓展开,为读者呈现作者处理案件的思路、方法与策略;"裁判结果"与前文相呼应,通过陈列案件裁判时间与裁项或判项,展现律师办案成效;"复盘研析"对全案代理要点及裁判立场进行高度概括性总结,在此基础上从法律法规、司法实务、学理理论方面对案件相关法律问题进行复盘与分析,深挖法理内涵与实务意义,深化读者对案件的认知与理解,为类案处理提供有益参考。

本书以代理律师为第一视角回顾复盘经典案件,行文具有叙事性与评述

性。读者阅读本书，可以沉浸式代入亲历者视角领悟代理案件时的所思所感，从律师视角引发读者的思考与启迪。本书亦穿插裁判者观点及动摇裁判者心证的关键要领，读者从裁判者中立评判视角可以领会，律师代理观点如何被裁判者采纳以及为何被裁判者采纳，这在本书中均有潜移默化的体现。因此，从裁判者与律师双重视角还原和复盘典型案件，是本书的一大特色，也是本书的重要意义体现。

三、兼有准度、深度、广度三维度，具有可读性

本书内容具有切中类案要旨的准度、分析法律问题的深度以及延伸理论实务的广度，就读者而言，这既是一本可以快速学习类案代理思路的工具书，又是一本可以有效研习相关法律问题的参考书，尤其是对于本书中所涉的某些实务少有的类案或法律问题来说，本书具有更强的针对性，使用价值也更大。

四、具有破解类案难题的实务指导性与可直接适用性

本书所涉案例基本为疑难复杂的商业案件，部分案件所涉法律问题或为实务热点，或极具争议，或为典型问题，部分案件为实务少见但专业性很强的代表性案件，总而言之，所涉案例本身及相关法律问题均具有实务破解难度。而本书通过对案件的全面深度分析，最大限度还原代理过程，每一章节蕴含的代理思路、诉讼策略和实务技能，对读者破解类案难题具有深刻的实务指导性意义。

另外，本书每一章中"代理思路"，在简要还原当时代理过程的基础上，精简保留了当时代理思路，部分章节因所涉案件复杂，较为完整地保留了当时的代理意见，在学习或处理类案时，读者可以直接参考适用，其具有较强的实用性和适用性。

法律的生命在于实践。本书在实务方面，每一章节所呈现的诉讼策略、实务技能、代理思路等，均会对读者有所启发。在理论方面，读者通过品读本书，在一定程度上会对本书所涉及的各类典型法律问题具有更加全面深入的了解和理解，在相关法律问题上容易取得触类旁通的效果。因此，特别推

荐有志于从事金融、公司、建设工程等商业领域争议解决的律师同行阅读本书。希望通过本书，帮助律师同行快速把握类案和相关法律问题，以期优化思路和策略，为当事人提供更高质量的法律服务。企业法务人员亦可通过本书的阅读，了解本书精选典型案例的律师代理思路和裁判者思路，并有针对性地进行演绎，快速提高法务能力。法官、仲裁员、高校研究人员等相关法律从业人士也能因本书受益，提升实务能力、理论修养。

目录 CONTENTS

▶ 金 融 篇 ◀

第一章 最高人民法院第151号指导性案例复盘与评析 ………………… 3
——台州某汽车部件制造有限公司诉浙江某机械有限公司管理人
浙江某律师事务所、中国光大银行股份有限公司某支行
第三人撤销之诉案

【核心要点】

本案收录的相关系列案件贯穿撤销个别清偿行为纠纷、保证合同纠纷及第三人撤销之诉,核心在于论证案涉出票人在承兑汇票到期日前依约存入票款的行为性质问题。本案历经一审、二审与再审,最终获得了最高人民法院的支持。本案揭示了区分个别清偿行为与双务合同中的正常履约行为之意义,且在逻辑前提上为适用个别清偿行为撤销制度提出新的思考,深度彰显了司法审判在平衡债权公平清偿利益与交易秩序安全利益过程中的公平正义。本案于2021年入选最高人民法院指导性案例。

第二章 大型信托收据贷款类案脱保案回顾与评析 ……………………… 33
——某银行诉温州某对外贸易有限公司、台州某化工进出口
有限公司等金融借款合同纠纷案

【核心要点】

本案系笔者办理的信托收据贷款类案脱保成功的案件。本案涉及信用证、国际交易、转口贸易等背景,以论证案涉贷款不符合信托收据贷款的本质特征为核心思路,通过扎实的证据分析、精细的事实还原、敏锐的切入视角等重点工作,最终获得了委托人不承担巨额保证责任的代理成果。本章围绕信托收据

贷款的特殊商业规则，进一步分析了信托收据贷款的法律性质、效力、操作等实务问题，以期为实务中代理涉信托收据贷款的金融案件提供有益参考。

第三章　大额信托收据贷款担保脱保案件再探讨——以《民法典》担保制度为视角 ………………………………………………………… 59

——某银行诉温州某进出口有限公司、上海某能源有限公司等保证合同纠纷案

【核心要点】

本案系笔者办理的另一例大型信托收据类贷款脱保成功的案件，在权利主张方式、诉讼请求、基本事实、请求权依据等个案要素上更显复杂。本案不仅涉及刑民交叉案件中主债权债务合同及担保合同的效力认定、保证人提供担保时的真实意思表示、是否符合信托收据贷款本质特征等实体问题，还涉及主合同效力不明时是否应当追加主债务人为共同被告、审查认定主合同效力及担保人承担责任等程序问题。本章在复盘本案的基础上，侧重从《民法典》担保制度视角分析保证担保责任消灭的一般性规则，并对保证担保中债权人与保证人潜在的法律风险进行提示。

第四章　《民法典》视角下附担保债权转让通知制度探讨 ……………… 104

——某拍卖有限公司诉某实业有限公司、第三人建设银行股份有限公司某支行债权确认纠纷案

【核心要点】

本案系破产清算程序中对抵押担保之债的破产债权确认纠纷，其中争议问题是：附抵押债权转让时，因客观原因无法通知主债务人而仅通知抵押人，受让人是否享有对抵押人的担保之债？本案一审与二审裁判理由判然有别，最终二审改判支持委托人享有优先债权。结合《民法典》新增债权转让通知保证人制度的背景，本章进一步以附担保债权转让通知制度的适用问题为出发点，分别对债权转让是否以通知为生效要件、债权转让通知的主体和方式、附担保债权转让时仅通知担保人的效力能否及于主债务人等实务问题进行总结与探讨。

第五章　银行依据加速到期条款划扣存款在破产法语境下的效力与适用 …………………………………………………………… 127

——浙江某洁具股份有限公司破产管理人诉兴业银行股份有限公司某支行破产撤销权纠纷案

【核心要点】

本案核心争议系案涉银行在破产临界期内依据加速到期条款划扣存款的行为是否应当适用《企业破产法》第31条第4项、第32条规定的破产撤销权制度。通过深入研究破产撤销权制度的权利基础与适用边界，本案建立了精准有效的代理思路体系，最终一审、二审均认定案涉银行划扣存款行为不应予以撤销。本章通过分析本案，进一步对银行贷款合同中加速到期条款的效力、银行依据加速到期条款划扣存款行为的性质及在破产撤销权制度中的适用等问题提出思考，以促进破产实践中对相关问题的解决。

▶ **公 司 篇** ◀

第六章　关于国有独享资本公积属于公司财产之论证路径 …………… 149

——浙江某集团有限公司诉玉环市某投资集团有限公司合同纠纷案

【核心要点】

本案系实践中少见的涉及国有独享资本公积争议的商事案件。本案的代理核心在于论证了国有独享资本公积属于公司财产这一重要观点。基于此，本章从法律依据、实践依据、法理依据等方面对国有独享资本公积属于公司财产的论证路径进行总结，以期为实务相关问题提供有益借鉴。

第七章　不同清算程序中股东承担清算责任的请求权基础及双重因果关系抗辩 ………………………………………………………… 165

——上海某包装有限公司管理人诉秦某、狄某等清算责任纠纷案

【核心要点】

本案系一起典型的清算责任纠纷案件，浓缩了近年此类案件的主要争议问题，对于破产清算程序中公司小股东的利益保护问题具有参考意义。以本案实践为基础，本章围绕未履行解散清算义务的股东在破产清算程序中对破产企业

无法清算是否承担责任这一核心问题，深入对解散清算程序与破产清算程序的不同功能与法律适用、解散清算程序中"清算义务人"与破产清算程序中"配合清算义务人"身份界定及责任边界、区分适用《最高人民法院关于适用〈中华人民共和国公司法〉若干问题的规定（二）》及《企业破产法》、破产清算程序中股东不承担清算责任的因果关系对抗要件等法律问题进行辨析。

第八章 《民法典》第585条第2款违约金调减规则的实务适用问题解析 ⋯⋯ 185

——浙江某集团有限公司诉吴某股权转让纠纷案

【核心要点】

本案系某股权并购项目中衍生的股权转让纠纷案件，其中所涉违约金调减争议，折射出实务中在适用《民法典》第585条第2款规定的违约金调整制度时存在司法公权力与私法自治权的价值冲突问题。本章通过还原本案代理过程及一审、二审法院的裁判思路，分析了适用违约金调整制度时价值冲突、适用程序、实体认定等相关问题，以促进解决实践中僵化适用违约金调整制度的现象。

▶ 建设工程篇 ◀

第九章 基于实践观察视角的工程索赔问题再探讨 ⋯⋯ 205

——某建设集团有限公司与某房产开发有限公司建设工程合同纠纷案

【核心要点】

本案系一起建设工程巨额索赔案件。从本案可以窥见，国内承包单位相对轻视索赔程序条款的设置与审核，对于工程索赔管理的关注度亦有所欠缺。通过回顾本案经办要点，基于国内工程实践，本章从索赔程序、逾期索赔失权、索赔程序条款效力等方面阐述建设工程法律实务中的索赔问题，同时结合域外法的实践经验，探讨提高国内承包单位工程索赔管理能力的合理化建议。

目 录

第十章 从代理大额工程索赔案件漫谈建设工程施工合同解除权问题 ······ 225

——某建设有限公司与某房地产开发有限公司建设工程施工合同纠纷案

【核心要点】

本案涉及建设工程施工合同的解除权问题、工程违约金起算点及计算方式、工程价款优先受偿权起算点及范围等法律问题。本案历经多次开庭审理、司法审计、谈判博弈等过程，最终获得了委托人工程款、违约金及利息等超亿元数额索赔的办案结果。本案采取了解除案涉施工合同的诉讼策略，这一策略并非常规的权利主张路径，对于建设工程争议解决实务具有借鉴意义。本章对本案代理思路及经办过程进行简要回顾，侧重分析建设施工合同的解除权问题，以期为类案代理提供有益参考。

第十一章 代理建设工程监理合同纠纷案件四要点 ······ 242

——浙江某工程管理咨询有限公司诉浙江玉环某银行股份有限公司建设工程监理合同纠纷案

【核心要点】

建设工程监理合同纠纷代理思路不同于施工合同纠纷及分包合同纠纷，后者通常围绕工程价款、索赔、工程质量等争议，而前者涉及监理服务期限、监理费计算公式、监理服务是否到位以及隐蔽工程旁站记录等监理规范等问题。本章通过对本案的回顾与复盘，总结出代理监理合同纠纷类案的四大要点，以期为实务类案提供参考。

第十二章 以建设工程施工权为居间内容的中介合同合法性与有效性问题之辨析 ······ 256

——余某诉林某、浙江某建设集团有限公司、上海市某开发集团有限公司中介合同纠纷案

【核心要点】

本案系一起典型的中介合同纠纷案件。案涉中介合同系以建设工程施工

权为中介内容,但该中介内容必须以合法性和有效性为前提,不得违背法律法规强制性规定。本案一审法院、二审法院及再审法院均对案涉中介行为的违法性作出否定性评价,达到了惩戒该类违法中介行为、维护建筑市场秩序的社会效果。基于此,本章从强制性规定、法益评价、司法规范与指引作用等视角,对以建设工程施工权为中介内容的中介合同合法性与有效性问题进行研析与总结,以彰显评判此类问题的正确价值取向及提高实务对此类问题的重视。

第十三章 建设工程内部承包情形下的合伙体责任承担问题 ······ 275
——某建设集团有限公司诉林某、孙某建设工程分包合同纠纷案

【核心要点】

本案具有建设工程内部承包背景,核心争议是建设工程内部承包情形下合伙体的责任承担问题。通过简要回顾本案代理过程,本章从厘清工程内部承包、工程转包、违法分包、挂靠等基本概念切入,进一步探讨内部承包关系的成立与效力、合伙体内部承包情形下的责任承担形式、合伙体合伙人不对外承担责任的情形等法律问题,以期为合伙体内部承包情形下的建设工程类案争议解决提供有益参考。

第十四章 民法典视角下工程价款优先受偿权制度的主要变化与实务适用 ······ 299
——林某诉浙江某资源有限公司、浙江某海洋有限公司建设工程施工合同纠纷案

【核心要点】

本案典型体现了《民法典》实施前后工程价款优先受偿权制度的变化及衔接适用问题,包括工程价款优先受偿权期限、权利主张方式、优先受偿权主体等重要内容。以本案实践为出发点,优先受偿权期限性质、时效适用、优先受偿权范围、实际施工人是否享有优先受偿权等实务问题,均值得进一步探讨。鉴此,本章通过复盘本案,对《民法典》实施后优先受偿权制度的主要变化及上述实务问题进行进一步的分析与阐述,以探讨于实务。

目 录

第十五章 施工合同无效时工程价款请求权的诉讼时效问题 ………… **316**

——陈某与某建工集团有限公司、某水务集团有限公司建设

工程合同纠纷案

【核心要点】

本案涉及无效施工合同工程价款请求权的诉讼时效问题。通过回顾本案的代理思路，本章对合同确认无效是否适用诉讼时效制度、无效施工合同的工程价款请求权权利属性、无效施工合同工程价款请求权诉讼时效起算点裁判规则等内容进行总结与分析，并进一步论述无效施工合同工程价款请求权诉讼时效应以应付工程款之日为起算点的合理性，以期为实务中类案处理提供借鉴。

▶ **商业争议篇** ◀

第十六章 产品质量纠纷案件新视角：分拆诉讼实现大宗涉外产品

质量纠纷索赔 ………………………………………… **335**

——某集团股份有限公司诉某工程塑料供应有限公司买卖合同

纠纷案

【核心要点】

本案系大宗涉外产品质量纠纷索赔案件。本案突破惯性思维，巧妙融合法商思维，制定了分拆诉讼的创新策略，为类案代理思路提供了新视角。同时，本案中请求权基础选择、质量鉴定、产品技术标准认定等难点的处理方式，亦呈现本案不同于其他类案的典型意义。本案历时3年之久，历经4个法院审理，最终帮助委托人最大限度挽回损失，取得良好的办案效果。

第十七章 精装修商品房装修差价赔偿争议的类案处理思路 ………… **352**

——杨某、林某等业主诉台州市某房产开发有限公司、第三人

某装饰集团有限公司商品房预售买卖合同纠纷系列案

【核心要点】

本案涉及商品房精装修差价赔偿纠纷。本章重点从合同相对性、相关法律法规、案涉合同条款、商品房预售方案、现场勘验情况、相关判例等多角度还

原本案代理思路，通过简要总结本案经办要点，对类案所涉精装修价格性质、精装修差价请求权基础等争议问题进行深入分析。

第十八章　关于高层建筑红线外、用地红线内区域建筑物区分所有权的权利行使及权利归属问题 ··· 369

——业主委员会诉某智能停车有限公司建筑物区分所有权纠纷案

【核心要点】

本案在实体上涉及高层建筑红线外、用地红线内区域（通常体现为居住区围墙外至城市道路之间区域）的权利归属问题。本章通过对本案经办思路的回顾，对道路红线、用地红线、建筑红线、高层建筑红线四条线在项目用地规划中界分不同功能的建筑区划进行分析，并延伸探讨《民法典》第271条规定的业主建筑物区分所有权的权利行使、高层建筑红线外、用地红线内区域权利归属等问题，以期为实务提供有益参考。

第十九章　以司法拍卖方式取得土地使用权时土地出让金缴纳与否的相关问题辨析 ··· 387

——浙江某纸品有限公司与某市自然资源和规划局国有土地行政管理案

【核心要点】

本案核心争议在于：以司法拍卖方式取得土地使用权时是否应予缴纳土地出让金？通过对以司法拍卖方式取得出让土地使用权的物权变动模式、出让土地使用权再转让时是否补缴土地出让金、具体行政行为的合法性、合理性及所依据的规范性文件合法性审查等法律问题的精准把握，本案最终判决撤销了案涉要求委托人补缴巨额土地出让金的具体行政行为，成功维护了委托人的合法权益。

第二十章　房屋占有使用费与合同无效损失的权利基础及认定标准之比较分析 ··· 400

——某村民委员会诉王某合同纠纷案

【核心要点】

本案涉及房屋租赁合同被认定无效后产生的权利基础问题。本案一审存在混淆房屋占有使用费请求权与因合同无效受到的损失请求权的适用依据和认定标准问题，而在代理本案二审过程中，通过精准定位请求权基础及充分阐释法理，本案二审采纳了代理意见，并纠正了一审的法律适用和裁判结果。本章在回顾本案的基础上，通过比较分析房屋占有使用费和合同无效损失的权利基础、认定标准、适用依据等问题，进一步对类案请求权基础选择、诉讼请求、代理思路等实际操作问题进行总结。

第二十一章　未签订书面劳动合同的二倍工资争议、未休年休假工资及补偿社会保险费用之劳动纠纷热点问题解读 ·············· **415**

——王某诉某商会有关二倍工资等劳动争议纠纷案

【核心要点】

本案涵盖了二倍工资争议、未休年休假工资、补偿社会保险费用三大实务热点争议问题，在复盘以上争议焦点及代理思路的基础上，本章将进一步探讨负有管理书面劳动合同签订职责的劳动者主张未签订书面合同的二倍工资能否成立、未休年休假的补偿基数及未休年休假时间如何认定等问题。在当前企业劳动用工法律服务需求日渐凸显的趋势中，本章所涉法律问题对于企业劳动争议解决的处理具有借鉴意义。

第二十二章　财产保全损害责任相关问题的实务分析 ·············· **434**

——浙江某机电有限公司诉某银行申请财产保全损害责任纠纷案

【核心要点】

本案系财产保全损害责任纠纷案件。通过全面梳理事实，围绕财产保全损害责任的构成要件，逐一分析、论证了委托人保全行为的合法性与正当性，最终一审与二审均认定委托人不承担申请财产保全损害责任。财产保全制度在争议解决实务中具有重要地位，亦是一把"双刃剑"，应秉持善意文明的诉讼理念，合理适当申请财产保全措施。因此，本章对财产保全制度、财产保全损害责任的性质、认定与赔偿标准、财产保全担保的类型、性质与责任范围等相关问题进行深入阐述，并对慎用财产保全制度提出几点思考与建议。

金 融 篇

第一章 最高人民法院第 151 号指导性案例复盘与评析

——台州某汽车部件制造有限公司诉浙江某机械有限公司管理人浙江某律师事务所、中国光大银行股份有限公司某支行第三人撤销之诉案

本章提要

本案[①]收录的相关系列案件贯穿撤销个别清偿行为纠纷、保证合同纠纷及第三人撤销之诉（以下简称本案所涉系列案），笔者带领团队跨越五年时间，实时跟进研判案件，付出大量时间与精力攻坚克难，现今回顾复盘这一系列案件，不胜唏嘘，深感司法审判之审慎严谨。

本案中，笔者代理台州某汽车部件制造有限公司（以下简称汽车公司）提起第三人撤销之诉最终获得支持，主要论证路径为：首先提起第三人撤销之诉符合法定程序，汽车公司作为银行承兑汇票保证人具有提起第三人撤销之诉的适格原告主体资格，其因不可归责于本人的事由未参加原案诉讼，且汽车公司提起本案诉讼在知道或者应当知道其民事权益受到损害之日起 6 个月法定期限内。

其次论证原案判决[②]是否内容存在错误且损害了汽车公司民事权益，

---

① 本案指"台州某汽车部件制造有限公司诉浙江某机械有限公司管理人浙江某律师事务所、中国光大银行股份有限公司某支行第三人撤销之诉案"。2021 年 2 月 19 日，最高人民法院发布第 27 批指导性案例，本案入选为第 151 号指导性案例。

② 本案中指浙江省玉环县人民法院（2016）浙 1021 民初 7201 号民事判决第一项及台州市中级人民法院（2016）浙 10 民终 360 号民事判决书。2017 年玉环县改为玉环市。

关键在于论证承兑汇票到期日前出票人根据银行承兑协议的付款行为不构成《企业破产法》第32条①规定的个别清偿行为。台州市中级人民法院一审根据民事法律行为发生时当事人的行为表征加以综合考量，认定出票人存入票款行为构成个别清偿行为。浙江省高级人民法院（以下简称二审法院）二审进行穿透式审判，采纳了笔者的代理观点，认定在出票人汇票到期日前存入票款时，银行未垫付任何款项，未享有任何基于垫付产生的债权，其对出票人仅享有理论上的或有负债。最高人民法院（以下简称再审法院）再审维持了二审法院判决。

本案二审法院突破了个别清偿行为的行为表征，指出构成个别清偿的逻辑前提是：在清偿行为发生时，债权人已确定享有特定的债权②。这为实务中个别清偿行为的认定提供了新的思考。司法实践中确实存在债务人在破产临界期内恶意优先清偿个别债权人的现象，故《企业破产法》第32条赋予管理人强大的个别清偿撤销权，以维持债权人受偿债权的平等与公平。但在为债权人提供保护的同时，不应过分损害交易安全和经济秩序。这是本案中二审法院区分个别清偿行为与双务合同中的正常履约行为之意义所在。

鉴于此，笔者立足本案实践，以案涉出票人在承兑汇票到期日前依约存入票款的行为性质为切入点，通过分析个别清偿行为与双务合同中的正常履约行为的区别，从形式及逻辑双重视角对个别清偿行为的构成要件进行思考与梳理，旨在更好发挥个别清偿撤销制度的功能与作用。基于对本案所涉个别清偿撤销制度实务适用问题的延伸思考，笔者进一步对个别清偿撤销制度是否采用主观要件这一争议问题进行分析论述，以探讨实务与理论中的有关问题。

---

① 《企业破产法》第32条规定："人民法院受理破产申请前六个月内，债务人有本法第二条第一款规定的情形，仍对个别债权人进行清偿的，管理人有权请求人民法院予以撤销。但是，个别清偿使债务人财产受益的除外。"

② 二审法院经办法官曾基于本案撰文。参见沈伟：《承兑汇票到期日前出票人依约付款的性质》，载《人民司法（案例）》2020年第14期。

案情概述

2014年3月21日，中国光大银行股份有限公司某支行（以下简称光大银行）分别与浙江某机械有限公司（以下简称破产企业）、汽车公司等签订《综合授信协议》《最高额保证合同》，约定光大银行在2014年4月1日至2015年3月31日向破产企业提供最高额520万元的授信额度，汽车公司等为该授信协议项下最高本金余额520万元提供连带责任保证。

2014年4月2日，光大银行与破产企业签订一份《银行承兑协议》，约定破产企业存入或汇入开立的专用账户不低于银行承兑汇票票面金额50%的保证金，然后银行出票，保证金自存入之日起即转移为光大银行占有，作为履行合同的担保；破产企业在银行承兑汇票到期前将票款足额存入其在光大银行开立的账户，由光大银行于银行承兑汇票到期日前将该款项支付给持票人；银行承兑汇票由汽车公司、王某、陈某菊提供连带责任保证担保。如果光大银行在银行承兑汇票项下垫付任何款项，该等款项自垫付之日起即转为破产企业欠付光大银行的逾期贷款，无须签订其他形式的合同和协议，破产企业对该逾期贷款承担还款义务。同日，破产企业提供50%保证金（260万元），光大银行向破产企业出具承兑汇票520万元，汇票到期日为2014年10月2日。

2014年10月2日，陈某兰将260万元汇至陈某菊兴业银行的账户，然后陈某菊将260万元汇至其在光大银行的账户，再由陈某菊将260万元汇至破产企业在光大银行的还款账户。

2014年10月8日，光大银行在破产企业的上述账户内扣划2,563,430.83元，并陆续支付持票人承兑汇票票款共37笔，合计520万元。

2015年1月4日，浙江省玉环县人民法院受理破产企业的破产重整申请，并指定浙江某律师事务所担任管理人（以下简称破产管理人）。因重整不成，浙江省玉环县人民法院裁定终结破产企业的重整程序并宣告其破产清算。

2016年10月13日，破产管理人提起请求撤销个别清偿行为之诉，浙江省玉环县人民法院于 2017 年 1 月 10 日作出（2016）浙 1021 民初 7201 号民事判决，判令光大银行返还破产管理人 2,563,430.83 元及利息损失。光大银行不服，提起上诉，浙江省台州市中级人民法院于 2017 年 7 月 10 日作出（2016）浙 10 民终 360 号二审判决：驳回上诉，维持原判。

2018 年 1 月，光大银行因保证合同纠纷一案将汽车公司等诉至浙江省温岭市人民法院。原、被告均不服一审判决，上诉至浙江省台州市中级人民法院，二审判决汽车公司等连带偿还光大银行垫付款本金及利息等。

汽车公司遂向台州市中级人民法院起诉撤销浙江省玉环县人民法院（2016）浙 1021 民初 7201 号民事判决第一项及台州市中级人民法院（2016）浙 10 民终 360 号民事判决（以下简称原案）中"光大银行返还破产管理人人民币 2,563,430.83 元，并从 2016 年 10 月 13 日起按中国人民银行规定的同期同类贷款基准利率赔偿利息损失"的内容，依法判决光大银行收到的 2,563,430.83 元不属于破产企业的个别清偿行为。

本案所涉系列案主要法律关系及发展过程如下（见图 1-1）：

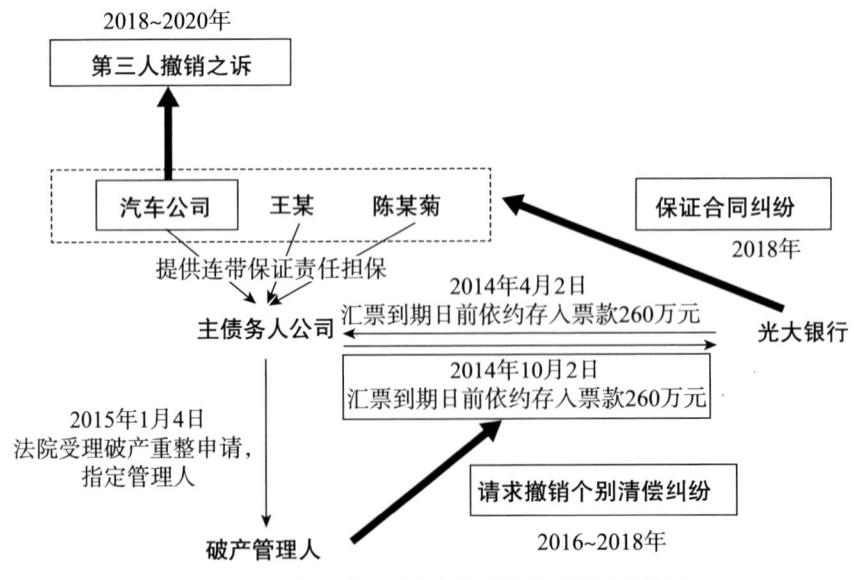

图 1-1 本案所涉系列案主要法律关系及发展过程

争议焦点

本案所涉系列案源于案涉出票人破产企业在承兑汇票到期日前依约存入票款的行为性质之争,本案亦是基于这一讼争提起第三人撤销之诉。因此,本案主要争议焦点有二:

1. 汽车公司作为银行承兑汇票保证人,是否属于提起第三人撤销之诉的适格原告?
2. 承兑汇票到期日前,出票人依约存入票款的行为是否属于《企业破产法》第 32 条规定的个别清偿行为?

代理思路

一、本案所涉系列案概况

因本案所涉系列案还包括撤销个别清偿行为纠纷、保证合同纠纷,且每一案件中各级法院的裁判理由及结果有所差异,故为更好帮助读者理解本案,笔者将本案所涉系列案简要梳理如下(见表 1-1):

表 1-1 本案所涉系列案概况

案件名称	主要事实	审级	审理法院	审理结果	案号/裁判日期
请求撤销个别清偿纠纷	2014 年 10 月 2 日,破产企业在光大银行的还款账户存入 260 万元票款。2014 年 10 月 8 日,光大银行在破产企业的上述账户内扣划 2,563,430.83 元,并陆续支付持票人承兑汇票票款共 37 笔,合计 520 万元。	一审	浙江省玉环县人民法院(现更名为浙江省玉环市人民法院)	一、限被告光大银行于判决生效后 1 个月内返还原告破产管理人人民币 2,563,430.83 元,并从 2016 年 10 月 13 日起按中国人民银行规定的同期同类贷款基准利率赔偿利息损失。二、驳回原告破产管理人的其余诉讼请求。	(2016)浙 1021 民初 7201 号/2017 年 1 月 10 日

续表

案件名称	主要事实	审级	审理法院	审理结果	案号/裁判日期
	2015年1月4日，浙江省玉环县人民法院受理破产企业的破产重整申请，并指定破产管理人。因重整不成，浙江省玉环县人民法院裁定终结破产企业的重整程序并宣告其破产清算。 2016年10月13日，破产管理人提起请求撤销个别清偿行为之诉，请求撤销浙江某机械有限公司于2014年10月8日向被告偿还2,563,430.83元的行为，并要求立即返还浙江某机械有限公司2,563,430.83元及相应利息损失。	二审	浙江省台州市中级人民法院	驳回上诉，维持原判。	(2016)浙10民终360号/2017年7月10日
		再审	浙江省高级人民法院	驳回光大银行的再审申请。	(2017)浙民申3568号/2018年9月10日
保证合同纠纷	2018年1月5日，光大银行将判令被告汽车公司、王某、陈某菊等保证人诉至浙江省温岭市人民法院，要求判令被告汽车公司、王某、陈某菊对借款人破产企业所欠原告的银行承兑汇票垫资款本金人民币2,563,430.83元及利息122,555.48元（利息自承兑汇票到期日算至借款人破产受理日，按日5‰利率计算）承担连带清偿责任，同时赔偿原告为实现债权支付的律师代理费9669元。	一审	浙江省温岭市人民法院	一、被告陈某菊、王某连带偿还原告光大银行垫付款2,563,430.83元及利息122,555.48元、律师代理费9669元。 二、被告汽车公司就上述垫付款本息的1/2及律师代理费9669元范围内与被告陈某菊、王某承担连带偿还责任。 三、上述款项于案外人破产企业破产程序终结后10日内履行（扣除案外人破产企业破产程序中原告受偿的部分）。	(2018)浙1081民初349号/2018年6月28日

续表

案件名称	主要事实	审级	审理法院	审理结果	案号/裁判日期
		二审	浙江省台州市中级人民法院	一、撤销浙江省温岭市人民法院（2018）浙1081民初349号民事判决。二、上诉人汽车公司、原审被告陈某菊、王某连带偿还上诉人光大银行垫付款2,563,430.83元及利息122,555.48元、律师代理费9669元，于案外人破产企业破产程序终结后10日内履行（扣除案外人破产企业破产程序中上诉人光大银行受偿的部分）。	（2018）浙10民终2543号/2019年2月18日
		再审	浙江省高级人民法院	一、撤销台州市中级人民法院（2018）浙10民终2543号民事判决和温岭市人民法院（2018）浙1081民初349号民事判决。二、驳回光大温岭支行的诉讼请求。[1]	（2020）浙民再111号/2020年7月9日
第三人撤销之诉	2018年12月3日，汽车公司提起第三人撤销之诉，要求撤销浙江省玉环县人民法院（2016）浙1021民初7201号民事判决书第一项及台州市中级人民法院（2016）浙10民终360号民事判决书中"光大银行返还破产管理人人民币2,563,430.83元，并从2016年10月13日起按中国人民银行规定的同期同类贷款基准利率赔偿利息损失"的内容，	一审	浙江省台州市中级人民法院	驳回原告汽车公司的诉讼请求。	（2018）浙10民撤2号/2019年3月15日

续表

案件名称	主要事实	审级	审理法院	审理结果	案号/裁判日期
	依法判决光大银行收到的2,563,430.83元不属于破产企业的个别清偿行为。	二审	浙江省高级人民法院	一、撤销台州市中级人民法院（2018）浙10民撤2号民事判决。 二、撤销台州市中级人民法院（2016）浙10民终360号民事判决和玉环市人民法院（2016）浙1021民初7201号民事判决第一项"限被告光大银行于判决生效后1个月内返还原告破产管理人人民币2,563,430.83元，并从2016年10月13日起按中国人民银行规定的同期同类贷款基准利率赔偿利息损失"。 三、改判玉环市人民法院（2016）浙1021民初7201号民事判决第二项"驳回原告破产管理人的其余诉讼请求"为"驳回原告破产管理人的全部诉讼请求"。 四、驳回汽车公司的其他诉讼请求。	（2019）浙民终330号/2019年7月15日
		再审	最高人民法院	驳回破产管理人的再审申请。	（2020）最高法民申2033号/2020年5月27日

注：因本案为最高人民法院指导性案例，故表1-1中不对裁判案号进行隐名处理，以便读者检索查阅。

[1] 该案判决于第三人撤销之诉终审之后。浙江省高级人民法院认为："本案争议在于破产企业是否存在积欠光大温岭支行案涉承兑汇票项下的欠款，光大温岭支行于2014年10月8日收到破产企业2,563,430.83元款项是否属于破产企业个别清偿行为。经数次诉讼，最终本院已作出终审判决，认定该款项不属于个别清偿行为，且最高人民法院也作出了驳回破产管理人的再审申请，故光大温岭支行从陈某菊转入破产企业的账户资金中予以扣收，520万元承兑汇票项下的款项，应认定破产企业已归还，光大温岭支行与破产企业的案涉合同权利义务已终止，作为从合同的包括汽车公司在内的其他保证人的保证责任也已终止，汽车公司等保证人无须承担保证责任。"

二、本案代理思路

笔者接受汽车公司之委托，代理汽车公司向浙江省台州市中级人民法院提起第三人撤销之诉，要求撤销浙江省玉环县人民法院（2016）浙1021民初7201号民事判决书第一项及台州市中级人民法院（2016）浙10民终360号民事判决书中"光大银行返还破产管理人人民币2,563,430.83元，并从2016年10月13日起按中国人民银行规定的同期同类贷款基准利率赔偿利息损失"的内容，依法判决光大银行收到的2,563,430.83元不属于破产企业的个别清偿行为。

笔者在带领团队仔细研究相关案情及研判争议焦点的基础上，向台州市中级人民法院提出以下代理意见[1]：

一、汽车公司属于提起第三人撤销之诉的适格原告

首先，汽车公司作为原审银行承兑汇票保证人，原审处理结果与汽车公司具有法律上的利害关系。其次，原审法院应当通知汽车公司参加诉讼而没有通知参加，属于汽车公司因不能归责于本人的事由未参加原案诉讼。最后，汽车公司提起本案诉讼符合法律规定的6个月法定期限。

二、原审判决内容错误且损害了汽车公司的民事权益

首先，原审判决认定事实错误。根据银行转账记录[2]及借款借据[3]这两份直接证据，案涉260万元款项源于陈某兰的借款，而非破产企业的资金，且该260万元由陈某菊向陈某兰借款，而非破产企业向陈某兰借款，因此，案涉260万元票款支付主体应是陈某菊而非破产企业。

其次，原审判决认定责任错误。假定按原审判决，汽车公司既向陈某兰偿还了该260万元部分借款，又要作为保证人为破产企业支付的该260

---

[1] 浙江省玉环市人民法院（2016）浙1021民初7201号及浙江省台州市中级人民法院（2016）浙10民终360号案件讼争案涉260万元付款人为破产企业还是陈某菊？该争议问题涉及事实细节繁杂，因与本案主要争议焦点不具有很强的关联性，故以下代理意见中对此部分作精简处理。

[2] 案涉银行转账记录显示案涉260万元票款流转过程为：2014年10月2日，陈某兰将260万元借款转入陈某菊银行账户，当日，陈某菊将该260万元转入其在光大银行的账户后，再转至破产企业在光大银行的指定账户。

[3] 案涉借款借据上记载的借款人为破产企业、王某、陈某菊，保证人为汽车公司、颜某、曾某、某机械公司，而原审认定破产企业是唯一的借款人。

万元票款承担连带清偿责任，属于一笔债务二次清偿，严重损害了汽车公司的合法利益。

最后，原审认定案涉存入票款行为性质错误。案涉260万元票款于承兑汇票到期日前即按约存入光大银行的破产企业汇票解付账户，至汇票到期日后光大银行才将该260万元及保证金260万元一并支付给持票人。因此，在光大银行将票款划付持票人委托银行之前，票款已交付款账户，光大银行在本案汇票项下没有发生垫款，光大银行也不享有对破产企业的债权。既然无确定债权，则不存在清偿。更何况，该260万元源于陈某兰，陈某兰已撤销对该260万元的债权申报，故在客观上也不会发生使破产企业破产财产减损之后果。因此，案涉存入票款行为当属正常履约行为，而原审错误认定个别清偿行为，导致汽车公司无故为此承担本不存在的保证责任。

一审法院驳回了汽车公司的诉讼请求，认为：

《中华人民共和国企业破产法》规定，人民法院受理破产申请前六个月内，债务人有本法第二条第一款规定的情形，仍对个别债权人进行清偿的，管理人有权请求人民法院予以撤销。但是，个别清偿使债务人财产受益的除外。基于上述法律规定以及各方当事人诉辩内容，本案的争议焦点在于：一、陈某菊于2014年10月2日汇入破产企业在被告光大银行开设的还款账户的260万元，是破产企业偿还还是陈某菊代偿？二、原审判决认定破产企业的付款行为构成个别清偿并予撤销，是否符合法律规定。本院认为，判断讼争款项系破产企业偿还抑或陈某菊代偿，应当以民事法律行为发生时当事人的行为表征加以综合考量。原告汽车公司主张讼争款项系陈某菊代破产企业偿还，但陈某菊作为破产企业股东及财务主管，在讼争款项被光大银行扣划之后，既未向破产企业主张权利，亦未对破产企业在记账凭证中将翁某记载为讼争款项权利人提出异议。在破产企业被宣告破产后，既未向管理人申报债权，亦未对他人申报债权的行为提出异议。原审判决结合陈某菊身份、债权申报表记载内容、讼争借款时间及金额与破产企业记账凭证中记载的翁某短期借款一致等情况，认定讼争款项系由破产企业偿还，符合高度盖然性证明标准；根据《银行承兑协议》，破产企业负有在汇票到期日前向光大银行足额偿付汇票融资款的义务，故光大银行对破产企业享有合同债权，具备债权人资格，其扣划讼争款项并支付给持票人，符合合同约定。汽车公司主张破产企业仅是持票人的债务人，否定其与光大银行之间存在的债权债务关系，与事实不符；破产企业在人民法院受理破产申请前六个月内，仍对个别债权人进行清偿，而且该清偿行为亦未使破产企业财产受益，故被告破产管理人有权申请撤销，原审判决认定破产企业的付款行为构成个别清偿并予撤销，符合法律规定。另，汽车公司提交银行回单、收条等证据，拟证明其面临承担向光大银行与陈某兰二次清偿的风险，但汽车公司承担上述债务系基于不同法律关系，汽车公司依此主张撤销原审判决，理由亦不能成立。

一审判决后，经与委托人汽车公司充分沟通，笔者与团队进一步研究探讨，后上诉至浙江省高级人民法院，要求撤销原判，改判支持一审诉讼请求。上诉理由要点为：

一、原判认定"讼争款项系由破产企业偿还，符合高度盖然性证明标准"，存在错误。

讼争款项的付款人系陈某菊，而非破产企业。根据银行转账记录，案涉260万元款项流转过程为：陈某兰账户——陈某菊账户——陈某菊在光大银行账户——破产企业在光大银行汇票解付账户——光大银行将该260万元和260万元保证金一并支付到期票款给持票人。原审以借款主体（资金来源）的审查代替债务清偿主体的审查，偷换了概念。何人向陈某兰借款系资金来源问题，何人向票据债务人清偿票款系债务清偿问题。货币系种类物，不能越过直接偿债人陈某菊追查资金原始来源以确认票据债务的清偿人。若一定要追究资金来源，在陈某兰放弃破产债权的情况下，应认定陈某兰为付款人更符合事实和法律规定，故保证人陈某菊通过债务人破产企业账户履行保证责任不应认定债务人破产企业为还款人。

二、原判认定光大银行是破产企业的债权人，案涉汇入票款行为系个别清偿行为，存在错误。

其一，光大银行并非破产企业的债权人，光大银行与破产企业均系持票人的债务人。根据《票据法》的规定，破产企业系出票人，负有到期付款的义务，光大银行是票据承兑人，负有担保付款的义务；就债权人持票人而言，破产企业与光大银行均系债务人，在汇票到期日前均负有支付票款的义务。

其二，光大银行对破产企业不享有债权。票据承兑属增信行为，银行在承兑汇票到期后未垫付票款之前，不产生银行基于垫付而享有的对出票人的债权。本案中，根据银行承兑协议，破产企业已按约在承兑汇票到期日前将票款存入光大银行，光大银行将该款直接支付持票人，而未进行垫款。因此，光大银行并不享有对破产企业的债权，破产企业存入票款的行为属于正常履约行为，而非清偿光大银行债权行为。原审及原判均将该履约行为认定为个别清偿行为，认定错误。

其三，案涉汇入票款行为不属于《企业破产法》第32条规定的个别清偿行为。承前所述，光大银行未发生垫款，故不享有对破产企业的债权。既无债权，何来清偿。况且，案涉汇入票款并未导致破产企业破产财产减少。案涉260万元票款资金源于陈某菊向陈某兰的借款，且该260万元票款已由汽车公司代偿部分①，陈某兰已撤销债权申报，因此，案涉260万元票款实际上由陈某兰或汽车公司汇入，破产企业在此过程中没有发生任何财产的减损，也没有发生使全体破产债权人不公平受偿的后果。相反，破产企业因此免于支付260万元票款，破产企业财产反而因此不当受益260万元。同时，根据原审判决，光大银行向破产企业返还了260万元票款，破产企业又不当受益260万元。

因此，案涉汇入票款行为仅为正常履约行为，并不属于个别清偿行为。一审法院认定事实错误，法律适用错误，应予改判原案，支持上诉人的上诉请求。

二审法院经审理，采纳了笔者的观点，最终判决支持了汽车公司的上诉请求：

本院认为……就汽车公司是否属于提起第三人撤销之诉适格原告的问题。根据查明的事实，汽车公司系案涉破产企业向光大银行申请开具的银

---

① 根据原审查明事实，汽车公司已向陈某兰偿付130万元借款及5万元利息。

行承兑汇票的连带责任保证人，其对案涉2014年10月2日汇入破产企业在光大银行还款账户的260万元是否属于《中华人民共和国企业破产法》规定的"对个别债权人进行清偿"，具有法律上的利害关系，属于《中华人民共和国民事诉讼法》第五十六条规定的无独立请求权第三人。

就汽车公司是否因不能归责于本人的事由未参加原案诉讼的问题。本案并无证据证明汽车公司在原案诉讼过程中知晓该案的存在，因此其属于因不可归责于本人的事由未参加原案诉讼。

就汽车公司提起本案诉讼是否在知道或者应当知道其民事权益受到损害之日起六个月内的问题……本案应认定汽车公司提起本案诉讼时间最迟为2018年5月25日。虽然根据破产企业破产管理人2017年3月7日提交的债权分配表，汽车公司系破产企业的债权人，破产企业破产管理人同日向债权人会议提交的《关于提请债权人会议审议破产企业破产财产分配方案的报告》也载明存在诉讼中的2个撤销个别清偿案件。但是该份报告并未明确诉讼中撤销个别清偿的案件系汽车公司要求撤销的原案，不能证明汽车公司在2017年3月即知晓原案诉讼，其民事权益受到损害。虽然台州市中级人民法院于2017年7月10日作出原案二审判决，最终判令光大银行返还破产管理人2,563,430.83元及利息损失，但本案并无证据证明汽车公司在上述判决作出后即知晓判决结果，因此亦不能认定汽车公司在原案二审判决作出后即知晓其民事权益受到损害。根据在案证据，光大银行向温岭市人民法院起诉时明确要求汽车公司对破产企业所欠的银行承兑汇票垫付资本金与利息承担连带清偿责任；破产企业破产管理人向债权人会议提交的《破产财产第二次分配方案报告》载明"因对光大银行行使撤销个别清偿行为，返还本金利息合计2,654,186.96元，作为本次分配财产"。因此，本案应认定汽车公司在光大银行起诉及破产企业破产管理人提交《破产财产第二次分配方案报告》后，应当知道其民事权益受到损害。前者系2018年1月5日，后者系在2018年1月31日，因此汽车公司于2018年5月提起本案诉讼，符合法律规定的六个月法定期限。

就原案判决是否内容存在错误且损害了汽车公司民事权益的问题。根据《中华人民共和国票据法》第十九条、第三十八条、第四十四条的规定，银行承兑汇票是指由承兑申请人（出票人）向银行申请，经银行审查同意承兑签发的商业汇票；银行承兑是指银行作为汇票付款人，承诺在汇票到期日支付汇票金额的票据行为。案涉《银行承兑协议》约定，破产企业需在银行承兑汇票2014年10月2日到期前将票款足额存入指定账户，由光大银行于银行承兑汇票到期日将该款项支付给持票人。如果光大银行在银行承兑汇票项下垫付任何款项，该等款项自垫付之日起即转成破产企业欠付光大银行的逾期贷款。因此，在案涉银行承兑汇票法律关系中，光大银行仅在破产企业未能按约在到期日前将款项汇入指定账户，导致其基于银行承兑在2014年10月2日汇票到期日对持票人产生垫付责任后，才对破产企业确定享有债权；且其债权的金额也取决于破产企业实际存入款项与约定需存入款项之间的差额。在此之前，光大银行并未产生垫付责任，其仅以银行承兑汇票形式对破产企业予以授信，并不对破产企业享有债权，更遑论金额特定的债权。而《中华人民共和国企业破产法》第三十二条规定的"对个别债权人进行清偿"，根据文义，是指在清偿行为发生时，债权人已确定享有特定的债权。因此，破产企业2014年10月2日向其在光大银行指定账户存入260万元的行为并不属于《中华人民共和国企业破产法》第三十二条规定的"对个别债权人进行清偿"。根据《中华人民共和国票据法》第二十一条"汇票的出票人本身也必须具有支付汇票金额的可靠资金来源"的规定，破产企业上述行为系根据《银行承兑协议》约定，履行自身合同项下义务的行为，属于双务合同中的正常履约行为。

此外，若将上述行为认定为《中华人民共和国企业破产法》第三十二条规定的"对个别债权人进行清偿"，意味着一旦签订《银行承兑协议》后，出票人的任何支付行为均可能因时间上符合"人民法院受理破产申请前六个月内"的情形而被认定为《中华人民共和国企业破产法》规定的"对个别债权人进行清偿"情形并进而被撤销，将直接导致银行因超高风险而拒绝以银行承兑汇票形式对企业予以授信、支持企业经营，有违《中华人民共和国企业破产法》的立法目的。

故原案判决将破产企业在2014年10月2日银行承兑汇票到期日向指

定账户存入260万元款项的行为认定为属于《中华人民共和国企业破产法》第三十二条规定的情形并予以撤销，内容存在错误。由于原案判决要求光大银行返还破产管理人2014年10月2日破产企业汇入的相应款项，则汽车公司作为《银行承兑协议》项下的连带责任保证人需对光大银行承担连带清偿责任，损害了汽车公司的民事权益。

因此，台州市中级人民法院（2016）浙10民终360号民事判决和玉环市人民法院（2016）浙1021民初7201号民事判决第一项存在错误且损害了汽车公司的民事权益，应予撤销。由于玉环市人民法院（2016）浙1021民初7201号民事判决第二项与第一项直接关联，因此在撤销该判决第一项的情况下，对第二项也一并改判……

二审判决后，破产管理人以汽车公司无权提起第三人撤销之诉为由向最高人民法院申请再审。再审审理过程中，笔者强调了汇票到期日前破产企业依约存入足额票款的性质问题，以及本案提起第三人撤销之诉程序的合法性与正当性。最高人民法院采纳了笔者的观点，裁定驳回破产管理人的再审申请。最高人民法院认为：

关于汽车公司是否有权提起第三人撤销之诉的问题。若案涉汇票到期前破产企业未能依约将票款足额存入其在光大银行的账户，基于票据无因性以及光大银行作为银行承兑汇票的第一责任人，光大银行须先行向持票人兑付票据金额，然后再向出票人（本案即破产企业）追偿，汽车公司依约亦需承担连带偿付责任。由于案涉汇票到期前，破产企业依约将票款足额存入了其在光大银行的账户，光大银行向持票人兑付了票款，故不存在破产企业欠付光大银行票款的问题，汽车公司亦就无须承担连带偿付责任。但是，由于破产企业破产管理人针对破产企业在汇票到期前向其在光大银行账户的汇款行为提起请求撤销个别清偿行为之诉，若破产企业破产管理人的诉求得到支持，汽车公司作为破产企业申请光大银行开具银行承兑汇票的保证人即要承担连带还款责任，故原案的处理结果与汽车公司有法律上的利害关系，应当认定汽车公司属于《民事诉讼法》第五十六条规定的无独立请求权第三人。

裁判结果[①]

台州市中级人民法院于2019年3月15日作出（2018）浙10民撤2号民事判决：

驳回原告汽车公司的诉讼请求。

汽车公司不服该判决，上诉至浙江省高级人民法院。浙江省高级人民法院于2019年7月15日作出（2019）浙民终330号民事判决：

1. 撤销台州市中级人民法院（2018）浙10民撤2号民事判决；

2. 撤销台州市中级人民法院（2016）浙10民终360号民事判决和浙江省玉环县人民法院（2016）浙1021民初7201号民事判决第一项"限被告光大银行于判决生效后1个月内返还原告破产管理人人民币2,563,430.83元，并从2016年10月13日起按中国人民银行规定的同期同类贷款基准利率赔偿利息损失"；

3. 改判浙江省玉环县人民法院（2016）浙1021民初7201号民事判决第二项"驳回原告破产管理人的其余诉讼请求"为"驳回原告破产管理人的全部诉讼请求"；

4. 驳回汽车公司的其他诉讼请求。

破产管理人不服，向最高人民法院申请再审。最高人民法院于2020年5月27日作出（2020）最高法民申2033号民事裁定：

驳回破产管理人的再审申请。

复盘研析之一

关于个别清偿行为构成要件及撤销制度的反思

个别清偿行为是一种偏颇清偿行为，破坏了债权人内部的分配平等，

[①] 因本案为公开的最高人民法院指导性案例，故在"裁判结果"中不对裁判案号进行隐名处理，以便读者检索查阅。

故《企业破产法》第32条规定了管理人行使破产撤销权的一般规则。但若所有清偿行为均被撤销，则将造成破产债权平等利益与善意第三人利益、交易安全、经济秩序稳定、诚实信用、公序良俗等利益的严重失衡。正如本案中，出票人破产企业依约付款的行为若被认定为个别清偿行为，则意味着任何企业在破产临界期6个月期限内均无法履行任何合同，还意味着一旦签订银行承兑协议后，出票人的任何支付行为均可能因时间上受人民法院破产申请前6个月内的情形而被撤销，将直接导致银行因超高风险而拒绝以银行承兑汇票形式对企业予以授信、支持企业经营，有违《企业破产法》的立法目的[①]。因此，基于本案实践，有必要从逻辑视角重新厘清个别清偿行为的构成要件，以界分个别清偿行为与双务合同中的正常履约行为等其他法律行为，从而避免个别清偿撤销制度可能损害其他法益的不利影响。

一、以个别清偿行为与双务合同中正常履约行为的界分为切入点：构成个别清偿行为的双重要件

根据《企业破产法》第32条规定，个别清偿行为成立须同时具备三个法定要件：一是行为要件，即债务人在具有《企业破产法》第2条第1款[②]规定的破产情形时仍对个别债权人进行清偿。二是后果要件，即债务人的个别清偿行为在客观上并未使债务人财产受益[③]，破坏了"公共池塘"规则[④]和破产债权平等原则[⑤]，导致债权人内部的分配不均，侵害了除受偿

[①] 参见沈伟：《承兑汇票到期日前出票人依约付款的性质》，载《人民司法（案例）》2020年第14期。

[②] 《企业破产法》第2条第1款规定："企业法人不能清偿到期债务，并且资产不足以清偿全部债务或者明显缺乏清偿能力的，依照本法规定清理债务。"

[③] 关于《企业破产法》第32条第2句"个别清偿使债务人财产受益的除外"这一例外规定，其中"财产受益"认定标准模糊。有论者指出，即使有的个别清偿行为使债务人的财产数额在客观上减少或未能受益，只要能够使债务人在改善经营状况、维系生产需要、获取信用支持等方面得到更大利益，在广义上使债务人财产受益、减少债务人企业的经营损失，也应当视为符合债务人财产受益的情况。参见王欣新：《银行贷款合同加速到期清偿在破产程序中的效力研究》，载《法治研究》2015年第6期。

[④] 巫文勇：《公平清偿与刑法保护：破产债务偏颇清偿行为入罪》，载陈兴良主编：《刑事法评论：犯罪的阶层论》，北京大学出版社2016年版。

[⑤] 许德风：《破产法基本原则再认识》，载《法学》2009年第8期。

债权人之外其他债权人平等分配的法益。三是临界期要件,即个别清偿行为发生在人民法院受理破产申请前6个月内。

本案中,破产企业于2014年10月2日将260万元票款存入光大银行账户,人民法院于2015年1月4日受理破产企业的破产重整申请,根据以上法定要件,破产企业存入票款行为符合个别清偿行为的形式特征。

但从逻辑上看,既然是针对个别债权人进行清偿,则在清偿行为发生时必然已存在确定的、特定的债权。在此应当注意的是,本案中破产企业与光大银行系银行承兑汇票法律关系,根据《票据法》第19条①、第38条②以及第44条③的规定,银行承兑汇票系指由承兑申请人(出票人)向银行申请,经银行审查同意承兑签发的商业汇票;银行承兑是指银行作为汇票付款人,承诺在汇票到期日支付汇票金额的票据行为。因此,光大银行仅在出票人破产企业未能按约在到期日前将款项汇入指定账户的情况下,其在汇票到期日对持票人进行垫付而享有对出票人破产企业的债权。本案中,破产企业系在承兑汇票到期日之前即将票款存入银行,银行未垫付任何款项,其对出票人破产企业仅享有理论上的或有负债,但并不享有债权。因此,案涉在承兑汇票到期日前将票款存入银行的行为系双务合同中的正常履约行为,而非个别清偿行为。这也是二审法院改判一审结论、再审法院维持二审判决的关键。

一审法院根据民事法律行为发生时当事人的行为表征加以综合考量,认定破产企业在汇票到期日前存入票款行为系个别清偿行为,这一裁判视角无可厚非。但该裁判维度仅停留在行为表征层面,未深入审查个别清偿行为成立的逻辑前提,故而将破产企业履行自身合同项下义务的行为错误认定为个别清偿行为。从本案观之,个别清偿行为与双务合同中的正常履

---

① 《票据法》第19条规定:"汇票是出票人签发的,委托付款人在见票时或者在指定日期无条件支付确定的金额给收款人或者持票人的票据。汇票分为银行汇票和商业汇票。"
② 《票据法》第38条规定:"承兑是指汇票付款人承诺在汇票到期日支付汇票金额的票据行为。"
③ 《票据法》第44条规定:"付款人承兑汇票后,应当承担到期付款的责任。"

约行为在某些特定情境下存在相同的行为表征，这导致二者在法律适用上的混淆。但实际上，二者在底层逻辑上具有明显的界分：根据《企业破产法》第 32 条规定的个别清偿撤销权的文义，个别清偿行为的前提系债权人确定享有特定债权，而在正常履行合同项下义务的场合中，基于债务人履约行为，债权人不必然确定享有对债务人的特定债权，可能仅享有理论上的或有负债，甚至在某些债务人先履行场合中，若债权人未履行，债务人可以请求债权人返还自己已向其作出的履行[①]。

在破产撤销权制度中，界分个别清偿行为与双务合同中的正常履约行为的意义在于，在保护债权人与保护交易安全之间寻找一个平衡点。一味地以形式要件认定个别清偿行为并进行撤销，无疑会对经济秩序造成严重破坏；若不严格行使个别清偿撤销权，则会对债权人公平受偿权利造成侵害。在保护债权人平等受偿债权的同时，适当维护交易秩序和经济稳定的价值，这就意味着，需要在界分个别清偿行为与正常履约行为中重新审视个别清偿行为的构成要件。

根据以上分析，《企业破产法》第 32 条规定了个别清偿行为的形式要件，行为表征符合该条规定的法定要件，是个别清偿行为成立的必要条件。但从底层逻辑观之，《企业破产法》及《最高人民法院关于适用〈中华人民共和国企业破产法〉若干问题的规定（二）》中关于偏颇清偿行为的规制，均以特定债权的存在为前提。申言之，应从形式和逻辑双重维度认定个别清偿行为，即在审查个别清偿行为是否成立时，首先应审查是否存在确定的特定债权，其次才在债权人享有确定的特定债权的前提下，依据《企业破产法》第 32 条之规定，审查是否符合个别清偿行为的法定要件。

以上构成个别清偿行为的双重要件总结如图 1-2 所示：

[①] 许德风：《论偏颇清偿撤销的例外》，载《政治与法律》2013 年第 2 期。

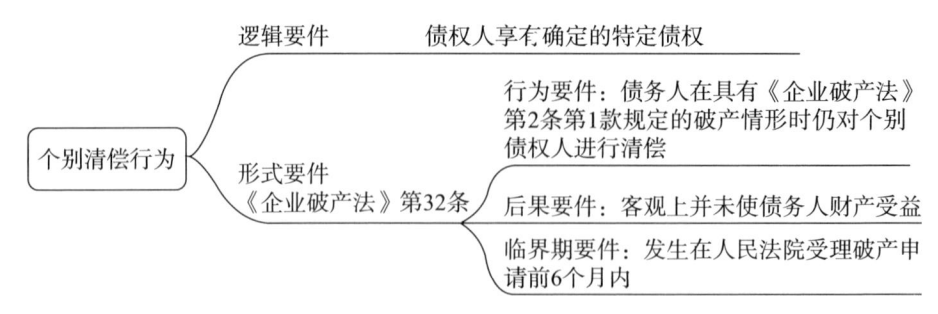

```
                             逻辑要件 ——— 债权人享有确定的特定债权

                                         行为要件：债务人在具有《企业破产法》
                                         第2条第1款规定的破产情形时仍对个别
                                         债权人进行清偿
 个别清偿行为 ——— 形式要件
             《企业破产法》第32条        后果要件：客观上并未使债务人财产受益

                                         临界期要件：发生在人民法院受理破产申
                                         请前6个月内
```

图 1-2　个别清偿行为的双重要件

二、清偿行为中债权人是否享有确定债权的界定

从图 1-2 可以看出，个别清偿行为成立以债权人确定享有特定债权为前提。在此值得进一步探讨，在某些特定法律关系或特定情形中，如何界定债权人是否确定享有特定债权。比如，在本案的银行承兑汇票法律关系中，由于《票据法》的特殊规定及承兑汇票的基本规则，银行对出票人享有的仅是理论上的或有负债，其只有在汇票到期日届满，因出票人未依约存入票款而进行垫付，才基于垫付责任而对出票人享有确定的特定债权。又如，前文述及，在债务人先履行但债权人未履行时，债务人反而要承担债权人不履行甚至债权人破产的后果，在此情形下，遑论债权人对债务人确定享有特定债权。

因此，在符合个别清偿行为的行为表征中，具体怎样的行为表征可以认定为债权人确定享有特定债权，笔者认为，理应结合具体个案实际情况加以判定。尽管笔者列举了以上情形，但要总结可以认定债权人确定享有特定债权的行为表征的共性或规则，尚需立足大量实践范本进行分析。

为此，笔者通过北大法宝数据库，以"《企业破产法》第32条"为适用依据、以"撤销个别清偿行为纠纷"为关键词，检索自《企业破产法》实行以来至今的请求撤销个别清偿行为纠纷案件实践情况（见图1-3）：

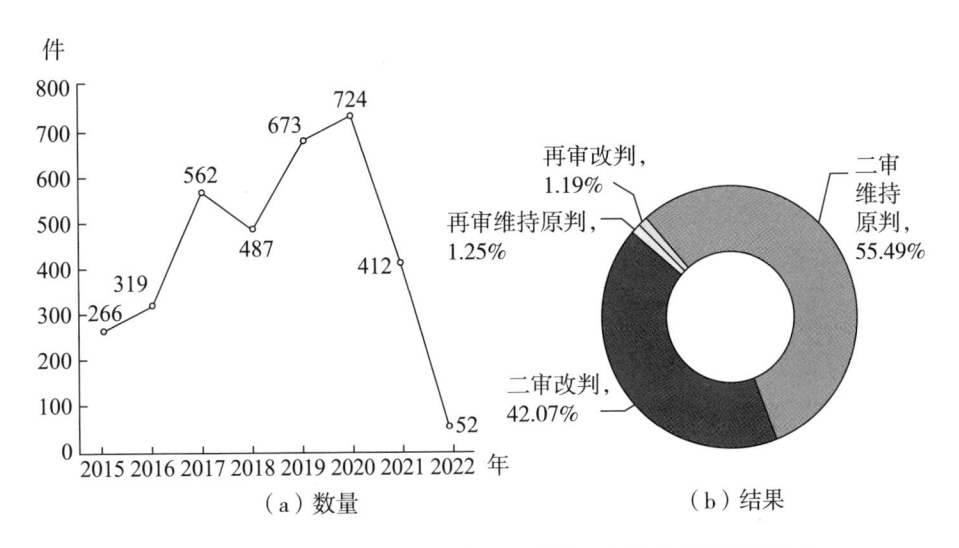

图 1-3　2015~2022 年个别清偿行为纠纷案件审结数量及结果

资料来源：北大法宝网，https://www.pkulaw.com/clink/pfnl/chl/c169182ebd58903ebdfb/32_0_0_0.html?recordShowType=Chart，最后访问日期：2022 年 7 月 28 日。

从以上检索数据及图 1-3 体现的趋势中可以发现，自《企业破产法》实行至今，随着我国清理"僵尸企业"和打击"逃废债"的力度不断加大，请求撤销个别清偿行为纠纷案件数量呈持续上升趋势，其中支持撤销个别清偿行为者众，改判或驳回请求撤销个别清偿行为者寡。在改判或驳回请求撤销个别清偿行为纠纷案件中，裁判者通常以行为后果或《企业破产法》第 32 条第 2 句的但书规定为依据进行评价。比如，温州市中级人民法院在（2016）浙 03 民终 2847 号[1]案件中认为，获得"后位新价值"的个别清偿不应被撤销："在企业危机期间，债务人对先前的债务进行清偿后，如债权人随即根据新的信用提供了'新价值'，而这类个别清偿在新价值的额度范围内没有出现偏颇性清偿的后果，不应被撤销。"但笔者未检索到以是否确定存在特定债权为前提作为评判个别清偿行为成立与否的类案，可见当前实践中，认定个别清偿行为的大部分裁判路径仍基于《企业破产法》第 32 条的法定要件，罕见如本案中裁判者以债权人是否确定享有特定债权为视角界分

---

[1]　润隆公司管理人诉平安银行瑞安支行请求撤销个别清偿行为纠纷案，浙江省温州市中级人民法院（2016）浙 03 民终 2847 号民事判决书。

案涉清偿行为属个别清偿行为还是双务合同中的正常履约行为（抑或其他法律行为）。这一现象，笔者认为，其原因在于，实务中大部分债务人在债权人进行个别清偿行为时，债权人均已确定享有特定的债权。本案属特别法律关系中的特殊情形，而实务中直接指向以确定存在特定债权作为个别清偿行为成立前提的实践范本寥寥无几。

鉴于此，笔者认为，或可在理论上探讨个别清偿行为（或偏颇清偿行为）中债权形成的本质，以此为区分个别清偿行为与双务合同中的正常履约行为（及其他法律行为）提供一种可行的解释路径。

有论者认为，偏颇清偿的客观要件之一是信用授予。该观点认为，无信用授予则无偏颇清偿，故在偏颇清偿行为情形中，能够产生特定债权的基本过程是：债权人自愿与债务人进行"信用"交易，授予债务人以一定时间间隔的"信用"，但同时也应承担债务人由于主客观原因失信的破产后果。反之，在即时交易或者债务人履行在前时，尚未有足够的时间间隔产生使债权人授予债务人"信用"的效果，法律应保护债权人从债务人处取得财产或其权利不受破产撤销的影响[①]。

笔者认为，可以借鉴此观点来解释个别清偿行为（或偏颇清偿行为）中债权形成的本质。该观点从时间因素角度指出了个别清偿行为中债权形成的关键是"信用"，从该观点亦可解释本案中破产企业存入票款的行为性质：在银行承兑汇票法律关系中，承兑人（银行）在法律地位上相当于保证人，承兑人基于对出票人能够支付票款的期待而授予债务人信用，当出票人未支付票款时，承兑人代替出票人向持票人垫付款项，此时承兑人基于垫付或代偿对出票人确定享有特定债权。在承兑人垫付款项后，出票人向指定账户汇入票款，此时可能构成出票人对承兑人的偏颇清偿。

在其他一些特殊情形中，亦能找到破产临界期内的某些支付行为不属于个别清偿行为的合理解释。如在服务合同、委托合同或承揽合同等典型持续性合同中，如果债务人在持续性合同到期后的合理期限内支付相应价款，该支付行为应当认为构成即时交易，即时交易不存在信用授予的时间差，故此

---

① 许德风：《论偏颇清偿撤销的例外》，载《政治与法律》2013年第2期。

等支付行为不应被撤销①。对于即时交易不属于个别清偿行为这一立场，我国实践中亦有判例支撑。如绍兴市中级人民法院在（2016）浙06民终2528号②案件中认为："协议三方整体上为一种同时交易的债权置换关系。事实上没有造成其财产的减少，相反福威公司还从及时取得应收债权款项中获益，依照破产法设置破产撤销权意在避免债务人责任财产因不当处分而减损的立法目的，该债权让与行为亦为不可撤销。"

破产实践中最典型又最具争议的情形是，企业在濒临破产之前，会通过多方努力避免破产，如聘请律师提供诉讼或专项法律服务，在双方履行法律服务委托合同过程中，如果律师已提供相应法律服务，但合同约定或实际上该笔律师费在完成工作后很长时间才能支付，此时授予了债务人"信用"，债权人就应当承担可能被撤销该笔律师费的后果。但是，如果律师费是以债务人预付款的形式在提供法律服务前支付的，应认为并未授予债务人"信用"，不构成个别清偿。建德市人民法院在（2019）浙0182民初3166号③案件中认为，讼争律师费是以"先付费、后服务"的形式支付，法院据此驳回了管理人撤销个别清偿行为的请求，认为："对于债务人在受理破产前的经营规律和实际状况而支付法律服务费用的行为应适当加以尊重，而不宜过度损害交易安全。"此外，也有观点认为，即便是法律服务工作完成后的合理时间内支付报酬的，只要此类负担行为本身未变相减损债务人财产，也应充分尊重企业经营规律和处于危机中的自救权利，而不宜认定为个别清偿行为。

笔者认为，该观点在解释个别清偿行为中债权形成的本质时具有一定的合理性，但无法解释基于善意的提前清偿或个别清偿行为。如债务人在无法预知破产的情况下，在破产临界期内基于善意和诚信，在极短时间内就某项

---

① 德国通说认为，对于长期合同，若破产债务人于合同到期后的合理期限内支付了相应价款，则同样构成即时交易，不可撤销。参见许德风：《论偏颇清偿撤销的例外》，载《政治与法律》2013年第2期。

② 浙江福威重工制造有限公司管理人诉嵊州市金龙混凝土有限公司、嵊州省级高新技术产业园区管理委员会破产撤销权案，浙江省绍兴市中级人民法院（2016）浙06民终2528号民事判决书。

③ 浙江天赐生态科技有限公司管理人与浙江金道律师事务所请求撤销个别清偿行为纠纷案，浙江省建德市人民法院（2019）浙0182民初3166号民事判决书。

交易向债权人积极履行了未到期债务,该种正常履约行为在客观上产生了提前清偿或个别清偿的效果,应当予以撤销。但根据该观点,在极短时间内双方进行交易等同于即时交易,不存在债权人授予债务人信用的空间,则此行为便不属于个别清偿行为。此时沿用该观点解释善意的提前清偿或个别清偿行为,显然与个别清偿撤销权法律规定的基本逻辑相悖。因此,笔者认为,在讨论个别清偿行为中债权形成的本质时,应结合民法上债权体系与破产法体系中的特别规定进行综合考量,在此基础上抽象概括出一种原则性规则或特征。但由于缺少相对应的实践范围,笔者仅能基于本案实践提出以上粗浅思考,有待实务界和理论界进一步探讨与完善。

三、总结

个别清偿撤销权及其他破产撤销权是保护债权人平等受偿债权的重要权利。但在行使个别清偿撤销权时不应过度损害交易安全和经济秩序,否则有违《企业破产法》的立法本意。本案中界分个别清偿行为与双务合同中的正常履约行为是平衡债权人利益与其他社会公共利益的重要体现,也是本案入选为最高人民法院指导性案例的重要意义之一。

在认定个别清偿行为时,实践中常以《企业破产法》第32条规定的形式要件评判行为表征,但本案实践指出逻辑要件在个别清偿行为的构成要件或认定中的不可缺失性,即个别清偿行为或其他偏颇清偿行为应以存在特定债权为前提。故而,应以形式及逻辑双重维度对个别清偿行为进行评价,以此界分个别清偿行为与双务合同中的正常履约行为,从而避免二者的混淆适用对交易安全性和稳定性的不当损害。

但当解释个别清偿行为或其他偏颇清偿行为中债权形成的本质时,由于缺少实践范本,现有理论对此的解释也有一定的局限性,故针对这一问题,笔者在上文中仅作抛砖引玉之用,以期与各位同人进一步探讨。

复盘研析之二

关于个别清偿行为撤销权制度的主观要件思考

我国在个别清偿行为撤销权制度的立法上持客观主义立场,并未考虑将相对人的主观意思状态作为个别清偿撤销权成立的判断标准，上文阐述个别清偿行为的双重要件亦是在客观层面讨论的构成要件。有论者指出，不讨论相对人的主观状态，若相对人并不具有影响债权人债权的恶意，其与债务人的交易仍被撤销，就会损害善意相对人的利益，影响交易安全。① 坚持客观主义的观点认为，对债务人和相对人发生的交易，无论是否为正当交易，均予以撤销，虽然破坏了交易关系的稳定性和可信性，但由于法律对该期限的规定是明确和透明的，在债务人遭遇破产这一特别事件时，允许对先行的行为作出反悔，所有民事主体均应承担同样的义务，这在法律制度的安排上是公平的。②

司法实务中对该问题亦存在相左的裁判立场。如在（2020）鲁05民初104号③案件中，山东省东营市中级人民法院依据《最高人民法院关于适用〈中华人民共和国企业破产法〉若干问题的规定（二）》第15条④的例外规定，以案涉当事人是否存在主观恶意作为是否构成个别清偿行为的判断标准，并进行了详尽的论述：

破产法第三十二条规定将破产案件受理前6个月内，债务人已发生破产原因的情况下仍然对个别债权人清偿的行为确定为可撤销的行为，并赋予管理人行使破产撤销权的一般规则。司法实践中确实存在债务人在进行破产程序前恶意优先清偿关联企业或亲朋好友的到期债务，该行为导致其他债权人的利益在破产程序中受到损害，赋予管理人撤销破产临界期内的个别清偿行为的权利有利于全体债权人公平清偿。但如果对所有的清偿行为均予以撤销，将面临损害善意第三人利益，影响交易安全和经济秩序的稳定。为避免这种不利影响的发生，平衡全体债权人和个别债权人之间的利益冲突，破产法及

---

① 金晓文：《财产不当减损行为的规制体系》，载《国家检察官学院学报》2021年第3期。
② 王东敏：《新破产法疑难解读与实务操作》，法律出版社2007年版，第198~199页。
③ 山东胜通集团股份有限公司管理人与第一创业证券股份有限公司请求撤销个别清偿行为纠纷案，山东省东营市中级人民法院（2020）鲁05民初104号民事判决书。
④ 《最高人民法院关于适用〈中华人民共和国企业破产法〉若干问题的规定（二）》第15条规定："债务人经诉讼、仲裁、执行程序对债权人进行的个别清偿，管理人依据企业破产法第三十二条的规定请求撤销的，人民法院不予支持。但是，债务人与债权人恶意串通损害其他债权人利益的除外。"

其司法解释对破产临界期内的个别清偿行为撤销的例外情形作了列举。其中，《最高人民法院关于适用〈中华人民共和国企业破产法〉若干问题的规定（二）》第十五条规定，债务人经诉讼、仲裁、执行程序对债权人进行的个别清偿，管理人依据企业破产法第三十二条的规定请求撤销的，人民法院不予支持。但是，债务人与债权人恶意串通损害其他债权人利益的除外。根据该规定，债务人经诉讼、仲裁、执行程序对个别债权人进行的清偿，原则上不能撤销，但"债务人与债权人恶意串通损害其他债权人利益的除外"，即该原则之例外主要判断标准在于当事人是否存在主观恶意。该条的立法宗旨在于保护善意第三人对于诉讼、仲裁、执行程序的合理依赖，维护司法的公示公信力，亦在一定程度上维持交易稳定和交易秩序。案涉中期票据的兑付行为可类推上述法律规定的立法宗旨进行分析评判。

从本案来看，案涉中期票据系在银行间市场公开发行的债券。债券市场是金融市场的重要组成部分，承担着企业直接融资的重要职能，是经济良性运行的重要支撑力量。对于投资者而言，购买债券，是基于对公开市场、公开的交易规则和公开信息的信赖以及债券市场多年来的公序良俗。本案中，投资者基于对胜通集团发布的公开信息的信任买入案涉中期票据，并在胜通集团公告其经营状况良好时通过上海清算所兑付。如果该兑付行为被撤销，债券市场投资者的投资风险将被无限、不可预期地放大，债券市场投资者将无法信任债券市场多年来的交易规则和公序良俗，对金融市场和直接融资市场的交易规则和交易秩序造成冲击，严重损害债券市场的公信力。

同时，根据本案查明的事实，胜通集团在兑付案涉中期票据时亦不存在与投资者恶意串通损害其他债权人利益的行为……投资者对胜通集团对外披露的财务状况有合理信赖利益，即使胜通集团存在资不抵债的情形，投资者亦无法知情。

综上，胜通集团兑付案涉中期票据的行为系通过上海清算所公开进行，且胜通集团与最终持有者之间不存在恶意串通，故本院确认该兑付行为不属于破产法第三十二条规定的可撤销的个别清偿行为。胜通集团管理人诉请撤销该兑付行为，本院不予支持。

该案件根据《最高人民法院关于适用〈中华人民共和国企业破产法〉若

干问题的规定（二）》第 15 条将当事人主观意思表示作为个别清偿行为的评判标准，一定程度上突破了破产撤销权客观主义的桎梏，但从该案件中可以看到，即便在个案中引用了主观要件的判断标准，裁判者仍恪守司法审慎原则，基于充分的证据或推断以及更高价值位阶的考量才进行"挑战性"的释理。也有论者指出，《最高人民法院关于适用〈中华人民共和国企业破产法〉若干问题的规定（二）》第 15 条规定是个别清偿可撤销行为中唯一要求当事人的恶意为构成要素的，这主要是考虑对依据具有执行效力法律文书所做的清偿行为的撤销，需要采取更为审慎的态度，因此该条规定中不仅将恶意作为构成要件，而且将恶意的形式限于"串通"，对恶意的认定要求更高，单方的恶意尚不在此范围内。[1]

但在（2021）最高法民申 7688 号[2]案件中，最高人民法院否定了主观要件作为个别清偿行为的抗辩理由。最高人民法院认为：

《企业破产法》第三十二条规定："人民法院受理破产申请前六个月内，债务人有本法第二条第一款规定的情形，仍对个别债权人进行清偿的，管理人有权请求人民法院予以撤销。但是，个别清偿使债务人财产受益的除外。"该条文从平等保护全体债权人的角度出发，规定管理人有权撤销发生在受理破产前六个月内的个别清偿行为，并未设置债权人是否善意的条件。本案中，东辰集团 2018 年 11 月 27 日向第一创业证券清偿债务，2019 年 3 月 15 日被裁定进入重整程序，东辰集团的偿债行为发生在人民法院受理破产重整案件前的六个月内。第一创业证券以其不存在恶意为由主张案涉清偿行为不应被撤销，理由不能成立。二审认定东辰集团向第一创业证券支付 200 万元的行为属于个别清偿，管理人有权撤销，并无不当。

从以上相左的理论观点及裁判立场可以看到，对于破产撤销权制度中是否采用主观主义的问题尚存争议。

赞同采用主观要件的主要理由有三：一是毫无主观恶意的债权人接受债

---

[1] 参见王欣新：《银行贷款合同加速到期清偿在破产程序中的效力研究》，载《法治研究》2015 年第 6 期。

[2] 第一创业证券股份有限公司与东辰控股集团有限公司管理人请求撤销个别清偿行为纠纷案，最高人民法院（2021）最高法民申 7688 号民事裁定书。

务人对其届期债务的清偿是一种履行法定义务的行为，不应构成被撤销的原因；① 二是过于保护债权人之间的公平受偿会使善意相对人的无辜利益受损，同时会影响交易秩序的稳定性和安全性，导致陷入另一种不公平的困境；② 三是破产法律关系也是一种民事法律关系，理应受到诚实信用原则这一"帝王条款"约束，只要双方主观善意，不具有借破产之机破坏公平受偿的恶意，其清偿行为应受到保护。③

否定采用主观要件的主要顾虑在于：个别清偿撤销制度系为规制不诚信、不公平、不平等的清偿行为，如果采用主观要件作为个别清偿行为的构成要件，由于债权的不公开性，主观要件可能沦为恶意"逃废债"的工具，并且实际操作中，证明或推断主观善意存在难度。

赞同或否定立场均有其合理性。对此，笔者认为，个别清偿撤销制度是否采用主观要件，应当结合我国破产立法宗旨、破产实践情况及实际操作三个维度进行探讨。

我国破产立法价值理念历经了从保护债权人本位的单一目标，到债权人与债务人的利益平衡本位的二元目标，再到债权人、债务人与社会利益并重的多元目标的发展过程。④ 可以看到，破产立法价值趋向更加多元化、开放化、一体化的机制。但就当前破产实践而言，《企业破产法》第 32 条的列举式定义已经不能囊括当前实践中所有债务人在破产临界期内所为损害债权人利益之情形⑤，其第 32 条的例外规定也过于原则和宽泛，个别清偿行为的消极要件单一且标准模糊，无法包罗逐渐繁多复杂的债务人在破产临界期内的清偿现象。而从当前其他国家的立法来看，已有国家倾向于对善意债权人进行保护，如德国破产法根据交易距离破产时间的远近以及当事人的主观心态

---

① 参见张志新：《对个别清偿行为行使破产撤销权的构成要件》，载《人民司法（案例）》2010年第6期。

② 参见王欣新：《破产撤销权研究》，载中国民商法律网2008年12月9日，http：//old.civillaw.com.cn/article/default.asp?id=42166。

③ 参见祝伟荣：《破产撤销权制度的反思与重构——以利益衡平理念为视角》，载《法律适用》2012年第5期。

④ 参见王欣新主编：《破产法》，中国人民大学出版社2002年版，第24~25页。

⑤ 参见金晓文：《财产不当减损行为的规制体系》，载《国家检察官学院学报》2021年第3期。

善意与否来对善意相对人进行保护①。因此，笔者认为，从立法本位及破产实践角度而论，采用主观要件不失为推动我国破产制度进步的一条思路，不妨肯定个别清偿撤销制度采用主观要件的必要性和可能性。

但采用主观要件的关键在于解决如何不失公允地认定相对人是否善意的难题。且不论破产撤销权，即便在已达成共识的债权人撤销权制度的主观要件中，界定相对人是否恶意仍然存在难度。比如《民法典》第539条②将明显的低价交易情形中债权人撤销权的主观要件界定为"相对人知道或者应当知道以明显不合理的低价转让财产"，但难以有客观证据证明或推定相对人主观上知道或者应当知道。另外，从明显低价交易的结果上看，即使相对人知道或者应当知道其与债务人系明显低价的交易，但如果债务人尚有清偿能力，该明显低价交易的行为亦不会损害债权人的利益。由此会产生这样的悖论：虽明显低价交易，但债权人撤销权不能成立，此时相对人主观是否恶意已非行使债权人撤销权的法定要件。因此，笔者认为，如个别清偿撤销制度采用主观要件，该主观要件至少包含两层应有之义：

一是关于主观要件的行为主体。原则上应同时审查债权人与债务人双方是否毫无偏颇清偿的恶意（单方恶意尚不在此原则内），若双方均基于诚信原则进行交易，则理应保护该交易的安全性。如果无法认定债务人是否恶意，应审慎认定债权人是否善意（此时应采取更高的证据认定标准），基于保护善意债权人的利益，也不应撤销该交易。

二是关于主观要件的认定依据。由于证明主观意思状态在举证上存在较大实际困难，可以考虑采取举证责任倒置、行为推定、审查相对方之间的利益关系等方法。同时，裁判者应当从严把握对相关证据的审查、认定或推定，

---

① 德国破产法认为，对于不应为的清偿与担保行为的撤销，若其是在破产前1个月作出的，因离破产开始时间很近，故无须考虑债权人主观上是否有认知，甚至也无须证明债务人已具有破产原因；而若是在破产前第2个月与第3个月作出的，则需要证明债务人已具有破产原因；而若是在破产前最近3个月内作出的，则需要证明当事人主观上知道该行为损害破产债权人利益，或者证明债务人已具备破产原因。参见杜一鸣：《破产撤销权制度对加速到期条款的适用》，载《黑龙江省政法管理干部学院学报》2016年第6期。

② 《民法典》第539条规定："债务人以明显不合理的低价转让财产、以明显不合理的高价受让他人财产或者为他人的债务提供担保，影响债权人的债权实现，债务人的相对人知道或者应当知道该情形的，债权人可以请求人民法院撤销债务人的行为。"

以及综合考虑是否涉及比全体债权人公平受偿利益更高的法益，如在公序良俗、经济秩序等更高位阶的价值中进行取舍，从而审慎作出结论。

总之，应肯定个别清偿撤销制度采用主观要件的预见性和必要性，但在实际操作层面上，不仅需要解决证明当事人主观意思状态的难题，且裁判者在认定时也应从严把握裁判尺度，审慎评判当事人主观善意与否。

第二章 大型信托收据贷款类案脱保案回顾与评析

——某银行诉温州某对外贸易有限公司、台州某化工进出口有限公司等金融借款合同纠纷案

本章提要

信托收据贷款不同于一般的流动资金贷款或项目贷款，其以信托为基本法律关系，要求开证申请人将名义上的货物所有权让渡给银行。在我国银行实务中，信托收据贷款有进口押汇项下的信托收据贷款与信用证项下的信托收据贷款两种类型，惯常用于国际交易场合。

本案即属信用证项下的信托收据贷款。本案中，温州某对外贸易有限公司为主债务人（开证申请人），其向某银行（以下简称银行）申请四笔信托收据贷款，台州某化工进出口有限公司及其他6家公司为此提供最高额保证责任担保。后因温州某对外贸易有限公司未能及时清偿到期债务，银行就讼争四笔信托收据贷款要求温州某对外贸易有限公司承担贷款本息536万余美元的付款责任，并要求台州某化工进出口有限公司及其他6家公司承担连带清偿责任。

笔者接受台州某化工进出口有限公司委托后，曾检索各大数据库，但并未检索到相关信托收据贷款类案脱保的相关案件。面对本案这一全新的案件，笔者带领团队耗费数月在众多证据中逐项还原案涉四笔信托收据贷款的真相，且在当时民法及担保法上寻找有利依据[①]的同时，将重点落脚于研究信托收

---

① 关于信托收据贷款类案的"一般性规则"，本书第三章有详细论述，本章不再展开论述。

据贷款这一金融产品本身的特殊法律特征及特殊商业规则。本案历经一审与二审,最终判决仅委托人台州某化工进出口有限公司不承担任何保证责任,其他案涉担保人在最高额限度范围内承担连带清偿责任。从本案结果上看,笔者经办本案的思路得到了正向反馈,本案取得了满意的办案结果。

在本案一审法院及二审法院判决结果之前,当时各大数据库范围内均无信托收据贷款类案脱保成功的先例,因此,本案可谓是全国首例信托收据贷款类案脱保成功的案例,对于司法实务中信托收据贷款类案的处理具有典型的实践意义。鉴于此,笔者通过回顾本案代理过程,不揣粗陋地进一步分析信托收据贷款这一特殊融资行为的性质、效力及实务操作等问题,帮助各位读者了解信托收据,以期为实务中经办涉信托收据贷款的金融案件提供有益参考。

案情概述

2009年8月17日至2011年12月16日,A公司、B公司、C公司、D公司、E公司、台州某化工进出口有限公司、F公司分别与银行签订《最高额保证合同》,约定自愿为银行与温州某对外贸易有限公司在一定期间内签订的主合同项下的一系列债务提供连带责任保证及相应保证责任的最高限额。

本案所涉最高额保证情况见表2-1:

表2-1 本案所涉最高额保证情况

最高额保证人	保证责任最高限额	特别约定
A公司	2000万元人民币	无
B公司	1500万元人民币	无
C公司	3400万元人民币	无
D公司	6000万元人民币	无
E公司	3600万元人民币	无
台州某化工进出口有限公司	8000万元人民币	《最高额保证合同》第8条第12款约定"本合同仅限于为代理台州某化工进出口有限公司办理进口开证等贸易融资业务提供担保"
F公司	4000万元人民币	无

案涉各保证人与银行签订的《最高额保证合同》中均约定：担保范围为主合同项下全部债务，包括但不限于全部本金、利息（包括复利和罚息）、违约金等；若主合同项下债务到期或者银行根据主合同的约定或法律规定宣布债务提前到期，债务人未按时足额履行或违反主合同的其他约定，案涉各保证人应在保证范围内承担保证责任；保证责任不因银行对主合同项下的债权是否拥有其他担保、银行是否向其他担保人提出权利主张、是否有第三方同意承担主合同项下的全部或部分债务等情形而减免。另外，台州某化工进出口有限公司与银行签订的《最高额保证合同》中特别约定："本合同仅限于为代理台州某化工进出口有限公司办理进口开证等贸易融资业务提供担保。"

2011年8月9日，温州某对外贸易有限公司与银行签订合同编号为××××1381的《贸易融资额度合同》，约定银行为温州某对外贸易有限公司提供最高不超过等值人民币4.2亿元的贸易融资总额度（包括额度为等值人民币1.5亿元的信用证下信托收据贷款和额度为等值人民币1.5亿元的非信用证下信托收据贷款），额度有效期间自2011年8月9日至2012年4月24日。同日，温州某对外贸易有限公司与银行签订该《贸易融资额度合同》的附件一《关于信托收据贷款的特别约定之一》，该附件合同约定银行为温州某对外贸易有限公司提供信托收据贷款，并对利息（包括复利、罚息）、还款方式等作了约定。

2011年11月7日，温州某对外贸易有限公司与境外某化学太平洋公司签订购买合同。

2011年11月8日，温州某对外贸易有限公司将上述货物转口销售给某香港公司并签订销售合同。

2011年11月9日，银行同意温州某对外贸易有限公司就上述进口业务的开立信用证申请，开具编号为××××8996信用证，付款到期日为2012年1月20日。

2011年12月28日，银行与温州某对外贸易有限公司签订合同编号为××××1381《贸易融资额度合同》的附件二《关于信托收据贷款的特别约定之二》，该附件合同约定：本附件内容与该《贸易融资额度合同》发生冲突时，以本附件约定为准；本附件适用于信用证项下信托收据贷款业务和非信用证项下信托收据贷款业务；温州某对外贸易有限公司处分信托收据贷款业务所涉信用证/进口代收/进口货到付款项下的单据及（单据所代表的）货物取得的货款应用于偿还银行的信托收据贷款款项，不足部分由温州某对外贸易有限公司用其他资金偿还。

2011年12月28日，温州某对外贸易有限公司与银行签订合同编号为××××0242的《信托收据贷款合同》，约定银行向温州某对外贸易有限公司提供金额为1,995,840美元的信托收据贷款，贷款期限自2011年12月28日至2012年3月27日，并对利息（包括复利、罚息）、还款方式等作了约定。同日，银行向温州某对外贸易有限公司发放贷款1,995,840美元。2012年3月27日，因不能按期偿还贷款，温州某对外贸易有限公司与银行签订《信托收据贷款展期协议》，银行同意对温州某对外贸易有限公司该笔信托收据贷款的贷款本金（1,995,840美元）进行展期，展期到期日为2012年4月26日，展期到期一次性偿还，并对展期期间贷款利率、结息方式等作了约定。展期到期后，温州某对外贸易有限公司仅于2012年4月26日偿还贷款本金303,800美元，尚欠银行贷款本金1,692,040美元。

2012年1月17日，××××8996信用证转口货款（1,838,988.24美元）汇入温州某对外贸易有限公司在银行处的企业待核查账户。

2012年1月20日，银行将该转口贸易货款向国家外汇管理局温州市中心支局申报。

2012年1月20日，温州某对外贸易有限公司依据编号为××××1381的《贸易融资额度合同》向银行申请信托收据贷款，并签订编号为××××8996的信托收据贷款申请书，明确该信托收据贷款信用证编号为××××8996的项下，用于××××8996信用证项下付汇，贷款金额为1,826,232.19美元，贷款期限自2012年1月20日至3月20日，并对利息（包括复利、罚息）、还款方式等作了约定。同日，银行向温州某对外贸易有限公司发放贷款1,826,232.19美元。2012年3月20日，因不能按期偿还贷款，温州某对外贸易有限公司与银行签订《信托收据贷款展期协议》，银行同意对温州某对外贸易有限公司该笔信托收据贷款的贷款本金1,826,232.19美元进行展期，展期到期日为2012年6月3日，展期到期一次性偿还，并对展期期间贷款利率、结息方式等作了约定。展期到期后，温州某对外贸易有限公司仅于2012年3月27日至10月12日偿还贷款本金381,396.26美元，尚欠银行贷款本金1,444,835.93美元。

2012年1月21日，××××8996信用证转口贸易货款1,838,988.24美元完成收汇申报并划转至温州某对外贸易有限公司在银行处的结算账户，其中1,237,257美元用于偿还温州某对外贸易有限公司于2011年12月12日向银行出具的编号为××××9110的《信托收据贷款申请书》项下贷款，另526,642.11美元用于偿还温州某对外贸易有限公司于2011年11月24日向银行出具的编号为××××9600开立信用证申请书项下银行垫付款。上述两笔偿还的贷款均在本案除台州某化工进出口有限公司外，其余各保证人与银行签订的《最高额保证合同》所约定的保证时间范围内。

2012年4月9日，温州某对外贸易有限公司与银行签订编号为××××0117的《信托收据贷款合同》，约定银行向温州某对外贸易有限公司提供金额为997,920美元的信托收据贷款，贷款期限自2012年4月9日至7月7日，并对利息（包括复利、罚息）、还款方式等作了约定。同日，银行向温州某对外贸易有限公司发放贷款997,920美元。贷款到期后，温州某对外贸易有限公司仅于2012年7月10日偿还贷款本金153,645美元，现尚欠贷款本金844,275美元。

2012年4月9日，温州某对外贸易有限公司与银行签订编号为××××0126的《信托收据贷款合同》，约定银行向温州某对外贸易有限公司提供金额为997,920美元的信托收据贷款，贷款期限自2012年4月9日至7月7日，并对利息（包括复利、罚息）、还款方式等作了约定。同日，银行向温州某对外贸易有限公司发放贷款997,920美元。贷款到期后，温州某对外贸易有限公司仅于2012年7月10日偿还贷款本金153,644美元，尚欠贷款本金844,276美元。

法院根据案外某经济技术贸易公司的申请，于2013年9月17日裁定受理温州某对外贸易有限公司破产清算案，并于同日指定破产清算管理人。

2013年4月1日，银行向温州市中级人民法院提起诉讼，请求判令：（1）温州某对外贸易有限公司偿付银行贷款本金4,825,426.93美元及利息、逾期利息、复利533,903.33美元（利息、逾期利息、复利均计算至2013年9月16日，对2013年9月17日此后的逾期利息、复利视温州某贸易有限公司的破产情况再行主张权利）；（2）A公司、B公司、C公司、D公司、E公司、台州某化工进出口有限公司、F公司对上述债务承担连带清偿责任。

本案讼争四笔信托收据贷款情况如表2-2所示：

表2-2 本案讼争四笔信托收据贷款情况

申请信托收据贷款时间	《信托收据贷款合同》编号	贷款本金	尚欠贷款本金及利息合计	备注
2011年12月28日	×××0242	1,995,840美元	本金4,825,426.93美元及利息、逾期利息、复利533,903.33美元（利息、逾期利息、复利均计算至2013年9月16日）	以下简称本案前三笔贷款
2012年4月9日	×××0117	997,920美元		
2012年4月9日	×××0126	997,920美元		
2012年1月20日	×××8996	1,826,232.19美元		以下简称本案第四笔贷款

争议焦点

本案一审争议焦点为：

本案贷款是否属于案涉各保证人保证范围之内？案涉各保证人是否要承担保证责任？

本案二审争议焦点为：

1. 关于对本案前三笔信托收据贷款合同项下的货款是否为温州某对外贸易有限公司代理台州某化工进出口有限公司进口所需的融资的举证责任

分配问题。

2. 关于案涉编号为××××8996的信托收据贷款项下的款项，台州某化工进出口有限公司是否应承担保证责任的认定问题。

代理思路

在本案审理过程中，案涉各方当事人对证据真实性均无异议。基于台州某化工进出口有限公司与银行签订编号为××××1191的《最高额保证合同》第8条第12款特别约定："本合同仅限于为代理台州某化工进出口有限公司办理进口开证等贸易融资业务提供担保。"在本案一审中，笔者提出本案前三笔贷款不属于上述特别约定的担保范围之内，故台州某化工进出口有限公司不应承担本案前三笔贷款的保证责任。至于本案第四笔贷款，系银行在明知该笔信用证项下货物已经销售且货款已经回笼的情况，仍发放信托收据贷款，且将贷款用于偿还其他贷款，这既不符合信托收据贷款的本质特征，亦不属于担保范围之内，故台州某化工进出口有限公司不应承担保证责任。

针对本案第四笔贷款，笔者从繁杂的证据中还原出以下事实（见图2-1）：

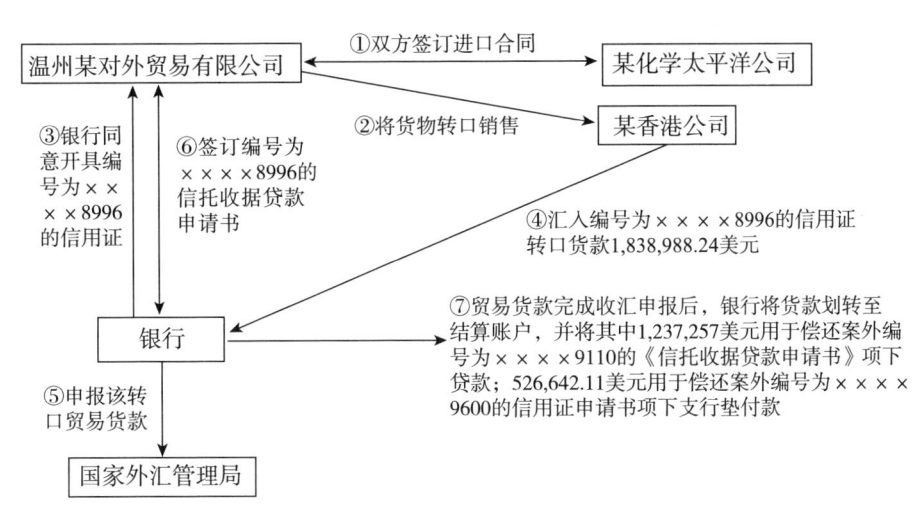

图2-1 本案第四笔贷款项下交易流程

具体代理意见要点如下：

第一，案涉讼争四笔信托收据贷款，均不属于台州某化工进出口有限公司与银行之间的最高额保证担保范围，其融资行为与台州某化工进出口有限公司无关，台州某化工进出口有限公司不应承担责任。

根据《最高额保证合同》第8条第12款关于本合同仅限于为代理台州某化工进出口有限公司办理进口开证等贸易融资业务提供担保的特殊约定，只有在温州某对外贸易有限公司代理台州某化工进出口有限公司的进口货物开立信用证而需要向银行融资时，台州某化工进出口有限公司才承担保证责任。案涉讼争四笔信托收据贷款，系温州某对外贸易有限公司为自己利益向银行进行融资，银行也未提供证据证明本案前三笔贷款系温州某对外贸易有限公司为代理台州某化工进出口有限公司进口货物而向银行融资的事实。

此外，案涉编号为×××8996的信用证系代理台州某化工进出口有限公司办理进口货物开证，但该进口货物又以转口贸易的形式已经在信用证付款日之前取得外汇，足以用于支付信用证付汇款项。且银行明知信用证项下货物款项已经回笼，仍发放此信用证项下的信托收据贷款，有违信托收据贷款发放的相关规定。且该笔贷款用于偿还温州某对外贸易有限公司与银行的其他案外贷款，而其他案外贷款并不在本案台州某化工进出口有限公司的保证范围之内。因此，该笔贷款亦不属于台州某化工进出口有限公司担保范围之内，台州某化工进出口有限公司亦不应承担担保责任。

第二，编号为×××8996的信托收据贷款因信托财产不能确定、温州某对外贸易有限公司恶意虚构事实并违法骗取贷款以及银行与温州某对外贸易有限公司双方损害保证人台州某化工进出口有限公司利益而无效，台州某化工进出口有限公司不承担保证责任。

其一，根据《信托法》第7条①关于信托必须有确定的财产的规定，涉案编号为×××8996的信托收据贷款申请日发生在2012年1月20

---

① 《信托法》第7条规定："设立信托，必须有确定的信托财产，并且该信托财产必须是委托人合法所有的财产。本法所称财产包括合法的财产权利。"

日，但是银行早在 2011 年 12 月 5 日就将提单转交给了温州某对外贸易有限公司，温州某对外贸易有限公司于当日寄给进口商香港公司。此时提单作为信托财产已经不为银行和温州某对外贸易有限公司所控制，也就是说，在办理信托收据贷款过程中信托财产不能确定，该信托无效。况且，2011 年 11 月 9 日，温州某对外贸易有限公司与银行为了信用证交易付款安全，已经将全套货物或单据作为信托财产，但在 2012 年 1 月 20 日再作为信托财产进行贷款，等于是一套货物单据做出两次信托行为，温州某对外贸易有限公司行为明显系骗取贷款的违法行为。

其二，温州某对外贸易有限公司已知信用证项下转口贸易销售款项在 2012 年 1 月 18 日已经汇入在银行开立的账户，本该通知银行将该笔款项用于偿还到期日为 2012 年 1 月 20 日编号为×××8996 的信用证债务。但是温州某对外贸易有限公司在明知申请信托收据贷款条件不符合的情况下，仍恶意虚构事实申请贷款，严重扰乱正常金融秩序，已经构成违法犯罪。

其三，银行在得知转口贸易销售货款于 2012 年 1 月 18 日进入温州某对外贸易有限公司在其开设的银行账户，并于同日向外汇管理局申报该款项信息的情况下，仍发放信托收据贷款用于到期信用证付款，并将该款项挪用于归还温州某对外贸易有限公司欠银行的其他贷款。银行为了达到掩盖原先的不良贷款、收回其他贷款及将信托收据贷款纳入台州某化工进出口有限公司保证范围的目的而发放贷款的行为，已严重损害台州某化工进出口有限公司的合法利益。因此，双方贷款合同无效，台州某化工进出口有限公司不应承担责任。

第三，编号为×××8996 的信托收据贷款因台州某化工进出口有限公司被骗取保证而不应承担保证责任。

银行发放贷款前不告知台州某化工进出口有限公司关于温州某对外贸易有限公司向银行申请贷款的事实，并将该贷款纳入台州某化工进出口有限公司保证范围，侵害公司知情权，使台州某化工进出口有限公司丧失拒绝提供担保的机会。因此，银行发放贷款的目的不是解决台州某化工进出口有限公司的融资问题，而台州某化工进出口有限公司系被骗取保证担保，不应承担保证责任。

第四，银行怠于对信托财产监管，系放弃对物的担保，台州某化工进出口有限公司不应承担保证责任。

按照当时《担保法》第 28 条第 2 款①的规定，债权人放弃物的担保（让与担保），保证人在债权人放弃权利的范围内免除保证责任。银行已经知道该笔转口贸易款项的性质与用途，根据信托收据约定，该款已经属于银行所有，并应进行有效监管，直至债权充分实现，但是银行与温州某对外贸易有限公司串通将该款项用于归还银行其他贷款，应视同放弃抵押物（该笔货款）担保，台州某化工进出口有限公司不承担保证责任。从本案事实来看，用以收回贷款的 1,763,899.11 美元（2012 年 1 月 21 日银行收回贷款 1,237,257.00 美元，2012 年 1 月 29 日收回贷款 526,642.11 美元）归属银行，银行应该将该笔款项用于归还编号为×××8996 的信托收据贷款。

综上，温州某对外贸易有限公司与银行之间的贸易融资并不在台州某化工进出口有限公司的担保范围内，银行与温州某对外贸易有限公司均损害了担保人利益，因此，台州某化工进出口有限公司不应承担保证责任。

温州市中级人民法院经审理，采纳了笔者的上述意见。一审法院认为：

由于台州某化工进出口有限公司与银行签订的《最高额保证合同》已约定，台州某化工进出口有限公司仅限于为温州某对外贸易有限公司代理台州某化工进出口有限公司办理进口开证等贸易融资业务提供担保，现温州某对外贸易有限公司已自认该三笔贸易系其自营业务，且银行亦未提供证据证明该三笔信托收据贷款属于温州某对外贸易有限公司为代理台州某化工进出口有限公司进口业务所需的融资，故台州某化工进出口有限公司

---

① 《担保法》已失效。现行《民法典》及担保制度并未就此作出新的规定，但《民法典》第409 条第 2 款规定："债务人以自己的财产设定抵押，抵押权人放弃该抵押权、抵押权顺位或者变更抵押权的，其他担保人在抵押权人丧失优先受偿权益的范围内免除担保责任，但是其他担保人承诺仍然提供担保的除外。"笔者认为，在人保和物权的混合担保场景中，该条款亦可为债权人放弃物的担保、保证人在债权人放弃担保的范围内免责提供参考依据。

关于其不应对该三笔贷款承担保证责任的辩解理由成立，本院予以支持。

……

关于编号为×××8996的《信托收据贷款申请书》，银行已于2012年1月18日收到编号为×××8996的信用证项下转口贸易货款，并于同年1月20日将×××8996信托收据贷款用于完成×××8996信用证项下付汇，同日×××8996信用证项下转口贸易货款完成付汇申报，后转入温州某对外贸易有限公司在银行的结算账户。根据《关于信托收据贷款的特别约定》，信托收据贷款业务所涉货物出售而获得的货款作为银行的信托财产，独立于温州某对外贸易有限公司，温州某对外贸易有限公司处分信托收据贷款业务所涉信用证项下货物取得的货款应用于偿还信托收据贷款款项，但银行未将×××8996信用证项下所得货款用于偿还对应的信托收据贷款，而用于偿还温州某对外贸易有限公司与银行的其他贷款，银行也未能提供证据证明所偿还的其他贷款在台州某化工进出口有限公司的担保范围内，即未能证明所偿还的贷款在温州某对外贸易有限公司为台州某化工进出口有限公司办理进口开证等贸易融资业务范围内。因此，银行在明知上述信用证项下货款已到账的情况下却将该笔货款偿还温州某对外贸易有限公司与其之间的其他借款，违反《关于信托收据贷款的特别约定》。关于其他被告的担保责任问题，由于所偿还的另两笔贷款亦在其余各被告的担保范围内，银行的该行为并未加重其他被告的担保责任，因此银行主张其他被告仍应在最高额保证范围内对该笔借款承担保证责任，符合法律规定，本院予以支持。

银行不服一审判决，提起上诉，要求撤销原审判决，发回重审或依法改判。银行上诉称：

第一，原审法院对温州某对外贸易有限公司自认的三笔自营业务贷款，以银行未提供证据为由，认定台州某化工进出口有限公司的辩称成立，属认定事实不清，适用法律错误。

1. 编号为×××0242、×××0117、×××0126的《信托收据贷款合同》项下信托收据贷款，原审法院认定该三笔不属于温州某对外贸易有限公司为代理台州某化工进出口有限公司进口业务所需的融资，缺乏事实依据，应由台州某化工进出口有限公司承担举证责任。

2. 银行为温州某对外贸易有限公司办理该三笔贷款业务时，温州某对外贸易有限公司明确告知上述业务为代理台州某化工进出口有限公司办理的业务。温州某对外贸易有限公司与台州某化工进出口有限公司之间系内部代理关系，银行仅是按照温州某对外贸易有限公司的指示进行操作，均不需要台州某化工进出口有限公司的确认或配合，温州某对外贸易有限公司也无须通知银行，银行与温州某对外贸易有限公司及台州某化工进出口有限公司在多年中均默认该操作模式。

3. 基于本案实际情况，银行有足够理由相信温州某对外贸易有限公司有代理权，台州某化工进出口有限公司仍须承担担保责任。

第二，原审法院认为，银行在明知信用证项下货款已到账的情况下却将该笔货款偿还温州某对外贸易有限公司与银行之间的其他借款，违反《关于信托收据贷款的特别约定》，系认定事实不清，适用法律错误。

1. 编号为×××8996的信用证项下货款被用于偿还另两笔欠款系温州某对外贸易有限公司的自主行为，银行不存在过错。

2. 原审判决就台州某化工进出口有限公司对上述信托收据贷款的保证责任未作出认定，进而造成判决错误。

针对银行的以上上诉理由，笔者代理台州某化工进出口有限公司提出如下答辩意见：

第一，台州某化工进出口有限公司不应对编号为×××0242、××××0117、×××0126的三笔贷款承担保证责任。

1. 银行与台州某化工进出口有限公司签订的《最高额保证合同》中特别约定："本合同仅限于为代理台州某化工进出口有限公司办理进口开证的贸易融资业务提供担保。"如果温州某对外贸易有限公司不是为台州某化工进出口有限公司的开证融资，台州某化工进出口有限公司则不应承担责任。对原审中涉及举证责任的问题，根据《最高人民法院关于民事诉讼证据的若干规定》第5条第1款的规定，应由主张代理权的一方承担责任。银行应对温州某对外贸易有限公司为台州某化工进出口有限公司代理进口货物的事实，以及银行进行开证等贸易融资的事实负举证责任。银行主张该举证责任应由台州某化工进出口有限公司承担，与法律规定不符。

2. 银行主张的温州某对外贸易有限公司与台州某化工进出口有限公司是代理关系或本案构成表见代理，是其主观臆断。对于内部代理关系问题，银行要求台州某化工进出口有限公司承担担保责任，应当明确哪笔贷款是为台州某化工进出口有限公司委托办理的开证业务，并应告知或通知台州某化工进出口有限公司。至于表见代理，其最主要的特征是具有代理表象，而台州某化工进出口有限公司与温州某对外贸易有限公司之间不存在任何表象形式，银行也无充分理由相信温州某对外贸易有限公司具有代理权。

3. 原审认定编号为×××0117、×××0126、×××0242号的信托收据贷款，台州某化工进出口有限公司不承担保证责任是基于以下事实：一是温州某对外贸易有限公司出具了三份证明，并有附件、合同等，均注明系温州某对外贸易有限公司的"自营业务"；二是温州某对外贸易有限公司出具的情况说明，明确记载涉及的三笔业务均非为台州某化工进出口有限公司办理代理业务。温州某对外贸易有限公司法定代表人尤某也出庭予以作证；三是上述三笔进口货物为橡胶，并非台州某化工进出口有限公司经营的化工产品。

第二，编号为×××8996的信托收据贷款不符合信托收据贷款的本质特征，不属于台州某化工进出口有限公司担保范围，台州某化工进出口有限公司对此不承担保证责任。

编号为×××8996的信托收据贷款，确系为台州某化工进出口有限公司进口的货物。信托收据贷款是通过信用证项下货物销售货款偿还对应信用证，以此来保障还款的来源所进行的融资行为。故编号为×××8996的信用证与编号为×××8996的信托收据贷款应一一对应，编号为×××8996的信托收据项下的还款来源应由编号为×××8996的信用证贸易项下的货款进行偿还。况且，编号为×××8996的信托收据办好后，编号为×××8996的信用证贸易项下的贸易款项即为信托财产，该财产独立于温州某对外贸易有限公司，应属于银行的财产。

但现在编号为×××8996的信用证项下的转口贸易所得款项已由银行掌控、支配，银行明知编号为×××8996的信用证项下的货款已回笼，违规将该回笼的款项用于归还温州某对外贸易有限公司的其他到期贷款，而偿还的其他到期贷款不属于台州某化工进出口有限公司的担保范围，在此情况下，银行仍违规发放编号为×××8996的信用证项下信托收据贷款。因此，编号为×××8996的信托收据贷款不符合信托收据贷款的本质特征，不属于台州某化工进出口有限公司担保范围，台州某化工进出口有限公司对此不承担保证责任。

浙江省高级人民法院经审理，采纳了笔者的观点，判决驳回银行的上诉请求，维持了一审判决。二审法院认为：

（一）关于对案涉三笔信托收据贷款合同项下的货款是否为温州某对外贸易有限公司代理台州某化工进出口有限公司进口所需融资的举证责任分配问题。

原审中，各方当事人对银行与温州某对外贸易有限公司在2011年12月28日至2012年4月发生4笔信托收据贷款的事实无异议。对于其中3笔信托收据贷款，原审法院根据温州某对外贸易有限公司的自认及银行未提交证据证明属于温州某对外贸易有限公司为台州某化工进出口有限公司代理进口所需的融资，认定台州某化工进出口有限公司不承担该3笔信托收据贷款的保证责任。银行主张该3笔信托收据贷款是否属于温州某对外贸易有限公司的自营业务应由台州某化工进出口有限公司承担举证责任。而《中华人民共和国民事诉讼法》* 第六十四条第一款规定：当事人对自己的主张，有责任提供证据。最高人民法院《关于民事诉讼证据的若干规定》** 第五条第一款亦规定：在合同纠纷案件中，主张合同关系成立并生效的一方当事人对合同订立和生效的事实承担举证责任；主张合同关系变更、解除、终止、撤销的一方当事人对引起合同关系变动的事实承担举证责任。本案中，台州某化工进出口有限公司已提交温州某对外贸易有限公司的证明，证明该3笔信托收据合同项下的贷款属于温州某对外贸易有限公司的自营业务，温州某对外贸易有限公司亦作了自认，且二审中银行也确

---

* 指2017年《民事诉讼法》。——笔者注
** 指2008年《最高人民法院关于民事诉讼证据的若干规定》。——笔者注

认台州某化工进出口有限公司与温州某对外贸易有限公司不存在任何关联关系。在此情况下，应由银行举证反驳台州某化工进出口有限公司的主张，原审法院将该举证责任分配给银行并无不当，银行的该上诉理由不能成立。

（二）关于编号为×××8996信托收据贷款项下的款项，台州某化工进出口有限公司是否应承担保证责任的认定问题。

二审中，各方对2012年1月20日温州某对外贸易有限公司向银行申请信托收据贷款前，编号为×××8996信用证项下的货物，已由温州某对外贸易有限公司通过转口贸易销售给香港公司，温州某对外贸易有限公司收到货款的事实无异议。温州某对外贸易有限公司向银行提交该笔信托收据贷款时，该信用证项下已无信托财产。而信用证项下信托收据贷款是指银行根据客户（开证申请人）的要求，为其开立信用证后，在客户提交信托收据的情况下，于付款到期日为客户提供贷款赎单的融资行为。本案银行明知该笔信用证项下的财产已经出售，转口贸易收入已划转到温州某对外贸易有限公司账户的情况下，银行仍向温州某对外贸易有限公司发放信托收据贷款，不符合信托收据贷款的法律特征。而银行与台州某化工进出口有限公司签订的《最高额保证合同》明确约定，合同仅限于为台州某化工进出口有限公司办理进口开证等贸易融资业务提供担保。故该笔信托收据贷款不应属于台州某化工进出口有限公司的担保范围，原审判决台州某化工进出口有限公司不承担保证责任正确，银行的该上诉理由不能成立。

裁判结果

温州市中级人民法院认定委托人台州某化工进出口有限公司不承担保证责任，其余保证人以最高保证金额为限承担连带偿还责任。温州市中级人民法院于2014年5月16日作出（2013）浙温商初字第××××号一审民事判决：

1. 被告温州某对外贸易有限公司应偿还原告银行借款本金为4,825,426.93美元及期内利息52,046.53美元、计算至2013年9月16日的逾期利息454,836.70美元以及期内利息产生的复利5010.10美元。

2. 被告A公司在被告温州某对外贸易有限公司破产程序终结后的30

日内，对原告银行上述债权未得清偿部分继续承担清偿责任，但对包括上述债务在内的××××9104号《最高额保证合同》项下所有主债务承担连带偿还责任的总额以最高保证金额人民币2000万元为限。

3. 被告C公司在被告温州某对外贸易有限公司破产程序终结后的30日内，对原告银行上述债权未得清偿部分继续承担清偿责任，但对包括上述债务在内的××××1301号《最高额保证合同》项下所有主债务承担连带偿还责任的总额以最高保证金额人民币3400万元为限。

4. 被告D公司在被告温州某对外贸易有限公司破产程序终结后的30日内，对原告银行上述债权未得清偿部分继续承担清偿责任，但对包括上述债务在内的××××1814号《最高额保证合同》项下所有主债务承担连带偿还责任的总额以最高保证金额人民币6000万元为限。

5. 被告E公司在被告温州某对外贸易有限公司破产程序终结后的30日内，对原告银行上述债权未得清偿部分继续承担清偿责任，但对包括上述债务在内的××××1674号《最高额保证合同》项下所有主债务承担连带偿还责任的总额以最高保证金额人民币3600万元为限。

6. 被告B公司在被告温州某对外贸易有限公司破产程序终结后的30日内，对原告银行上述债权未得清偿部分继续承担清偿责任，但对包括上述债务在内的××××1250号《最高额保证合同》项下所有主债务承担连带偿还责任的总额以最高保证金额人民币1500万元为限。

7. 被告F公司在被告温州某对外贸易有限公司破产程序终结后的30日内，对原告银行上述债权未得清偿部分继续承担清偿责任，但对包括上述债务在内的××××1874号《最高额保证合同》项下所有主债务承担连带偿还责任的总额以最高保证金额人民币4000万元为限。

8. 驳回原告银行其他诉讼请求。

银行不服一审判决，向浙江省高级人民法院提起上诉。浙江省高级人民法院于2014年12月5日作出（2014）浙商终字第××××号二审民事判决：

驳回上诉，维持原判。

复盘研析

案涉讼争四笔贷款系信托收据贷款，不同于一般贷款。信托收据贷款系集转口贸易、国际外汇、信用证、叙做押汇、借贷关系、让与担保等多种金融背景及法律关系为一体的复合型融资行为。信托收据贷款受一般民法规则调整，比如民法上的一般性规则、担保制度等，但也具有其特定的法律特征。本案前三笔贷款系基于当时《担保法》第 21 条[①]等规定，因不属于案涉台州某化工进出口有限公司与银行签订《最高额保证合同》特别约定的担保范围之内，故认定台州某化工进出口有限公司对本案前三笔贷款不承担保证责任。而本案第四笔贷款不承担担保责任的理由乃是基于信托收据贷款的特殊性，因不符合信托收据贷款的本质特征，故认定台州某化工进出口有限公司对本案第四笔贷款不承担保证责任。

在涉信托收据的贷款担保责任中，如何能够找到使保证人不承担保证责任的依据？在经办本案之初，笔者曾检索各大数据库，但并未检索到相关信托收据贷款类案。面对本案这一全新的、陌生的首例信托收据贷款案件，笔者曾带领团队耗费数月进行研究。从本案结果上看，笔者经办本案思路得到了正向反馈。基于本案实践，笔者认为，在经办涉金融产品的案件中，除在民法规则上寻找突破口之外，还应将重点落脚于该金融产品本身的适用法律。如本案信托收据贷款，何以准确从浩如烟海的证据材料中准确抓住案涉第四笔贷款不符合信托收据贷款的本质特征这一关键点？首先需要了解有关信托收据贷款的性质、效力及实务操作。

一、我国信用证项下信托收据贷款的法律特征

信托收据制度系在国际贸易中银行为保护其债之安全的重要手段。我国银行实务中对信托收据的使用有两种：一种是用于进口押汇业务下的信托收据，另一种是用于信用证业务下的信托收据。二者主要区别在于出具

---

① 《担保法》第 21 条已被现行《民法典》第 691 条吸收。《民法典》第 691 条规定："保证的范围包括主债权及其利息、违约金、损害赔偿金和实现债权的费用。当事人另有约定的，按照其约定。"

信托收据的时间节点不同，前者在进口押汇业务①中出具，后者在信用证开证阶段即要求开证申请人向银行出具信托收据。本案系信用证项下的信托收据贷款。

信用证项下信托收据贷款是指银行根据客户（开证申请人）的要求，为其开立信用证后，在客户提交信托收据的情况下，于付款到期日为客户提供贷款赎单的融资行为。比如，建设银行就有"信用证项下信托收据贷款"业务，其产品简介称："信用证项下信托收据贷款是指建设银行根据客户（开证申请人）的要求，为其开立信用证后，在客户提交《信托收据》的前提下，于付款到期日为客户提供贷款赎单的融资行为。"② 本案信托收据贷款即属此种情形。

信用证项下信托收据贷款的基本流程是：开证申请人已委托银行开立了信用证，在付款到期日，可以申请此信用证项下的信托收据贷款融资，以此贷款对外支付信用证款项，以取得进口单据。申请信用证项下信托收据贷款的条件是：（1）让渡此信用证项下货物的所有权。以出具《信托收据》的方式确认银行拥有信用证项下货物的所有权，银行支付信用证项下的应付款，同时以信托的方式委托开证申请人处理销售货物。（2）真实合法的贸易背景。除提供企业的基本材料、财务信息、经营情况等资料外，还要提供《信托收据》、《信托收据贷款申请书》、内销的商务合同（如有）等。（3）销售款项回笼后即用于归还贷款，或者于贷款到期日用其他资金归还贷款。③

---

① 我国各银行间对进口押汇的认识存在分歧。第一种观点认为，进口押汇业务本身属于信用业务的一种；第二种观点认为，进口押汇是信用证业务结束后产生的新的融资法律关系。目前多数银行遵从第二种观点。

② 参见《信用证项下信托收据贷款》，载中国建设银行网，http://www.ccb.com/chn/company/gsjgsy/cpfw/gjyw/gjjshmyrz/xyzxxtsj/index.shtml#:~:text=%E4%BF%A1%E7%94%A8%E8%AF%81%E9%A1%B9%E4%B8%8B%E4%BF%A1%E6%89%98%E6%94%B6%E6%8D%AE%E8%B4%B7%E6%AC%BE%E3%80%82，最后访问日期：2022年7月29日。

③ 参见《信用证项下信托收据贷款》，载中国建设银行网，http://www.ccb.com/chn/company/gsjgsy/cpfw/gjyw/gjjshmyrz/xyzxxtsj/index.shtml#:~:text=%E4%BF%A1%E7%94%A8%E8%AF%81%E9%A1%B9%E4%B8%8B%E4%BF%A1%E6%89%98%E6%94%B6%E6%8D%AE%E8%B4%B7%E6%AC%BE%E3%80%82，最后访问日期：2022年7月29日。

从信用证至信托收据贷款的设立过程中,开证申请人与银行之间的法律关系自授信关系变更为融资关系(见图2-2):

图2-2 信用证至信托收据贷款的法律关系演变

总之,信用证项下信托收据贷款具有以下法律特征:

1. 以银行享有对应信用证项下提单及其代表的货物所有权为前提。开证申请人通过出具信托收据将提单项下货物的所有权让与给银行,银行获得此信用证项下货物的所有权之后,再委托开证申请人销售货物,销售款项回笼后即用于归还贷款。因此,信托收据贷款的前提是存在信托财产,而提单项下货物的所有权及销售款项即为信托财产。

2. 提单项下货物的所有权及销售款项遵循信托财产的独立性原则。信用证项下所涉单据及所代表的货物及相关权益(包括但不限于尚未出售的货物、因出售货物而对买方享有的债权、因出售货物而获得的货款、保险赔偿金)作为银行的信托财产,独立于开证申请人。

3. 信托收据贷款严格遵守一致性原则。这主要体现在贷款一致性、收款一致性与还款一致性。比如,因A货物转口贸易,开证申请人向银行申请开立了A信用证,信用证到期日,开证申请人必须基于A信用证就A货物贸易向银行申请信托收据贷款。开证申请人销售A货物的款项回笼后,必须用于支付A信用证项下信托收据贷款,不得挪用或提前支用。而相对地,银行作为贷款行、收款行和结算行,对开证申请人的贸易行为负有监管资金流、货物流、单证流的强制性义务。

信用证项下信托收据的主要操作模式以及银行在信用证项下信托收据业务中对资金流、货物流、单据流的监管范围示意如图2-3所示:

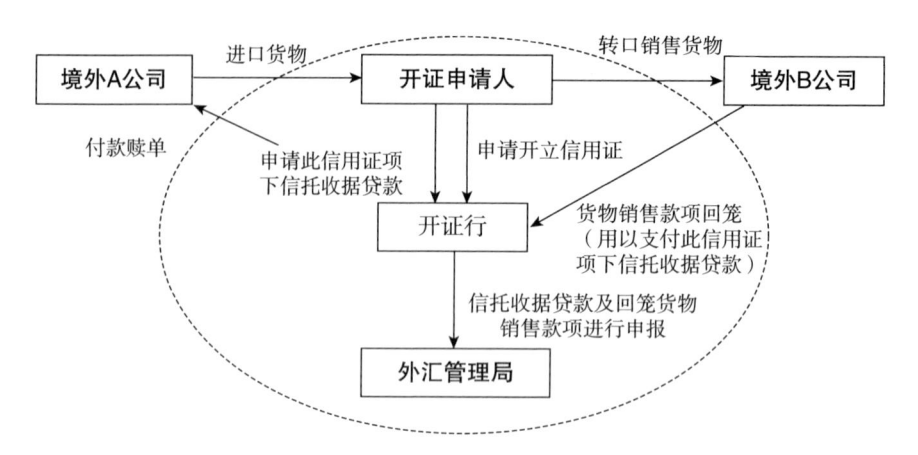

```
                   进口货物                 转口销售货物
   ┌─────────┐   ────────→   ┌─────────┐  ────────→   ┌─────────┐
   │ 境外A公司 │               │开证申请人│              │ 境外B公司 │
   └─────────┘   ←────────   └─────────┘              └─────────┘
                   付款赎单      │    ↑
                              申请此信用证项  申请开立信用证
                              下信托收据贷款   │    ↑
                                     ↓    │         货物销售款项回笼
                                  ┌─────────┐      （用以支付此信用证
                                  │  开证行  │       项下信托收据贷款）
                                  └─────────┘
                                       │
                                  信托收据贷款及回笼货物
                                  销售款项进行申报
                                       ↓
                                  ┌─────────┐
                                  │外汇管理局│
                                  └─────────┘
```

注：虚线圈内为信托收据模式中银行的监管范围。
银行对资金流、货物流、单据流负有监管职责。

图 2-3 信用证项下信托收据的主要操作模式及银行对相应的资金流、货物流、单据流的监管范围

4. 信托收据贷款通常在进口押汇、转口贸易等国际交易中广泛应用，因此，信托收据贷款严格受国家外汇制度管制，且真实、合法的交易基础系申请信托收据贷款的必要条件。

简言之，如果不能同时满足以上信用证项下信托收据贷款的法律特征，则该融资行为不属于信托收据贷款。以本案为例，案涉温州某对外贸易有限公司在申请本案第四笔信托收据贷款前，该信用证项下货物已经销售，案涉温州某对外贸易有限公司在本案审理过程中已认可收到货款的事实。故在案涉温州某对外贸易有限公司申请本案第四笔信托收据贷款时，该信用证项下已无信托财产。银行在明知该笔信用证项下的财产已经出售、转口贸易货款已经划入案涉温州某对外贸易有限公司在银行的账户情况下，仍发放信托收据贷款，该笔贷款显然不符合信托收据贷款的本质特征。而案涉台州某化工进出口有限公司与银行签订的《最高额保证合同》明确约定，仅限于为案涉台州某化工进出口有限公司办理进口开证等贸易融资业务提供担保，故本案第四笔贷款不属于案涉台州某化工进出口有限公司的担保范围，案涉台州某化工进出口有限公司不承担保证责任。

二、我国实践中关于信托收据的法律性质之争

信托制度源于英国信托法，英国信托法则起源于中世纪英国衡平法对

"用益设计"的干预。[①] 我国银行在实践中通过信托收据约定享有对应信用证项下货物所有权,以此构建信托关系。但在我国现行法律框架下,针对信托收据的法律性质和效力争论由来已久,各地的判决对此理解也存在分歧,主要有无名合同说、未生效的信托合同说、有效的信托合同说、让与担保合同说四种观点:

(一) 无名合同说

这一观点认为,信托收据并非信托和质押法律关系,乃银行与借款人之间的无名合同,但由于信托收据缺乏公示效力,故仅对银行和借款人有约束力,不能对抗善意第三人。如最高人民法院在(2010)民四终字第20号[②]案件中认为:"信托收据作为在国际贸易中惯常使用的一种协议形式,其主要功能在于为开证申请人即进口商提供融资便利的同时,保障银行债权的安全。在我国现行法律框架下,一方面,信托收据并非在开证行与开证申请人之间建立了信托法律关系,其理由在于,根据我国《信托法》的规定,信托财产应当是委托人合法所有的财产或者财产权利,故开证行对于信用证项下单据享有财产权利是信托法律关系成立的合理性前提,而本案信托收据的约定与上述法律规定的基本逻辑相悖,故难以适用信托法的相关规定;另一方面,信托收据亦非表明在开证行与开证申请人之间形成了质押法律关系。因为我国《担保法》(现《民法典》)规定动产质押以转移占有为生效条件,而本案中开证行在取得全套海运提单后即交给开证申请人,开证行并不实际占有信用证项下单据或进口货物,故在开证行和开证申请人之间亦不存在合法有效的质押法律关系。因此,根据现行法律规定,可将信托收据视为进口商与开证行之间的一种无名合同,开证行依其与进口商之间在信托收据中的约定对信用证项下的进口货物拥有优先受偿权,但由于信托收据缺乏公示效力,故仅对进口商和开证行有约束力,任何一方不能以信托收据对抗善意第三人。"

[①] 参见李元宏:《信托财产的所有权和受益权可由不同主体分享》,载《人民司法(案例)》2014年第18期。

[②] 肯考帝亚农产品贸易(上海)有限公司与广东富虹油品有限公司、第三人中国建设银行股份有限公司湛江市分行所有权确认纠纷案,载《最高人民法院公报》2012年第1期。

（二）未生效的信托合同说

这一观点认为，因未实际取得信托财产所有权，信托关系未有效设立。如广东省高级人民法院在（2014）粤高法民二终字第45号[①]案件中认为："《信托法》第七条规定，信托财产必须是委托人合法所有的财产，从《信托收据》内容来看，信托财产为涉案煤炭，建行荔湾支行作为委托人，并未取得涉案煤炭的所有权，故以涉案煤炭为信托财产的信托并未有效设立。"

（三）有效的信托合同说

这一观点认为，以信托收据形式将提单等物权凭证委托给开证申请人，通过开证申请人的管理或处分行为，完成货物所有权的最终实现，符合信托法的目的，且双方不存在设立质押的意思表示，构成信托关系，而非质押关系。如杭州市下城区人民法院在（2012）杭下商初字第1432号[②]案件中认为："根据《信托收据》约定，建行省分行营业部取得代表进口货物所有权的文件，赛尔公司则为银行利益持有信托财产，自担费用对货物进行储存、出售等，处分信托财产的价款所得优先支付所欠银行债务。从中可以看出，建行省分行营业部通过《信托收据》主张的货权，并非在于真实拥有、处理进口货物，而是为了从处分货物中享受利益，其处分权仍归属于赛尔公司。因此，本院应认定双方之间就信用证项下的进口货物，设立了信托法律关系。且双方对于进口货物，不存在抵押或质押给银行的明确约定，赛尔公司亦未直接移交给建行省分行营业部保管，从而印证了双方只是设定信托关系而非物的担保关系。"

（四）让与担保合同说

这一观点认为，信托收据的功能在于保障银行债之安全；银行虽以信托收据形式约定享有所有权，并委托开证申请人处置提单项下的货物，但

[①] 中国建设银行股份有限公司广州荔湾支行与广东蓝粤能源发展有限公司等信用证融资纠纷案，广东省高级人民法院（2014）粤高法民二终字第45号民事判决书。

[②] 杭州赛尔贸易有限公司与中国建设银行股份有限公司浙江省分行营业部进出口押汇纠纷案，浙江省杭州市下城区人民法院（2012）杭下商初字第1432号民事判决书。

根据物权法定原则，该约定实为一种担保手段，构成让与担保。在2019年2月25日最高人民法院发布的第111号指导性案例[①]中，最高人民法院认为："提单具有债权凭证和所有权凭证的双重属性，但并不意味着谁持有提单谁就当然对提单项下货物享有所有权。对于提单持有人而言，其能否取得物权以及取得何种类型的物权，取决于当事人之间的合同约定。建行广州荔湾支行履行了开证及付款义务并取得信用证项下的提单，但是由于当事人之间没有移转货物所有权的意思表示，故不能认为建行广州荔湾支行取得提单即取得提单项下货物的所有权。虽然《信托收据》约定建行广州荔湾支行取得货物的所有权，并委托蓝粤能源公司处置提单项下的货物，但根据物权法定原则，该约定因构成让与担保而不能发生物权效力。然而，让与担保的约定虽不能发生物权效力，但该约定仍具有合同效力，且《关于开立信用证的特别约定》约定蓝粤能源公司违约时，建行广州荔湾支行有权处分信用证项下单据及货物，因此根据合同整体解释以及信用证交易的特点，表明当事人真实意思表示是通过提单的流转而设立提单质押。本案符合权利质押设立所需具备的书面质押合同和物权公示两项要件，建行广州荔湾支行作为提单持有人，享有提单权利质权。建行广州荔湾支行的提单权利质权如果与其他债权人对提单项下货物所可能享有的留置权、动产质权等权利产生冲突，可在执行分配程序中依法予以解决。"

总之，当前大部分观点认为，信托收据虽名为信托，实则并非信托合同。主要理由有二：一是根据《信托法》第15条[②]、第16条[③]之规定，信托合同及信托财产应具有高度独立性，但信托收据并非为了财产独立处置

[①] 中国建设银行股份有限公司广州荔湾支行诉广东蓝粤能源发展有限公司等信用证开证纠纷案，最高人民法院指导案例111号（2019年）。
[②] 《信托法》第15条规定："信托财产与委托人未设立信托的其他财产相区别。设立信托后，委托人死亡或者依法解散、被依法撤销、被宣告破产时，委托人是唯一受益人的，信托终止，信托财产作为其遗产或者清算财产；委托人不是唯一受益人的，信托存续，信托财产不作为其遗产或者清算财产；但作为共同受益人的委托人死亡或者依法解散、被依法撤销、被宣告破产时，其信托受益权作为其遗产或者清算财产。"
[③] 《信托法》第16条规定："信托财产与属于受托人所有的财产（以下简称固有财产）相区别，不得归入受托人的固有财产或者成为固有财产的一部分。受托人死亡或者依法解散、被依法撤销、被宣告破产而终止，信托财产不属于其遗产或者清算财产。"

而设立，其本质上是为了担保信用证或进口押汇项下银行债权而设立的，具有从属性的特点[1]。二是从信托收据的功能和目的来看，信托收据是银行通过享有名义上所有权的形式来保障其债权实现的一种手段，本质上是为债之安全提供的担保。何况，银行实务中信托收据制度尝试以所有权为基础设定信托，但在我国实践中，提单、票据、仓单等质权凭证须以直接占有为前提[2]，因此在信托收据成立后，银行将提单交给开证申请人后就丧失了实际上的所有权；银行并非所有权人，故而不成立信托关系。

但有论者认为，信托财产的所有权和受益权可由不同主体分享。比如，山东省青岛市中级人民法院在（2013）青民四商终字第16号[3]案件中认为，信托财产应当具有法律上的独立权利形态，具有表彰权利的凭证（如仓单）是独立意义上的财产权应当具有的特征。委托人即代收行通过信托收据将货物交由受托人即进口商（间接）占有、使用、处分，而受益权归受益人即代收行享有，将所有权的占有、使用、收益、处分的各项权能在代收行与进口商之间作出有利于发挥物的效用，同时实现代收行贸易融资本息回收的安排，符合我国信托法的制度规定[4]。

笔者认为，信托收据的法律性质问题应当回归其法律构造和功能定位。从法律构造观之，信托收据的交易模式具有信托关系的形式特征，但从其功能定位上观之，信托收据显然是为保障银行债之安全而创设的具有担保功能的金融衍生物。因此，在现行法律体系下，将信托收据的法律性质认定为让与担保，是一种比较恰当的解释，既可以在形式上解释所有权让与行为，又可以在功能上体现担保功能，亦不偏离信托收据制度设立的本意。

---

[1] 参见刘贵祥主编：《最高人民法院第一巡回法庭精选案例裁判思路解析（一）》，法律出版社2016年版，第44页。

[2] 通说认为，我国质权须以直接占有为前提。英国法上的信托收据制度，允许银行间接占有下仍享有提单质权。

[3] 中国建设银行股份有限公司青岛经济技术开发区支行与青岛保税区耀来国际贸易有限公司等信托纠纷案，山东省青岛市中级人民法院（2013）青民四商终字第16号民事判决书。

[4] 参见李元宏：《信托财产的所有权和受益权可由不同主体分享》，载《人民司法（案例）》2014年第18期。

三、我国信托收据制度中的权利主张冲突

在银行实务中，开证申请合同往往针对信用证项下的单据及货物约定质权条款，同时又根据信托收据设定让与担保①，由此出现了在同一个物上同时设定自物权和他物权的情形，这显然是两种不能共存的物权状态。因此，在银行主张权利时，必然面临这样一个问题：应当同时主张质权与让与担保，还是应择其一主张？有论者指出，基于双方缔约自由，不妨在二者设立之初均认可银行享有此二者的权利，但在银行主张权利时，无论是同时主张还是择其一主张，裁判者均应从有利于银行的角度认定银行所主张的质权或让与担保。②

在《民法典》实施之前，由于缺少对让与担保等非典型担保的法律规定，裁判者在认定上通常会选择支持已有的较为成熟规范体系的质权请求权基础。但《民法典》施行后，《民法典》第388条第1款规定，"担保合同包括抵押合同、质押合同和其他具有担保功能的合同"。在民法体系中正式确定了非典型担保，认定让与担保具有了明确的请求权依据。

有论者认为，银行为保障债之安全，通常会设定多重权利保障手段，如针对同一笔债权，既设定最高额保证，又在同一信用证项下货物上设定质权与让与担保，看似设定了多重保障，实则有"画蛇添足"之嫌。③ 对此，笔者认为，尽管质权与让与担保"不兼容"，但无论是主张质权或让与担保，在设立阶段均应尊重双方意思自治及商业规则，承认质权与让与担保设立的真实意思表示。而在个案中，如果此二者在权利实现上具有相同的效果，应当择其一行使，作为裁判者也应就其中之一的请求权基础进行审理。但是，只要择其一行使权利或者择其一审查权利，在某种程度上或许已经失去了信托收据制度存在的意义。

---

① 在目前大部分观点认同信托收据系让与担保的情况下，姑且不甚严谨地以让与担保论之。
② 参见刘贵祥主编：《最高人民法院第一巡回法庭精选案例裁判思路解析（一）》，法律出版社2016年版，第43~60页。
③ 参见刘贵祥主编：《最高人民法院第一巡回法庭精选案例裁判思路解析（一）》，法律出版社2016年版，第43~60页。

四、结语

综合以上分析，立足本案实践，在为可能涉及信托收据贷款提供担保的场景中，该项担保是否成立以及担保人是否需要承担担保责任，首先需要审查此项贷款是否符合信托收据贷款的本质特征，其次需要认定约定的担保范围是否包括此项信托收据贷款。就担保人而言，在提供担保时应当尽谨慎义务，以特别约定或者限定范围的形式明确担保范围，如本案前三笔贷款亦是基于非担保范围而不应承担担保责任，本案第四笔贷款虽在先认定了该笔贷款的性质，但最终系基于非担保范围而不承担担保责任。

就银行而言，在信托收据贷款的模式下，需要考虑在设置重重保障债之安全的手段下可能带来权利主张冲突的问题，尤其是信托收据的法律属性在实践中极具争议，因此，银行应当考虑如何设计或优化金融产品以获得更多的主动权。有论者提出，在信托收据制度中，银行可以通过改变信托收据合同的生效条件来获得主动权。[1]

---

[1] 参见刘贵祥主编：《最高人民法院第一巡回法庭精选案例裁判思路解析（一）》，法律出版社2016年版，第43~60页。

第三章 大额信托收据贷款担保脱保案件再探讨——以《民法典》担保制度为视角

——某银行诉温州某进出口有限公司、上海某能源有限公司等保证合同纠纷案

本章提要

本案与本书第二章所涉案件（以下简称前案）案情相似，均涉转口贸易交易背景及信用证项下信托收据贷款。但本案与前案权利主张方式不同，前案中银行同时诉请主债务人及保证人承担连带清偿责任，本案中因主债务人企业破产清算，银行仅诉请保证人承担连带保证责任。这就涉及两个层面的问题：一是程序上的问题，本案主合同因涉嫌主债务人骗取贷款罪而效力不明，根据当时《担保法》第5条①"担保合同被确认无效后，债务人、担保人、债权人有过错的，应当根据其过错各自承担相应的民事责任"之规定，在主合同效力不明的情况下，是否应当追加主债务人为共同被告，应进一步审查认定本案主合同效力及担保合同当事人应承担的责任；二是实体上的问题，即从保证人提供担保时的真实意思表示、主合同的合法性和有效性、是否符合信托收据贷款本质特征、是否超出担保范围等方面认定担保人承担责任的问题。

---

① 《担保法》第5条已被现行《民法典》第682条吸收。《民法典》第682条规定："保证合同是主债权债务合同的从合同。主债权债务合同无效，保证合同无效，但是法律另有规定的除外。保证合同被确认无效后，债务人、保证人、债权人有过错的，应当根据其过错各自承担相应的民事责任。"

温州某进出口有限公司为本案主债务人，上海某能源有限公司系本案提供最高额保证人之一，笔者接受上海某能源有限公司之委托代理本案。在前案积累经验的基础上，笔者通过对比分析本案与前案在诉讼请求、基本事实、请求权依据等异同点，建立精准有效的代理思路体系，经充分论证，本案一审法院判决驳回原告银行的诉讼请求，本案二审法院判决驳回原告银行的起诉，最终结果为：委托人上海某能源有限公司对主债务人所欠银行贷款本息人民币1263万余元不承担连带清偿责任。

从本案与前案实践中，笔者总结，经办涉信托收据贷款等金融产品的保证责任纠纷案件时，至少应有两条关键思路：一是研究信托收据贷款等金融产品本身的本质特征、法律关系、法律性质及其与主合同、担保合同的关联性；二是在《民法典》担保制度中研究保证担保责任消灭的一般性规则（此处"一般性"相对于信托收据贷款等金融产品本身的特殊性而言——笔者注）。本书第二章从"特殊性"角度分析经办涉信托收据贷款类案的思路与要点。鉴于此，本章无意再展开论述信托收据贷款的本质特征及法律性质，而是在对本案类案代理思路剖析的基础上，侧重从现行《民法典》担保制度中进一步分析保证担保责任消灭的一般性事由，以期为实务中经办此类担保纠纷案件提供有益参考。

案情概述

2009年8月17日至2011年12月16日，上海某能源有限公司、A公司、B公司、C公司、D公司、E公司分别与银行签订《最高额保证合同》，均约定为银行与温州某进出口有限公司在一定期间内签订的主合同项下的一系列债务提供最高额保证范围内的连带责任保证；保证范围为债权本金、利息（包括罚息、复利）、违约金、损害赔偿金、手续费及其他为签订或履行合同而发生的费用、债权人实现担保权利和债权所产生的费用（包括但不限于诉讼费、律师费、差旅费等）；保证期间为债务履行期届满之日后2年。

2011年11月3日，温州某进出口有限公司受上海某能源有限公司委托代理一笔高碳铬铁转口贸易，并由上海某能源有限公司提供保证，向银行申请开立一张金额为 2,658,708 美元（折合人民币 16,806,490.90 元）的进口信用证。

2012 年 3 月 2 日，温州某进出口有限公司在银行的外汇行待核查账户收到境外购货方 PR 公司支付的上述转口贸易货款 2,715,538.27 美元（折合人民币 17,165,732.10 元）。

2012 年 3 月 5 日，温州某进出口有限公司使用虚假的橡胶转口贸易材料，将上述原本用于支付高碳铬铁贸易进口信用证的贷款办理收汇并挪为他用。其中，偿还非案涉的一笔信托收据贷款本息 113 万美元；偿还境外付汇 15.75 万美元；分三笔对 141.5 万美元进行结汇，即转入温州某进出口有限公司的人民币账户，同日该账户向上海某能源有限公司转账人民币 262 万元，向温州某进出口有限公司在他行的账户转账人民币 500 万元。

2012 年 3 月 7 日，温州某进出口有限公司与银行签订编号为××××9664 的《信托收据贷款合同》（以下简称 9664《信托收据贷款合同》），约定银行向温州某进出口有限公司提供信托收据贷款 200 万美元，贷款期限自 2012 年 3 月 7 日至 4 月 21 日，并对利息（包括复利、罚息）、还款方式等作了约定。同日，银行向温州某进出口有限公司发放贷款 200 万美元。

另外，温州市鹿城区人民法院（2018）浙 0302 刑初××××号、（2019）浙 0302 刑初××××号刑事判决书认定：2012 年 3 月 7 日，温州某进出口有限公司因无力支付到期的上述高碳铬铁贸易进口信用证，温州某进出口有限公司法定代表人尤某在明知进口信用证项下的高碳铬铁货物单据及货权已转移给境外购货方并且已经收到对方货款的情况下，授意该公司财务经理胡某向银行申请信托收据贷款 200 万美元（折合人民币 12,642,600 元），并将骗取的 200 万美元银行贷款用于支付上述到期信用证。贷款到期后，温州某进出口有限公司仅于 2012 年 4 月 23 日归还本息 281,200 美元（折合人民币 1,777,549.56 元，其中本金已还 268,525 美元），温州某进出口有限公司尚欠贷款本金 1,731,475 美元。

2011 年 12 月 28 日，温州某进出口有限公司与银行签订编号为××××0242 的《信托收据贷款合同》，约定银行向温州某进出口有限公司提供信托收据贷款 199.5840 万美元，贷款期限自 2011 年 12 月 28 日起至 2012 年 3 月 27 日止，并对利息（包括复利、罚息）、还款方式等作了约定。同日，银行按约向温州某进出口有限公司发放贷款 199.5840 万美元。该笔贷款由 9664《信托收据贷款合同》项下贷款偿还。

2013 年 4 月 15 日，银行向温州市鹿城区人民法院提起诉讼，要求温州某进出口有限公司偿还贷款并要求上海某能源有限公司、A 公司、B 公司、C 公司、D 公司、E 公司承担担保责任。

2013 年 11 月 6 日，温州市鹿城区人民法院作出（2013）温鹿商初字第×××号民事裁定书，认定温州某进出口有限公司涉嫌骗取金融票证犯罪，裁定驳回银行的起诉。

2013 年 9 月 17 日，温州市龙湾区人民法院作出（2013）温龙破（预）字第×××号民事裁定书，裁定受理温州某进出口有限公司破产清算。

2014 年 1 月 27 日，温州市龙湾区人民法院作出（2013）温龙破字第×××号民事裁定书。经银行申报债权，温州某进出口有限公司破产管理人认定本案主合同项下债权本金 1,731,475 美元及截至 2013 年 9 月 16 日的利息合计 188,121.34 美元。

2016 年 1 月 19 日，银行再次向温州市鹿城区人民法院提起诉讼，要求上海某能源有限公司、A 公司、B 公司、C 公司、D 公司、E 公司对温州某进出口有限公司所欠债务承担连带清偿责任。

2016 年 6 月 16 日，温州市鹿城区人民法院作出（2016）浙 0302 民初×××号民事裁定书，认为温州某进出口有限公司涉嫌骗取金融票证犯罪，裁定驳回银行的起诉。该案件移送公安机关侦查、提起公诉、刑事审判判决，温州市鹿城区人民法院作出（2018）浙 0302 刑初×××号、（2019）浙 0302 刑初×××号刑事判决，认定温州某进出口有限公司法定代表人尤某、财务经理胡某构成骗取贷款罪。

2019 年 4 月 18 日，银行向温州市鹿城区人民法院提起诉讼，要求被告上海某能源有限公司、A 公司、B 公司、C 公司、D 公司、E 公司分别在最高限额 7000 万元、3000 万元、1500 万元、3600 万元、2000 万元、

4000万元内对温州某进出口有限公司所欠贷款本金 1,731,475 美元及利息、逾期利息 188,121.34 美元（本息暂合计人民币 12,632,479.59 元）依照破产清算程序未受清偿部分承担连带清偿责任。

争议焦点

本案系刑民交叉案件，本案一审争议焦点为：

1. 案涉 9664《信托收据贷款合同》的效力问题；
2. 案涉《最高额保证合同》的效力以及是否已过保证期间的问题；
3. 案涉各保证人是否承担保证责任的问题。

本案二审争议焦点为：

案涉《最高额保证合同》的效力及案涉债务人、保证人、债权人应承担的民事责任问题。

代理思路

本案所涉转口贸易、信用证、信托收据贷款、最高额保证等背景，讼争贷款行为及保证行为所涉相关事实复杂，笔者通过对大量证据的分析研究，历经几个月有余，从浩如烟海的证据材料中还原案涉讼争编号×××× 9664 信用证项下高碳铬铁转口贸易及相应资金流转的真实情况。

本案讼争编号××××9664 信用证项下高碳铬铁转口贸易关系如图 3-1 所示：

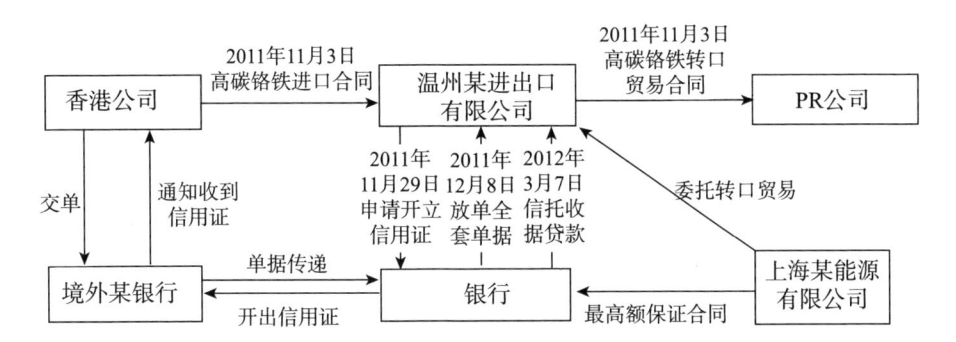

注：所展示转口贸易关系及相应资金流转情况在真实情况基础上做了简化处理。

图 3-1 本案讼争编号××××9664 信用证项下高碳铬铁转口贸易关系

本案讼争编号××××9664信用证项下高碳铬铁转口贸易货款资金流转情况如图3-2所示：

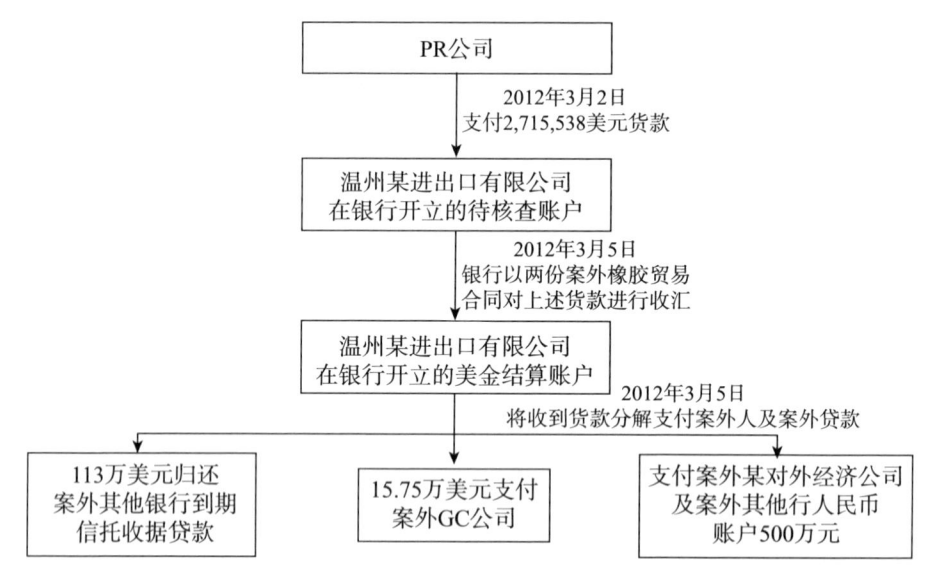

```
                    ┌─────────────┐
                    │   PR公司    │
                    └──────┬──────┘
                           │ 2012年3月2日
                           │ 支付2,715,538美元货款
                           ▼
              ┌───────────────────────┐
              │  温州某进出口有限公司  │
              │ 在银行开立的待核查账户 │
              └───────────┬───────────┘
                          │ 2012年3月5日
                          │ 银行以两份案外橡胶贸易
                          │ 合同对上述货款进行收汇
                          ▼
              ┌───────────────────────┐
              │  温州某进出口有限公司  │
              │ 在银行开立的美金结算账户│
              └───────────┬───────────┘
                          │ 2012年3月5日
                          │ 将收到货款分解支付案外人及案外贷款
        ┌─────────────────┼─────────────────┐
        ▼                 ▼                 ▼
┌──────────────┐  ┌──────────────┐  ┌──────────────────┐
│113万美元归还 │  │15.75万美元支付│  │支付案外某对外经济公司│
│案外其他银行到期│  │案外GC公司   │  │及案外其他行人民币 │
│信托收据贷款  │  │              │  │账户500万元       │
└──────────────┘  └──────────────┘  └──────────────────┘
```

图3-2　本案讼争编号××××9664信用证项下高碳铬铁贸易货款资金流转

从图3-1及图3-2展示的高碳铬铁转口贸易关系及相应资金流转情况可以看到，案涉信用证项下高碳铬铁货款实际已回笼，在客观上不存在申请信用证项下信托收据贷款的必要性。案涉贷款产生的原因在于，高碳铬铁货款并未以对应高碳铬铁贸易合同进行收汇，而是以案外橡胶贸易合同进行收汇。但该货款收汇至橡胶贸易合同项下时，并未用于偿还其本应偿还的高碳铬铁贸易信用证，亦未用于偿还其名义上收汇的橡胶贸易信用证，而是用于偿还其他案外人与银行到期贷款。基于此，为填补本案编号××××9664项下信用证资金缺口，温州某进出口有限公司就案涉编号××××9664信用证申请信托收据贷款，但此时该信用证项下高碳铬铁货物全套单据已发放给PR公司，本案编号××××9664信用证项下信托收据贷款不符合信托收据贷款的本质特征。况且，在明显不符合信托收据贷款的条件下，银行仍发放案涉贷款——根据证据资料显示，在温州某进出口有限公司申请本案贷款前一天，银行内部已先行发起审批通过本案贷款。由此可见，银行至少存在违规发放贷款的重大过错，保证人上海某能源有限公司不应对此承担最高额保证责任。

在对以上粗浅思路的进一步研判和酌定后，围绕一审争议焦点，本案代理意见主要如下[①]：

一、案涉9664《信托收据贷款合同》当属无效，且本案银行在发放贷款时存在重大过错，具体而言：

在案涉编号×××9664信用证项下高碳铬铁转口贸易已经完成的情况下，银行与温州某进出口有限公司联合，利用虚假的橡胶贸易材料办理货款结汇，并将货款用于支付温州某进出口有限公司在银行的其他到期贷款，因此，银行为温州某进出口有限公司办理的案涉讼争信用证项下信托收据货款不具有必要性、正当性、合法性，上海某能源有限公司不应承担保证责任。

经调查，本案系保证人上海某能源有限公司委托温州某进出口有限公司办理的高碳铬铁转口贸易。该高碳铬铁转口贸易过程为：

1. 2011年3月11日，温州某进出口有限公司就该笔贸易向银行申请开立编号×××9664信用证，以此为支付方式，自香港某公司处进口高碳铬铁。

2. 货物运至宁波港后，境外某银行于2011年12月8日向银行寄单索偿，温州某进出口有限公司同意承兑并约定2012年3月5日付款。后根据温州某进出口有限公司与PR公司签订的转口贸易合同约定，该批高碳铬铁货物出口给PR公司。

3. 2011年12月21日，PR公司收到该高碳铬铁提单等全套单据，并约定2012年3月2日支付货款。

4. 2012年1月10日，PR公司签收货物。2012年3月2日，PR公司按约通过电汇方式向温州某进出口有限公司支付货款271万美元，该271万美元货款同日进入温州某进出口有限公司在银行的待核查账户。

由上可见，该高碳铬铁已出售，相应货款已回笼，至此，该高碳铬铁转口贸易已完成。根据当时国家外汇管理"先支后收"政策，该271万美

---

① 下文在当时代理意见上作了适当精简，以便读者快速把握重点。

元货款在案涉编号×××× 9664信用证到期日（2012年3月7日）之前已支付，则该271万美元货款应暂时在银行的待核查账户中，待该信用证支付后方可办理收汇。但温州某进出口有限公司利用两份已付汇的橡胶进口材料和一份伪造的橡胶出口材料，编造橡胶转口贸易的事实，向银行办理该271万美元货款的收汇，而银行在明知该271万美元系编号××××9664信用证项下货款、办理收汇材料虚假的情况下，仍为温州某进出口有限公司办理收汇。需要注意的是，温州某进出口有限公司提交的橡胶转口贸易结汇材料，存在多处明显的漏洞与瑕疵，若无银行对其伪造行为的默许，温州某进出口有限公司仅凭其编造材料，无法独立完成271万美元结汇手续办理。并且，在该271万美元货款办理结汇后，银行与温州某进出口有限公司财务经理胡某共同商定，将其挪用归还其他到期债务，包括温州某进出口有限公司在银行非案涉的到期信托收据贷款113万美元。

因此，本案银行在明知案涉高碳铬铁货款已经回笼、提单等全套单据已不存在的情况下，向温州某进出口有限公司发放信托收据贷款，这一行为不具有必要性、正当性、合法性，可见其目的系为掩盖案涉高碳铬铁货款被挪用而没有资金支付案涉到期信用证的不良问题。这一事实有温州某进出口有限公司法定代表人尤某出具的说明、财务经理胡某公安讯问笔录等证据相互印证。银行之所以在不正当、不合法的情况下发放没有必要的信托收据贷款，其真实目的在于：案涉编号××××9664信用证已经作出承兑，银行在信用证到期日必须对外付款，而温州某进出口有限公司账户内的资金却不足以支付该到期信用证。在此情况下，银行必须先行支付。但银行明知案涉编号××××9664信用证项下的货款已被挪用，其支付后必然会导致追偿困难，因此以信托收据贷款的方式增设担保，为维护自身利益而实施有损保证人利益的行为。根据《合同法》第52条①的规定，9664《信托收据贷款合同》系银行与温州某进出口有限公司恶意串通之协

---

① 当时《合同法》第52条第2款"有以下情形之一的，合同无效……（二）恶意串通，损害国家、集体或者第三人利益"规定与《民法总则》第154条规定已被现行《民法典》第154条规定合并吸收。《民法典》第154条规定："行为人与相对人恶意串通，损害他人合法权益的民事法律行为无效。"

议，损害上海某能源有限公司合法利益，当属无效，上海某能源有限公司不应承担保证责任。

二、上海某能源有限公司不应承担担保责任，具体而言：

其一，承前所述，9664《信托收据贷款合同》的当事人（尤某、胡某）已被认定为骗取贷款罪，该合同应当无效，则案涉《最高额保证合同》亦应无效。

其二，本案贷款并非真实的高碳铬铁转口贸易下的信托收据贷款，不属于上海某能源有限公司提供保证责任的范围，也违背了上海某能源有限公司提供保证时的真实意思表示，上海某能源有限公司不应承担担保责任。

其三，担保制度系为保障债权人债之安全而设立。本案高碳铬铁货款实际已经回笼，该271万美元货款被挪用偿还温州某进出口有限公司在银行的其他到期贷款。因而，银行债权人在客观上并未遭受任何损失，其要求上海某能源有限公司对其未受损失的债承担保证责任，不能成立。

其四，本案信托收据贷款不同于一般流动资金借款，而是具有高度的对应性和一致性规则，即在收汇、贷款、还款各个环节中均强调一一对应。因此，信托收据贷款不可能存在借新还旧。即便银行认为其系以新贷偿还旧贷，但对于银行而言，温州某进出口有限公司在银行的贷款本息也未发生变化，银行亦未遭受任何损失，案涉贷款亦非保证人真实意思表示，上海某能源有限公司不应承担保证责任。

在本案一审过程中，银行抗辩称，温州某进出口有限公司所提供的用于办理收汇手续的橡胶转口贸易材料各方面都符合收汇手续规定，银行并不知道该材料系温州某进出口有限公司伪造。对此，笔者从收汇审查制度、银行审单义务、实际贸易背景、橡胶转口贸易合同编号、发票编号、支付方式、条款规范性等维度一一向法庭证明橡胶收汇材料的虚假编造之处。

温州市鹿城区人民法院采纳笔者观点，认为银行在案涉贷款中存在重大过错。一审法院认为：

本案争议的焦点一：涉案编号为XT××××9664的《信托收据贷款合同》的效力问题。根据本院（2018）浙0302刑初××××号、（2019）

浙0302刑初××××号刑事判决书认定，2012年3月7日，温州某进出口有限公司因无力支付到期的高碳铬铁贸易进口信用证，其法定代表人尤某在明知进口信用证项下的高碳铬铁货物单据及货权已转移给境外购货方并且已经收到对方货款的情况下，授意该公司财务经理胡某向银行申请信托收据贷款200万美元（折合人民币12,642,600元），并将骗取的200万美元银行贷款用于支付上述到期信用证。因此，温州某进出口有限公司法定代表人尤某和经理胡某已构成骗取贷款罪，分别被判处刑罚。且温州某进出口有限公司于2012年3月2日在银行的外汇行待核查账户收到境外购货方PR公司支付的转口贸易货款2,715,538.27美元（折合人民币17,165,732.10元）属于案涉编号为XT×××0242的《信托收据贷款合同》项下的信托财产，银行明知系其自己的信托财产由温州某进出口有限公司进行处置后，又贷给案涉编号为XT×××9664的《信托收据贷款合同》项下贷款，不符合信托收据贷款的本质特征。银行的上述行为违反了该行×××号文件《关于加强转口贸易业务管理的通知》的相关规定。综上，银行的行为存在重大过错，本院认定案涉编号为XT×××9664的《信托收据贷款合同》为无效合同。

本案争议的焦点二：涉案的《最高额保证合同》的效力及其是否已过保证期间的问题。上海某能源有限公司、E公司抗辩称，涉案编号为XT×××9664的《信托收据贷款合同》的当事人（尤某、胡某）已被认定为骗取贷款犯罪，该《信托收据贷款合同》无效，则作为从合同的保证合同亦无效，保证人无须承担保证责任。本院认为，根据现有的证据，不能证明各保证人在签订合同时存在受债权人、借款人欺诈的行为，而做出违背自己真实意思表示的行为。且最高额保证通常是为将来一定期间连续发生的债务提供保证，其中某一笔交易的效力并不影响最高额保证合同的效力。而普通保证则因主合同无效而无效。在最高额保证的情形下，即使主债务无效，基于主债务无效而确定的债务额也要作为最高额保证计算债务余额的基数。最高额保证人的责任是在订立合同时确立的，通过最高额保证期间和最高限额限定保证责任，不因为最高额保证期间发生的债务余额之增加而加重最高额保证人的保证责任。因此，只要是发生在最高额

第三章 大额信托收据贷款担保脱保案件再探讨——以《民法典》担保制度为视角

保证期间内，不超过最高限额的债务的余额，最高额保证人均应承担保证责任。故本院认定案涉的六份《最高额保证担保合同》有效。银行分别于2013年4月15日、2016年1月19日向鹿城区人民法院起诉主张权利，本院分别于2013年11月6日、2016年6月16日作出（2013）温鹿商初字第×××号、（2016）浙0302民初×××号民事裁定书，裁定驳回起诉。（2013）温鹿商初字第×××号案件移送公安机关侦查直至退回。（2016）浙0302民初×××号案件移送公安机关侦查、提起公诉、刑事审判判决。二次起诉①后由保证期间转为诉讼时效，本案银行于2019年4月18日起诉主张权利，故未过保证期间。上海某能源有限公司、E公司抗辩理由不能成立，本院不予采信。

本案争议的焦点三：涉案的各保证人是否应承担保证责任的问题。案涉编号为XT×××9664的《信托收据贷款合同》项下贷款发生在《最高额保证担保合同》所约定的保证期间内，但该贷款系债务人温州某进出口有限公司因无力支付到期的高碳铬铁贸易进口信用证，其法定代表人尤某在明知进口信用证项下的高碳铬铁货物单据及货权已转移给境外购货方并且已经收到对方货款的情况下，授意该公司财务经理胡某向银行申请信托收据贷款200万美元（折合人民币12,642,600元），并将骗取的200万美元银行贷款用于支付上述到期信用证，违背各保证人签订《最高额保证担保合同》时为温州某进出口有限公司提供担保的初衷，且银行本身存在重大过错，据此，上海某能源有限公司、A公司、B公司、C公司、D公司、E公司对案涉贷款本息不承担保证责任。

本案一审判决后，银行不服一审判决，并向温州市中级人民法院提起上诉，诉称一审法院认定存在重大错误，要求撤销一审判决，改判支持其一审诉讼请求。针对银行的上诉请求，笔者在本案一审代理思路的基础上，从实体认定上着重强调了案涉贷款不符合信托收据贷款的本质特征、违背案涉保证人提供保证初衷、银行具有重大过错等要点。本案二审代理

---

① 本案此前银行二次起诉，此处为第一审法院阐述事实。

意见如下①：

一、本案一审法院认定事实清楚，适用法律正确

本案中各方当事人对一审法院查明事实均无异议②，而根据已查明事实，对于案涉贷款，上诉人存在重大过错，况且，案涉贷款系主债务人骗取，非案涉各保证人真实意思表示。因此，一审法院认定案涉编号为××××9664信用证项下贷款不符合信托收据贷款的本质特征，银行具有重大过错，违背各保证人提供担保的初衷，案涉各保证人对此不承担保证责任，完全正确。

二、本案上诉人银行对案涉编号为××××9664信用证项下贷款发放存在过错，其无权要求案涉各保证人对其过错承担责任

本案上诉人银行在发放案涉信用证项下贷款时存在以下过错：

（一）第一处过错及违规行为

2011年11月29日，上诉人在明知没有收到案涉编号为××××9664信托收据贷款项下对应提单凭证的情况下，要求主债务人温州某进出口有限公司出具并不存在真实货权的信托收据。根据查明事实，上诉人实际收到案涉编号为×××9664信托收据贷款项下对应提单凭证的时间是2011年12月8日，因此，上诉人存在违规出具不真实收据的过错行为。

（二）第二处过错及违规行为

2012年3月2日，上诉人明知案涉高碳铬铁贸易货款271万美元已汇入主债务人温州某进出口有限公司在上诉人的待核查账户，但在2012年3月5日仍接受主债务人温州某进出口有限公司虚假申报案涉编号为××××242橡胶贸易合同等付汇材料，因此，上诉人存在应知或明知虚假申报材料但仍配合办理的过错。

（三）第三处过错及违规行为

在国际转口贸易过程业务中，主债务人温州某进出口有限公司使用外汇必须逐笔向外汇管理局申报，包括应向外汇管理局申报每笔款项使用的

---

① 下文在当时代理意见上作了适当精简，以便读者快速把握重点。
② 本案一审法院与二审法院查明的事实详见本文"案情概述"部分，在"代理思路"部分不再赘述。

第三章 大额信托收据贷款担保脱保案件再探讨——以《民法典》担保制度为视角

真实信息,而上诉人对此承担审核、审查等职能。而在主债务人温州某进出口有限公司虚假申报案涉编号为×××242橡胶贸易合同等付汇材料后,上诉人未尽审查义务,向外汇管理局报送该虚假信息,致使该笔外汇因表面合规而批准使用。

(四)第四处过错及违规行为

上诉人可能存在指使主债务人温州某进出口有限公司使用案涉橡胶贸易合同、发票等虚假付汇资料进行货款挪用之嫌。本案已查明事实足以证明这一点:

案涉高碳铬铁贸易货款资金已回笼,且汇入上诉人管理的外汇待核查账户,上诉人辩称对此不知情,且辩称受主债务人温州某进出口有限公司申报案涉橡胶贸易合同、发票等虚假付汇资料所骗,而将案涉高碳铬铁贸易货款错认为案涉橡胶贸易合同项下货款,这显然不能成立。更何况,主债务人温州某进出口有限公司申报的案涉橡胶贸易合同、发票等虚假付汇资料存在非常明显的漏洞,而上诉人作为专业的金融机构,没有任何理由不能发现主债务人温州某进出口有限公司编造的案涉橡胶贸易合同、发票等付汇资料虚假。

退一步而言,假定上诉人受主债务人温州某进出口有限公司申报案涉编号为×××242橡胶贸易合同、发票等虚假付汇资料所骗,而为案涉编号为×××242信用证项下叙做信托收据贷款,则根据信托收据贷款的特征,案涉编号为×××242信用证项下回笼的货款应归还至对应案涉编号为×××242项下信托收据贷款,而上诉人作为案涉编号为×××242信用证项下回笼的货款实际支配人与受益人,对此负有监管责任。而根据本案所涉高碳铬铁货款资金流转情况,该笔货款却被挪用归还其他到期贷款,结合案涉主债务人相关人员公安调查笔录等证据,可见系上诉人存在指使主债务人温州某进出口有限公司将货款结汇使用,并挪用主债务人温州某进出口有限公司在上诉人的其他到期的编号为×××8674项下等贷款的可能。

(五)第五处过错及违规行为

主债务人温州某进出口有限公司于2012年3月7日发起案涉编号为

×××9664项下信托收据贷款申请,而上诉人在2012年3月6日即已经开始内部审批贷款流程。

(六)第六处过错及违规行为

根据一审查明的事实,上诉人内部对信托收据贷款业务中货物、货权等作出了严格的对应审查义务,《贷款通则》《外汇管理条例》等相关法律法规也有明确规定。上诉人抗辩称,其发放案涉编号为×××9664项下信托收据贷款时不知道对应货物或货权不存在,明显有违常理。

三、案涉9664《信托收据贷款合同》无效

(一)因虚假事实及非双方真实意思表示而无效

1. 案涉编号为×××9664项下贷款发放时,对应货物或货权已不存在,不符合信托收据贷款的本质特征,不构成真实的信托收据贷款法律关系。

2. 上诉人违规发放案涉编号为×××9664项下贷款的目的在于掩盖案外不良到期贷款,而非建立真实的信托收据贷款法律关系。

3. 主债务人温州某进出口有限公司申请案涉编号为×××9664项下贷款的目的在于骗取贷款,而非建立真实的信托收据贷款法律关系。

因此,案涉编号为×××9664项下贷款系上诉人与主债务人温州某进出口有限公司双方的虚假意思表示,不具有建立信托收据贷款法律关系的真实意思表示,案涉9664《信托收据贷款合同》无效。

(二)因上诉人与主债务人损害保证人利益而无效

从本案已查明事实来看,上诉人与主债务人对案涉编号为×××9664项下贷款存在主观上的恶意串通之可能,上诉人的目的在于通过主债务人虚假申报材料、主债务人恶意挪用案涉高碳铬铁贸易货款、上诉人违规解付案涉高碳铬铁贸易货款等一系列行为,而收回主债务人在上诉人的其他到期贷款,避免上诉人不良贷款的发生。而主债务人的目的在于根据上诉人的指示,编造材料骗取贷款用以支付主债务人在上诉人处的其他已到期贷款。

因此,案涉编号为×××9664项下贷款系上诉人与主债务人将本不存在的案涉编号为×××9664项下贷款责任强加于被上诉人,损害了被上诉人的合法权益,当属无效。

第三章 大额信托收据贷款担保脱保案件再探讨——以《民法典》担保制度为视角

（三）违反法律法规强制性规定及公序良俗而无效

上诉人内部规定、《贷款通则》、《外汇管理条例》等均规定合法合理使用外汇，而上诉人在案涉编号为×××9664项下贷款发放时具有重大过错，其行为已违反强制性规定，更损害了我国外汇管理秩序、银行金融秩序等公序良俗，应认定无效。

四、一审法院认定被上诉人不承担保证责任正确，上诉人的上诉请求及事实理由均不能成立

案涉编号为×××9664项下贷款不符合信托收据贷款本质特征，且为上诉人与主债务人恶意串通，上诉人存在重大过错，有违案涉各保证人提供担保时的初衷。此外，承前所述，案涉9664《信托收据贷款合同》无效，根据保证债务的从属性，案涉各《最高额保证合同》亦无效，被上诉人不承担保证责任。因此，一审法院认定被上诉人不承担保证责任正确，上诉人的上诉请求及事实理由均不能成立，应予驳回。

在本案二审过程中，二审法院关注到本案温州某进出口有限公司破产管理人对银行享有的债权确认在前、案涉主债务合同即9664《信托收据贷款合同》的当事人被认定骗取贷款罪在后的事实，因此，二审法院基于审慎审理原则，认为案涉主债务合同尚处于效力不明的状态，应当追加主债务人温州某进出口有限公司作为共同被告，再进一步查明事实，故从程序上裁定撤销一审判决，并驳回银行起诉。二审法院认为：

《中华人民共和国担保法》* 第五条规定，"担保合同是主合同的从合同，主合同无效，担保合同无效。担保合同另有约定的，按照约定。担保合同被确认无效后，债务人、担保人、债权人有过错的，应当根据其过错各自承担相应的民事责任"。依据生效刑事判决认定的事实，本案主债务人温州某进出口有限公司以欺骗手段取得本案贷款，温州某进出口有限公司法定代表人尤某、财务人员胡某构成骗取贷款罪。但刑事判决未对本案编号为XT×××9664的《信托收据贷款合同》合同项下款项作退赔等处理。银行在本案中未列主债务人温州某进出口有限公司为本案当事人，未对主合同权利义务提出具体诉求。温州某进出口有限公司破

---

* 已失效。——笔者注

产管理人对本案债权的确认又发生在上述刑事判决作出之前。现本案主合同因涉及骗取贷款罪而效力不明，在主合同效力不明的情形下，银行应列主债务人温州某进出口有限公司为共同被告，并提出明确诉求，再依据保证合同的从属性及各方当事人的过错程度，认定保证合同当事人应承担的民事责任。

裁判结果

温州市鹿城区人民法院于2020年6月28日作出（2019）浙0302民初×××号民事判决：驳回原告某银行的诉讼请求。

银行不服该判决，向浙江省温州市中级人民法院提起上诉。浙江省温州市中级人民法院于2021年1月18日作出（2020）浙03民终×××号二审民事裁定，裁定：

1. 撤销浙江省温州市鹿城区人民法院（2019）浙0302民初×××号民事判决；

2. 驳回某银行的起诉。

复盘研析

在前案分析时已提到①，经办涉信托收据贷款等金融产品案件，至少应从两方面研究经办思路，一方面是研究信托收据贷款等金融产品本身适用的特殊商业规则，另一方面是研究担保制度中保证责任消灭的法律依据。相对而言，前者可称为"特殊性规则"，后者可称为"一般性规则"。在前案及本案代理委托人成功"脱保"的经验中，笔者总结，特殊性规则可以在行为模式上指出所涉贷款行为或担保行为是否符合此类金融产品的法律特征，但论证讼争贷款及担保的责任承担问题时，仍应适用一般性规则进行认定。如前案中，根据信托收据贷款这类产品的特殊性规则，前案第四笔贷款显然不符合信托收据贷款的本质特征，因此根据前案担保合同约定，前案第四笔贷款不符合约定担保范围，根据当时《担保

---

① 详见本书第二章。

法》第18条①、第21条②之规定，进一步认定前案保证人台州某化工进出口公司不承担保证责任。本案中，案涉编号为×××9664信托收据贷款亦不符合信托收据贷款的法律特征，一审法院认为该笔贷款系骗取贷款行为，且银行本身存在重大过错，违背了各保证人提供担保的初衷，根据当时《担保法》第5条第1款③规定，各保证人不承担责任。

为此，基于前案与本案实践，下文将对刑民交叉案件中主债权债务合同及担保合同的效力、《民法典》担保制度中的保证担保制度、保证担保责任消灭的一般性规则④等问题进行梳理，以期为实务提供有益参考。

一、刑民交叉案件中主债权债务合同及担保合同的效力认定

刑民交叉案件中民事合同的效力问题争议由来已久，在《全国法院民商事审判工作会议纪要》（以下简称《九民纪要》）发布之前，实践中绝大部分观点持涉刑事犯罪的民事合同绝对无效之立场。《九民纪要》第128条至第130条确立了刑民交叉案件中民商事案件与刑事案件分别审理的原则，一定程度上倒逼司法实践重新审视涉刑事犯罪的民事合同效力问题。但《九民纪要》仅在审理程序上明确刑民交叉案件分别审理的规则，并未对涉及刑事犯罪时民事合同效力的实体认定问题作出规定。尤其是关于骗取贷款罪等金融犯罪中主债权债务合同及担保合同的效力问题，至《民法典》实施以后，实践中尚存争议，当前演变为四种主要观点：

第一，绝对无效说。涉刑事犯罪的民事合同绝对无效的观点，以《民

---

① 《担保法》第18条已被现行《民法典》第688条吸收。《民法典》第688条规定："当事人在保证合同中约定保证人和债务人对债务承担连带责任的，为连带责任保证。连带责任保证的债务人不履行到期债务或者发生当事人约定的情形时，债权人可以请求债务人履行债务，也可以请求保证人在其保证范围内承担保证责任。"

② 《担保法》第21条已被现行《民法典》第691条吸收。《民法典》第691条规定："保证的范围包括主债权及其利息、违约金、损害赔偿金和实现债权的费用。当事人另有约定的，按照其约定。"

③ 《担保法》第5条已被现行《民法典》第682条吸收。《民法典》第682条规定："保证合同是主债权债务合同的从合同。主债权债务合同无效的，保证合同无效，但是法律另有规定的除外。保证合同被确认无效后，债务人、保证人、债权人有过错的，应当根据其过错各自承担相应的民事责任。"

④ 我国担保制度体系中，实务中通常所称的担保指狭义担保，包括保证（人保）、担保物权（物保）、定金（金钱）三大类，而广义上的担保还包括保全，保全包括代位权和撤销权。本案所涉系各保证人以其信用为主债务人提供最高额保证担保，因此，本文中也仅讨论现行《民法典》下保证人不承担保证责任的情形，本文所出现的担保人也均指保证人。

法典》第153条第1款①之规定作为认定刑事犯罪合同一律无效的依据。该观点认为，犯罪行为损害的是国家利益和社会公共利益，《刑法》中的禁止性规定应属于效力性、强制性规定，故主债权债务合同因违反法律、行政法规的强制性规定而归于无效。2013年《浙江省高级人民法院、浙江省人民检察院、浙江省公安厅关于办理当前集资类刑事案件适用法律若干问题的会议纪要（三）》（浙高法〔2013〕241号）②、2014年《江苏省高级人民法院关于民间借贷中刑民交叉问题的纪要》（江苏高院审委会会议纪要〔2014〕4号）③、2015年《安徽省高级人民法院关于办理非法集资刑事案件若干问题的意见》④均持这一立场。

第二，分别认定说。该观点提出，应扬弃涉刑事犯罪的民事合同绝对无效的立场，并提倡进行犯罪行为和合同行为的分别判断，其理由在于：大前提（违反效力性强制性规定的民事行为都无效）、小前提（犯罪行为

---

① 《民法典》第153条第1款规定："违反法律、行政法规的强制性规定的民事法律行为无效。但是，该强制性规定不导致该民事法律行为无效的除外。"

② 《浙江省高级人民法院、浙江省人民检察院、浙江省公安厅关于当前办理集资类刑事案件适用法律若干问题的会议纪要（三）》（浙高法〔2013〕241号）第10条规定："审慎认定刑民交叉情况下民间借贷合同和担保合同的效力。审理民间借贷纠纷案件时，如果相关刑事判决已经生效，且讼争借贷已被刑事裁判认定为非法集资犯罪事实，为避免刑事、民事判决矛盾冲突，原则上应认定借贷合同无效。根据担保法的精神，涉及非法集资类犯罪的借贷合同无效的，担保合同一般应认定为无效。担保人承担的责任应根据案件实际情况按以下原则区别对待：（一）刑事被告人以其实际控制的财产为非法集资提供担保的，一般不认定出借人对担保财产享有优先受偿权。（二）第三人提供担保的，可依照担保法司法解释第八条的规定，在主合同无效导致担保合同无效的情形下，根据担保人的过错使其在债务人不能清偿债务的三分之一限额内承担责任。（三）第三人提供担保，担保人属于明知借款人从事非法集资，或存在其他严重过错导致担保合同无效的，担保人的连带赔偿责任可不受前述三分之一限额责任的限制。构成共犯的，还应依法承担刑事责任。"

③ 《江苏省高级人民法院关于民间借贷中刑民交叉问题的纪要》（江苏高院审委会会议纪要〔2014〕4号）第5条规定："借款人的借款行为已经被人民法院生效判决认定构成非法集资犯罪，出借人起诉保证人要求承担保证责任的，人民法院应当认定相应的借款合同和担保合同无效，并依据《中华人民共和国担保法》第五条的规定确定担保人的民事责任。"

④ 2015年6月3日发布的《安徽省高级人民法院关于办理非法集资刑事案件若干问题的意见》第6条关于刑民交叉的处理问题规定："根据《合同法》第52条规定，非法集资案件中的借款合同均属于无效合同。对于设定担保的借款合同，担保合同作为借款合同的从合同，其效力也应随主合同的无效而归于无效。该部分数额应当计入非法集资数额。对于集资参与者先行提起民事诉讼，且人民法院已作出生效民事判决的，该部分事实原则上不再作为刑事案件处理。无论是通过民事诉讼所确定的赔偿数额，还是刑事诉讼所确定的赃款返还数额，在统一执行、分配时，应遵循'相同事实，相同处理'的原则，即按照借款数额、已返还本金及支付利息的情况等同一处理。"

损害国家、社会公共利益)、结论(规定犯罪的刑法属于效力性强制性规范,涉刑事犯罪的合同属于无效合同)这一经典的三段论虽看似对"涉刑事犯罪的合同无效"的命题进行了自洽的演绎推理,但实则存在对象错误的逻辑纰漏。因为上述大前提中违反效力性强制性规定的主语是民事行为,而小前提中损害国家、社会公共利益的主体为犯罪行为,这属于典型的对象错误导致推论错误,根本原因在于没有厘清犯罪行为与民事行为的关系,混淆了民法与刑法的评价对象,缺乏部门法之间的贯通性思维。①《最高人民法院公报》中案例曾采这一立场②,认为合同一方当事人可能被追究刑事责任,并不当然影响民间借贷合同以及相对应的担保合同的效力。

第三,合同相对人是否参与犯罪的判断标准说。该观点源于《陕西省高级人民法院民二庭关于公司纠纷、企业改制、不良资产处置及刑民交叉等民商事疑难问题的处理意见》(陕高法〔2007〕304号)第5条,该条指出先刑后民并非审理刑民交叉案件的基本原则,而只是审理刑民交叉案件的一种处理方式,并倾向认为:"应以合同相对人或其工作人员参与犯罪与否为标准进行划分。合同相对人或其工作人员参与犯罪的,对该单位与合同相对人之间签订的合同应当认定无效;合同相对人或其工作人员没有参与犯罪的,对该单位和合同相对人之间签订的合同不因行为人构成刑事犯罪而认定无效。"

第四,可撤销合同说。该观点体现了私法领域意思自治的基本原则,认为要慎用合同无效规则,合同并不因一方当事人缔约时的诈骗行为构成犯罪而当然无效,但该行为人在签订合同时,主观上应构成欺诈,其欺诈行为损害相对人或第三人利益,因而该合同属于民法上的可撤销合同。如有裁判者认为,合同并不因一方当事人缔约时的诈骗行为构成犯罪而当然无效,涉诈骗合同属于合同法上的可撤销合同,可撤销权在未受诈骗一方③。

---

① 胡扬、周凌子:《涉刑事犯罪合同效力的认定规则》,载《人民法院报》2021年5月13日,第6版。
② 吴某某诉陈某某、王某某及德清县中建房地产开发有限公司民间借贷、担保合同纠纷案,载《最高人民法院公报》2011年第11期。
③ 参见王纯强:《刑民交叉案件中对担保合同效力的审查》,载《人民司法(案例)》2019年第32期。

最高人民法院（2012）民再申字第 212 号①案件、（2014）民申字第 1544 号②案件、（2014）民申字第 2093 号③案件、（2013）民二终字第 136 号④案件等案件中都持这一观点。

从以上可以看到，实务中对于审查涉刑事犯罪的民事合同效力的思路在逐渐变化，尽管目前尚未形成统一论调，但已突破了绝对无效说的传统立场。传统绝对无效说的现实批判性在于：刑、民程序对同一法律事实的否定评价保持一致，符合普遍观念，但绝对无效说的裁判思路无疑会给担保人滥用犯罪抗辩逃废债务提供机会，不利于当前银行业不良贷款处置及金融生态环境的良性发展。⑤ 最高人民法院曾在 2017 年发布的一例刑民交叉案件⑥中强调，审判实践中，为防止个别当事人利用刑事案件干扰民事诉讼，逃避法律责任，应当依法区分不同情形作出处理；既要避免绝对的"先刑后民"，也要充分尊重刑事案件对相关事实的认定和处理，发挥民事案件和刑事案件相辅相成的作用。因此，当前应达成基本共识，即不能仅以民事合同涉嫌刑事犯罪而直接认定无效，民事合同的效力须进一步论证。对这一审查思路的变化趋势，笔者亦遵从之。

笔者认为，基于民法与刑法的不同评价体系⑦，民事合同涉嫌刑事犯

---

① 岳阳友协置业有限公司与交通银行股份有限公司佛山南海支行借款合同纠纷案，最高人民法院（2012）民再申字第 212 号民事裁定书。

② 潘某与靖江市润元农村小额贷款有限公司等借款合同纠纷案，最高人民法院（2014）民申字第 1544 号民事裁定书。

③ 南京华新文科技有限公司等诉江苏紫金农村商业银行股份有限公司城中支行等金融借款合同纠纷案，最高人民法院（2014）民申字第 2093 号民事裁定书。

④ 赤峰宝马煤炭物资有限责任公司与张某某等合同纠纷案，最高人民法院（2013）民二终字第 136 号民事裁定书。

⑤ 参见詹巍：《论商事裁判中刑民交叉案件的犯罪构成与合同效力认定》，载《法治研究》2016 年第 6 期。

⑥ 参见（2017）最高法民终 17 号内蒙古生力资源（集团）有限责任公司与内蒙古伊东煤炭集团有限责任公司、华融金融租赁股份有限公司等确认合同无效纠纷案。

⑦ 民事合同行为与刑事违法行为在评价对象及保护法益上并不对等，从评价对象上观之，民事合同行为往往是发生在相对人之间的单个具体行为，而刑事犯罪行为评价的对象是数个单个具体行为的集合，如集资类犯罪行为与民间借贷行为在评价对象上不可能等价。从保护法益上观之，民事合同行为系典型的私法自治，强调的是主体之间的意思自治与平等自决，而刑法具有公法性质，以打击犯罪行为、保护国家和人民为宗旨，针对的是具有严重社会危害性的犯罪行为。

第三章　大额信托收据贷款担保脱保案件再探讨——以《民法典》担保制度为视角

罪并不当然导致民事合同无效①。在刑民交叉案件中，犯罪行为和合同行为应当分别依据刑法及民法体系进行相应评价。但是，根据《民法典》第153条第1款②引致"强制性规定"不应仅限缩于民商事有关的部门法规定，否则，有违立法本意③。申言之，刑法亦应作为该条规定中影响合同效力判断的"强制性规定"之一，即当合同行为同时构成刑法上禁止性行为时，应当根据《民法典》第153条第1款的"强制性规定"引致刑法上的禁止性规定进而对合同效力作出否定性评价。在此需要指出的是，根据《民法典》第153条第1款中的"强制性规定"引致刑法规定进行评价，本质上仍是在民法体系下审查合同效力，但对于合同行为在犯罪构成上是否具有重合性，比较合理的做法是，应从规范目的和犯罪构成的视角认定犯罪行为对合同效力的影响。④

回归到本案中，对于案涉9664《信托收据贷款合同》的效力问题，本案两级法院也遵循民、刑分别审理的原则。一审法院根据转口贸易的有关规定，认为银行在明知系其信托财产（2012年3月2日，主债务人温州某进出口有限公司在银行外汇待核查账户收到境外购买方支付的转口贸易货款271万美元）由主债务人温州某进出口有限公司进行处置后，又贷给9664《信托收据贷款合同》项下贷款，不符合信托收据贷款的本质特征，银行行为违反了其内部关于加强转口贸易业务管理的相关规定，存在重大过错，故认定9664《信托收据贷款合同》为无效合同。二审法院认为，破产管理人对案涉9664《信托收据贷款合同》项下的债权确认在前，温

---

① 至于是否认定为可撤销合同，应基于债权人诉讼策略及利益最大化的考量，一般不会选择撤销主合同的诉讼路径，故在此暂按不表。此外，可撤销合同在被撤销之前仍属于有效合同，因此涉刑事犯罪合同的效力问题本质上应归于无效或有效的问题。

② 《民法典》第153条第1款规定："违反法律、行政法规的强制性规定的民事法律行为无效。但是，该强制性规定不导致该民事法律行为无效的除外。"

③ 最高人民法院曾于1999年12月19日发布的《关于适用〈中华人民共和国合同法〉若干问题的解释（一）》第4条明确：合同法实施以后，人民法院确认合同无效，应当以全国人大及其常委会制定的法律和国务院制定的行政法规为依据，不得以地方性法规、行政规章为依据。《民法典》第153条第1款沿袭了《合同法》第52条第5项之规定，因此，该条款所规定的"强制性规定"应指立法位阶上的法律与行政法规，不局限于民商事的部门法。

④ 参见詹巍：《论商事裁判中刑民交叉案件的犯罪构成与合同效力认定》，载《法治研究》2016年第6期。

州某进出口有限公司骗取贷款而被刑事判决在后，且刑事判决未对该合同项下款项作退赔等处理，因此该合同效力不明，应当列温州某进出口有限公司为共同被告，再进一步认定担保人的责任问题。

总之，在刑民交叉案件中，主债权债务合同并不因刑事犯罪行为而当然无效，而应根据民法体系对主债权债务合同效力进行进一步认定。如果根据《民法典》相关规定，主债权债务合同无效，则基于担保合同的从属性，担保合同亦应认定为无效。在担保合同被确认无效的情况下，根据《民法典》第388条第2款①之规定，债务人、担保人和债权人有过错的，应当根据其过错各自承担相应的民事责任。但需要指出的是，普通保证因主合同无效而无效，而最高额保证相对具有较强的独立性。最高额保证通常是为将来一定期间连续发生的债务提供保证，其中某一笔交易的效力并不影响最高额保证合同的效力。其法理在于：最高额保证是就债权人与主债务人之间在一定期间内连续发生的不特定债权，由保证人在最高债权限额内承担保证责任的担保。最高额保证与债权确定期间内发生的具体债权之间并无一一对应关系，因此，产生某一具体债权的合同被认定无效，并不影响最高额保证合同的效力。② 本案中一审认为，在最高额保证的情况下，即使案涉这一笔主债务无效，基于主债务无效而确认的债务额也要作为最高额保证计算债务余额的基数。因此，只要是发生在最高额保证期间内，不超过最高限额的债务的余额，最高额保证人均应承担保证责任，如最高人民法院在（2007）民二终字第36号③案件中采此立场。

二、《民法典》担保体系中的保证担保制度

承前所述，涉刑事犯罪的主债权债务合同及担保合同效力问题的认定思路发生改变，民、刑分别审理认定已达成基本共识。因此，对于主债权债务合同和担保合同效力及责任承担问题，应根据现行《民法典》担保制

---

① 《民法典》第388条第2款规定："担保合同被确认无效后，债务人、担保人、债权人有过错的，应当根据其过错各自承担相应的民事责任。"
② 参见高圣平：《最高额保证合同法律适用中的争议问题》，载《政治与法律》2021年第8期。
③ 风神轮胎股份有限公司与中信银行股份有限公司天津分行、河北宝硕股份有限公司借款担保合同纠纷案，载《最高人民法院公报》2008年第2期。

度进行认定。

在《民法典》实施之前，我国担保制度历经了《民法通则》[①]、《担保法》[②]、《物权法》[③] 三个阶段。在这三个阶段中，关于担保制度的有关规定散落在各个部门法中。比如，在 2007 年《物权法》颁布施行后，担保物权制度归入《物权法》，保证制度仍适用《担保法》，定金制度同时规定在《合同法》与《担保法》中，并未形成体系化的构建，导致实践中适用存在一定程度的混乱。

现行《民法典》对此前单行民事法律进行了调整和修改，采用物权和债权二分的立法方式，在具体规则、立法理念、核心价值等方面进行了体系化的编排，其中第二编物权编的第四分编担保物权，将担保物权归入物权框架，第三编合同编的第二分编第十三章规定了保证合同。现行《民法典》担保制度内在体系包括公正、自由、平等、安全和效率，在制度构件和法律适用中，有力地推动了这些价值的最大化及其融贯性实现。[④] 在 2021 年 1 月 1 日《民法典》施行的同时，《最高人民法院关于适用〈中华人民共和国民法典〉有关担保制度的解释》（以下简称《担保制度司法解释》）配套施行。《担保制度司法解释》清理废止了以往担保有关的司法解释，在保证合同、担保物权、非典型担保、增信手段、担保交易秩序等方面更好地实现《民法典》担保制度的理解与适用。

当前《民法典》担保制度包括保证合同、担保物权及金钱担保三大类，笔者总结如图 3-3 所示：

---

① 1987 年开始施行的《民法通则》规定了保证、抵押、定金和留置四种担保形式，并未规定质押。

② 1995 年开始施行的《担保法》规定了总则、保证、抵押、留置、定金，并在《民法通则》基础上增加了质押担保。后 2000 年发布的《最高人民法院关于适用〈中华人民共和国担保法〉若干问题的解释》对《担保法》的解释和适用作出进一步规定，也在一定程度上周延《担保法》未尽规定，如规定了保证期间约定不明情况下的推定规则。

③ 2007 年施行的《物权法》对《担保法》确立的担保制度体系进行重新架构，以抵押、质押、留置这三种担保行为作为典型的担保物权制度，但保证制度仍规定于《担保法》，定金制度同时规定于《合同法》及《担保法》之中。值得注意的是，《物权法》第 178 条规定了《担保法》与《物权法》规定不一致时，优先适用《物权法》的法律适用规则。

④ 谢鸿飞：《〈民法典〉担保制度内在体系的变迁》，载《东南学术》2021 年第 5 期。

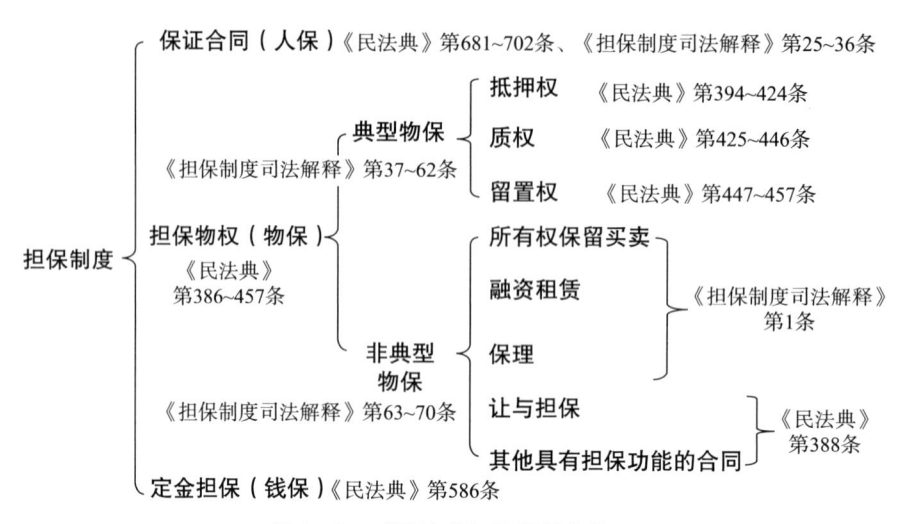

```
                    ┌─ 保证合同（人保）《民法典》第681~702条、《担保制度司法解释》第25~36条
                    │
                    │                    ┌─ 抵押权   《民法典》第394~424条
                    │          典型物保 ─┼─ 质权     《民法典》第425~446条
                    │  《担保制度司法解释》第37~62条
                    │                    └─ 留置权   《民法典》第447~457条
担保制度 ─┤ 担保物权（物保）
                    │  《民法典》            ┌─ 所有权保留买卖
                    │  第386~457条          │
                    │                      ├─ 融资租赁
                    │          非典型      │                  《担保制度司法解释》
                    │          物保    ────┤─ 保理              第1条
                    │                      │
                    │  《担保制度司法解释》第63~70条
                    │                      ├─ 让与担保         《民法典》
                    │                      └─ 其他具有担保功能的合同   第388条
                    │
                    └─ 定金担保（钱保）《民法典》第586条
```

图 3-3 《民法典》担保制度体系

其中，保证担保制度主要包括保证主体、保证范围、保证责任、保证期间、效力及担保独立性问题等具体规则，笔者总结如图3-4所示：

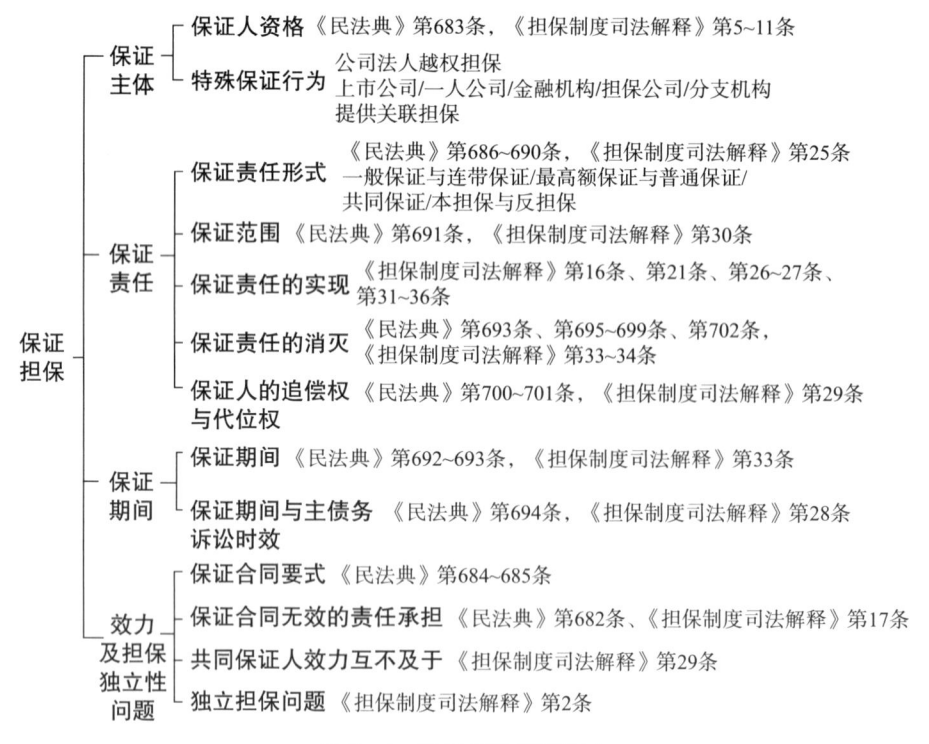

```
         ┌─ 保证 ─┬─ 保证人资格《民法典》第683条，《担保制度司法解释》第5~11条
         │  主体  │
         │        └─ 特殊保证行为  公司法人越权担保
         │                        上市公司/一人公司/金融机构/担保公司/分支机构
         │                        提供关联担保
         │
         │        ┌─ 保证责任形式  《民法典》第686~690条，《担保制度司法解释》第25条
         │        │               一般保证与连带保证/最高额保证与普通保证/
         │        │               共同保证/本担保与反担保
         │        │
         │ 保证  ├─ 保证范围  《民法典》第691条，《担保制度司法解释》第30条
         │ 责任  │
         │        ├─ 保证责任的实现  《担保制度司法解释》第16条、第21条、第26~27条、
         │        │                  第31~36条
保证    │        │
担保 ──┤        ├─ 保证责任的消灭  《民法典》第693条、695~699条、第702条，
         │        │                  《担保制度司法解释》第33~34条
         │        │
         │        └─ 保证人的追偿权  《民法典》第700~701条，《担保制度司法解释》第29条
         │           与代位权
         │
         │ 保证   ┌─ 保证期间  《民法典》第692~693条，《担保制度司法解释》第33条
         │ 期间  │
         │        └─ 保证期间与主债务  《民法典》第694条，《担保制度司法解释》第28条
         │           诉讼时效
         │
         │ 效力   ┌─ 保证合同要式  《民法典》第684~685条
         │ 及担保 │
         │ 独立性 ├─ 保证合同无效的责任承担  《民法典》第682条、《担保制度司法解释》第17条
         │ 问题   │
         │        ├─ 共同保证人效力互不及于  《担保制度司法解释》第29条
         │        │
         │        └─ 独立担保问题  《担保制度司法解释》第2条
```

图 3-4 保证担保制度体系

个案中影响主债权债务合同及保证合同效力及责任承担的具体情形或因素具有差异性，但根据保证担保制度体系，可以对实践中影响主债权债务合同及保证合同效力及主要争议情形做以下概括分析：

(一) 关于保证主体资格及特殊保证行为的问题

《民法典》第683条①规定了禁止提供担保的主体范围，《担保制度司法解释》第5~11条②对此进行进一步解释。一般而言，非营利法人或非法人组织原则上不具有保证人资格，但在上述规定但书中的情形除外。

保证主体基于其特殊性，对外作出的保证行为亦具有特殊性与争议性。比如，公司越权担保问题历来存在争议，上市公司、一人公司、金融机构、担保公司等主体对外担保引发的法律问题亦为实务界所关注。

公司越权担保问题规定于《公司法》第16条③、《民法典》第61条④、第504条⑤以及《担保制度司法解释》第7条⑥，明确公司向其他企

---

① 《民法典》第683条规定："机关法人不得为保证人，但是经国务院批准为使用外国政府或者国际经济组织贷款进行转贷的除外。以公益为目的的非营利法人、非法人组织不得为保证人。"

② 《担保制度司法解释》第5~11条将机关法人、居民委员会、村民委员会以及以公益为目的的非营利性学校、幼儿园、医疗机构、养老机构等原则上排除在提供担保主体范围之外，并对公司提供担保、上市公司提供担保等特殊担保情形进行明确。详细参见《担保制度司法解释》第5~11条。

③ 《公司法》第16条规定："公司向其他企业投资或者为他人提供担保，依照公司章程的规定，由董事会或者股东会、股东大会决议；公司章程对投资或者担保的总额及单项投资或者担保的数额有限额规定的，不得超过规定的限额。公司为公司股东或者实际控制人提供担保的，必须经股东会或者股东大会决议。前款规定的股东或者受前款规定的实际控制人支配的股东，不得参加前款规定事项的表决。该项表决由出席会议的其他股东所持表决权的过半数通过。"

④ 《民法典》第61条规定："依照法律或者法人章程的规定，代表法人从事民事活动的负责人，为法人的法定代表人。法定代表人以法人名义从事的民事活动，其法律后果由法人承受。法人章程或者法人权力机构对法定代表人代表权的限制，不得对抗善意相对人。"

⑤ 《民法典》第504条规定："法人的法定代表人或者非法人组织的负责人超越权限订立的合同，除相对人知道或者应当知道其超越权限外，该代表行为有效，订立的合同对法人或者非法人组织发生效力。"

⑥ 《担保制度司法解释》第7条规定："公司的法定代表人违反公司法关于公司对外担保决议程序的规定，超越权限代表公司与相对人订立担保合同，人民法院应当依照民法典第六十一条和第五百零四条等规定处理：(一) 相对人善意的，担保合同对公司发生效力；相对人请求公司承担担保责任的，人民法院应予支持。(二) 相对人非善意的，担保合同对公司不发生效力；相对人请求公司承担赔偿责任的，参照适用本解释第十七条的有关规定。法定代表人超越权限提供担保造成公司损失，公司请求法定代表人承担赔偿责任的，人民法院应予支持。第一款所称善意，是指相对人在订立担保合同时不知道且不应当知道法定代表人超越权限。相对人有证据证明已对公司决议进行了合理审查，人民法院应当认定其构成善意，但是公司有证据证明相对人知道或者应当知道决议系伪造、变造的除外。"

业投资或者为他人提供担保，依照公司章程的规定，由董事会或者股东会、股东大会决议。《九民纪要》第17条①指出，公司担保行为必须以公司股东会、股东大会或者董事会等公司决议机关作出决议，这一规则意在限制法定代表人的代表权。根据《民法典》第61条第3款及《担保制度司法解释》第7条之规定，公司越权担保中保证合同效力问题还应判断相对人是否善意。此处所称"善意"系指相对人在订立担保合同时不知道且不应当知道法定代表人超越权限。这就意味着，相对人（通常为债权人）应有证据证明其已尽到了合理注意义务，要求对公司决议进行合理审查，包括但不限于查验保证人公司章程规定、有关决议的签字人数、表决权比例是否符合公司章程规定。如相对人尽到上述审查义务后，应认定相对人系善意，基于保护善意相对人，保证合同应认定有效；如相对人非善意或公司有证据证明相对人知道或者应当知道决议系伪造、变造，担保合同对公司不发生效力，根据《民法典》第682条②第2款及《担保制度司法解释》第17条③之规定，相对人可以要求公司承担赔偿责任。

公司为关联方提供担保时要求必须经股东会或股东大会决议，《九民纪要》第18条④规定，公司为公司股东或者实际控制人提供担保的，必须经股东会或者股东大会决议。据此，在公司关联担保的情况下，债权人应当审查股东会或者股东大会决议，相较于非关联担保，债权人负有更高的注意义务和审查责任。虽《九民纪要》并未对债权人审查公司章程作出强

---

① 《九民纪要》第17条对违反《公司法》第16条构成越权代表的审判工作作出规定。
② 《民法典》第682条规定："保证合同是主债权债务合同的从合同。主债权债务合同无效的，保证合同无效，但是法律另有规定的除外。保证合同被确认无效后，债务人、保证人、债权人有过错的，应当根据其过错各自承担相应的民事责任。"
③ 《担保制度司法解释》第17条规定："主合同有效而第三人提供的担保合同无效，人民法院应当区分不同情形确定担保人的赔偿责任：（一）债权人与担保人均有过错的，担保人承担的赔偿责任不应超过债务人不能清偿部分的二分之一；（二）担保人有过错而债权人无过错的，担保人对债务人不能清偿的部分承担赔偿责任；（三）债权人有过错而担保人无过错的，担保人不承担赔偿责任。主合同无效导致第三人提供的担保合同无效，担保人无过错的，不承担赔偿责任；担保人有过错的，其承担的赔偿责任不应超过债务人不能清偿部分的三分之一。"
④ 《九民纪要》第18条对公司越权担保情形中债权人善意的判断标准是指债权人不知道或者不应当知道法定代表人超越权限订立担保合同，并指出在公司关联担保与非关联担保中善意的判断标准有所区分。该条进一步对善意与否的举证责任、债权人的审查义务等进行明确。

制性要求，但债权人在审查保证人公司决议是否符合《公司法》及公司章程规定时，实际上还应审查公司章程中有关担保及股东会或股东大会决议相关规定，以尽到谨慎的注意义务。

《担保制度司法解释》第 8 条①对无须股东会、股东大会或者董事会决议的情形作出例外规定，主要包括金融机构开立保函或者担保公司提供担保、公司为其全资子公司开展经营活动提供担保、担保合同系由单独或者共同持有公司三分之二以上对担保事项有表决权的股东签字同意三种情形。其中，对于第一种情形，金融机构与担保公司作为特殊的担保主体，其主要经营活动范围为担保业务，本身亦具有专业的风险识别能力，且受到监管机构的严格管控，故其对外提供保证担保或出具保函无须公司作出相关决议。但对于后两者情形，基于保护经济市场及中小股东利益的现实需要，不能适用于上市公司提供担保的情形。

在上市公司提供担保的情形中，《九民纪要》第 22 条②及《担保制度司法解释》第 9 条③均强调上市公司对外提供担保的信息披露义务。根据上市公司公开披露的关于担保事项已经董事会或股东大会决议通过的信息，债权人与上市公司订立的保证合同有效并有权要求上市公司承担保证责任。换言之，要求上市公司承担保证责任的前提系依据其公开披露的对外担保有关信息，即便是债权人与上市公司已公开披露的控股子公司签订

---

① 《担保制度司法解释》第 8 条规定："有下列情形之一，公司以其未依照公司法关于公司对外担保的规定作出决议为由主张不承担担保责任的，人民法院不予支持：（一）金融机构开立保函或者担保公司提供担保；（二）公司为其全资子公司开展经营活动提供担保；（三）担保合同系由单独或者共同持有公司三分之二以上对担保事项有表决权的股东签字同意。上市公司对外提供担保，不适用前款第二项、第三项的规定。"

② 《九民纪要》第 22 条明确了上市公司为他人提供担保的合同效力，规定："债权人根据上市公司公开披露的关于担保事项已经董事会或者股东大会决议通过的信息订立的担保合同，人民法院应当认定有效。"

③ 《担保制度司法解释》第 9 条规定："相对人根据上市公司公开披露的关于担保事项已经董事会或者股东大会决议通过的信息，与上市公司订立担保合同，相对人主张担保合同对上市公司发生效力，并由上市公司承担担保责任的，人民法院应予支持。相对人未根据上市公司公开披露的关于担保事项已经董事会或者股东大会决议通过的信息，与上市公司订立担保合同，上市公司主张担保合同对其不发生效力，且不承担担保责任或者赔偿责任的，人民法院应予支持。相对人与上市公司已公开披露的控股子公司订立的担保合同，或者相对人与股票在国务院批准的其他全国性证券交易场所交易的公司订立的担保合同，适用前两款规定。"

的保证合同，或者债权人与股票在国务院批准的其他全国性证券交易场所交易的公司订立的担保合同，亦要求上市公司履行信息披露义务。针对上市公司对外担保的程序规范，中国证监会、公安部、国资委及中国银保监会于2022年1月28日联合公布《上市公司监管指引第8号——上市公司资金往来、对外担保的监管要求》（中国证券监督管理委员会公告〔2022〕26号），对其进行明确规定。

一人公司提供关联担保以及对外承担担保责任，遵循《公司法》第63条[①]规定的一人公司与股东财产相互独立的区分原则。《担保制度司法解释》第10条[②]将一人公司承担担保责任导致无法清偿其他债务时的举证责任分配给股东，如果提供担保时的股东不能证明公司财产独立于自己的财产，则该股东应当对其他债权人承担连带责任。

（二）关于保证责任的权利实现

保证担保包括一般保证和连带责任保证两种基本责任形式。根据主债权性质不同，保证担保包括普通保证与最高额保证两种类型。根据设立目的不同，保证担保还可以区分为本担保与反担保。

保证责任范围以当事人意思自治为原则，但不能大于主债务，否则，有违担保从属性原则。在没有约定或者约定不明确的情况下，《民法典》第691条[③]规定保证范围包括主债权及其利息、违约金、损害赔偿金和实现债权的费用。在当事人约定或承担担保责任大于主债务时，《九民纪要》第55条[④]

[①] 《公司法》第63条规定："一人有限责任公司的股东不能证明公司财产独立于股东自己的财产的，应当对公司债务承担连带责任。"

[②] 《担保制度司法解释》第10条规定："一人有限责任公司为其股东提供担保，公司以违反公司法关于公司对外担保决议程序的规定为由主张不承担担保责任的，人民法院不予支持。公司因承担担保责任导致无法清偿其他债务，提供担保时的股东不能证明公司财产独立于自己的财产，其他债权人请求该股东承担连带责任的，人民法院应予支持。"

[③] 《民法典》第691条规定："保证的范围包括主债权及其利息、违约金、损害赔偿金和实现债权的费用。当事人另有约定的，按照其约定。"

[④] 《九民纪要》第55条规定："担保人承担的担保责任范围不应当大于主债务，是担保从属性的必然要求。当事人约定的担保责任的范围大于主债务的，如针对担保责任约定专门的违约责任、担保责任的数额高于主债务、担保责任约定的利息高于主债务利息、担保责任的履行期先于主债务履行期届满，等等，均应当认定大于主债务部分的约定无效，从而使担保责任缩减至主债务的范围。"

及《担保制度司法解释》第 3 条[①]已明确处理规则，当事人对担保责任的承担约定了专门违约责任、担保责任数额的约定高于主债务、担保责任利息的约定高于主债务利息、担保责任履行期的约定先于主债务履行期等，上述均属于约定担保责任范围超出主债务范围，大于主债务部分的约定无效，担保人仅需在债务人应当承担的责任范围内承担责任。如担保人实际承担的保证超出了债务人应当承担的责任范围，保证人在向债务人行使追偿权时只能要求债权人在其应当承担的责任范围内承担责任；超出的部分属于不当得利，保证人可以依法要求债权人予以返还。

保证担保责任实现的本质是在债务人不履行到期债务或发生当事人约定的情形时，保证人以其信用及财产代债务人向债权人履行债务。但保证人可能存在信用恶化或财产贬值的可能，因此，相较于债权人对抵押、质押等物上担保享有的优先权，债权人在保证担保责任的实现上存在不稳定因素。

一般保证和连带责任保证的实现，主要区别在于一般保证人享有《民法典》第 687 条第 2 款[②]规定的先诉抗辩权，即在不存在该款规定的四种例外情形下，一般保证的保证人在主合同纠纷未经审判或者仲裁，并就债务人财产依法强制执行仍不能履行债务前，有权拒绝向债权人承担保证责任。换言之，对于一般保证责任，债务人为第一债务人，保证人为补充债务人，因而，债权人应在向债务人穷尽权利主张之后，再向一般保证人主张权利。对于连带保证责任，债务人及保证人均属第一债务人，债务人不履行到期债务或者发生当事人约定的情形时，债权人可以根据《民法典》

---

① 《担保制度司法解释》第 3 条规定："当事人对担保责任的承担约定专门的违约责任，或者约定的担保责任范围超出债务人应当承担的责任范围，担保人主张仅在债务人应当承担的责任范围内承担责任的，人民法院应予支持。担保人承担的责任超出债务人应当承担的责任范围，担保人向债务人追偿，债务人主张仅在其应当承担的责任范围内承担责任的，人民法院应予支持；担保人请求债权人返还超出部分的，人民法院依法予以支持。"

② 《民法典》第 687 条第 2 款规定："一般保证的保证人在主合同纠纷未经审判或者仲裁，并就债务人财产依法强制执行仍不能履行债务前，有权拒绝向债权人承担保证责任，但是有下列情形之一的除外：（一）债务人下落不明，且无财产可供执行；（二）人民法院已经受理债务人破产案件；（三）债权人有证据证明债务人的财产不足以履行全部债务或者丧失履行债务能力；（四）保证人书面表示放弃本款规定的权利。"

第 688 条①第 2 款规定直接要求连带保证人在其保证范围内承担保证责任。此外,《担保制度司法解释》第 31 条②对保证期间内债权人撤回起诉或仲裁申请对担保权行使的影响进行区分规定,即一般保证的债权人在保证期间内对债务人提起诉讼或者申请仲裁后,又撤回起诉或者仲裁申请,债权人在保证期间届满前未再行提起诉讼或者申请仲裁,一般保证人不再承担保证责任。如果连带责任保证的债权人在保证期间内对保证人提起诉讼或者申请仲裁,又撤回起诉或者仲裁申请,起诉状副本或者仲裁申请书副本已经送达保证人,应当认定债权人已经在保证期间内向保证人行使了权利。

共同保证是指两个或两个以上的保证人为同一债权人的同一债权提供保证担保。共同保证并不要求多个保证人之间存在共同保证的合意,但各保证人之间所担保债权均应指向同一债权人的同一债权。在一般保证或连带责任保证的共同保证中,应进一步区分按份共同保证与连带共同保证。按份共同保证要求保证人对其责任份额作出明确约定,如果各保证人并未就各自责任份额作出明确约定,应推定为连带共同保证;如果各保证人虽约定按份共同保证但未对保证份额作出明确约定,应推定按份共同保证的责任份额均等。在按份共同保证中,如果保证人实际承担保证责任超出约定保证责任份额,则保证人有权向债权人请求返还超出约定保证责任份额的部分。在连带共同保证中,债权人可以在请求债务人承担责任、债务人财产不能清偿时,要求任一一般保证人在其约定保证范围内承担全部或部分责任;也可以直接请求任一连带责任保证人承担全部或部分责任。在共同担保情况中,关于保证人承担责任后是否享有对其他保证人的追偿权,

---

① 《民法典》第 688 条规定:"当事人在保证合同中约定保证人和债务人对债务承担连带责任的,为连带责任保证。连带责任保证的债务人不履行到期债务或者发生当事人约定的情形时,债权人可以请求债务人履行债务,也可以请求保证人在其保证范围内承担保证责任。"

② 《担保制度司法解释》第 31 条规定:"一般保证的债权人在保证期间内对债务人提起诉讼或者申请仲裁后,又撤回起诉或者仲裁申请,债权人在保证期间届满前未再行提起诉讼或者申请仲裁,保证人主张不再承担保证责任的,人民法院应予支持。连带责任保证的债权人在保证期间内对保证人提起诉讼或申请仲裁后,又撤回起诉或者仲裁申请,起诉状副本或者仲裁申请书副本已经送达保证人的,人民法院应当认定债权人已经在保证期间内向保证人行使了权利。"

第三章 大额信托收据贷款担保脱保案件再探讨——以《民法典》担保制度为视角

《最高人民法院关于适用〈中华人民共和国担保法〉若干问题的解释》（法释〔2000〕44号，已失效）第38条第1款①持肯定态度，但《物权法》并未作出类似规定，故《九民纪要》第56条②否认担保人之间在没有明确约定时的相互追偿权。《担保制度司法解释》第13条③将担保人享有相互追偿权限缩为两种情形：一是担保人之间已有明确约定，即担保人之间约定相互追偿及分担份额，承担了担保责任的担保人请求其他担保人按照约定分担份额，如担保人之间约定承担连带共同担保，或者约定相互追偿但是未约定分担份额，各担保人按照比例分担向债务人不能追偿的部分；二是担保人之间虽未对相互追偿作出约定，也未约定承担连带共同担保，但是各担保人在同一份合同书上签字、盖章或者按指印，承担了担保责任的担保人可请求其他担保人按照比例分担向债务人不能追偿部分。

普通保证与最高额保证责任的主债权性质及债权额确定方式不同。普通保证系为特定债权提供担保，通常在担保设立之时主债权及债权额均已确定；而最高额保证系约定在最高债权额限度内就一定期间连续发生的债权提供保证④，在债权确定之日方可确定债权额。根据《担保制度司法解

---

① 《最高人民法院关于适用〈中华人民共和国担保法〉若干问题的解释》（法释〔2000〕44号，已失效）。该解释第38条第1款规定："同一债权既有保证又有第三人提供物的担保的，债权人可以请求保证人或者物的担保人承担担保责任。当事人对保证担保的范围或者物的担保的范围没有约定或者约定不明的，承担了担保责任的担保人，可以向债务人追偿，也可以要求其他担保人清偿其应当分担的份额。"

② 《九民纪要》第56条规定："被担保的债权既有保证又有第三人提供的物的担保的，担保法司法解释第38条明确规定，承担了担保责任的担保人可以要求其他担保人清偿其应当分担的份额。但《物权法》第176条并未作出类似规定，根据《物权法》第178条关于'担保法与本法的规定不一致的，适用本法'的规定，承担了担保责任的担保人向其他担保人追偿的，人民法院不予支持，但担保人在担保合同中约定可以相互追偿的除外。"

③ 《担保制度司法解释》第13条规定："同一债务有两个以上第三人提供担保，担保人之间约定相互追偿及分担份额，承担了担保责任的担保人请求其他担保人按照约定分担份额的，人民法院应予支持；担保人之间约定承担连带共同担保，或者约定相互追偿但是未约定分担份额的，各担保人按照比例分担向债务人不能追偿的部分。同一债务有两个以上第三人提供担保，担保人之间未对相互追偿作出约定且未约定承担连带共同担保，但是各担保人在同一份合同书上签字、盖章或者按指印，承担了担保责任的担保人请求其他担保人按照比例分担向债务人不能追偿部分的，人民法院应予支持。除前两款规定的情形外，承担了担保责任的担保人请求其他担保人分担向债务人不能追偿部分的，人民法院不予支持。"

④ 根据司法实务，当事人亦可约定将最高额保证合同签订前已存在的债权归入最高额保证担保的责任范围。

释》第30条第3款①之规定，该债权确定之日依照《民法典》第423条②最高额抵押所担保的债权确定的规定认定。基于此，主合同效力对普通保证合同与最高额保证合同效力的影响也不同。普通保证中，主债务与保证合同系一一对应关系，故主合同与保证合同具有效力上的密切的牵连性，当主合同无效时，保证合同亦无效。但在最高额保证中，主债务与保证合同并非一一对应，其中某一笔债权的无效并不会导致最高额保证合同无效。如本案中，案涉9664《信托收据贷款合同》无效，但该笔贷款债务仍应计入最高额保证债权额之内。

本担保与反担保的设立目的不同。前者设立目的在于保障主债权的实现，在债务人不履行到期债务或者发生当事人约定的情形，债权人要求保证人承担担保责任。保证担保制度中的反担保规定于《民法典》第689条，保证人可以要求债务人③提供反担保，在本担保的担保人已代债务人履行合同义务或承担责任后，根据反担保要求债务人为其已履行的本担保承担反担保责任，以保障担保人追偿权的实现。反担保包括保证、抵押、留置等形式，但保证形式仅适用于非债务人作为反担保人的情形。

（三）关于保证责任的消灭

根据《民法典》及《担保制度司法解释》之规定，保证责任的消灭事由主要包括以下情形：

1. 保证合同无效或不成立

导致保证合同无效的原因有二：一是主债权债务合同无效，根据保证合同的从属性，保证合同无效；二是保证合同因违反《民法典》及担保制度中相关强制性规定而无效，但主合同仍有效。保证合同无效，保证人不

---

① 《担保制度司法解释》第30条第3款规定："前款所称债权确定之日，依照民法典第四百二十三条的规定认定。"

② 《民法典》第423条规定："有下列情形之一的，抵押权人的债权确定：（一）约定的债权确定期间届满；（二）没有约定债权确定期间或者约定不明确，抵押权人或者抵押人自最高额抵押权设立之日起满二年后请求确定债权；（三）新的债权不可能发生；（四）抵押权人知道或者应当知道抵押财产被查封、扣押；（五）债务人、抵押人被宣告破产或者解散；（六）法律规定债权确定的其他情形。"

③ 根据司法实务，提供反担保的主体不限于债务人自己，债务人可自己为保证人提供反担保，也可要求其他第三人提供反担保。

承担担保责任,但根据是否具有过错以及过错程度,保证人可能承担赔偿责任。在此需进一步区分主合同无效与有效的不同情形:在主合同无效导致保证合同无效的情形中,《民法典》第682条第2款规定:"保证合同被确认无效后,债务人、保证人、债权人有过错的,应当根据其过错各自承担相应的民事责任。"这并未明确承担过错责任的比例,在实务中需根据个案实际情况进行判断,但《担保制度司法解释》第17条第2款规定保证人承担责任上限,即"主合同无效导致第三人提供的担保合同无效,担保人无过错的,不承担赔偿责任;担保人有过错的,其承担的赔偿责任不应超过债务人不能清偿部分的三分之一"。在主合同有效但保证合同无效的情形中,《担保制度司法解释》第17条第1款区分不同情形确定担保人的赔偿责任:债权人与担保人均有过错的,担保人承担的赔偿责任不应超过债务人不能清偿部分的1/2;担保人有过错而债权人无过错的,担保人对债务人不能清偿的部分承担赔偿责任;债权人有过错而担保人无过错的,担保人不承担赔偿责任。

对于保证合同不成立的情形,通常体现在提供保证不符合书面要式的保证合同成立要件。《民法典》第685条规定:"保证合同可以是单独订立的书面合同,也可以是主债权债务合同中的保证条款。第三人单方以书面形式向债权人作出保证,债权人接收且未提出异议的,保证合同成立。"《民法典》第490条①亦规定,法律、行政法规规定或者当事人约定的合同,应当采用书面形式订立,若当事人未采用书面形式,但是一方已经履行主要义务,对方接受时,则该合同成立。保证人因保证合同不成立而不承担保证责任,江苏省邳州市人民法院在(2016)苏0382民初1736号②案件中采此裁判规则,认为保证合同是要式合同,仅提供口头保证并未签订书面合同,且在债权人无证据证明相对人已经履行主要担保义务的情况

---

① 《民法典》第490条规定:"当事人采用合同书形式订立合同的,自当事人均签名、盖章或者按指印时合同成立。在签名、盖章或者按指印之前,当事人一方已经履行主要义务,对方接受时,该合同成立。法律、行政法规规定或者当事人约定合同应当采用书面形式订立,当事人未采用书面形式但是一方已经履行主要义务,对方接受时,该合同成立。"

② 张某军诉袁某诚等民间借贷纠纷案,江苏省邳州市人民法院(2016)苏0382民初1736号民事判决书。

下，保证合同不成立，相对人不应承担保证责任。

2. 保证人意思表示瑕疵

认定保证人是否需要承担保证责任的本质在于，保证人是否具有提供保证的真实意思表示以及作出意思表示的形式。保证合同系保证人提供保证的真实意思表示之体现，非书面要式无法得出相对人具有保证意思表示、保证合同成立的结论。因此，承前所述，《民法典》第490条及第685条均强调保证合同为书面要式合同，保证合同因不具备书面要式条件而未成立，保证人不具有提供保证的意思表示，债权人无权要求保证人承担保证责任。即便在保证合同成立且生效的情形下，如有充分证据证明保证人不具有提供保证或对某笔债务不具有提供保证的意思表示时，保证人亦不应承担担保责任。但否定保证人与债权人签订保证合同时提供担保的主观状态，在实践中存在极大的举证困难。本案中，笔者经过全面收集证据材料、反复研究案件事实，最终形成足以还原案件事实原貌的证据链，本案一审法院才认为案涉讼争贷款违背案涉各保证人签订《最高额保证担保合同》时提供担保的初衷，各保证人对案涉贷款本息不承担保证责任。

3. 保证期间经过

债权人未在保证期间内行使权利系保证责任消灭的法定事由，规定于《民法典》第693条[1]应当注意的是，对于一般保证情形，为贯彻一般保证人的先诉抗辩权，限制债权人在保证期间行使权利的形式为提起诉讼或者申请仲裁。而对于连带责任保证，因连带责任保证人与债务人在地位上同属第一债务人，所以不拘于在保证期间内仅以提起诉讼或者申请仲裁向保证人主张权利的形式。

关于债权人在保证期间内提起诉讼或申请仲裁后又撤回起诉或仲裁申请的处理规则，《担保制度司法解释》第31条对一般保证与连带责任保证作出区分："一般保证的债权人在保证期间内对债务人提起诉讼或者申请仲裁后，又撤回起诉或者仲裁申请，债权人在保证期间届满前未再行提起

---

[1] 《民法典》第693条规定："一般保证的债权人未在保证期间对债务人提起诉讼或者申请仲裁的，保证人不再承担保证责任。连带责任保证的债权人未在保证期间请求保证人承担保证责任的，保证人不再承担保证责任。"

诉讼或者申请仲裁,保证人主张不再承担保证责任的,人民法院应予支持。连带责任保证的债权人在保证期间内对保证人提起诉讼或者申请仲裁后,又撤回起诉或者仲裁申请,起诉状副本或者仲裁申请书副本已经送达保证人的,人民法院应当认定债权人已经在保证期间内向保证人行使了权利。"

关于审查保证期间是否经过的事实问题,不同于诉讼时效禁止主动审查的规则,《担保制度司法解释》第34条明确人民法院应当主动审查保证期间:"人民法院在审理保证合同纠纷案件时,应当将保证期间是否届满、债权人是否在保证期间内依法行使权利等事实作为案件基本事实予以查明。债权人在保证期间内未依法行使权利的,保证责任消灭。保证责任消灭后,债权人书面通知保证人要求承担保证责任,保证人在通知书上签字、盖章或者按指印,债权人请求保证人继续承担保证责任的,人民法院不予支持,但是债权人有证据证明成立了新的保证合同的除外。"此外,关于保证期间的性质及其与保证债务诉讼时效的问题,笔者将在下文进行阐述,在此不赘述。

4. 主合同发生变更

《民法典》第695条规定:"债权人和债务人未经保证人书面同意,协商变更主债权债务合同内容,减轻债务的,保证人仍对变更后的债务承担保证责任;加重债务的,保证人对加重的部分不承担保证责任。债权人和债务人变更主债权债务合同的履行期限,未经保证人书面同意的,保证期间不受影响。"概言之,该条确立的主合同发生变更时保护保证人的基本原则为:发生对保证人有利的变更,则该变更对保证人生效;发生对保证人不利的变更,则该变更对保证人不生效。该条改变了《担保法》第24条[①]"一刀切"的做法,更为合理地区分处理主合同发生变更时对保证责任的影响。在此还应讨论"借新还旧"的情形,根据《担保制度司法解

---

① 《担保法》(已失效)第24条规定:"债权人与债务人协议变更主合同的,应当取得保证人书面同意,未经保证人书面同意的,保证人不再承担保证责任。保证合同另有约定的,按照约定。"

释》第16条①之规定，主合同当事人协议以新贷偿还旧贷，此时旧贷已清偿，旧贷担保人不再承担担保责任。如旧贷担保人同时为新贷担保人，则应为新贷承担担保责任。如新贷与旧贷担保人不同，或旧贷无担保、新贷有担保，新贷担保人不应承担担保责任，但债权人有证据证明新贷担保人提供担保时对以新贷偿还旧贷的事实知道或者应当知道的除外。

5. 债权人转让债权

《民法典》第696条第1款②新增债权转让通知保证人制度③，该规定确立了附保证债权转让中对债务人通知与对保证人通知的独立效力。相较于抵押、质押等物上担保债权，该规定附保证债权转让时对保证人同样适用"未通知不生效"的规则。概言之，如附保证债权转让时通知主债务人但未通知保证人，该转让对保证人不发生效力，保证人对该转让债权不再承担担保责任。

6. 债务人转移债务

不同债务人的偿债能力不同，故债务人转移债务可能会因新债务人偿债能力降低而加重保证人责任承担的风险。因此，为避免保证人利益不当受损，《民法典》第697条第1款④规定，在债权人和保证人没有另外约定的情况下，债务人转移全部或者部分债务，债权人应当取得保证人书面同意，否则，保证人对未经其同意转移的债务不再承担保证责任。但该条第2款规定，第三人加入债务的，保证人的保证责任不受影响。此时因原债务人并未脱离债务人地位，不会对保证人承担保证责任承担造成不利影

---

① 《担保制度司法解释》第16条规定："主合同当事人协议以新贷偿还旧贷，债权人请求旧贷的担保人承担担保责任的，人民法院不予支持；债权人请求新贷的担保人承担担保责任的，按照下列情形处理：（一）新贷与旧贷的担保人相同的，人民法院应予支持；（二）新贷与旧贷担保人不同，或者旧贷无担保新贷有担保的，人民法院不予支持，但是债权人有证据证明新贷的担保人提供担保时对以新贷偿还旧贷的事实知道或者应当知道的除外。主合同当事人协议以新贷偿还旧贷，旧贷的物的担保人在登记尚未注销的情形下同意继续为新贷提供担保，在订立新的贷款合同前又以该担保财产为其他债权人设立担保物权，其他债权人主张其担保物权顺位优先于新贷债权人的，人民法院不予支持。"

② 《民法典》第696条第1款规定："债权人转让全部或者部分债权，未通知保证人的，该转让对保证人不发生效力。"

③ 关于附担保债权转让的通知制度，本书第四章有详细论述。

④ 《民法典》第697条第1款规定："债权人未经保证人书面同意，允许债务人转移全部或者部分债务，保证人对未经其同意转移的债务不再承担保证责任，但是债权人和保证人另有约定的除外。"

响，因此第三人加入债务时无须征得保证人同意。

7. 一般保证人保证责任的法定免除

《民法典》第698条规定："一般保证的保证人在主债务履行期限届满后，向债权人提供债务人可供执行财产的真实情况，债权人放弃或者怠于行使权利致使该财产不能被执行的，保证人在其提供可供执行财产的价值范围内不再承担保证责任。"该条适用情形主要发生在银行实务中，银行贷款合同及保证合同往往会约定债务人逾期还款时银行直接划扣保证人银行账户资金的条款。根据该条规定，如果债务人向银行提供不动产抵押，银行为方便资金回笼而选择先行划扣保证人账户资金，就属于银行放弃或者怠于执行该不动产抵押权，保证人在该抵押财产的价值范围内不再承担保证责任。

8. 主债务抵销或撤销

此种情形规定于《民法典》第702条，即"债务人对债权人享有抵销权或者撤销权的，保证人可以在相应范围内拒绝承担保证责任"。

（四）关于保证期间

《民法典》第692条规定："保证期间是确定保证人承担保证责任的期间，不发生中止、中断和延长。债权人与保证人可以约定保证期间，但是约定的保证期间早于主债务履行期限或者与主债务履行期限同时届满的，视为没有约定；没有约定或者约定不明确的，保证期间为主债务履行期限届满之日起六个月。债权人与债务人对主债务履行期限没有约定或者约定不明确的，保证期间自债权人请求债务人履行债务的宽限期届满之日起计算。"因此，保证期间为不变期间，在法律上具有类似除斥期间的效力，同样不发生中止、中断和延长，但保证期间并非除斥期间，因为除斥期间法定，而保证期间可以约定。

关于保证期间与保证债务诉讼时效的关系，《民法典》第694条[1]区分

---

[1] 《民法典》第694条规定："一般保证的债权人在保证期间届满前对债务人提起诉讼或者申请仲裁的，从保证人拒绝承担保证责任的权利消灭之日起，开始计算保证债务的诉讼时效。连带责任保证的债权人在保证期间届满前请求保证人承担保证责任的，从债权人请求保证人承担保证责任之日起，开始计算保证债务的诉讼时效。"

了一般保证与连带责任保证，即一般保证的债权人在保证期间届满前对债务人提起诉讼或者申请仲裁的，从保证人拒绝承担保证责任的权利消灭之日起，开始计算保证债务的诉讼时效。根据体系解释，该条规定的"保证人拒绝承担保证责任的权利"系指一般保证人的先诉抗辩权，即在主合同纠纷经审判或者仲裁，并就债务人财产依法强制执行但仍不能履行债权时，一般保证人的先诉抗辩权消灭。对于连带责任保证，债权人在保证期间届满前请求连带责任保证人承担保证责任的，从债权人请求连带责任保证人承担保证责任之日起，开始计算保证债务的诉讼时效。

保证债务诉讼时效遵循《民法典》第188条①规定，普通诉讼时效为3年，诉讼时效届满后可以使保证人获得对保证债务的诉讼时效抗辩权。如果在保证债务诉讼时效届满后，保证人仍向债权人承担责任，根据债法理论，此时保证人所履行之债并非保证之债，而是自然之债，保证人无权要求债权人返还，亦无权向债务人追偿。在《担保制度司法解释》第35条②规定的保证人知道或应当知道主债权诉讼时效届满后仍提供保证或者承担保证责任的，其提供的保证或履行的保证责任亦为自然之债。

因此，无论是一般保证还是连带责任保证，保证期间与保证债务诉讼时效的内在联系是，债权人在保证期间主张权利系适用保证债务诉讼时效的先决条件。换言之，只有债权人在保证期间内依法主张权利，债权人与保证人约定的保证责任由不确定的或然负债转换为特定债权，才能在确定的特定保证之债基础上，开始计算保证债务诉讼时效。

关于保证期间与保证债务诉讼时效的关系，笔者总结如图3-5所示：

---

① 《民法典》第188条规定："向人民法院请求保护民事权利的诉讼时效期间为三年。法律另有规定的，依照其规定。诉讼时效期间自权利人知道或者应当知道权利受到损害以及义务人之日起计算。法律另有规定的，依照其规定。但是，自权利受到损害之日起超过二十年的，人民法院不予保护，有特殊情况的，人民法院可以根据权利人的申请决定延长。"

② 《担保制度司法解释》第35条规定："保证人知道或者应当知道主债权诉讼时效期间届满仍然提供保证或者承担保证责任，又以诉讼时效期间届满为由拒绝承担保证责任或者请求返还财产的，人民法院不予支持；保证人承担保证责任后向债务人追偿的，人民法院不予支持，但是债务人放弃诉讼时效抗辩的除外。"

第三章　大额信托收据贷款担保脱保案件再探讨——以《民法典》担保制度为视角

（a）一般保证的保证期间与保证债务诉讼时效

（b）连带责任保证的保证期间与保证债务诉讼时效

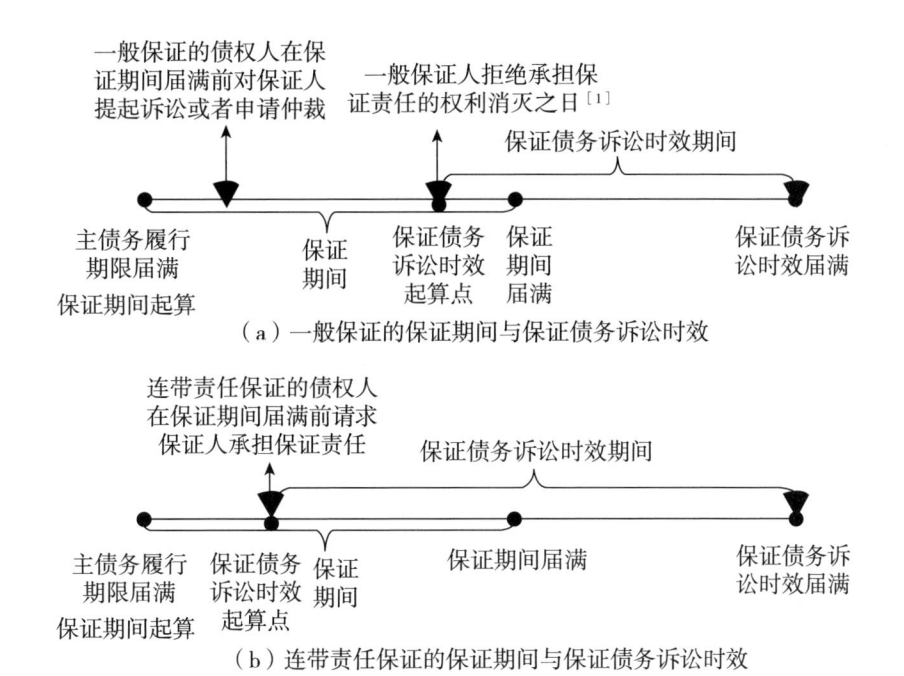

[1] 一般保证债务的诉讼时效自一般保证人的先诉抗辩权消灭之日起算，而一般保证人拒绝承担保证责任的权利消灭之日，可能位于"保证期间届满"这一节点之前，也可能位于这一节点之后，图中所示为举例其中一种情形。

图 3-5　保证期间与保证债务诉讼时效的关系

如前所述，保证期间经过可以发生使保证责任消灭的法律效果，且在审理保证合同纠纷案件时，法院应对保证期间是否届满、债权人是否在保证期间内依法行使权利等案件基本事实进行主动审查。《担保制度司法解释》第 33 条针对《民法典》第 682 条及第 693 条竞合的情形作出进一步解释："保证合同无效，债权人未在约定或者法定的保证期间内依法行使权利，保证人主张不承担赔偿责任的，人民法院应予支持。"

此外，当前实务与理论较为关注的是《民法典》保证期间在破产程序中的适用问题，即在主债务人破产时与保证人破产时的不同情形中，一般保证与连带责任保证的保证期间起算点、终点、期间长度、权利主张方式等是否受破产程序影响①，包括对《民法典》第 687 条第 2 款但书规定、

---

① 参见郑伟华、刘琦：《民法典保证期间相关规定在破产程序中的适用》，载《人民司法（应用）》2022 年第 4 期。

《担保制度司法解释》第28条①、《企业破产法》第46条②、《最高人民法院关于适用〈中华人民共和国企业破产法〉若干问题的规定(三)》第4条③等规定的理解与适用问题。笔者认为，破产受理可以发生使未到期的主债务或未到期保证债务提前到期的法律效果，使保证期间起算点提前计算（在此理当进一步区分一般保证与连带责任保证的保证期间起算点提前计算问题），但保证期间的长度以及原保证合同约定的保证范围应当保持不变。破产程序系提高破产效率而设置的集体清偿程序，故在破产程序中不提倡债权人通过诉讼或仲裁方式行使权利，而应通过债权申报制度向破产债务人或破产保证人主张权利，此时债权人受到保证期间与债权申报期间的双重限制。但债权人因未及时获知破产情况并调整权利主张方式，亦应认可债权人以诉讼或仲裁方式在破产情况下的权利行使方式。关于保证人破产时保证债务的分配额保留及提存问题，《企业破产法》第119条④无法周延这一情形，《民法典》第570条第1款⑤关于提存的一般性规定似乎亦不能准确适用这一问题，因此，这一问题尚待法律规定及相关解释进一

---

① 《担保制度司法解释》第28条规定："一般保证中，债权人依据生效法律文书对债务人的财产依法申请强制执行，保证债务诉讼时效的起算时间按照下列规则确定：（一）人民法院作出终结本次执行程序裁定，或者依照民事诉讼法第二百五十七条第三项、第五项的规定作出终结执行裁定的，自裁定送达债权人之日起开始计算；（二）人民法院自收到申请执行书之日起一年内未作出前项裁定的，自人民法院收到申请执行书满一年之日起开始计算，但是保证人有证据证明债务人仍有财产可供执行的除外。一般保证的债权人在保证期间届满前对债务人提起诉讼或者申请仲裁，债权人举证证明存在民法典第六百八十七条第二款但书规定情形的，保证债务的诉讼时效自债权人知道或者应当知道该情形之日起开始计算。"

② 《企业破产法》第46条规定："未到期的债权，在破产申请受理时视为到期。附利息的债权自破产申请受理时起停止计息。"

③ 《最高人民法院关于适用〈中华人民共和国企业破产法〉若干问题的规定（三）》第4条规定："保证人被裁定进入破产程序的，债权人有权申报其对保证人的保证债权。主债务未到期的，保证债权在保证人破产申请受理时视为到期。一般保证的保证人主张行使先诉抗辩权的，人民法院不予支持，但债权人在一般保证人破产程序中的分配额应予提存，待一般保证人应承担的保证责任确定后再按照破产清偿比例予以分配。保证人被确定应当承担保证责任的，保证人的管理人可以就保证人实际承担的清偿额向主债务人或其他债务人行使求偿权。"

④ 《企业破产法》第119条规定："破产财产分配时，对于诉讼或者仲裁未决的债权，管理人应当将其分配额提存。自破产程序终结之日起满二年仍不能受领分配的，人民法院应当将提存的分配额分配给其他债权人。"

⑤ 《民法典》第570条第1款规定："有下列情形之一，难以履行债务的，债务人可以将标的物提存：（一）债权人无正当理由拒绝受领；（二）债权人下落不明；（三）债权人死亡未确定继承人、遗产管理人，或者丧失民事行为能力未确定监护人；（四）法律规定的其他情形。"

步明确与指引。

(五) 关于保证合同效力及无效处理规则

保证合同亦受《民法典》合同制度的一般性规则约束,其是否具有法律效力主要在于审查当事人提供保证的意思自治真实性以及作出意思表示的形式。除合同制度的一般性规则之外,上文所析的主合同效力、保证主体资格、特殊保证行为、保证行为是否符合书面要式等保证制度中的具体规则,亦是影响保证合同成立或生效的重要条件。

关于保证合同无效时的处理规则,承上所析,理当进一步区分主合同无效导致保证合同无效以及保证合同无效但主合同有效的两种不同情形。《民法典》第682条明确主合同无效导致保证合同无效的处理规则,即保证合同被确认无效后,债务人、保证人、债权人根据过错承担相应的缔约过失赔偿责任,但其中担保人承担的赔偿责任不应超过债务人不能清偿部分的三分之一。《担保制度司法解释》第17条第1款[①]虽区分了不同情形中担保人的赔偿责任,但其遵循过错责任的基本原则,即担保人无过错则不承担赔偿责任。对此,上文已有详述,不再赘述。

(六) 关于保证担保的独立性问题

独立保证系指与主合同不具有从属关系的保证,与之相关联的概念是独立担保或独立保函。对于国内金融实践中独立担保或担保独立性条款的效力问题,实务中一直持否定立场,原因在于担保独立性与担保从属性的法理存在冲突,如果认可担保独立性,则会严重影响或动摇我国担保制度的基础。如最高人民法院在(2007)民二终字第117号[②]案件中指出:"本院的审判实务已明确表明:考虑到独立担保责任的异常严厉性,以及使用该制度可能产生欺诈和滥用权利的弊端,尤其是为了避免严重影响或

[①] 《担保制度司法解释》第17条第1款规定:"主合同有效而第三人提供的担保合同无效,人民法院应当区分不同情形确定担保人的赔偿责任:(一)债权人与担保人均有过错的,担保人承担的赔偿责任不应超过债务人不能清偿部分的二分之一;(二)担保人有过错而债权人无过错的,担保人对债务人不能清偿的部分承担赔偿责任;(三)债权人有过错而担保人无过错的,担保人不承担赔偿责任。"

[②] 湖南洞庭水殖股份有限公司与中国光大银行长沙华顺支行等借款担保纠纷案,最高人民法院(2007)民二终字第117号民事判决书。

动摇我国担保法律制度体系的基础，独立担保只能在国际商事交易中使用，不能在国内市场交易中运用。因此，洞庭水殖关于本案所涉保证合同中独立担保条款无效的主张有理，本院予以支持。但应当看到，本院否定独立担保在国内交易市场中的运用之目的，在于维护担保法第五条第一款所规定的我国担保制度的从属性规则，因此，不能在否定担保的独立性的同时，也否定了担保的从属性。"

但设置担保独立性条款或独立担保系金融活动中的惯常做法，且《担保法》（已失效）及《物权法》（已失效）并未对担保独立性条款或独立担保问题作出禁止性规定，因此实际上独立担保或担保独立性条款仍作为投融资实践中的"保障条款"。2019年《九民纪要》施行后，在明确担保从属性的基础上，其第54条[1]将独立担保行为严格限制在银行或非银行金融机构开具的独立保函。《民法典》及《担保制度司法解释》对担保的从属性进行进一步强化。有论者指出，在担保从属性强化的背景下，独立保函的法律性质应理解为备用信用证的替代形式，而无须适用《民法典》关于担保制度的规定[2]。故在此背景下，《最高人民法院关于审理独立保函纠纷案件若干问题的规定》第1条[3]、第3条[4]规定三种法院认定独立保函性

---

[1] 《九民纪要》第54条对独立保函纠纷案件依据《最高人民法院关于审理独立保函纠纷案件若干问题的规定》的处理规则进行了进一步明确。

[2] 参见刘贵祥：《担保制度一般规则的新发展及其适用——以民法典担保制度解释为中心》，载《比较法研究》2021年第5期。

[3] 《最高人民法院关于审理独立保函纠纷案件若干问题的规定》第1条规定："本规定所称的独立保函，是指银行或非银行金融机构作为开立人，以书面形式向受益人出具的，同意在受益人请求付款并提交符合保函要求的单据时，向其支付特定款项或在保函最高金额内付款的承诺。前款所称的单据，是指独立保函载明的受益人应提交的付款请求书、违约声明、第三方签发的文件、法院判决、仲裁裁决、汇票、发票等表明发生付款到期事件的书面文件。独立保函可以依保函申请人的申请而开立，也可以依另一金融机构的指示而开立。开立人依指示开立独立保函的，可以要求指示人向其开立用以保障追偿权的独立保函。"

[4] 《最高人民法院关于审理独立保函纠纷案件若干问题的规定》第3条规定："保函具有下列情形之一，当事人主张保函性质为独立保函的，人民法院应予支持，但保函未载明据以付款的单据和最高金额的除外：（一）保函载明见索即付；（二）保函载明适用国际商会《见索即付保函统一规则》等独立保函交易示范规则；（三）根据保函文本内容，开立人的付款义务独立于基础交易关系及保函申请法律关系，其仅承担相符交单的付款责任。当事人以独立保函记载了对应的基础交易为由，主张该保函性质为一般保证或连带保证的，人民法院不予支持。当事人主张独立保函适用民法典关于一般保证或连带保证规定的，人民法院不予支持。"

质的情形，一是载明见索即付，二是约定适用国际商会《见索即付保函统一规则》等独立保函交易示范规则，三是根据文本内容能够确立开立人付款义务的独立性和相符交单的付款责任。如保函未体现以上内容，或约定不明，则视为具有从属性的保证担保。

除上述规定的独立保函外，其他约定独立担保或者担保独立性条款的均无效。《担保制度司法解释》第 2 条第 1 款明确规定："当事人在担保合同中约定担保合同的效力独立于主合同，或者约定担保人对主合同无效的法律后果承担担保责任，该有关担保独立性的约定无效。主合同有效的，有关担保独立性的约定无效不影响担保合同的效力；主合同无效的，人民法院应当认定担保合同无效，但是法律另有规定的除外。"

因此，保证制度中以保证独立性为原则，约定独立保证或者保证独立性条款均无效，除非符合银行或非银行金融机构独立保函的法律特征，才能突破担保的从属性规则。

三、基于本案实践：债权人与保证人在保证担保中的风险与建议

根据以上分析可见，《民法典》担保制度重新对债权人、保证人、债务人之间的利益进行衡平。基于本案实践，结合现行《民法典》担保制度，笔者认为，债权人与保证人理当根据现行担保制度在涉保证行为中作出相应调整，以更好适应《民法典》时代的担保制度实践，具体而言：

就银行与非银行金融机构等债权人而言，其主要风险在于保证合同或保证条款无效而无法向保证人实现保证之债，通常在公司对外担保、上市公司担保等情形中债权人将面临更高的担保无效的风险。《民法典》担保制度要求债权人对公司主体对外担保负有更高的注意义务和审查义务，理当严格按照现行担保制度尽到合理审查义务。相较于自然人债权人或非金融机构债权人而言，银行与非银行金融机构具有更强大的专业能力与更完善的审查体系，在接受担保时理应加强和细化审查事项，优化金融贷款产品，针对不同保证主体建立不同的必备审查事项。比如，针对有限责任公司对外提供保证担保，应当审查公司有无作出担保的董事会或股东会、股东大会决议，再进一步审查该决议作出是否符合公司章程规则；根据实际

情况及贷款标的大小,亦可要求对公司章程进行实质审查,避免出现保证合同无效而无法要求公司承担保证责任的禁止性规定情形。又如,针对上市公司担保,必须审查上市公司信息披露的担保信息。①

就保证人而言,要求保证人对其提供保证方式、保证范围、追偿权、份额承担等保证事项具有明确清晰的意思表示。如本案和前案,明确为特定转口贸易业务中产生的贷款本息承担最高额保证责任,但因讼争贷款实质上皆非基于案涉对应转口贸易业务产生,不属于约定最高额保证范围,进而案涉担保人不承担保证责任。因此,保证人虽应对其提供的担保承担相应保证责任,但在保证担保关系中,保护保证人利益的意义在于使保证人避免承担或不当承担超过原约定保证范围的责任范畴。比如,前文所述的因破产法定事由导致保证期间起算点提前,实际上是对保证人保证期限利益的一种剥夺,而在非法定事由的情形下,双方通过约定来确定保证担保相关事项,因此在双方意思自治过程中,应当尽可能将保证人的意思表示予以明确,以避免对保证责任承担问题引发的讼累。

四、结语

由本案及前案分析可知,代理涉信托收据贷款担保案件的思路主要有二:一是从信托收据贷款产品本身适用的特殊规则出发,研究案涉贷款行为是否符合信托收据贷款的本质特征;二是结合对案涉贷款行为性质的辨析,研判案涉担保行为能否适用《民法典》及担保制度中保证责任消灭的法律依据。就本案而言,案涉贷款合同因涉及刑事犯罪并不必然无效,但案涉贷款系主债务人骗取,且银行本身存在重大过错,故案涉贷款违背担保人提供最高额担保的初衷,担保人对此不承担责任。②

涉刑事犯罪的民事合同效力认定问题存在绝对无效、分别认定、合同

---

① 上市公司担保对外信息披露通常包括单项担保公告及集中担保公告两种形式。单项担保公告系指针对每一笔担保事项进行公告,可能在一个公告中披露一起或几起担保事项。集中担保公告系指股东大会通过关于年度担保额度的相关决议,通常为上市公司对子公司的担保集中授权。

② 本案二审法院虽从程序上撤销一审判决、驳回银行起诉,但其应当认为案涉编号××××9664信用证项下贷款无效,故其认定应当追加主债务人为被告,再根据债权人、债务人、担保人的过错情况认定相应民事责任的承担。

相对人是否参与犯罪的判断标准、可撤销等几种观点，但当前实践以刑、民分别审理为立场。《民法典》担保制度在保证主体资格及特殊保证行为、保证责任的实现、保证责任消灭、保证期间、保证合同效力及无效处理规则、保证担保独立性等问题上值得进一步探讨，因此，对于债权人与保证人而言，有必要在保证担保关系中进行相应调整，以便更好适应《民法典》担保制度实践。

第四章 《民法典》视角下附担保债权转让通知制度探讨

——某拍卖有限公司诉某实业有限公司、第三人建设银行股份有限公司某支行债权确认纠纷案

本章提要

《民法典》第 546 条[①]承袭了《合同法》第 80 条规定的债权转让通知债务人制度,要求债权转让时通知债务人。《民法典》第 696 条第 1 款[②]新增债权转让通知保证人制度,规定对保证人同样适用"未通知不生效"的规则。[③] 但《民法典》第 407 条[④]吸收了《物权法》第 192 条规定,债权转让时,抵押权作为从权利一并转让,而无须通知抵押人。在此语境下,值得进一步探析:附抵押债权转让时,因客观原因无法通知送达主债务人而通知了抵押人,此时受让人是否享有对抵押人的担保之债?

本案即属此种情形。本案某工艺有限公司(以下简称 L 公司)向建设银行股份有限公司某支行(以下简称银行)贷款 900 万元,某实业有限公司(以下简称 F 公司)以其名下不动产为此提供最高额抵押担保。在 L 公司被强制执行阶段,银行将 900 万元本息债权转让给某拍卖有限公司(以

[①] 《民法典》第 546 条规定:"债权人转让债权,未通知债务人的,该转让对债务人不发生效力。债权转让的通知不得撤销,但是经受让人同意的除外。"

[②] 《民法典》第 696 条第 1 款规定:"债权人转让全部或者部分债权,未通知保证人的,该转让对保证人不发生效力。"

[③] 关于《民法典》第 696 条第 1 款新增的债权转让通知保证人制度,本书第三章亦有论述。

[④] 《民法典》第 407 条规定:"抵押权不得与债权分离而单独转让或者作为其他债权的担保。债权转让的,担保该债权的抵押权一并转让,但是法律另有规定或者当事人另有约定的除外。"

下简称 Y 公司），但另外约定 Y 公司支付完毕债权 900 万元本息的对价后，银行以书面形式通知主债务人 L 公司及抵押人 F 公司。但 Y 公司尚未支付完毕债权转让对价，主债务人 L 公司即宣告破产并注销，该债权转让已无法通知主债务人 L 公司。后在抵押人 F 公司破产清算程序中，Y 公司进行债权申报，要求确认其已支付的 300 万元本息为优先债权，但抵押人 F 公司并未确认此债权，遂成讼。

笔者接受本案 Y 公司之委托代理本案。本案一审判决驳回 Y 公司诉讼请求，但二审改判支持了 Y 公司的诉讼请求，确认该笔债权为优先债权。本案一审及二审讼争焦点在于该笔债权转让是否有效，即受让人 Y 公司是否享有对担保人 F 公司的债权。本案二审法院认为 Y 公司持银行出具的《债权转让证明》，亦是以诉讼形式向债务人送达债权转让通知，可以发生通知转让之法律效力。

基于本案实践，附担保债权转让通知制度涉及债权转让是否以通知为生效要件、债权转让时通知的主体和方式、附担保债权转让时仅通知担保人的效力能否及于主债务人等问题，上述问题亦是实践中的争议问题。笔者通过对本案的分析，在下文中对上述问题进行进一步探析，以期对实践提供有益的参考。

案情概述

2009 年 1 月 23 日至 2011 年 1 月 22 日，L 公司向银行办理了一系列贷款，F 公司以其坐落于临海市某街道的房地产为该一系列债务提供最高额抵押担保。

2012 年 3 月 6 日，临海市人民法院作出（2011）台临商初字第×××号民事判决（以下简称 2011 判决），判决银行对 L 公司享有 900 万元债权本金及利息，该 900 万元债权本金及利息在 F 公司所有的位于临海市某街道的房地产的拍卖、变卖中优先受偿。

2012 年 7 月 17 日，临海市人民法院受理银行对上述案件的强制执行申请，该案执行过程中，银行与 Y 公司于 2014 年 3 月 19 日签订《和解协议书》，约定："……甲方：××××银行　乙方：Y 公司……一、甲方

（银行）对L公司所享有的债权本金计9,000,000元人民币及相应的利息和实现债权的费用155,414元及对F公司坐落在临海市某街道的房地产（不动产权号：××××）所享有的抵押权及对蔡某所享有的连带担保责任追索权一并转让给乙方享有。乙方（Y公司）以临海市人民法院2011年判决第一项所确定的金额接受转让。二、乙方（Y公司）自2014年5月9日，每月20日前给付转让款各100万元人民币，2014年10月11日，每月20日前给付转让款各200万元人民币，直至本息及诉讼费给付完毕……五、乙方（Y公司）未按约定支付债权转让价款时，应按人民法院原判决依法执行。""甲方（银行）自乙方（Y公司）付清本息后七日内以书面形式通知L公司、F公司、蔡某，告知本协议所涉及的债权已转让给乙方（Y公司）。该书面通知的内容包含债权名称、债权凭据、受让人名称及全额转让的内容……本协议所涉债权，自甲方（银行）书面通知到达债务人之日，转由乙方（Y公司）享有。"

2014年5月22日、6月20日、7月25日，根据银行的指示，Y公司分别向L公司在银行处所开设的账户中汇入100万元，共计300万元。银行在L公司账户中扣划上述款项共计300万元，并做相应财务处理。

2016年，临海市人民法院受理L公司破产申请。银行向L公司破产管理人申报债权本金900万元及利息，L公司破产管理人已确认全部债权本息。

2017年11月7日，台州市中级人民法院作出（2016）浙10破××××号民事裁定，确认潘某等23位债权人对L公司的债权。L公司债权表中载明，银行债权金额为13,438,179.8元，债权性质为普通债权。2018年4月13日，台州市中级人民法院裁定终结L公司破产程序。

2018年10月8日，银行向F公司管理人申报债权51,452,883.71元（将Y公司汇入L公司在银行账户的300万元及相应利息予以剔除）。

2020年5月26日，银行向F公司管理人补充申报债权，总额为55,597,345.71元，增加了Y公司汇入L公司在银行账户的300万元及相应利息。

2020年7月13日，F公司管理人向银行出具《债权不予确认告知书》，对银行补充申报的300万元及相应利息的债权不予确认。

银行遂向临海市人民法院提起诉讼，要求确认该笔补充申报的债权。临海市人民法院认为银行已实际在L公司账户扣划300万元，L公司的债务因该扣划行为而减少，故作出（2020）浙1082民初×××号民事判决（以下简称2020年一审判决）：驳回银行的诉讼请求。

银行上诉至台州市中级人民法院。该案二审审理期间，F公司认可案涉300万元款项发生在Y公司与银行之间，而与其无关。对该案一审查明的其他事实，台州市中级人民法院予以确认。台州市中级人民法院认为，银行在L公司账户扣划的300万元可认定为归还L公司欠银行的贷款，至于Y公司汇往L公司的款项，属于不同的法律关系，可另案处理。2020年10月30日，台州市中级人民法院作出（2020）浙10民终×××号民事判决（以下简称2020年二审判决）：维持原判，驳回上诉。

2021年1月26日，银行出具《债权转让证明》，载明："我行对L公司的本金300万元债权及相应的利息已于2014年7月25日转让至Y公司，相应从权利包括但不限于抵押权、连带保证责任追索权等由Y公司享有。"

2021年5月7日，Y公司向临海市人民法院提起诉讼，要求确认Y公司申报的F公司破产债权5,556,184元（其中本金3,000,000元，利息1,356,034元，迟延履行利息1,200,150元）。

2021年9月24日，临海市人民法院作出判决：驳回Y公司的诉讼请求。

2021年10月19日，Y公司上诉至台州市中级人民法院，请求撤销一审判决，改判支持Y公司的一审诉讼请求。

2022年1月13日，L公司破产管理人向台州市中级人民法院出具《关于银行债权审查确认情况的回复》，主要载明：（1）银行申报L公司债权1397.585136万元，其中借款本金900万元，截至2016年12月8日的利息、罚息、复利共计497.585136万元，并未告知管理人《和解协议书》和债权转让相关事宜或提交相应凭证；因无法联系L公司法定代表人及相关人员，L公司也未能提交相关财务资料。（2）Y公司并未向管理人申报过债权，Y 公司汇入 L 公司账户 300 万元被银行扣划和处理是履行和解协议的债权转让款，该事实并不影响 L 公司原有借款金额增减。(3) 管理人审查确认银行债权金额 13,438,179.80 元，其中债权本金 900 万元，利息、罚息、复利 4,438,179.80 元的结果并无不妥。

2022 年 3 月 16 日，台州市中级人民法院作出判决：(1) 撤销浙江省临海市人民法院（2021）浙 1082 民初×××号民事判决；(2) 确认上诉人 Y 公司对被上诉人 F 公司享有本金 3,000,000 元及相应利息债权，该债权在《最高额抵押合同》约定的抵押范围之内优先清偿。

争议焦点

本案一审与二审的争议焦点均为：案涉债权转让是否有效，即 Y 公司是否享有 F 公司的债权。

代理思路

笔者代理 Y 公司主张案涉债权转让有效，其享有对 F 公司的担保之债，诉请临海市人民法院确认 Y 公司申报的 F 公司破产债权 5,556,184 元（其中本金 300 万元，利息 1,356,034 元，迟延履行利息 1,200,150 元）。

F 公司在一审中答辩称，Y 公司没有履行完毕其与银行签订的《和解协议书》的全部支付义务，Y 公司也没有证据证明银行已履行债权转让通知义务，因此案涉债权没有发生债权转让的效力，也不存在优先权，且 Y 公司从未主张过权利，本案已过诉讼时效，要求驳回 Y 公司的诉讼请求。

银行作为第三人在一审中答辩称，Y 公司根据银行指示汇入 300 万元本息，银行对此仅进行相应的财务处理，且 2020 年一审判决以及 2020 年二审判决对该笔债权不予确认，不支持银行的补充申报债权，故该笔款项并非 Y 公司代 L 公司的清偿款，而是支付债权转让款的对价。银行认可 Y 公司仅受让了该部分债权，但主债权被分割或部分转让的，债权人可以就其享有的债权份额行使抵押权的相关规定，因此 Y 公司享有该部分债权。至于银行向 L 公司的补充申报债权，系银行考虑到该债权只是全部债权转让款中的部分，如果协议得不到全部履行或者最终不能履行，该 300 万元款项存在返还 Y 公司的风险，因此进行补充申报。

临海市人民法院经审理认为，Y 公司对 F 公司不享有债权。一审法院认为：

本案的焦点是 Y 公司是否享有 F 公司的债权。首先，债权人转让权利的，应当通知债务人，未经通知，该转让对债务人不发生效力。银行与 Y 公司所签订的《和解协议书》约定了双方自款项付清后，银行以书面形式七日内通知 L 公司，该债权转让才成立，明确了债权转让的方式及后果。银行又于 2021 年 1 月 26 日出具《债权转让证明》，认为其部分债权已于 2014 年转让给 Y 公司……债权转让应当通知债务人，现银行所享有的债权无论以何种方式进行转让，均未提供证据证明其已经完成向主债务人 L 公司进行通知的义务，故该债权转让对主债务人 L 公司不发生效力。其次，担保债务从属于主债务，担保人承担的责任范围不应当大于主债务。Y 公司认为，以诉讼的方式向 F 公司进行了通知，但案涉债权中 F 公司仅作为 L 公司的担保人，债权转让效力对主债务人 L 公司不发生效力，亦对 F 公司不发生效力。综上，Y 公司要求确认对 F 公司享有破产债权 5,556,184 元的诉讼请求，一审法院不予支持。

一审判决后，笔者针对一审中 F 公司的答辩及一审法院的裁判思路进行分析，重新梳理代理思路，并与 Y 公司充分沟通，向台州市中级人民法院提起上诉，请求撤销一审判决，改判支持 Y 公司的一审诉讼请求。代理思路如下：

一、上诉人 Y 公司依法享有对被上诉人 F 公司的破产优先债权 5,556,184 元，一审法院未予以确认是错误的。

首先，上诉人向被上诉人转账的 300 万元款项性质系上诉人支付给第三人银行的债权转让款，一审未对该节事实予以查明是错误的。

1. 2012 年 3 月 6 日，临海市人民法院作出 2011 判决，判决第三人银行对 L 公司享有 900 万元债权本金及利息，该 900 万元债权本金及利息在被上诉人所有的位于临海市某街道的房地产的拍卖、变卖款中优先受偿。

2. 2014 年 3 月 19 日，上诉人与第三人达成《和解协议书》一份，由第三人将 2011 判决项下的抵押债权的本金、利息及抵押物转让给上诉人。

《和解协议书》达成后，上诉人依据第三人的指示分别于 2014 年 5 月 22 日、6 月 20 日、7 月 25 日向 L 公司在第三人处开设的账户中汇入债权转让款各 100 万元，共计 300 万元。

3. 临海市人民法院 2020 年一审判决以及本案中，第三人明确其扣划了上诉人支付的债权转让款 300 万元用于平账，而 L 公司、被上诉人 F 公司自身并未实际支付过任何款项。

4. 该案件二审的两次庭审过程中，被上诉人亦认可第三人扣划的 300 万元款项性质系上诉人支付给第三人的债权转让款。

由此可见，第三人银行收取并扣划的 300 万元款项是上诉人支付的债权转让款，而债权转让并不是债务消灭的原因，不影响 L 公司和被上诉人的债务负担。L 公司和被上诉人的对外负债总额仍为 900 万元本金及利息。

其次，上诉人依法取得对 L 公司以及被上诉人的 300 万元本金及相应利息债权。

1. 上诉人与第三人于 2014 年 3 月 19 日达成的《和解协议书》实际是债权等价转让协议书，这也就意味着上诉人支付多少款项，那么第三人就将其对 L 公司等债务人等额的债权转让给上诉人。上诉人支付完毕 300 万元债权转让款后，第三人即将其对 L 公司等债务人的 300 万元债权本金及相应利息转让给上诉人，此后第三人已经与上诉人口头协商终止履行《和解协议书》，即第三人仅转让前期的 300 万元本金及利息债权给上诉人，后续的 600 万元本金及利息债权不再进行转让，上诉人亦无须再支付《和解协议书》约定的剩余债权转让款项。该事实也与 2021 年 1 月 26 日第三人出具的《债权转让证明》相对应，《债权转让证明》载明："我行对 L 公司的本金 300 万元债权及相应利息已于 2014 年 7 月 25 日转让至 Y 公司，相应从权利包括但不限于抵押权、连带责任保证责任追索权等由 Y 公司享有。"

2. 依据《民法典》第 407 条规定，"债权转让的，担保该债权的抵押权一并转让，但是法律另有规定或者当事人另有约定的除外"。第三人将其对 L 公司的 300 万元本息债权转让给上诉人，相应的抵押权也应当一并转让。因此上诉人对被上诉人享有 300 万元的债权本金及相应利息共计

5,556,184 元。

最后，案涉 300 万元本金及利息债权转让已通过债权申报以及诉讼方式履行了通知义务，一审法院认定上诉人或第三人未履行通知义务错误。

1. 债权转让无须经过债务人同意，而仅需要通知债务人或者担保人，但是债权转让通知的方式没有明确法律规定。

（1）主债务与从债务的主从关系属性按照法律规定仅仅适用于债权的有效性，不及于债权转让，没有任何法律规定债权转让必须先通知主债务人再通知担保人，如此，债权转让才对担保人发生效力。参照《民法典》第 696 条第 1 款并未规定债权转让必须同时通知主债务人和担保人才对担保人发生效力，而仅需通知担保人就对担保人发生效力。

（2）本案二审庭审过程中，被上诉人也认可第三人在申报债权时已经提交了《和解协议书》，而且上诉人作为债权受让人已以诉讼形式向抵押人也就是本案的被上诉人主张了权利，应当视为上诉人已向抵押人履行了通知义务，第三人也无异议。因此，本案上诉人就债权转让事宜已通过债权申报以及诉讼方式通知抵押人即被上诉人，债权转让已经对被上诉人发生效力，被上诉人理应偿还。

2. 退一步讲，作为主债务人的 L 公司已经被破产注销，另外 L 公司破产管理人出具的《关于银行债权审查确认情况的回复》中载明，在 L 公司破产期间，管理人无法联系到 L 公司法定代表人及公司相关人员，L 公司未向管理人交接账簿凭证等相关财务资料，很明显在此情况下，第三人也无法履行通知义务，因此第三人仅需要通知其他存续的担保人，之后，债权转让就应该对相应的被通知到位的担保人发生相应的法律效力。

二、一审法院判决驳回上诉人主张对被上诉人的破产优先债权 5,556,184 元的诉讼请求，与 2011 判决、2020 年一审判决及 2020 年二审判决认定内容相互矛盾，严重损害上诉人作为债权人的合法权益。

首先，如上所述，L 公司以及被上诉人并未偿还过任何款项，2014 年第三人银行收取并平账的 300 万元实际是上诉人支付的债权转让的对价，在此情形下，显然 L 公司以及被上诉人对外负债本金为 900 万元，而非 600 万元。

其次，按照以上分析，对于 L 公司以及被上诉人负债 900 万元是没有争议的，有争议的是 L 公司以及被上诉人的负债对象问题，到底是对第三人负债 900 万元，还是对第三人负债 600 万元、对上诉人负债 300 万元？

2020 年 5 月 26 日，第三人向被上诉人提出债权补充申报，主张本案案涉 300 万元债权及利息属于第三人所有。2020 年 7 月 13 日，被上诉人破产管理人作出《债权不予确认通知书》。后第三人向临海市人民法院提起诉讼，要求确认该 300 万元债权及利息归第三人所有。2020 年一审判决及 2020 年二审判决均未认定第三人的诉请，仅认定第三人享有 600 万元债权。由此可见，上述两份判决实际上也认可案涉 300 万元本息债权转让的事实，故认为该 300 万元本息债权可以另案处理。

本案一审判决却未认定上诉人主张的 300 万元债权本金及利息。一审法院的判决结果将直接导致该 300 万元优先债权性质发生变化，与事实相违背。而原本经法院生效判决且已申请执行的 900 万元优先债权本金经过一审法院判决竟变成 600 万元，导致 300 万元优先债权本金凭空消失，严重损害了上诉人作为债权人的合法权益。

三、在 2014 年债权转让时直至本案起诉，案涉 300 万元本金债权一直通过债权申报、诉讼等方式进行主张，不存在诉讼时效经过的问题。综上之分析，一审判决错误，请求依法改判确认上诉人对被上诉人享有优先债权 5,556,184 元。

F 公司在二审中答辩认为：

1. Y 公司与银行签订《和解协议书》后，Y 公司仅向 L 公司在银行处开设的账户汇入 300 万元，并未按约在 2014 年 11 月前支付全部债权转让价款，且银行也未通知 L 公司、F 公司债权转让事实，案涉债权尚未转让，债权仍由银行享有。L 公司破产清算一案中，银行申报债权本金 900 万元，已经（2016）浙 10 破×××号之四民事裁定确认。F 公司破产清算一案中，银行也将案涉 300 万元作为其债权进行补充申报。该案中，两级法院驳回的理由均系银行将 300 万元转让款归还 L 公司借款，F 公司担保责任不应大于主债务金额，结合银行两次申报全部债权的事实，可以证明案涉债权并未转让。《民法典》第 546 条规定："债权人转让债权，未通知债务人，该转让对债务人不发生效力。"《和解协议书》明确约定债权转让生效条件和具体通知方式，银行自认，因Y公司未支付全部债权转让款故没有将债权转让事实通知L公司及F公司。从2014年7月25日债权转让开始到2018年4月13日L公司破产程序终结，银行从未通知L公司，因此债权转让对L公司不发生效力。担保合同是主债权债务合同的从合同，担保物权具有从属性特征。在债权转让对主债务人L公司不发生效力时，不管对F公司是否进行通知，该债权转让对担保人F公司都不发生效力。

2. 银行将Y公司支付的款项扣划作为L公司归还借款，并作相应财务处理，系对自己权利处分，即使存在风险，相应不利后果应由银行自行承担。法院依据不同的事实作出判决，有充分的法律依据，相关判决并不矛盾，也与Y公司无关。

3. 银行自认，Y公司没有支付全部债权转让款，债权转让未发生效力，相应债权尚属银行所有。其在补充申报债权诉讼败诉后，又出具债权转让证明，违反诚信原则。

4. 即使存在债权转让，从银行认为2014年7月25日债权转让开始，到2018年4月13日L公司破产程序终结，长达3年多的时间内，Y公司没有向L公司主张权利，已超过两年诉讼时效。

银行在二审中答辩认为：

银行与Y公司签订《和解协议书》，将对L公司享有的债权及对F公司的抵押权等一并转让给Y公司享有，Y公司根据银行的指示将其中的300万元债权转让款汇入L公司的账户均是事实。在2020年一审判决和2020年二审判决银行诉F公司破产债权确认纠纷中，法院判决确认2011判决项下借款本金为600万元及利息，对第三人补充申报的借款本金300万元及利息不予确认，等于认定银行取得300万元债权转让款，Y公司受让了300万元债权。根据《最高人民法院关于适用〈中华人民共和国民法典〉有关担保制度的解释》第39条"主债权被分割或者部分转让，各债权人主张就其享有的债权份额行使担保物权的，人民法院应予支持"的规定，Y公司可以申报案涉300万元及利息。

台州市中级人民法院采纳了笔者的观点，经审理认为，Y公司享有对F公司的债权，改判支持了Y公司的诉讼请求。二审法院认为：

本案争议焦点为：Y公司是否享有F公司的债权。判断Y公司是否享有F公司的债权，关键在于银行将案涉300万元本金和利息的相关权利是否转让给Y公司以及转让行为是否有效。本院注意到，各方当事人对Y公司向L公司账户汇款300万元的事实均无异议，2020年二审判决也认定该款项系用于归还L公司所欠借款，银行在2021年1月26日出具的《债权转让证明》中认可《和解协议书》项下部分债权已经转让给Y公司。首先，《中华人民共和国民法典》第五百四十五条第一款规定："债权人可以将债权的全部或者部分转让给第三人，但是有下列情形之一的除外：（一）根据债权性质不得转让；（二）按照当事人约定不得转让；（三）依照法律规定不得转让。"银行与Y公司之间签订的《和解协议书》虽有合同价款全部履行完毕后才书面通知债务人等约定，但履行过程中，双方将合同权利的全部转让变更为合同权利的部分转让，银行出具《债权转让证明》对此予以追认，本案债权转让不存在上述合同权利不得转让的情形，也未违反法律禁止性规定。

其次，《中华人民共和国民法典》第五百四十六条第一款规定："债权人转让债权，未通知债务人的，该转让对债务人不发生效力。"第一，上述规定未限制仅能由债权人作为通知主体，在受让人能够提供充足的证据证明债权转让的事实，允许其对债务人作出通知。第二，本院于2018年4月13日裁定终结L公司破产程序，F公司提供的证据证明L公司已于2018年5月11日注销登记，此后银行与Y公司事实上无法向L公司通知债权转让事宜。第三，2020年二审判决认定Y公司汇款行为属不同法律关系可另行诉讼并驳回银行的补充申报债权后，Y公司持银行出具的《债权转让证明》向抵押担保人F公司的管理人申报债权及起诉要求确认债权的行为，亦是以诉讼的形式向债务人送达债权转让通知，可以发生通知转让之法律效力。第四，F公司为主债务提供抵押担保，该担保责任不以L公司主体的消亡而消灭。银行将部分债权转让给Y公司，Y公司也已经向银行支付相应的对价。F公司提供的抵押担保所担保的范围仅是从一个大债权分割成两个小债权,而担保范围并未超过原担保范围。综上,本案可以认定银行将案涉 300 万元本金及利息的债权转让给 Y 公司,Y 公司要求确认其申报对 F 公司享有本金 300 万元及相应利息债权,符合法律规定,该债权在《最高额抵押合同》约定的抵押范围之内优先清偿。

裁判结果

2021 年 9 月 24 日,临海市人民法院作出(2021)浙 1082 民初××××号一审民事判决:驳回 Y 公司的诉讼请求。

Y 公司不服一审判决,向台州市中级人民法院提起上诉,台州市中级人民法院于 2022 年 3 月 16 日作出(2021)浙 10 民终××××号二审民事判决:

1. 撤销浙江省临海市人民法院(2021)浙 1082 民初××××号民事判决;

2. 确认上诉人 Y 公司对被上诉人 F 公司享有本金 300 万元及相应利息债权,该债权在《最高额抵押合同》约定的抵押范围之内优先清偿。

复盘研析

附担保债权转让时,存在两个相互独立的债权债务法律关系,即主债权与担保之债。基于债权的不公示性,为从程序上保护债务人,《民法典》第 546 条沿袭了《合同法》第 80 条的规定,债权转让要求通知债务人,否则,对债务人不发生效力。基于担保之债的从属性,主债务转让,担保之债一并转让,因此,尽管考虑到保证责任相较于其他担保责任的严苛性,《民法典》第 696 条第 1 款明确,"债权人转让全部或者部分债权,未通知保证人的,该转让对保证人不发生效力",即新增债权转让通知保证人制度,但《民法典》并未规定债权转让要求通知抵押人、质押人等其他物上担保人。在此语境下,结合本案实践,有必要对债权转让是否以通知作为生效要件、债权转让通知的主体和方式、附抵押债权转让时抵押人的责任承担等问题进行进一步梳理,以探讨实务。

一、债权转让是否以通知作为生效要件

债权转让系指债权人将其债权的全部或部分转让给债务人以外的第三人的法律制度,通常认为债权转让应同时满足存在合法有效的债权、债权具有可让与性、债权让与人与受让人具有债权转让合意等条件。债权转让本质上系一种债权资本化的特殊交易方式,债权转让制度是保理、资产证券化、不良资产处置等领域中保证增信措施、应收账款转让等业务操作的基础法律制度之一,如《民法典》第769条[①]规定第十六章保理合同章适用第六章债权转让的有关规定。

债权转让制度在比较法上存在三种立法体例:一是同意主义,即债权转让必须经债务人同意;二是自由主义,即债权转让无须债务人同意,也无须通知债务人;三是折中主义,即债权转让无须债务人同意,但必须将债权转让的事实通知债务人,在债务人接到通知后债权转让才对债务人发生效力。相较于前二者,折中主义平衡了债权人权利处分自由与债务人利益保护的价值,我国即采取折中主义的立法模式。

《民法典》第545条第1款[②]吸收了《合同法》第79条规定的债权转让制度,其中规定禁止债权转让的情形包括根据债权性质不得转让、按照当事人约定不得转让、依照法律规定不得转让三种情况。对于根据债权性质不得转让的情形,有释义指出,其主要包括当事人基于信任关系订立的委托合同、赠与合同等产生的债权、债权人的变动必然导致债权内容的实质性变更、债权人的变动会危害债务人基于基础关系所享有的利益[③]等不宜转让的债权。按照当事人约定不得转让的情形,系基于对保护特定主体的私利益之考量,尊重当事人意思自治,故当事人约定不得转让的债权禁

[①] 《民法典》第769条规定:"本章没有规定的,适用本编第六章债权转让的有关规定。"
[②] 《民法典》第545条第1款规定:"债权人可以将债权的全部或者部分转让给第三人,但是有下列情形之一的除外:(一)根据债权性质不得转让;(二)按照当事人约定不得转让;(三)依照法律规定不得转让。"
[③] 王利明主编:《中国民法典释评·合同编通则》,中国人民大学出版社2020年版,第386~436页。

第四章 《民法典》视角下附担保债权转让通知制度探讨

止转让,但《民法典》第 545 条第 2 款①对此进一步区分金钱债权与非金钱债权的适用问题,对此,笔者将在后文进行分析,在此不赘述。对于依照法律不得转让的情形,如《最高人民法院关于审理涉及金融不良债权转让案件工作座谈会纪要》中对不良债权受让主体作限制规定②,对于明显存在上述主体违规受让金融不良债权的,人民法院依法认定转让合同无效。

《民法典》第 545 条第 2 款对《合同法》第 79 条第 2 项进行了修正,正式在立法层面对禁止债权转让约定进行限制,这是《民法典》债权转让制度的重大变化之一。而在《民法典》实施前,对于约定禁止转让的债权转让,司法实践中采取的裁判立场莫衷一是。比如,广州市中级人民法院(2019)粤 01 民终 1321 号③案件、北京市第三中级人民法院(2018)京 03 民初 410 号④案件中,法院均采取准用动产善意取得的立场,倾向于认为如受让人能够证明其受让债权善意,则有利于其债权取得的认定。而北京市密云区人民法院在(2014)密民(商)初字第 6776 号⑤案件中采取相对不生效的立场,认为约定禁止转让的债权转让对债务人不生效。浙江省高级人民法院在(2011)浙商外提字第 1 号⑥案件中则采取禁止转让约

---

① 《民法典》第 545 条第 2 款规定:"当事人约定非金钱债权不得转让的,不得对抗善意第三人。当事人约定金钱债权不得转让的,不得对抗第三人。"
② 《最高人民法院关于审理涉及金融不良债权转让案件工作座谈会纪要》第 6 条规定:"会议认为,在审理不良债权转让合同效力的诉讼中,人民法院应当根据合同法和《金融资产管理公司条例》等法律法规,并参照国家相关政策规定,重点审查不良债权的可转让性、受让人的适格性以及转让程序的公正性和合法性。金融资产管理公司转让不良债权存在下列情形的,人民法院应当认定转让合同损害国家利益或社会公共利益或者违反法律、行政法规强制性规定而无效……(九)受让人为国家公务员、金融监管机构工作人员、政法干警、金融资产管理公司工作人员、国有企业债务人管理人员、参与资产处置工作的律师、会计师、评估师等中介机构等关联人或者上述关联人参与的非金融机构法人的;(十)受让人与参与不良债权转让的金融资产管理公司工作人员、国有企业债务人或者受托资产评估机构负责人员等有直系亲属关系的……"
③ 广州吉越汽车设备有限公司与广州中益机械有限公司债权转让合同纠纷案,广东省广州市中级人民法院(2019)粤 01 民终 1321 号民事判决书。
④ 乐视网信息技术(北京)股份有限公司与易到旅行社(天津)有限公司等债权转让合同纠纷案,北京市第三中级人民法院(2018)京 03 民初 410 号民事判决书。
⑤ 高某某与北京青岛啤酒三环有限公司买卖合同纠纷案,北京市密云区人民法院(2014)密民(商)初字第 6776 号民事判决书。
⑥ 徐甲等诉徐乙等民间借贷纠纷案,浙江省高级人民法院(2011)浙商外提字第 1 号民事判决书。

定不具有对抗第三人效力的立场，认为禁止债权转让的约定仅具有债权效力，而不影响处分行为本身效力。

《民法典》对禁止转让的债权转让的裁判规则进行了明确。《民法典》第545条第2款采用区分原则，分别增加了关于金钱之债与非金钱之债的禁止债权转让约定保护交易第三人的适用规则："当事人约定非金钱债权不得转让的，不得对抗善意第三人。当事人约定金钱债权不得转让的，不得对抗第三人。"由此可见，该款赋予债权转让更大的流通性与自由度，解决了债权的非公示性导致受让人交易被认定无效的不稳定因素。根据该款规定，金钱债权作为特殊的种类物之债，具有纯粹的财产属性，故该款规定无论第三人是否善意，无论第三人是否知道债权人和债务人之间的禁止性约定，均应保护受让人的交易安全。而非金钱债权具有一定的履行依附属性，故对于约定禁止转让的非金钱之债情形作必要限缩，即第三人具备主观善意时才可以取得约定禁止转让的非金钱之债，但未明确善意的认定标准及证明标准，参照物权体系中的善意取得制度，笔者认为，该款规定的"善意"亦应指第三人不知道或不应知道原债权人与债务人之间关于禁止转让的约定，而不应达到第三人故意或恶意的程度。

在此要指出的是，《民法典》第545条仅是针对让与人（债权人）与受让人之间的债权转让进行规定，不涉及债务人及担保人。在无担保债权转让的一般场合，除了让与人与受让人之间的对内债权转让关系之外，还涉及对外向债务人的债权转让通知问题。因考虑到债务人的程序利益，故要求将债权转让的事实通知债务人，否则，对债务人不发生效力。此种形式在理论上被称为观念通知，属准法律行为，不以引起法律效果为目的。但实务中容易将债权转让通知作为债权转让生效的条件，这一观点将债权转让的生效条件错误类比为物权转让中的公示生效规则，认为债权转让的效果在债权转让通知后才发生。对这一观点，笔者不予认同。从法理上观之，债权转让系让与人与受让人之间形成的真实意思表示，债权转让自让与人与受让人签订债权转让协议或以其他形式达成债权转让合意时即生效，其效力受到意思自治规则制约，其生效与否并不以通知债务人为条件。

即便是《民法典》第696条第1款①规定的债权转让通知保证人制度，也未将通知保证人作为阻却债权转让生效的条件。在抵押、质押等物上担保情形中，《民法典》第547条第2款亦明确："受让人取得从权利不因该从权利未办理转移登记手续或者未转移占有而受到影响。"换言之，债权转让因让与人与受让人形成合意而生效，如无特别约定，受让人在其与让与人签订的转让合同生效后即取得债权，未通知债务人或保证人的，仅是对债务人或保证人不发生效力。

笔者总结，债权转让通知债务人的意义在于通知债务人债权转让的事实以及保护其适当的程序利益，《民法典》新增通知保证人制度亦旨在让保证人知晓债权转让的事实。因此，债权转让通知债务人或保证人均以促使债务人或保证人继续履行债权及从权利为目的，是否通知仅是决定何时对债务人或保证人生效，并不影响受让人取得转让债权。申言之，让与人与受让人之间的债权转让并不以通知作为生效要件。

二、债权转让通知的主体及方式之争

承上所述，债权人与受让人之间的债权转让并不以通知作为生效要件。但为促使债务人与保证人履行转让债权及有关权利，应当通知债务人与保证人。关于债权转让的通知问题，实践中主要争议问题在于，非债权人作出通知是否构成有效通知？附担保债权转让中，未通知主债务人但通知担保人，可否直接要求担保人承担责任？以起诉、仲裁或公告方式通知债务人是否构成有效通知？对上述问题，笔者在下文逐一分析。

（一）债权转让的通知主体是否限于债权人（债权让与人）

债权转让通知的目的在于让债务人知道债权转让的事实，从而对债务人产生效力，无论是让与人还是受让人通知，行为结果上都应无差异。但是讨论债权转让的通知主体问题的意义在于，基于原债权人与债务人之间的信赖关系，如果以非原债权人即受让人进行通知，则会导致债务人对转

---

① 《民法典》第696条第1款规定："债权人转让全部或者部分债权，未通知保证人的，该转让对保证人不发生效力。"

让债权产生合理怀疑，不仅会增加债务人判断债务真实性的义务[1]，也会因此增加虚假债权转让的风险。基于此，有观点认为债权转让的通知主体应当仅限于债权人。但也有观点指出，债权让与人和受让人均可以作为债权转让的通知主体，原因在于，实践中亟待通知债务人的往往是受让人，因为债权让与人在转让债权后其主要利益已经实现，而受让人通知债务人具有现实紧迫性。最高人民法院在（2016）最高法民申3020号[2]案件中认为，虽然《合同法》第80条第1款[3]规定的债权转让通知行为人，从文义上应理解为债权转让人，但在可以确定债权转让行为真实性的前提下，亦不应否定债权受让人为该通知行为的法律行为，即应以债务人是否知晓债权转让事实作为认定债权转让通知法律效力之关键。本案与该案同旨，本案二审法院亦认为："上述规定（《民法典》第546条）未限制仅能由债权人作为通知主体，在受让人能够提供充足的证据证明债权转让的事实，允许其对债务人作出通知。"

而在比较法上，债权转让的通知主体大致有三种立法例。第一种立法例是由让与人通知，如《日本民法典》第467条第1款规定，"指名债权之让与，非经让与人之通知债务人或债务人之承诺，不得以之对抗债务人及其他第三人"[4]，即限定通知义务人为让与人；第二种立法例是由受让人通知，《法国民法典》第1690条采此种体例，"受让人仅依其向（转让的权利的）债务人送达权利转移的通知，始对第三人发生占有权利的效力；但是受让人也可依债务人用公证文书接受权力转移而占有其受让的权利"[5]，即限定通知义务人为受让人；第三种立法例是由让与人或受让人通知，如《瑞士债法典》第167条规定，"在转让人或者受让人通知其转让前，已向前任债权人付款或者连续转让时对一受让人付款可以对抗其他人

---

[1] 刘浩：《债权转让通知研究》，载《暨南学报（哲学社会科学版）》2014年第2期。
[2] 重庆港务物流集团实业有限公司与重庆冶金轧钢厂金融不良债权追偿纠纷案，最高人民法院（2016）最高法民申3020号民事裁定书。
[3] 《合同法》（已失效）第80条第1款规定："债权人转让权利的，应当通知债务人。未经通知，该转让对债务人不发生效力。"
[4] 渠涛编译：《最新日本民法》，法律出版社2006年版，第105页。
[5] 《法国民法典》（下册），罗结珍译，法律出版社2005年版，第1274页。

的更优先权利的，债务有效解除"①，即让与人与受让人均可作为通知义务人。

对此，笔者认为，债权转让的通知主体不应限于债权人，受让人亦可为通知主体。《民法典》第546条第1款并未限制仅能由债权人作为债权转让通知主体，且债权转让通知的关键在于债务人是否知道债权转让的事实，因此，只要使债务人知晓债权转让事实，无论债权人或受让人作出通知，均应认为是有效的债权转让通知。更何况，相较于受让人而言，原债权人缺乏及时履行通知义务的现实紧迫性，受让人甚至可能因为原债权人的怠于通知而无法实现对债务人的权利，结合当前债权经济化的趋势，如将通知主体限缩于债权人，则过于狭隘，不利于债权交易和经济发展。至于由受让人作出通知会增加债务人判断债权真实性的负担的顾虑，笔者认为，可以通过受让人作出债权转让通知同时附上债权转让凭证、文件等以证明债权转让事实及受让人身份，或通过债权人与受让人同时向债务人作出债权转让通知的方式解决这一问题，由此既可以进一步规范债权转让的通知行为，保护债权转让交易秩序的稳定性与当事人之间的意思自治，也不过分增加债务人判断债权的负担。

（二）债权转让通知是否包括诉讼、仲裁、公告等通知形式

《民法典》第546条第1款未限制债权转让的通知方式，从广义上解释，能够让债务人知晓债权转让事实的任何形式均可作为有效的债权转让通知，包括但不限于口头告知、书面函件、电子邮件、诉讼文书等形式。实务中曾争议颇大的是，以诉讼或仲裁形式进行通知是否构成有效的债权转让通知。向法院起诉或向仲裁机构申请仲裁方式通知的法律效力，当前在司法实践中已获得普遍认可，如最高人民法院（2016）最高法民申3020号②案件、新疆维吾尔自治区乌鲁木齐中级人民法院（2018）新01

---

① 《瑞士债法典》，吴兆祥、石佳友、孙淑妍译，法律出版社2002年版，第34页。
② 重庆港务物流集团实业有限公司与重庆冶金轧钢厂金融不良债权追偿纠纷案，最高人民法院（2016）最高法民申3020号民事裁定书。

民终827号①案件等，法院均认为，债权受让人直接向人民法院起诉，并借助人民法院送达起诉状的方式，向债务人送达债权转让通知，亦可以发生通知转让之法律效力。本案判决亦与此同旨。在立法层面上，北京市高级人民法院曾于2007年发布的《北京市高级人民法院审理民商事案件若干问题的解答之五（试行）》（京高法发〔2007〕168号）第20条明确规定："债权转让没有通知债务人，受让债权人直接起诉债务人的，视为'通知'，法院应该在满足债务人举证期限后直接进行审理，而不应驳回受让债权人的起诉。"《民法典》第565条第2款②关于诉讼或仲裁的方式可以作为合同解除送达程序的规定，实际上亦认可了通过诉讼或仲裁进行通知的有效性。

而对于公告方式作出通知是否构成有效通知，实践中尚存争议，原因在于公告形式、公告地点、公告时间等缺少统一规则，且对于债务人及保证人而言，因难以及时关注公告内容而导致无法知晓债权转让情况，反而容易遭受损害③。但在债务人无法通过邮寄等方式送达通知、金融不良资产处置涉众多债务人、担保人等特定情形时，实践中认可公告通知的法律效力。比如，甘肃省定西市安定区人民法院在（2016）甘1102民初3152号④案件中认定，因债务人下落不明，受让人就债权转让一事通过刊登公告的方式告知债务人，应视为对债务人进行了通知，该通知债务人的行为有效。又如，在金融不良资产处置时，为提高对众多债务人和担保人的通知效率，财政部、原银监会发布的《金融企业不良资产批量转让管理办法》（财金〔2012〕6号）第19条规定："发布转让公告。转让债权资产的，金融企业和受让资产管理公司要在约定时间内在全国或者省级有影响

---

① 禹某与新市区西环北路昊元上品水疗中心合同纠纷案，新疆维吾尔自治区乌鲁木齐中级人民法院（2018）新01民终827号民事裁定书。
② 《民法典》第565条第2款规定："当事人一方未通知对方，直接以提起诉讼或者申请仲裁的方式依法主张解除合同，人民法院或者仲裁机构确认该主张的，合同自起诉状副本或者仲裁申请书副本送达对方时解除。"
③ 参见王利明：《合同法研究》（第2卷·第3版），中国人民大学出版社2015年版，第208页。
④ 甘肃中信天宝投资管理有限公司等诉金某某债权转让合同纠纷案，甘肃省定西市安定区人民法院（2016）甘1102民初3152号民事判决书。

的报纸上发布债权转让通知暨债务催收公告,通知债务人和相应的担保人,公告费用由双方承担。双方约定采取其他方式通知债务人的除外。"最高人民法院也曾在《关于审理涉及金融资产管理公司收购、管理、处置国有银行不良贷款形成的资产的案件适用法律若干问题的规定》(法释〔2001〕12号,已失效)第6条第1款规定:"金融资产管理公司受让国有银行债权后,原债权银行在全国或者省级有影响的报纸上发布债权转让公告或通知的,人民法院可以认定债权人履行了《中华人民共和国合同法》第八十条第一款规定的通知义务。"从上述实践情况可以看到,在无法通过邮寄等方式送达通知、债务人和担保人众多等特定情形中,为履行通知义务以及节约社会资源,应当认可公告通知的法律效力。但除以上特定情形外,在函件、邮件、电子送达等其他常见方式可以送达债权转让通知的情况下,笔者认为,尚不宜认为公告通知为有效的通知方式,因为公告通知并非实践中的惯常做法,容易引发争议和风险,有待相关法律法规和实务指引进一步明确。

(三) 债权转让通知的风险与防范

相较于对债权真实性的审查,受让人相对轻视债权转让通知瑕疵的问题。债权转让通知制度的本意在于使债务人知晓债权转让事实,但《民法典》对转让通知效力的评判倾向性采取客观主义标准,即以债权转让通知是否有效到达债务人作为判决债务人是否知晓债权转让事实、债权转让是否对债务人生效的依据。因此,债权转让通知是确定债权转让对债务人是否发生效力的关键,债权转让通知应具有内容上及形式上的规范性和完整性,从而避免债权转让通知瑕疵可能导致受让人无法向债务人主张权利的风险。

承上所析,债权转让通知包括口头、书面等形式,但为固定债权转让通知事实及避免举证困难,采取书面形式通知更为妥当。债权转让通知内容至少应当包括以下方面:一是载明债权已经发生让与的事实,包括明确债权转让受让人身份、转让债权的标的、金额、期限等,如以受让人作出债权转让通知,可以根据实际情况附上债权转让的交易凭证或相关文件,以避免债务人质疑债权转让的真实性;二是向债务人发出履行债务的指示,如在附保证债权转让中,还需向保证人发出承担保证责任的指示;三是对于转让债权的其他合理说明。在送达方式的选择上，应关注证据固定的重要性，如采取邮寄送达方式，应注重有效送达与签收记录的保存；如采取电子送达方式，应注重保存原始电子数据。

三、基于本案实践：附担保债权转让时仅通知担保人的效力能否及于主债务人

本案中一审法院与二审法院裁判立场判然有别。一审法院基于担保之债的从属性，认为案涉债权转让时仅通知了抵押担保人而未通知主债务人，案涉债权转让并未生效。二审法院从公平合理视角进行实质审查，认为不应苛求对无法通知的主债务人履行通知义务，且本案有充分证据证明案涉债权转让的事实，同时抵押担保人的担保责任并不因主债务人主体消灭而消失，受让人Y公司持银行出具的《债权转让证明》，亦是以诉讼形式向债务人送达债权转让通知，因而可以发生通知转让之法律效力。

基于本案实践，值得探讨这样一个问题：在无担保债权转让的一般场合下，债权转让时要通知债务人，否则，债权转让对债务人不发生效力。在附担保债权转让的特殊场合下，仅通知担保人是否为有效的债权转让通知？有观点认为，根据担保合同的从属性，附担保债权转让时理应通知主债务人，否则，对债务人和担保人均不发生效力。如本案一审认为，债权转让仅通知担保人，对债务人和担保人均不发生效力。但也有观点认为，债权转让通知的效力具有独立性，债权转让仅通知担保人，对债务人不发生效力，但对担保人发生效力。

在《民法典》实施前，法律规定中并未明确要求对担保人进行债权转让通知，仅要求对债务人通知，基于担保之债的从属性，担保人当然地要对转让债权承担担保责任。这一做法虽遵循担保从属性原则，但会导致担保人面临债权人与债务人恶意串通损害其合法利益的风险。为保护债权转让时保证人的保证责任安全，《民法典》第696条第1款新增债权转让时通知保证人的制度，确立了对保证人同样适用"未通知不生效"的规则，但《民法典》并未规定债权转让时通知抵押人或质押人等物上担保人。笔者认为，其中考量可能在于保证人以其信用及所有财产提供担保，相对于

抵押人或质押人仅就特定的物或权利承担责任而言，保证人承担更加沉重的担保责任，故《民法典》倾向性地仅规定债权转让通知保证人制度。

基于此，笔者认为，理应区分不同的担保情形讨论附担保债权转让时仅通知担保人的效力问题。在附保证债权转让时，根据《民法典》第696条第1款的规定，通知保证人才对保证人生效，未通知则不生效，因此，在附保证债权转让时，仅通知保证人但未通知主债务人，应当认可对保证人构成有效的债权转让通知，受让人享有对保证人的保证之债。但在此情况下，对于保证人的通知效力能否及于对主债务人的通知效力，有论者指出，债权转让对债务人和保证人均适用"未通知不生效"规则，如果债权转让仅通知债务人，则不能根据保证债务从属性原则认定债权转让直接对保证人发生效力。如果债权转让仅通知保证人，此时保证人不应负有审查债权转让是否通知债务人的义务，因为保证人对债权转让通知具有信赖利益，债权转让对其发生效力。① 笔者认为，根据体系解释，附保证债权转让须分别通知债务人和保证人，如仅通知债务人但未通知保证人，受让人享有对债务人的主债权，但不享有对保证人的保证之债；如仅通知保证人，该债权转让对保证人产生效力，受让人享有对保证人的保证之债，但该债权转让并未对主债务人发生效力，保证之债系从债务，且一般保证人享有先诉抗辩权，在权利实现上，此时受让人实际上无法实现对保证人的权利主张。由此可见，受让人对保证人的通知效力不能及于主债务人，否则，有悖担保从属性的基本规则。而在抵押权、质押权等物上担保债权转让中，《民法典》并未特别规定债权转让需要通知抵押人或质押人，基于"从随主"原则，债权转让通知主债务人时受让人同时享有对抵押人或质押人的从权利。换言之，仅通知抵押人、质押人等物上担保人，不会产生债权转让对抵押人、质押人等物上担保人生效的效果，更不会产生债权转让对主债务人生效的效果。

在此值得指出的是，本案因主债务人L公司破产且人格消灭，实际上

---

① 参见罗正环：《民法典附保证债权转让通知的效力》，载《人民法院报》2022年6月30日，第7版。

已无法通知到主债务人L公司,本案二审法院认为Y公司向抵押担保人F公司的管理人申报债权及起诉要求确认债权的行为,亦是以诉讼的形式向债务人送达债权转让通知,因而可以发生通知转让之法律效力。本案L公司管理人在本案审理过程中就案涉讼争债权出具说明,虽案涉债权转让并未直接通知到主债务人L公司,但二审法院从公平合理角度出发,并未从形式上僵化适用主债务人通知规则,而是从实质上认定发生通知转让之法律效力。对此,笔者认为,在个案中确实存在因客观原因导致无法直接通知主债务人的情况,如果债权人或受让人通过通知担保人或其他方式同样让债务人知晓债权转让的事实,理应认为对债务人亦发生通知转让之法律效力。此时通知转让效力的产生系基于此种做法已达到等同于直接通知主债务人的效果,并非基于通知担保人效力及于主债务人的逻辑,因此,本案二审法院的裁判思路兼顾了公平与效率,对于处理主债务人破产后无法通知债务人时的转让债权认定问题,具有肯定意义。

四、结语

根据以上之分析,让与人与受让人之间的债权转让并不以通知作为生效要件,但债权转让通知可以使债权转让对债务人生效。根据《民法典》第546条第1款的规定,债权转让通知的关键在于使债务人知晓债权转让事实,故原则上不应限制债权转让的通知主体以及通知方式。《民法典》第696条第1款新增债权转让通知保证人制度,确立了对保证人亦适用"未通知不生效"的规则。但对于抵押、质押等物上担保债权转让,《民法典》并未要求债权转让要通知抵押人、质押人等物上担保人,故在此类附担保债权转让中,宜应根据《民法典》第547条第1款之规定,债权转让通知债务人同时对抵押人、质押人等物上担保人一并生效,受让人一并享有债权有关的从权利。

关于仅通知担保人但未通知主债务人时担保人的责任承担问题,如本案二审法院揭示的裁判规则,在无法通知主债务人的情况下,如以诉讼方式通知抵押人,且有充分证据证明债权转让事实的情况下,从公平合理的角度考虑,应认定已发生转让通知之法律效力,抵押人仍应为此承担担保责任。

第五章 银行依据加速到期条款划扣存款在破产法语境下的效力与适用

——浙江某洁具股份有限公司破产管理人诉兴业银行股份有限公司某支行破产撤销权纠纷案

本章提要

在当前金融业中，银行贷款融资已成为中小企业生存发展的重要手段。在企业向银行申请贷款融资时，银行贷款合同中通常会约定加速到期条款，在企业发生实际违约、可能违约或交叉违约的情形时，银行可以宣布贷款合同提前到期并直接划扣企业在银行账户的相应资金。但当银行划扣行为处于破产临界期时，加速到期条款的效力及银行划扣行为是否应当适用《企业破产法》第31条[①]第4项、第32条[②]规定的偏颇清偿撤销制度，破产实践中尚存争议。

本案中，兴业银行股份有限公司某支行（以下简称银行）根据加速到期条款在破产临界期内划扣了浙江某洁具股份有限公司（以下简称Y公司）在银行账户的资金以清偿到期贷款，Y公司破产管理人认为银行划扣存款行为属于《企业破产法》第31条第4项的提前清偿行为以及《企

---

① 《企业破产法》第31条规定："人民法院受理破产申请前一年内，涉及债务人财产的下列行为，管理人有权请求人民法院予以撤销：（一）无偿转让财产的；（二）以明显不合理的价格进行交易的；（三）对没有财产担保的债务提供财产担保的；（四）对未到期的债务提前清偿的；（五）放弃债权的。"

② 《企业破产法》第32条规定："人民法院受理破产申请前六个月内，债务人有本法第二条第一款规定的情形，仍对个别债权人进行清偿的，管理人有权请求人民法院予以撤销。但是，个别清偿使债务人财产受益的除外。"

破产法》第 32 条规定的个别清偿行为，要求予以撤销。

笔者代理银行经办本案，提出银行划扣存款行为不适用偏颇清偿撤销制度予以撤销的观点。本案浙江省玉环市人民法院认为银行划扣存款行为不属于提前清偿行为和个别清偿行为，不应予以撤销。Y 公司破产管理人上诉至台州市中级人民法院。二审法院根据《最高人民法院关于适用〈中华人民共和国企业破产法〉若干问题的规定（二）》（以下简称《破产法解释（二）》）第 14 条[①]的规定驳回了 Y 公司破产管理人的上诉请求。

本章通过分析本案，进一步对银行根据加速到期条款划扣存款行为在破产法语境下的效力与适用问题提出一些思考，以促进破产实践中对这类问题的解决。

案情概述

2013 年 6 月 4 日，Y 公司与银行签订编号为××××106 号《流动资金借款合同》（以下简称 106 号贷款），约定 Y 公司向银行借款 700 万元，借款期限为 2013 年 6 月 4 日至 2014 年 5 月 28 日，月利率 5.5‰。银行按约提供借款。

2013 年 6 月 5 日，Y 公司与银行签订编号为××××108 号《流动资金借款合同》（以下简称 108 号贷款），约定 Y 公司向银行借款 700 万元，借款期限为 2013 年 6 月 5 日至 2014 年 5 月 28 日，月利率为 5.5‰。银行按约提供借款。

2013 年 9 月 5 日，Y 公司与银行签订编号为××××152 号《流动资金借款合同》（以下简称 152 号贷款），约定 Y 公司向银行借款 500 万元，借款期限为 2013 年 9 月 5 日至 2014 年 5 月 28 日，月利率为 5.5‰。银行按约提供借款。

2013 年 12 月 2 日，Y 公司与银行签订编号为××××222 号《流动资金借款合同》（以下简称 222 号贷款），约定 Y 公司向银行借款 400 万

---

① 《破产法解释（二）》第 14 条规定："债务人对以自有财产设定担保物权的债权进行的个别清偿，管理人依据企业破产法第三十二条的规定请求撤销的，人民法院不予支持。但是，债务清偿时担保财产的价值低于债权额的除外。"

元，借款期限从 2013 年 12 月 2 日至 2014 年 5 月 28 日，月利率为 5.3‰。银行按约提供借款。

2013 年 12 月 11 日，Y 公司因资金周转所需，向银行另行申请短期借款 200 万元，合同号为×××226 号（以下简称 226 号贷款），借款期限为 2013 年 12 月 11 日至 2014 年 3 月 11 日。226 号贷款由案外人 L 公司提供 1600 万元的最高额保证。

2014 年 3 月 11 日，226 号贷款到期日，银行从 Y 公司账户上扣划人民币 583.86 元，由 L 公司于次日担保代偿 1,999,416.14 元。

2014 年 4 月 21 日，银行从 Y 公司账户内划扣 56,000 元用于偿还 Y 公司拖欠银行的贷款本金。2014 年 4 月 22 日，银行从 Y 公司开立在银行处的账户内划扣 122,468.92 元。银行于 2014 年 4 月 21 日、22 日所扣划的 178,468.92 元系偿还 106 号《流动资金借款合同》项下的借款本金。106 号《流动资金借款合同》约定借款期间，借款人或担保人在发生一定情况时，贷款人有权单方决定停止支付借款人尚未使用的借款，并提前收回部分或全部借款本息。

2014 年 4 月，Y 公司向浙江省玉环市人民法院申请破产清算。

2014 年 6 月 10 日，浙江省玉环市人民法院受理 Y 公司破产清算申请，并于 2014 年 7 月 1 日指定破产管理人。

2014 年 9 月 28 日，Y 公司破产管理人以 Y 公司在破产申请前 6 个月进行个别清偿为由向浙江省玉环市人民法院提起诉讼，要求撤销 Y 公司对银行在 2014 年 4 月 21 日、22 日合计 178,468.92 元的清偿行为并返还给 Y 公司破产管理人 178,468.92 元。

浙江省玉环市人民法院判决驳回了 Y 公司破产管理人的诉讼请求。Y 公司破产管理人上诉至台州市中级人民法院，台州市中级人民法院在二审审理中另查明：

2011 年 12 月 30 日，Y 公司与银行签订编号为×××007 号《最高额抵押合同》，约定 Y 公司以自有房产对在 2011 年 12 月 30 日至 2013 年 12 月 29 日发生的债务，在人民币 2019.2 万元限额内进行抵押担保，并于 2012 年 1 月 12 日在玉环县工商行政管理局办理了抵押登记。同时约定×××007号《最高额抵押合同》为106号、108号、152号、222号贷款的担保合同之一。

2014年1月8日,Y公司与银行签订编号为×××009号《最高额抵押合同》,约定Y公司以自有房产对在2014年1月8日至2019年1月8日发生的债务,在人民币2500万元限额内提供抵押担保;并对抵押权设立之前已存在的上述106号、108号、152号、222号四份《流动资金借款合同》及合同号为×××226号《流动资金借款合同》提供担保,并在玉环县房地产管理处办理抵押登记。2014年1月10日,Y公司与银行签订《补充协议》,约定追加×××009号《最高额抵押合同》为前述106号、108号、152号、222号四份《流动资金借款合同》的担保合同。

本案106号贷款加速到期与226号贷款的内在联系如图5-1所示:

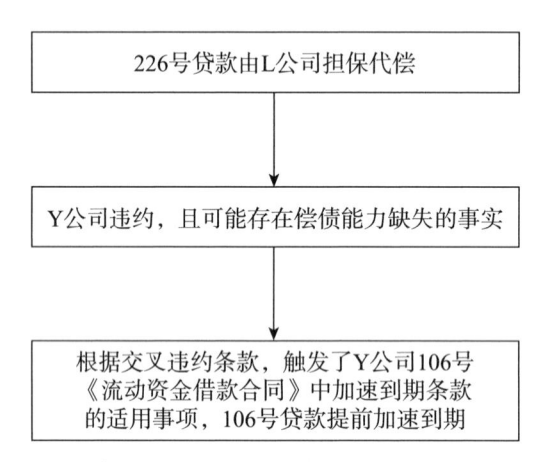

```
┌─────────────────────────────┐
│  226号贷款由L公司担保代偿       │
└─────────────────────────────┘
              ↓
┌─────────────────────────────┐
│ Y公司违约,且可能存在偿债能力缺失的事实 │
└─────────────────────────────┘
              ↓
┌─────────────────────────────┐
│ 根据交叉违约条款,触发了Y公司106号  │
│ 《流动资金借款合同》中加速到期条款  │
│ 的适用事项,106号贷款提前加速到期   │
└─────────────────────────────┘
```

图5-1 本案106号贷款加速到期与226号贷款的内在联系

争议焦点

本案一审与二审的争议焦点为:

银行于2014年4月21日、22日分两次从债务人Y公司划扣的行为是否符合破产法的相关规定,即是否为提前清偿行为、个别清偿行为。

代理思路

围绕以上争议焦点，笔者在本案一审法院审理时提出以下代理要点。

一、银行划扣行为不属于提前清偿行为

根据《企业破产法》第31条第4项规定，破产受理前1年内对未到期债务清偿的行为应予撤销。106号贷款到期时间为2014年5月28日，Y公司破产受理时间为2014年6月10日，即在破产受理前一年内，106号贷款已到期，故银行划扣行为不属于提前清偿行为，Y公司破产管理人请求撤销不能成立。

二、银行划扣行为不属于个别清偿行为

Y公司在226号《流动资金借款合同》中违约，银行有理由相信Y公司缺乏偿债能力，根据106号《流动资金借款合同》约定，106号贷款提前到期，银行有权提前收回106号贷款，并按照106号《流动资金借款合同》约定直接划扣Y公司在银行账户的资金。因此，银行划扣行为系符合双方合同约定的行为，不属于《企业破产法》第32条规定的个别清偿行为。

浙江省玉环市人民法院采纳了笔者的观点，认为不构成提前清偿与个别清偿。一审法院认为：

第一，是否属提前清偿行为。《中华人民共和国企业破产法》第三十一条第四项规定，在人民法院受理破产申请前一年内，债务人财产对未到期的债务提前清偿的，破产管理人有权请求撤销。本案借款到期日为2014年5月28日，而Y公司破产清算案件受理于2014年6月10日，受理时借款已到期，不属于该项规定的情形。被告的辩解应予以采纳。第二，是否属个别清偿行为。《中华人民共和国企业破产法》第三十二条规定："人民法院受理破产申请前六个月内，债务人有本法第二条第一款规定的情形，仍对个别债权人进行清偿的，管理人有权请求人民法院予以撤销。但是，个别清偿使债务人财产受益的除外。"按文义理解，个别清偿指债务人的单方主动清偿行为。但基于该条款的立法本意，并不排除对债权人与债务人恶意串通进行的清偿行为予以撤销的可能。本案债务人Y公司在被告处有2014年3月的一笔200万元借款发生了由担保人代偿的事实，可见，债务人Y公司有缺乏偿债能力的事实存在，被告据此对债务人Y公司在其账户里的存款强行扣划以提前清偿借款本金，符合双方的合同约定。在没有证据证明被告明知债务人资不抵债且具备破产条件的前提下，被告的行为具有正当性。

Y公司破产管理人不服一审判决，认为一审法院对《企业破产法》第32条的理解和适用有误，并向台州市中级人民法院提起上诉，其上诉理由为：

其一，《企业破产法》第32条规定撤销权的构成要件，无须判别行为人清偿时的主观状态，只要行为人的行为符合法律规定的客观要件即可被撤销。原审法院于2014年6月10日作出裁定受理Y公司破产清算申请。被上诉人分别于2014年4月21日、22日从Y公司的账户内划扣人民币178,468.92元。被上诉人划扣178,468.92元的行为完全符合个别清偿。

其二，一审法院认为，按文义理解，个别清偿指债务人单方主动清偿行为。本案是被上诉人主动从Y公司账户划扣款项，而非主动清偿行为。一审法院对此认定错误。上诉人认为，被上诉人划扣款项的行为，亦属债权人单方主动清偿行为。因为被上诉人划扣Y公司账户款项的行为是基于双方事先签订的流动资金借款合同的约定。而流动资金借款合同系行为人的意思表示，即Y公司表示同意在符合约定的情形下，被上诉人有权划扣。由此可见，被上诉人划扣行为系Y公司事先约定并同意的主动清偿行为。

其三，一审法院认为，本案债务人Y公司在银行处有2014年3月的一笔200万元借款由担保人代偿的事实，可见债务人Y公司缺乏偿债能力，银行据此对债务人Y公司账户内的存款强行划扣以提前清偿借款本金，符合双方的合同约定。一审法院对此认定错误。上诉人认为，个别清偿势必导致债务人财产减损，损害广大债权人的利益，这有违债权平等受偿原则。虽然Y公司与被上诉人之间的流动资金借款合同明确约定，在Y公司违约的情形下，被上诉人有权提前收回部分或全部借款本息，但该约定有违破产债权平等受偿原则应属无效。因为Y公司在被上诉人处有无存款及存款多少，被上诉人比其他债权人明显具有信息优势。本案Y公司在2014年4月就已提出破产清算申请，被上诉人在贷款尚未到期的情况下于

4月21日、22日主动划扣Y公司账户的存款。被上诉人已知Y公司陷入困境,故提前划扣Y公司银行账户的存款。该行为与破产企业的其他债权人利用其知晓破产企业的特定财产信息优势要求其清偿没有区别,这明显破坏了破产程序对破产财产向全体债权人进行统一分配的程序,有违债权公平受偿原则。

其四,一审法院认为,在没有证据证明被告明知债务人资不抵债且具备破产条件的前提下,被告的行为具有正当性。一审法院对此认定错误。上诉人认为,被上诉人在划扣Y公司账户款项时,已知Y公司资不抵债且具备破产条件,被上诉人的行为不具有正当性。本案Y公司与被上诉人的四笔借款合计2300万元,期限均截至2014年5月28日。另一笔200万元借款到期日为2014年3月11日,由担保人担保。该借款到期后,Y公司未按约清偿,次日由担保人代为偿还。由此可见,借款到期后由担保人代为偿还,说明Y公司在2014年3月时资金状况就已出现问题。2014年4月,Y公司就已向法院申请破产清算。被上诉人在借款未到期的情况下,分别于4月21日、22日强制划扣Y公司账户的款项合计178,468.92元。被上诉人是明知Y公司破产而在借款未到期的情形提前划扣账户存款,显然被上诉人划扣行为不具有正当性。综上,请求二审法院撤销原判,依法改判支持上诉人的一审诉讼请求。

针对Y公司破产管理人的上诉理由,笔者将代理思路进行调整、优化,并从别除权的角度向二审法院提交证明案涉106号贷款存在有债务人Y公司以自有财产提供物权担保的事实。笔者在二审审理过程中提出以下代理意见:

其一,在Y公司破产受理前一年里,案涉106号贷款已到期,故银行划扣行为不属于《企业破产法》第31条第4项规定的提前清偿行为,Y公司破产管理人要求撤销于法无据。

Y公司在226号《流动资金借款合同》中存在逾期归还贷款的违约情形,银行根据106号《流动资金借款合同》约定,有权单方决定该合同项下债务提前到期。

即使不适用加速到期条款,按照106号《流动资金借款合同》约定的借款期限，106号贷款也于2014年5月28日到期，而Y公司破产受理日为2014年6月10日，根据《破产法解释（二）》第12条"破产申请受理前一年内债务人提前清偿的未到期债务，在破产申请受理前已经到期，管理人请求撤销该清偿行为的，人民法院不予支持"之规定，银行划扣Y公司在银行账户的资金也不应撤销。

其二，银行根据106号《流动资金借款合同》加速到期条款划扣案涉两笔Y公司账户资金行为属于符合双方合同约定的履约行为，不属于《企业破产法》第32条规定的个别清偿行为，Y公司破产管理人要求撤销于法无据。

根据《企业破产法》第32条的规定，对个别清偿行为行使破产撤销权应同时具备以下条件：一是清偿行为发生在人民法院受理破产申请前六个月内；二是债务人不能清偿到期债务，并且资产不足以清偿全部债务或者明显缺乏清偿能力；三是受偿债权人在主观上应当明知债务人已出现了《企业破产法》第2条[1]第1款规定的破产原因。

本案Y公司破产申请受理日期为2014年6月10日，而划扣行为分别发生于2014年4月21日、22日，银行当时并不知悉也没有条件知悉Y公司申请破产事实。更何况，即使清偿行为发生在人民法院受理破产申请前六个月内、当时Y公司也可能濒临破产，但Y公司破产管理人并无证据证明其濒临破产的情形已经为银行所知悉。Y公司未支付合同全部款项，表面上似乎显示其已经不能清偿到期债务，但该借款是否系Y公司的主要债务、是无力清偿还是不愿意清偿以及是否出现破产情形，银行均无法确定或知晓，而Y公司破产管理人也没有相应的证据证明银行已知其破产或濒临破产。Y公司破产管理人未能提供证据证明银行存在主观恶意[2]，因此

---

[1] 《企业破产法》第2条规定："企业法人不能清偿到期债务，并且资产不足以清偿全部债务或者明显缺乏清偿能力的，依照本法规定清理债务。企业法人有前款规定情形，或者有明显丧失清偿能力可能的，可以依照本法规定进行重整。"

[2] 本案经办于2014年至2015年，当时关于个别清偿行为是否以主观恶意为要件尚存争议，故笔者当时以银行不具有主观恶意作为抗辩理由之一。就目前而言，尽管理论中对于主观要件是否作为破产撤销权制度的认定要件尚有争议，而实践中裁判尺度已统一为仅以客观要件认定个别清偿行为。关于主观要件是否作为破产撤销权制度的认定条件，本书第一章已详细论述。

第五章 银行依据加速到期条款划扣存款在破产法语境下的效力与适用

银行按约自行划扣债务人账户存款抵债，不违反任何禁止性规定，是善意的合法行为，因此不能适用《企业破产法》第 32 条规定的个别清偿情形。

其三，案涉两笔划扣款项均有 Y 公司自有房屋提供抵押担保，根据《破产法解释（二）》第 14 条的规定，即便银行划扣行为属于个别清偿行为，但因 Y 公司提供担保财产价值高于债权额，银行划扣行为也不应撤销。

现有证据显示，Y 公司以其房产为案涉 5 笔贷款均作了抵押担保，提供担保债权额为 2019.2 万元，且已经在房地产抵押登记部门登记，故 Y 公司的抵押担保当属合法有效。案涉划扣的两笔款项系用于偿还 106 号贷款，106 号贷款亦属上述担保范围内，且并未超过 Y 公司担保财产价值范围。因此，即使银行划扣行为属于个别清偿行为，但因属于《破产法解释（二）》第 14 条规定的例外情形，也不应撤销。

其四，保护金融交易主体，维护金融秩序稳定，实现司法公平正义。

倘若对善意受偿的到期债务均可依破产管理人的请求予以撤销，将使债务人在破产前一定期间内的所有交易行为都处于不确定状态，这将大大损害交易安全，不利于市场经济的健康发展，更不符合通过《企业破产法》来积极影响金融生态环境和金融秩序稳定的立法本意。

二审法院根据《破产法解释（二）》第 14 条的规定维持了一审判决。二审法院认为：

其一，007 号《最高额抵押合同》在玉环县工商行政管理局办理了抵押登记，根据《中华人民共和国担保法》* 第四十二条第二项"以城市房地产或者乡（镇）、村企业的厂房等建筑物抵押的，为县级以上地方人民政府规定的部门"的规定，房地产抵押登记部门由地方人民政府确定。而在浙江省统一房地产抵押登记部门前，确实存在地方人民政府将工商行政管理部门作为办理房地产抵押登记手续的部门。故该抵押登记符合法律规定，相对应的抵押合同应具有法律效力。但由于 Y 公司分别在 2013 年 6 月 4 日、6 月 5 日、9 月 5 日、12 月 2 日向被上诉人 XY 银行玉环支行借款

---

* 已失效。——笔者注

700万元、700万元、500万元、400万元，合计2300万元，超出了被担保债权的最高限额2019.2万元。根据该四份借款合同签订的先后顺序，2013年6月4日的700万元借款在被担保债权的最高限额2019.2万元范围内，故被上诉人对该笔债权享有抵押权。

其二，鉴于009号《最高额抵押合同》中约定的担保物与007号《最高额抵押合同》中约定的担保物相同，担保的债权亦为上述四笔借款，故在被有效担保的2019.2万元债权范围内，其并非为被上诉人的债权提供新的担保；对于2013年6月4日的700万元借款，被上诉人仍然享有抵押权。

其三，被上诉人划扣款项的性质。被上诉人于2014年4月21日、22日在Y公司的银行账户内划扣了178,468.92元，本案双方对偿还2013年6月4日Y公司与被上诉人签订编号为106号《流动资金借款合同》项下的借款本金没有异议，故本院予以确认。由于该笔借款700万元由Y公司的自有房产进行抵押，根据《最高人民法院关于适用〈中华人民共和国企业破产法〉若干问题的规定（二）》第十四条的规定，"债务人对以自有财产设定担保物权的债权进行的个别清偿，管理人依据企业破产法第三十二条的规定请求撤销的，人民法院不予支持。但是，债务清偿时担保财产的价值低于债权额的除外"，上诉人请求撤销被上诉人划扣Y公司银行账户内的款项178,468.92元与法不符，本院不予支持。而企业破产法第三十二条并没有规定撤销权成立以债权人是否知道债务人有该法第二条第一款的情形为构成要件，且债务个别清偿行为也不仅仅限于单方主动清偿行为，故上诉人的上诉理由均不能成立。

裁判结果

浙江省玉环市人民法院于2015年3月26日作出（2014）台玉商初字第××××号一审民事判决：驳回原告浙江某洁具股份有限公司破产管理人的诉讼请求。

Y公司破产管理人不服一审判决，向浙江省台州市中级人民法院提起上诉。台州市中院法院于2015年8月13日作出（2015）浙台商终字第××××号二审民事判决：驳回上诉，维持原判。

复盘研析

加速到期条款是借贷双方在合同中预设的借款人无法完全履行偿债义务时的失约条款，失约条款得由当事人自定。[①] 也就是说，在触发某种约定情形时，一方当事人（通常指债权人）有权宣布合同之债提前到期，并主张相对方提前履行合同项下义务的权利。在我国银行实务中，加速到期条款广泛应用于贷款合同中。为保障银行资金安全，规避企业无法还贷的不利风险，银行通常会在贷款合同中针对还款约定加速到期条款，以此赋予银行决定借款人丧失期限利益、终结借贷合同关系的权利。加速到期条款的适用事由范围很广，一般可以概括为实际违约、可能违约以及交叉违约三类情形。

在破产法语境下，银行在法定破产临界期内依据加速到期条款划扣还贷的行为，其效力与性质问题的争议由来已久。在著名的2008年三鹿集团破产案件中，银行根据其与三鹿集团签订的《流动资金借款合同》中加速到期条款，直接划扣三鹿集团的银行存款，三鹿集团破产管理人认为该种划扣行为构成偏颇清偿，要求法院予以撤销。此后，破产临界期内银行依据加速到期条款直接划扣借款人账户资金还贷的行为效力与性质问题引起理论界[②]和实务界关注。当前，加速到期条款的效力及根据此条款在破产临界期内直接划扣还贷的行为性质问题仍存争议。

本案即属此争议情形。本案中，银行依据交叉违约条款引致适用加速到期条款，直接划扣本案Y公司在银行账户的资金。这一划扣行为时间恰好在破产临界期内，因此，Y公司破产管理人提出该行为属于《企业破产法》第31条第4项规定的提前清偿行为以及《企业破产法》第32条规定的个别清偿行为，要求法院予以撤销。破产实践中与本案相似的案件很

[①] 参见史尚宽：《债法总论》，中国政法大学出版社2000年版，第518页。
[②] 参见徐阳光：《破产法视野中的银行贷款加速到期与扣款抵债问题》，载《东方论坛》2017年第1期；韩长印、张玉海：《借贷合同加速到期条款的破产法审视》，载《法学》2015年第11期；王欣新：《银行贷款合同加速到期清偿在破产程序中的效力研究》，载《法治研究》2015年第6期；等等。

多，此类案件争议焦点主要有二点：一是关于加速到期条款的法律效力问题；二是破产临界期内银行直接划扣还贷的行为可否依据《企业破产法》第 31 条第 4 项、《企业破产法》第 32 条予以撤销。结合本案实践，下文将对上述争议问题提出一些不成体系的粗浅思考，以交流于理论和实务。

一、银行贷款合同中加速到期条款的效力问题

有观点指出，因《企业破产法》对加速到期条款的效力没有规定，且贷款合同加速到期条款与债权人平等受偿的基本原则冲突，故在破产法语境下不应认同贷款合同中的效力。笔者认为，这一观点混淆了合同效力评价与划扣行为性质评价的法律适用问题。

笔者认为，贷款合同属于民事法律关系，贷款合同中加速到期条款的法律效力问题应在我国现行民法框架下进行评价。根据《民法典》第 159 条[①]的规定，加速到期条款属于附条件生效的条款。作为贷款合同的组成部分，加速到期条款亦应认定为双方当事人的真实意思表示，在不违反《民法典》第 143 条[②]、第 144 条[③]、第 146 条[④]、第 153 条[⑤]等强制性规定的情况下，应当认定贷款合同中加速到期条款的合法性与有效性。

除上述提及的《民法典》总则性规定外，《民法典》第 673 条"借款人未按照约定的借款用途使用借款的，贷款人可以停止发放借款、提前收回借款或者解除合同"之规定，为加速到期条款的正当性提供了直接依据；《商业银行法》第 42 条[⑥]、原银监会发布的《流动资金贷款管理暂行

[①] 《民法典》第 159 条规定："附条件的民事法律行为，当事人为自己的利益不正当地阻止条件成就的，视为条件已经成就；不正当地促成条件成就的，视为条件不成就。"

[②] 《民法典》第 143 条规定："具备下列条件的民事法律行为有效：（一）行为人具有相应的民事行为能力；（二）意思表示真实；（三）不违反法律、行政法规的强制性规定，不违背公序良俗。"

[③] 《民法典》第 144 条规定："无民事行为能力人实施的民事法律行为无效。"

[④] 《民法典》第 146 条规定："行为人与相对人以虚假的意思表示实施的民事法律行为无效。以虚假的意思表示隐藏的民事法律行为的效力，依照有关法律规定处理。"

[⑤] 《民法典》第 153 条规定："违反法律、行政法规的强制性规定的民事法律行为无效。但是，该强制性规定不导致该民事法律行为无效的除外。违背公序良俗的民事法律行为无效。"

[⑥] 《商业银行法》第 42 条："借款人应当按期归还贷款的本金和利息。借款人到期不归还担保贷款的，商业银行依法享有要求保证人归还贷款本金和利息或者就该担保物优先受偿的权利。商业银行因行使抵押权、质权而取得的不动产或者股权，应当自取得之日起二年内予以处分。借款人到期不归还信用贷款的，应当按照合同约定承担责任。"

第五章　银行依据加速到期条款划扣存款在破产法语境下的效力与适用

办法》第 21 条第 4 项①以及中国人民银行《贷款通则》第 22 条②、第 71 条③、第 72 条④等相关规定，也均在立法层面上肯定了贷款合同加速到期条款的效力。

司法实践中，多数法院未以加速到期条款属格式条款而否定其效力。部分法院对这一问题曾专门出台审判指引规范，如《上海市高级人民法院关于审理借款合同纠纷若干问题的解答》（沪高法民二〔2006〕12 号）第 5 条中直接明确了加速到期条款的效力问题："借款合同关于贷款人提前收贷有约定的，该约定只要不违反法律、法规的强制性规定，应认定有效。在贷款人主张借款人提前还款的条件成就时，贷款人据此诉请要求借款人提前还款的，法院应予支持。该诉请不以解除合同为前提，故贷款人无须主张解除合同诉请。"

由上可知，立法层面和实践层面对加速到期条款的效力问题基本达成共识。在认定加速到期条款有效的同时，有观点指出，有必要对加速到期条款中约定的具体加速事由进行适当的限缩，将银行利用优势地位所约定的格式条款中的不公平、不合理的加速事由予以排除。⑤ 比如本案中，银

---

① 《流动资金贷款管理暂行办法》（中国银行业监督管理委员会令 2010 年第 1 号）第 21 条规定："贷款人应在借款合同中约定由借款人承诺以下事项：……（四）贷款人有权根据借款人资金回笼情况提前收回贷款……"

② 《贷款通则》第 22 条规定："贷款人的权利：根据贷款条件和贷款程序自主审查和决定贷款，除国务院批准的特定贷款外，有权拒绝任何单位和个人强令其发放贷款或者提供担保……五、借款人未能履行借款合同规定义务的，贷款人有权依合同约定要求借款人提前归还贷款或停止支付借款人尚未使用的贷款……"

③ 《贷款通则》第 71 条规定："借款人有下列情形之一，由贷款人对其部分或全部贷款加收利息；情节特别严重的，由贷款人停止支付借款人尚未使用的贷款，并提前收回部分或全部贷款：一、不按借款合同规定用途使用贷款的。二、用贷款进行股本权益性投资的。三、用贷款在有价证券、期货等方面从事投机经营的。四、未依法取得经营房地产资格的借款人用贷款经营房地产业务的；依法取得经营房地产资格的借款人，用贷款从事房地产投机的。五、不按借款合同规定清偿贷款本息的。六、套取贷款相互借贷牟取非法收入的。"

④ 《贷款通则》第 72 条规定："借款人有下列情形之一，由贷款人责令改正。情节特别严重或逾期不改正的，由贷款人停止支付借款人尚未使用的贷款，并提前收回部分或全部贷款：一、向贷款人提供虚假或者隐瞒重要事实的资产负债表、损益表等资料的；二、不如实向贷款人提供所有开户行、帐号及存贷款余额等资料的；三、拒绝接受贷款人对其使用信贷资金情况和有关生产经营、财务活动监督的。"

⑤ 参见王欣新：《银行贷款合同加速到期清偿在破产程序中的效力研究》，载《法治研究》2015 年第 6 期。

行根据 226 号《流动资金借款合同》中 Y 公司债务由担保人代偿的事实，推定 Y 公司可能缺乏偿债能力，Y 公司在 226 号《流动资金借款合同》存在违约，银行据此宣布 Y 公司在 106 号《流动资金借款合同》项下的所有借款本息提前到期，并直接从 Y 公司在银行账户的资金划扣本息。本案中银行适用交叉违约条款[①]，实际上突破了合同相对性，且在某种程度上使 106 号贷款加速到期的适用事项或触发情形拓宽，强化了银行对借款人账户资金的垄断性控制地位以及由此产生的优先任意扣款还贷的便利条件，这是其他破产债务人无法享有的。[②] 故对于不合理的交叉违约条款，有观点认为需要从诚实信用、公平交易、行使方式等方面进行审查评价[③]。

总体来说，当前实务界及理论界主流观点认为银行贷款合同加速到期条款有效。笔者亦遵从之。需要强调指出的是，在民法上或破产法上，任一行为被撤销之前都是有效的法律行为。因此，认定加速到期条款有效，是讨论银行根据加速到期条款直接划扣的行为是否适用偏颇清偿撤销制度这一问题的前提条件。

二、加速到期条款在破产撤销权制度中的适用问题

加速到期条款之所以在破产实践中存在较大分歧，主要是因为加速到期条款与破产债权平等受偿存在不同利益导向。银行根据贷款合同中加速到期条款直接划扣的行为是否属于《企业破产法》第 31 条第 4 项规定的提前清偿行为，或者是否构成《企业破产法》第 32 条规定的个别清偿行为，抑或否属于民法上的债务抵销行为？对此，笔者认为：

（一）银行依据加速到期条款划扣债务人存款不属于《企业破产法》第 31 条第 4 项规定的提前清偿行为

根据《企业破产法》第 31 条第 4 项的规定，在人民法院受理破产申

---

① 交叉违约是指当贷款合同中的借款人或担保人在其他贷款合同中出现违约的情形时，则视为对本贷款合同的违约，可以引发本贷款合同加速到期。
② 参见王欣新：《银行贷款合同加速到期清偿在破产程序中的效力研究》，载《法治研究》2015 年第 6 期。
③ 参见王欣新：《银行贷款合同加速到期清偿在破产程序中的效力研究》，载《法治研究》2015 年第 6 期。

请前一年内，债务人财产对未到期的债务提前清偿，破产管理人有权请求撤销。以本案为例，本案 106 号贷款到期日是 2014 年 5 月 28 日，而 Y 公司的破产受理于 2014 年 6 月 10 日，受理时借款已到期，不属于该条规定的提前清偿行为。

在此应当指出的是，如果在受理破产申请前一年内，作为债权人的银行依据加速到期条款划扣债务人在银行账户的资金，此时因为加速到期条款的引用，债务人借款提前到期，银行划扣款项行为也不符合"提前清偿未到期债务"的法定要件。因此，可以得出这样一个结论：在破产受理前一年内，银行根据贷款合同加速到期条款划扣债务人存款，此时债务人借款已到期，银行划扣款项行为不可能属于《企业破产法》第 31 条第 4 项规定的提前清偿行为，但可能属于《企业破产法》第 32 条规定的个别清偿行为。

（二）银行依据加速到期条款划扣债务人存款属于《企业破产法》第 32 条规定的个别清偿行为

《企业破产法》第 32 条规定了个别清偿行为的构成要件[①]。本案一审法院认为，根据《企业破产法》第 32 条的规定，个别清偿指债务人单方主动清偿行为，但根据该条款立法本意，并不排除对债权人与债务人恶意串通进行的清偿行为予以撤销的可能。本案债务人 Y 公司在银行处 2014 年 226 号贷款中发生了担保人代偿的事实，债务人 Y 公司缺乏偿债能力的事实存在，银行强行划扣 Y 公司在其账户里的存款以提前清偿借款本金，符合合同约定，在没有证据证明银行明知债务人资不抵债且具备破产条件的前提下，银行的行为具有正当性。本案二审法院根据另查明的案涉债权抵押担保的事实，根据《破产法解释（二）》第 14 条的规定，纠正了一审法院的法律适用问题，并认定银行划扣行为不应被撤销。

本案一审与二审在判决结果上保持一致，但在裁判理由上判然有别。可见本案银行划扣款项行为实际上构成《企业破产法》第 32 条规定的个别清偿行为，但因《破产法解释（二）》第 14 条规定，有担保物权的债权

[①] 关于个别清偿行为的构成要件问题，本书第一章已详细论述。

在破产程序中享有优先受偿权即别除权，本案担保价值高于债权额，银行划扣行为不会影响其他债权人的利益，故对此个别清偿行为不予撤销。

实际上，对于在破产受理前六个月内，银行依据相关约定划扣债务人账户资金的行为性质，实践中基本已明确认定为个别清偿行为。如浙江省高级人民法院在（2018）浙民再70号[①]案件中明确，银行划扣款项行为在《流动资金借款合同》中有相应的约定，债务人对银行划扣款项行为亦有相应的预期，与债务人主动实施的个别清偿行为对债权人整体的公平清偿利益的损害有相同的效果，应认为符合《企业破产法》第32条规定的偏颇性清偿行为的构成要件。

笔者总结，《企业破产法》第32条立法旨意在于纠正个别清偿行为，以维护债权人的整体利益。在我国现行破产法采取客观主义的体系下，无论银行是否善意、是否有过错，银行在破产临界期内依据加速到期条款扣款清偿行为实质是一种偏颇性清偿行为，破坏了债权人公平清偿的价值，应依法予以撤销。但《破产法解释（二）》第12条[②]、第14条、第15条[③]、第16条[④]已对《企业破产法》第32条作了总体属于限缩例外情形的倾向解释，如果银行的划扣款项行为符合上述限缩例外情形，银行依据加速到期条款扣款的清偿行为因上述例外规定而不予撤销。这就意味着，银行在维护金融债权过程中，应制定合理合规的风险控制和资产保全措施，充分评估《企业破产法》有关破产撤销权、抵销权规定对其相关风险控制和资产保全措施的影响，避免相关措施因《企业破产法》的规定而在债务

[①] 瑞安市新亚汽配有限公司管理人、中国工商银行股份有限公司瑞安支行与破产有关的纠纷案，浙江省高级人民法院（2018）浙民再70号民事判决书。

[②] 《破产法解释（二）》第12条规定："破产申请受理前一年内债务人提前清偿的未到期债务，在破产申请受理前已经到期，管理人请求撤销该清偿行为的，人民法院不予支持。但是，该清偿行为发生在破产申请受理前六个月内且债务人有企业破产法第二条第一款规定情形的除外。"

[③] 《破产法解释（二）》第15条规定："债务人经诉讼、仲裁、执行程序对债权人进行的个别清偿，管理人依据企业破产法第三十二条的规定请求撤销的，人民法院不予支持。但是，债务人与债权人恶意串通损害其他债权人利益的除外。"

[④] 《破产法解释（二）》第16条规定："债务人对债权人进行的以下个别清偿，管理人依据企业破产法第三十二条的规定请求撤销的，人民法院不予支持：（一）债务人为维系基本生产需要而支付水费、电费等的；（二）债务人支付劳动报酬、人身损害赔偿金的；（三）使债务人财产受益的其他个别清偿。"

人进入破产程序后被人民法院依法撤销情形的发生①。

（三）银行依据加速到期条款划扣债务人存款属于民法中的约定抵销行为

应当注意到，尽管将企业存入银行的资金笼统地称为存款，但实际上，根据企业将款项放入银行的目的或性质可分为三个方面，即存款、结算、保管。针对不同目的或性质款项的权利，在能否行使抵销权这一问题上具有截然不同的观点。如信托基金、证券交易保证金账户、期货交易保障金账户等专用存款账户中的资金，即使该等资金处在银行控制账户中，投资人也可以对这些账户中的资金行使取回权，而取回权是物权，银行债权不能与之相抵销。又如，在金融衍生品交易中的结算账户，由于金融衍生品的交易与结算的特殊规则，在交易一方破产时需要进行合并账户式的债务抵销与净额结算②。

因此，笔者认为，能够在抵销权层面探讨的银行划扣存款行为中的存款，应是狭义上仅具有存款属性的资金。在此前提下，进一步探讨银行划扣存款行为在抵销权层面的性质，存在两种争议，一种认为此等行为应适用破产法上的破产抵销权，另一种认为此等行为应适用民法上的抵销权。

对于前者，根据《企业破产法》第40条③的规定，债权人在破产申请受理前对债务人负有债务的，可以向破产管理人主张抵销。在贷款关系中，银行贷款合同因加速到期条款已到期，但是银行与企业之间的存款合同是否到期尚不确定，即尚不能确定银行作为债权人对债务人企业是否负有存款债务。因此，银行划扣存款行为不符合破产抵销权中债权人在破产申请受理前对债务人负有债务的情形，不能适用破产法上的破产抵销权。

---

① 浙江省高级人民法院民事判决书，（2018）浙民再70号。
② 王欣新、卢茜：《破产程序中金融衍生品交易结算问题的解决》，载《法律适用》2012年第10期。
③ 《企业破产法》第40条规定："债权人在破产申请受理前对债务人负有债务的，可以向管理人主张抵销。但是，有下列情形之一的，不得抵销：（一）债务人的债务人在破产申请受理后取得他人对债务人的债权的；（二）债权人已知债务人有不能清偿到期债务或者破产申请的事实，对债务人负担债务的；但是，债权人因为法律规定或者有破产申请一年前所发生的原因而负担债务的除外；（三）债务人的债务人已知债务人有不能清偿到期债务或者破产申请的事实，对债务人取得债权的；但是，债务人的债务人因为法律规定或者有破产申请一年前所发生的原因而取得债权的除外。"

对于后者，根据《民法典》第568条①的规定，民法上的法定抵销权需要同时符合"当事人互负债务""抵销不得附条件或者附期限"的规定。承前所述，银行与企业之间的贷款关系与存款关系分属两个不同的法律关系，在贷款合同因加速到期条款到期时，存款合同是否到期存在不确定性，且加速到期条款属于附条件生效的条款，因此此等行为亦不属于民法上行使法定抵销权的行为。

对此，笔者认为，尽管此等行为不属于破产法上及民法上的法定抵销权，但银行与企业之间存在的贷款关系与存款关系均为债权债务关系，可以达到互负债务的要件，且银行划扣存款行为系基于银行与企业之间约定的加速到期条款，故根据《民法典》第569条②的规定，用约定抵销权来解释银行的划扣存款行为较为合理。

在此要强调的是，在破产临界期内的银行划扣存款行为，在行为表征上既构成约定抵销权，又符合个别清偿行为的要件。在此需要思考的是，二者在权利行使上是否存在选择适用空间。如果认为银行划扣存款行为属个别清偿行为予以撤销，则银行可否基于民法上的约定抵销权获得同样清偿？这一问题涉及破产法与民法衔接适用的问题，综观当前实务与理论，尚未有定论。对此，笔者认为，基于特别法优先于一般法适用的基本法理，如果银行划扣存款行为根据《企业破产法》第32条认定为个别清偿行为并予以撤销，则不应再适用《民法典》第569条规定主张约定抵销权，否则，《企业破产法》第31条、第32条设立的破产撤销权制度就失去了实际意义。

三、结语

根据以上对银行贷款合同中加速到期条款在破产法语境下的效力及适

---

① 《民法典》第568条规定："当事人互负债务，该债务的标的物种类、品质相同的，任何一方可以将自己的债务与对方的到期债务抵销；但是，根据债务性质、按照当事人约定或者依照法律规定不得抵销的除外。当事人主张抵销的，应当通知对方。通知自到达对方时生效。抵销不得附条件或者附期限。"

② 《民法典》第569条规定："当事人互负债务，标的物种类、品质不相同的，经协商一致，也可以抵销。"

用的分析,结合本案实践,笔者总结出以下几个结论:第一,银行贷款合同中加速到期条款在立法层面、司法实践上均有直接依据,应当认定银行贷款合同中加速到期条款的合法性和有效性;第二,银行根据加速到期条款划扣存款行为不属于《企业破产法》第31条第4项规定的提前清偿行为,而属于《企业破产法》第32条规定的个别清偿行为,同时符合《民法典》第569条规定的约定抵销权特征;第三,在破产法语境下,理应遵循特殊法优先于一般法的原则,以《企业破产法》及相关破产法规定对银行划扣存款提前清偿行为进行评判,而不应适用民法上的约定撤销权制度。

公 司 篇

第六章 关于国有独享资本公积属于公司财产之论证路径

——浙江某集团有限公司诉玉环市某投资集团有限公司合同纠纷案

本章提要

《企业会计准则第 30 号——财务报表列表》[①] 第 23 条、第 30 条规定,资产负债表中的所有者权益类应当单独列示反映实收资本(或股本)、资本公积、盈余公积、未分配利润等项目信息。根据企业财务会计相关规则,企业收到投资或出资额超出其在注册资本或股本中所占份额的部分设置资本公积科目核算,可以直接计入所有者权益的利得和损失。

由此可知,资本公积作为一种特殊的所有者权益,指由投资者或其他主体投入但不构成实收资本的所有者权益部分,其所有权应归属于全体股东或投资者。在未转增为注册资本或股本时,或公司财产未经清算处置的情况下,股东或者投资者可以特别约定持有资本公积的份额(并不必然按照其投资比例或者所持股权比例)。因此,即使基于特别约定,由某一股东或投资者独享资本公积的价值权益,资本公积的所有权属也仍归属于全体股东或投资者。

本案涉及资产并购、股权转让、国有独享资本公积等交易背景。浙江省某集团有限公司(以下简称 S 集团)、玉环市某投资集团有限公司(以

[①] 《企业会计准则第 30 号——财务报表列表》根据《企业会计准则——基本准则》制定,旨在规范财务报表的列报,保证同一企业不同期间和同一期间不同企业的财务报表相互可比。

下简称 J 公司）曾为某港务有限公司（以下简称标的公司）的两个股东。其中，J 公司为国有企业，其以 3500 万元作为国有独享资本公积向标的公司进行投资，并与 S 集团约定其独享该国有独享资本公积的价值权益。后 N 市港屿公司收购 S 集团、J 公司共同持有的标的公司 100% 股权，因股权价值评估基准日至股权交割日期间标的公司净资产贬值，N 市港屿公司与 S 集团、J 公司就股权转让价款等事宜另形成备忘录等文件，其中约定有关 J 公司的国有独享资本公积应由标的公司集装箱业务或有专项补贴，或有税收返还收益，或有应收款仲裁执行所得收益部分优先弥补，同时约定针对 S 集团的股权调剂款支付方式。J 公司从 N 市港屿公司实际收到款项为 2700 万元，其中 2249.6 万元为国有独享资本公积。而 S 集团曾向标的公司出借 3000 万元款项，S 集团认为该 2249.6 万元属于应给付 S 集团对标的公司的出借款项，J 公司应当将 2249.6 万元返还给 S 集团，遂成讼。

笔者接受 S 集团委托代理本案。S 集团主张 J 公司返还其收取的 2249.6 万元，从表面上看似乎缺乏依据，实则具有严谨的论证路径。该 2249.6 万元属于 J 公司投入标的公司的国有独享资本公积，而国有独享资本公积作为资本公积，属于公司所有权权益部分，亦为标的公司财产，理当对外承担民事责任。因此，J 公司应当向 S 集团返还其收取的 2249.6 万元。这一思路最终被仲裁庭采纳，仲裁庭裁决 J 公司返还 S 集团 2249.6 万元及相应利益，最终帮助委托人 S 集团成功维护合法权益。

实践中关于国有独享资本公积的相关判例较少，因此，本案所揭示的这一请求权基础的论证路径具有典型意义。为此，本章通过对本案代理过程的简要回顾，从法律依据、实践依据、法理依据三方面阐述国有独享资本公积属于公司财产、对外承担民事责任的论证路径，以期为实务提供有益参考。

案情概述

2004 年 10 月 13 日，S 集团、J 公司与案外人海门港公司和海门港总公司共同投资设立标的公司。

2008 年 12 月 25 日，标的公司注册资金增资到 15,000 万元，股东变更为 S 集团出资 12,000 万元，占股 80%；J 公司出资 3000 万元，占股 20%。

2010 年 11 月 23 日，标的公司注册资金增资到 21,000 万元，其中 S 集团现金出资 16,800 万元，占股 80%；J 公司现金出资 1200 万元，以实物作价投资成本 6500 万元，占股 20%，其中 3000 万元为注册资本出资，3500 万元作为国有独享资本公积，价值权属为 J 公司所有。

2017 年 3 月 9 日，S 集团、J 公司和 N 市港屿公司签订《某港务公司并购意向书》，约定 N 市港屿公司拟以一定方式收购 S 集团、J 公司双方共同持有的标的公司 100% 股权，股权转让价格在标的公司评估价格基础上由各方协商后合理确定，有关股权交易将按国有股权转让的规定程序进行。

2018 年 3 月 18 日，评估公司出具了《关于 N 市港屿公司拟收购股权涉及的某港务公司股东全部权益价值评估项目资产评估说明》，标的公司股东全部权益在评估基准日 2017 年 12 月 31 日的评估结论是：标的公司股东权益评估价值为 10,180 万元。

2018 年 11 月 22 日，S 集团、J 公司和 N 市港屿公司共同签订《某港务公司股权转让协议》，三方约定：S 集团向 N 市港屿公司转让其持有的标的公司 80% 股权，J 公司向 N 市港屿公司转让其持有的标的公司 20% 股权和乙方独享公积；股权转让的工商变更登记手续办理完毕之日为股权交割日，股权交割日后，标的公司的股权结构为：注册资本 2.1 亿元人民币，N 市港屿公司持股 100%，并且 J 公司独享公积价值权属属于 N 市港屿公司；三方同意 S 集团的股权在评估基准日的价值为人民币 5540 万元、J 公司的股权在评估基准日的价值为人民币 4640 万元；S 集团股权转让价款 = S 集团股权基准日价值 +（交割日净资产值 - 基准日净资产值）× 80%，J 公司股权转让价款 = J 公司股权基准日价值 +（交割日净资产值 - 基准日净资产值）× 20%；协议还对股权转让价款支付方式、股东借款本息置换金额和置换方式、各方权利义务及违约责任等作了约定。

同日，S 集团、J 公司和 N 市港屿公司签订了《某港务公司股权转让协议补充协议》，约定将股权转让价款支付方式调整为：第一期 N 市港屿公司在本协议签订后10个工作日内向S集团支付股权基准日价值的30%即1662万元，向J公司支付股权基准日价值的30%即1392万元；第二期S集团剩余款项的计算方式为S集团股权基准日价值×70%+（交割日净资产值－基准日净资产值）×80%，第二期J公司剩余款项的计算方式为J公司股权基准日价值×70%+（交割日净资产值－基准日净资产值）×20%；第三期剩余款项的支付方式为：当S集团剩余款项为负数，J公司剩余款项为正数：N市港屿公司在三方确认剩余款项10个工作日内，向J公司支付剩余款项，S集团按剩余款项绝对值在股东借款本息置换第三期本金、已发生利息支付时扣除；各方对股东借款本息置换的调整和股权交割时间调整作了约定。

2018年12月28日，S集团、J公司和N市港屿公司签订了《某港务公司股权转让协议补充协议（二）》，约定：根据A会计师事务所有限公司出具的A（2018）第001号审计报告，评估基准日（2017年12月31日）至股权交割日（2018年11月30日），标的公司净资产减少9737万元，即股权交割日标的公司的股权价值为443万元；三方对剩余款项确认如下：第二期S集团剩余款项为5540×70%+（-9737）×80%=-3911.6万元（在股东借款本息置换尾款中扣减），J公司剩余款项为4640×70%+（-9737）×20%=1300.6万元；另外，各方还对股东借款本息置换尾款（第三期）、股权交割日后标的公司2018年度的或有收益归属、其他事项和或有债务作了约定。

之后，S集团与J公司就标的公司股权转让后续事宜进一步磋商，于2019年12月达成一致意见并共同签署《备忘录》，约定：由于至股权交割日，评估净资产值少于J公司所拥有的独享资本公积，J公司自收到股权转让款尾款1300.6万元之日起，完成相关流程后三个工作日内由其按调剂股权转让款名义支付给S集团；根据A（2018）第001号审计报告意见和《某港务公司股权转让协议补充协议（二）》规定以及《公司法》、《企业财务通则》（已失效）等有关规定，双方同意就2018年1~11月标的公司集装箱业务或有专项补贴收益、2018年1~11月或有税收返还收益、或有应收款仲裁执行所得收益部分优先用于弥补J公司独享资本公积，如果或有收益部分超出 J 公司独享资本公积，则按双方在标的公司原股权比例进行分成；涉及 J 公司独享资本公积部分，S 集团要求补贴，由 S 集团向市政府申请；本备忘录作为《某港务公司股权转让协议》附件，具有同等法律效力，冲突部分以备忘录为准。

2019 年 1 月 17 日，B 会计师事务所有限公司接受委托，出具了 B (2019) 第 002 号《关于某港务公司股权转让中股东权益清算的说明》，其结论意见为："结合股权交割日某港务公司净资产的评估价值、股权转让协议及两份补充协议、市人民政府的承诺函以及某上市公司和某国有企业的备忘录等，最终在股权交割日某港务公司净资产的评估价值 443 万元应属于 J 公司享有，且由 J 公司独享的资本公积 3500 万元中尚未弥补的 2800 万元由后期某港务公司或有专项补贴收益，或有税收返还收益及已经全额计提坏账的已仲裁尚未执行的应收款或有收益等中收回的金额优先补偿。若后期某港务公司的上述或有收益所得超过 2800 万元的部分，由 S 集团和 J 公司在某港务公司的原股权比例进行分成。"

综上，根据股权转让系列协议之约定，标的公司股权转让价格以净资产评估值为准。标的公司以 2017 年 12 月 31 日为评估基准日，其公司净资产评估值为 10,180 万元（该值含国有独享资本公积），以 2018 年 11 月 30 日为股权交割日的净资产评估值为 443 万元（该值含国有独享资本公积）。J 公司从 N 市港屿公司实际收到款项为 2700 万元。

为此，S 集团认为，其中 2249.6 万元为 N 市港屿公司应给付 S 集团对标的公司的出借款项。按照备忘录有关 J 公司的国有独享资本公积应由标的公司集装箱业务或有专项补贴收益，或有税收返还收益，或有应收款仲裁执行所得收益部分优先弥补的约定，J 公司应当将 2249.6 万元返还给 S 集团，故向某仲裁委员会申请仲裁。

争议焦点

款项性质不同将导致请求权基础不同。因此，笔者接受 S 集团之委托代理本案，在确定要求返还 J 公司收取的 2249.6 万元的请求权基础之前，首先界定案涉 2249.6 万元性质为股权转让款还是国有独享资本公积？案涉 2249.6 万元性质亦为本案讼争焦点之一。针对于此，J 公司在庭审中明确该 2249.6 万元性质为 J 公司国有独享资本公积的弥补，基于此，本案争议焦点为：

国有独享资本公积是否属于标的公司资产？标的公司应否以此弥补国有独享资本公积的 2249.6 万元，向 S 集团承担借款还款责任？S 集团要求 J 公司返还 2249.6 万元能否成立？

代理思路

本案核心问题在于：S 集团要求 J 公司返还其收取的 2249.6 万元能否成立。论证这一请求权基础成立的基本逻辑如图 6-1 所示：

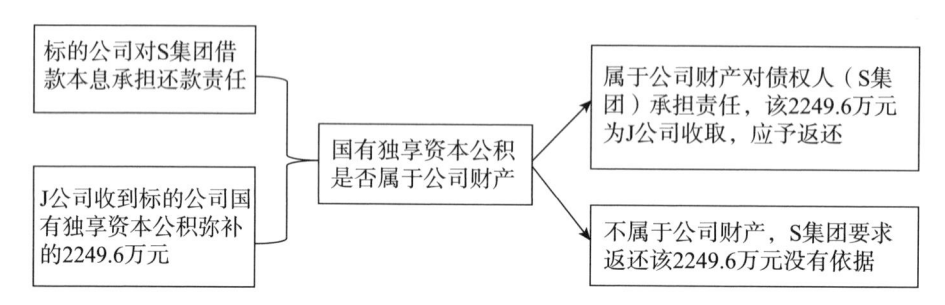

```
标的公司对S集团借款本息承担还款责任 ┐                         ┌ 属于公司财产对债权人（S集团）承担责任，该2249.6万元为J公司收取，应予返还
                                    ├→ 国有独享资本公积是否属于公司财产 →
J公司收到标的公司国有独享资本公积弥补的2249.6万元 ┘                 └ 不属于公司财产，S集团要求返还该2249.6万元没有依据
```

图 6-1 论证 S 集团要求 J 公司返还其收取的 2249.6 万元的基本逻辑

根据本案事实，结合图 6-1 演绎的论证逻辑，论证 J 公司多收取的 2249.6 万元应予返还 S 集团的关键在于阐明该 2249.6 万元属于国有独享资本公积，而国有独享资本公积属于标的公司财产。基于此，笔者梳理本案代理思路如下：

一、J 公司多收取的 2249.6 万元系 N 市港屿公司应支付给 S 集团的借款本息，该款项应当进行内部调剂。

（一）根据《某港务公司股权转让协议》《某港务公司股权转让协议补充协议》《某港务公司股权转让协议补充协议（二）》的约定，股权转让价格实际以股权交割日某港务公司的股权价值为最终股权转让价。

（二）N 市港屿公司委托的 A 会计师事务所有限公司出具的审计报告显示股权交割日标的公司的股权价值为 443 万元，即便 S 集团不参与分配，将该 443 万元全部作为 J 公司的国有资本独享公积优先分配，则抵扣 J 公司第一期收取的 1392 万元和第二期收取的 1300.6 万元，J 公司已经多收取 2249.6 万元。而 S 集团在该次股权转让中的第二期剩余款项 -3911.6 万元扣除第一期收取款项 1662 万元，实际亏损借款本息 2249.6 万元。因此，J 公司多收取的 2249.6 万元系 N 市港屿公司应支付给 S 集团的借款本息。

（三）在庭审过程中，J 公司在回答关于其多收取 2249.6 万元的款项性质问题时，J 公司表示是国有资本独享公积，而非股权转让款，所以在港务公司的股权价值降为 443 万元的情况下，J 公司多收取 2249.6 万元不具有正当性。

（四）《公司法》第 3 条第 2 款规定："有限责任公司的股东以其认缴的出资额为限对公司承担责任；股份有限公司的股东以其认购的股份为限对公司承担责任。"

本案中，S 集团已经实际出资 1.68 亿元，若 J 公司收取的 2249.6 万元再由 S 集团承担，这明显不符合《公司法》规定，不符合股东有限责任原则，不符合公平原则。庭审中，S 集团已向法庭论证《某港务公司股权转让协议补充协议》第 2.1 条股权转让价款公式存在的不正当性：（1）当股权交割日标的公司净资产值大于 3253 万元，则该公式可以适用；（2）股权交割日标的公司净资产值大于 0 元，小于 3253 万元，则会造成 S 集团在注册资本出资款外还要另外承担亏损，而 J 公司受益，这就违背了《公司法》的规定和公平原则；（3）若股权交割日标的公司净资产值亏损为负值，则将可能造成 S 集团和 J 公司均要在出资额外另行承担亏损，这也违背了《公司法》的规定，更加可能会造成国有资产损失，而 N 市港屿公司将因此获取不正当利益。

因此，S 集团认为，该公式的适用必须设定必要的前提条件，即股权交割日标的公司净资产值大于 3253 万元。现在标的公司的净资产已经亏损至 443 万元，股权转让协议中的该公式在 S 集团与 J 公司内部不应当适用，因此 S 集团与 J 公司通过调剂股权转让款的形式来重新分配股权转让款。

二、对外而言，国有独享资本公积价值权属属于标的公司财产。

《企业财务通则》（已失效）第17条第1款规定："对投资者实际缴付的出资超出注册资本的差额（包括股票溢价），企业应当作为资本公积管理。"第20条第1项规定："属于国家直接投资、资本注入的，按照国家有关规定增加国家资本或者国有资本公积。"由此可见，资本公积是指由投资者或其他人（或单位）投入，但不构成实收资本的那部分资本或者资产。资本公积与实收资本一样，均属于公司所有者权益的构成，系公司财产。

本案中，设立标的公司时，J公司实际投入6500万元的实物资产，但与其他股东约定仅以其中3000万元作为其出资，其余3500万元则作为国有独享资本公积，双方对内约定其价值权属属于J公司。

按照《企业财务通则》（已失效）的规定和股权转让协议的约定，国有独享资本公积事实上就是资本公积。根据公司财产制度，股东投入公司的财产，无论是作为注册资本还是作为资本公积，也无论是全体股东共享的资本公积还是某个股东独享的资本公积，都属于公司财产。当公司清算清偿时，所有债务都偿还完毕后仍有剩余的，股东可以分配资本公积。这就意味着S集团与J公司关于"国有独享资本公积属J公司所有"系股东内部约定，不能改变对外而言该3500万元国有独享资本公积作为标的公司财产之性质。既然国有独享资本公积属于标的公司财产，则国有独享资本公积也应当作为某港务公司对外承担民事责任的责任财产，并不能对抗债权人。因此，S集团的借款债权应以某港务公司财产优先于资本公积受偿。

三、案涉《备忘录》对股权转让款的调剂以及国有独享资本公积的弥补作了明确约定。

S集团与J公司标的公司股权转让后续事宜以及国有独享资本公积归还等重大事项经反复磋商，形成一致意见并共同签署《备忘录》，约定："J公司收到股权转让款尾款1300万元之日起，完成相关流程后三个工作日内由J公司按调剂股权转让款名义支付给S集团。""2018年度标的公司集装箱业务或有专项补贴收益，或有税收返还收益，或有应收款仲裁执行所得收益部分优先用于弥补J公司独享资本公积，如或有收益部分超出J公司独享资本公积，则S集团、J公司按原股权比例进行分成。""备忘录作为《某港务公司股权转让协议》附件，具有同等法律效力，冲突部分以备忘录为准。"

由此可见，S集团与J公司已经就股权转让款通过备忘录的形式进行调剂，J公司多收取的2249.6万元应当按照调剂款的名义支付给S集团，以弥补S集团的股东借款本息损失；而J公司的国有独享资本公积损失由或有收益进行弥补，否则，J公司的国有独享资本公积将会进行双重弥补，违反公平原则。

四、国有独享资本公积损失由S集团承担不具有合法性和正当性，而应当由或有收益优先弥补。

（一）国有独享资本公积对股东内部而言，其价值属于J公司；对外而言，国有独享资本公积属于公司资产，而公司净资产是公司资产扣除负债后的余额，故资本公积不能脱离净资产而额外存在。这就意味着：

1. 该笔资本公积在标的公司经营期间，可能增值，也可能减值；其价值随公司净资产增减而增减。

2. 国有独享资本公积一旦成为标的公司资产即已资本化，不再对应土地等某项或某几项特定资产。

3. 因标的公司净资产已减少至443万元，S集团和J公司的资本金、J公司的国有独享资本公积均严重亏损。因此，对于国有独享资本公积的价值，应当在标的公司净资产范围内计算。故J公司的国有独享资本公积的亏损是投资风险的亏损，其损失应由J公司承担。

（二）《公司法》第3条第2款规定："有限责任公司的股东以其认缴的出资额为限对公司承担责任；股份有限公司的股东以其认购的股份为限对公司承担责任。"S集团已经履行了1.68亿元的出资义务，出资额以外的亏损不应当由S集团承担。

（三）S集团与J公司签署的《备忘录》约定，国有独享资本公积由2018年度标的公司集装箱业务或有专项补贴收益，或有税收返还收益，或有应收款仲裁执行所得收益部分优先弥补，剩余收益由S集团与J公司按照原股权比例分配。显然，该条约定也明确了国有独享资本公积不应当由S集团来承担。

本案审理过程中，J 公司对案涉股权转让及一系列备忘录、补充协议等签订事实表示认可，并抗辩称被申请人 J 公司收取的 2249.6 万元合理正当，已经案涉《某港务公司股权转让协议补充协议（二）》结算条款确认；案涉《备忘录》不能支持申请人的仲裁请求，案涉《备忘录》并非三方协议，而是双方就股权转让后出现内部分配调剂及对外协议中存在的一系列问题进行协商解决；申请人 S 集团在经营标的公司期间部分财务费用，标的公司所有者权益从 1.01 亿元减值到 443 万元，申请人的行为损害了被申请人的合法权益。

仲裁庭经审理，采纳了笔者代理意见，裁决 J 公司返还其收取的 2249.6 万元。仲裁庭认为：

申请人、被申请人与 N 市港屿公司签订的《某港务公司股权转让协议》《某港务公司股权转让协议补充协议》《某港务公司股权转让协议补充协议（二）》和申请人与被申请人签订的《备忘录》均出于各方真实意思表示，其内容未违反国家法律法规的强制性规定，真实有效。在上述协议和备忘录签订后，申请人和被申请人均应忠实全面履行合同约定的义务。申请人主张被申请人给付人民币 2249.6 万元。根据双方签订的《备忘录》第 2 条约定，被申请人收到股权转让款尾款 1300 万元之日起，完成相关流程后 3 个工作日内由被申请人按调剂股权转让款名义支付给申请人。根据该条约定的内容的语义解释和实质精神，双方同意将被申请人收到的股权转让款尾款 1300 万元作为调剂股权转让款支付给申请人，但是《备忘录》并没有涵盖双方关于标的公司股权转让后的全部清算内容。2019 年 1 月 17 日，B 会计师事务所有限公司接受双方委托，出具了 B（2019）第 002 号《关于某港务公司股权转让中股东权益清算的说明》（以下简称《说明》），其结论意见为："结合股权交割日某港务有限公司净资产的评估价值、股权转让协议及两份补充协议、Y 市人民政府的承诺函以及 S 集团和 J 公司的备忘录等，最终在股权交割日某港务公司净资产的评估价值 443 万元应属于 J 公司享有，且由 J 公司独享的资本公积 3500 万元中尚未弥补的 2810 万元由后期某港务公司或有专项补贴收益，或有税收返还收益及已经全额计提坏账的已仲裁尚未执行的应收款或有收益等中收回的金额优先补偿。若后期某港务公司的上述或有收益所得超过2800万元的部分，由S集团和J公司按某港务公司的原股权比例进行分成。"之后，双方对《说明》未提出书面异议，在庭审中也未提出申请，要求对关于标的公司股权转让后的全部清算内容进行司法鉴定。被申请人抗辩，标的公司的股东权益清算应依据股权转让协议及其补充协议的约定。仲裁庭认为，被申请人主张的3500万元国有独享资本公积，性质上仍属于资本公积。根据公司法原则，股东投入公司的财产，无论是作为注册资本还是作为资本公积，也无论是全体股东享有的资本公积还是某个股东独享的资本公积，都属于公司财产，公司须以其全部财产对外承担民事责任。因此，国有独享资本公积也是公司对外承担民事责任的财产之一，不能对抗债权人。从公平角度分析，被申请人主张其独享的国有资本公积，在《备忘录》第3条对优先弥补被申请人独享资本公积，双方都明确作出约定，仲裁庭认为被申请人可以另行主张。

此外，被申请人提供的函和复函的证据，主张申请人在经营标的公司期间部分财务费用没有依据，审计报告确定的标的公司所有者权益从1.01亿元减值到443万元，申请人的行为损害了被申请人的合法权益。仲裁庭认为，被申请人的上述主张与其是否独享资本公积没有关联性，应通过其他途径进行救济。

被申请人从N市港屿公司收到第一期款项1392万元和第二期款项1300.6万元，扣除按照《说明》结论中其独享的标的公司净资产的评估价值443万元，被申请人实际多收取2249.6万元，该款项应为N市港屿公司支付给申请人的股东借款本息。因此，申请人的主张成立，仲裁庭予以采纳。

裁判结果

某仲裁委员会于2020年8月18日作出（2020）×仲裁字第××××号仲裁裁决：被申请人J公司于本裁决发生法律效力之日起10日内向申请人S集团支付人民币2249.6万元。

复盘研析

本案中，S集团要实现其要求J公司返还多收取的2249.6万元款项的主张，关键在于对案涉国有独享资本公积的性质与权属问题进行充分的研究与审慎的判断。由于实践中涉国有独享资本公积的相关判例数量较少，可参考面较窄。因此，笔者在代理本案时，从法律依据及法理依据上分析国有独享资本公积的属性与权属问题，并结合既有实务判例，界分国有独享资本公积的性质属于资本公积。资本公积属于公司财产，根据公司法原则，公司需以其全部责任财产对外承担民事责任。因而，案涉标的公司应以案涉国有独享资本公积在内的全部责任财产对案涉S集团承担还款责任，案涉仲裁请求成立。

本案实践对于实务中涉国有独享资本公积的争议解决具有实际的参考意义。该类案件一般需在论证国有独享资本公积的性质与权属基础上，根据个案具体情况，进一步论证所涉请求权基础是否成立。以本案为例，下文将对国有独享资本公积的属性、权属及所涉请求权基础（或所涉讼争责任承担问题）进行分析，以便为实务同类案件提供可参考的论证路径。

国有独享资本公积仍属于资本公积，归于公司责任财产。关于国有独享资本公司的定性与权属问题，应从相关规定、法理依据及司法实践三个层面进行分析。

一、相关法律依据和会计制度规定

在财务会计相关制度上，国有独享资本公积属于资本公积的一种类型，系财务制度中核算公司资本公积的科目类项。国有独享资本公积这一概念首先规定于《企业财务通则》（已失效）第20条，即"企业取得的各类财政资金，区分以下情况处理：（一）属于国家直接投资、资本注入的，按照国家有关规定增加国家资本或者国有资本公积。（二）属于投资补助的，增加资本公积或者实收资本。国家拨款时对权属有规定的，按规定执行；没有规定的，由全体投资者共同享有。（三）属于贷款贴息、专项经费补助的，作为企业收益处理。（四）属于政府转贷、偿还性资助的，作为企业负债管理。（五）属于弥补亏损、救助损失或者其他用途的，作为企业收益处理"。案涉 J 公司为国有企业，因此，其以国有独享资本公积作为投资资本注入标的公司，案涉 3500 万元国有独享资本公积属于标的公司取得的资本公积。《企业公司制改建有关国有资本管理与财务处理的暂行规定》第 8 条第 2 款、第 3 款进一步明确："自评估基准日到公司制企业设立登记日的有效期内，原企业实现利润而增加的净资产，应当上缴国有资本持有单位，或经国有资本持有单位同意，作为公司制企业国家独享资本公积管理，留待以后年度扩股时转增国有股份；对原企业经营亏损而减少的净资产，由国有资本持有单位补足，或者由公司制企业用以后年度国有股份应分得的股利补足。企业超过有效期未能注册登记，或者在有效期内被评估资产价值发生重大变化的，应当重新进行评估。"

资本公积属于公司所有者权益部分。根据《企业会计准则——基本准则》第 26 条第 1 款"所有者权益是指企业资产扣除负债后由所有者享有的剩余权益"，《企业财务通则》（已失效）第 16 条第 2 款"企业筹集的实收资本，在持续经营期间可以由投资者依照法律、行政法规以及企业章程的规定转让或者减少，投资者不得抽逃或者变相抽回出资"，《企业财务通则》（已失效）第 17 条"对投资者实际缴付的出资超出注册资本的差额（包括股票溢价），企业应当作为资本公积管理。经投资者审议决定后，资本公积用于转增资本。国家另有规定的，从其规定"等规定，资本公积系指投资者或其他主体投入但不构成实收资本的所有者权益部分，在未转增为注册资本或股本时，其属于公司财产，归属于全体股东或投资者享有。

因此，就财务会计角度而言，案涉 J 公司投入标的公司的国有独享资本公积属于公司所有者权益部分，计入公司资本公积，归于公司的责任财产。

从法律适用上看，《公司法》第 3 条第 1 款规定："公司是企业法人，有独立的法人财产，享有法人财产权。公司以其全部财产对公司的债务承担责任。"第 34 条规定："股东按照实缴的出资比例分取红利；公司新增资本时，股东有权优先按照实缴的出资比例认缴出资。但是，全体股东约定不按照出资比例分取红利或者不按照出资比例优先认缴出资的除外。"

案涉国有独享资本公积等同于货币出资、实物出资等其他出资方式，作为公司财产，其权属理当归于公司所有。

二、相关实务判例

当前所涉国有独享资本公积的实务判例较少，笔者以"国有独享资本公积""独享资本公积"作为索引进行检索，仅检索到数十份裁判文书，其中仅有几份有参考依据的裁判文书。如内蒙古自治区高级人民法院在（2018）内执复9号[①]案件中，复议申请人提出执行复议："该会计师事务所出具的《审计报告》中明确该金额被列入资本公积金项目中，如通辽国资公司主张超过其注册资本所占份额的部分作为负债，应明确为对其的负债，计入'其他应付款'。该部分计为资本公积，不应返还，股东向公司交纳的出资，无论是计入注册资本还是计入资本公积金，都形成公司资产，股东不得请求返还。通辽中院认定公司章程约定资本公积金由通辽市政府单独享有，在股权评估值中减去错误。"该法院采纳了这一观点。

其他所涉判例并未正面对国有独享资本公积的权属问题进行明确，但可以看到国有独享资本公积并不能由股东直接主张返还。如云南省高级人民法院（2014）云高民申字第868号[②]案件、吉林省高级人民法院（2016）吉民申190号[③]案件、吉林省高级人民法院（2016）吉民申71号[④]案件等虽未直接对国有独享资本公积的性质与权属进行正面释理，但均认为原则上不应在公司净资产扣减国有独享资本公积之后计算股权转让价款或回购价款。言外之意，股东不得以国有独享资本公积并入公司净资产的方式计算股权转让价款或回购价款，若按此计算股权价值，实际上即默认股东可以此种形式请求返还国有独享资本公积。换言之，国有独享资本公积属于公司财产，明确区分于股东财产；国有独享资本公积一般不能

[①] 王某盛与通辽市国有资本投资运营有限公司、王某春、通辽市琮霖房地产开发有限公司执行复议案，内蒙古自治区高级人民法院（2018）内执复9号民事裁定书。
[②] 齐某某股权转让纠纷案，云南省高级人民法院（2014）云高民申字第868号民事裁定书。
[③] 武某某与长春新华印刷集团有限公司股权转让纠纷案，吉林省高级人民法院（2016）吉民申190号民事裁定书。
[④] 赵某某与长春新华印刷集团有限公司股权转让纠纷案，吉林省高级人民法院（2016）吉民申71号民事裁定书。

计入公司净资产计算股权转让价款或股权回购价款。

由上可知,虽然实务判例鲜有涉及国有独享资本公积的性质与权属,但从该等判例的裁判思路可见,司法实务均在"国有独享资本公积属于公司财产"这一基本共识下进行个案的认定与判断。

三、相关法理解释

综合上述相关规定及当前实践,笔者认为,可以从以下方面对国有独享资本公积的性质和权属进行法理上的解释[1]:

第一,根据《企业会计准则——基本准则》、《企业财务通则》(已失效)等相关规定,资本公积是指由投资者或者其他人(或单位)投入,但不构成实收资本的那部分资本或者资产。由此可知,资本公积与实收资本一样,均属于公司所有者权益的构成,即属于公司财产。

如本案中"国有独享资本公积"亦属于资本公积。根据公司财产制度,股东投入公司的财产,无论作为注册资本还是作为资本公积,也无论是全体股东共享的资本公积还是某个股东独享的资本公积,都属于公司财产。

第二,当公司清算清偿时,所有债务都偿还完毕后仍有剩余的,股东可以分配资本公积。

第三,股东内部约定不能对抗公司对外责任承担。如本案虽约定国有独享资本公积价值权属于案涉 J 公司、其他股东不予享受,但这仅系案涉股东内部约定,不能改变国有独享资本公积作为公司财产之性质。

第四,根据《公司法》规定及立法原意,公司以其全部财产对外承担民事责任。故对外而言,国有独享资本公积价值权属于公司财产,也即构成公司对外承担民事责任的责任财产,不能对抗债权人即案涉 S 集团。

四、余论:公司以国有独享资本公积在内的所有责任财产对外承担民事责任

根据以上之分析,总结而言,国有独享资本公积属于资本公积,仍属

---

[1] 徐先宝、洪加等:《国有独享资本公积属于公司财产之论证路径》,载微信公众号"北京中银台州律师事务所"2021 年 7 月 22 日,https://mp.weixin.qq.com/s/f5QBfs1eQVtZ2AkevRZq0Q。

于公司财产。即便股东之间内部约定国有独享资本公积价值权属属于某一股东，但在涉及公司债权问题上，应遵循"内外有别"的处理规则，即对外而言，国有独享资本公积属于公司财产的组成部分，股东之间内部约定不能改变其属于公司财产的性质，亦不能对抗外部的公司债权人，理应作为公司全部责任财产对外承担责任。

这一"内外有别"的处理规则系基于公司资本维持原则及保护交易相对人（通常体现为公司债权人）债权利益，彰显出公司法的立法原意，有利于保障交易秩序安全以及优化营商环境。显然，本案仲裁庭关注到了这一问题，故其明确国有独享资本公积属于公司财产，并据此对案涉仲裁请求是否成立进行说理，本案仲裁庭的裁判思路值得肯定。

第七章 不同清算程序中股东承担清算责任的请求权基础及双重因果关系抗辩

——上海某包装有限公司管理人诉秦某、狄某等清算责任纠纷案

本章提要

近年来，此类案件频发：公司[①]进入破产清算程序后，因公司主要财产、财务、重要文件等灭失等情形导致清算不能，破产管理人代表公司诉请主张公司所有股东承担清算责任。此类案件中，股东是否承担清算责任，关键在于厘清股东清算义务与损害结果之间是否具有因果关系。对此，司法实践发生了从倾向保护债权人利益到恪守股东有限责任原则的立场转变[②]。

本案中，上海某包装有限公司（以下简称破产企业）被吊销营业执照后未注销，公司8名股东自该解散事由出现之日起15日内未组织成立清

[①] 本章讨论有限责任公司在破产清算程序中股东清算责任的问题。
[②] 最高人民法院于2012年发布的第9号指导性案例中，被告股东认为："由于经营不善，公司在被吊销营业执照前已背负了大量债务，资不抵债，并非因被告怠于履行清算义务而导致公司财产灭失。即使股东怠于履行清算义务，也与公司财产灭失之间没有关联性。"法院认为："公司在其他案件中因无财产而被中止执行，只能证明法院在执行中未查找到公司财产，不能证明公司财产在被吊销营业执照前已全部灭失。三名股东怠于履行清算义务与公司的财产、账册灭失之间具有因果关系，股东抗辩理由不成立。"由此确立了公司被吊销营业执照后未经清算作为认定股东承担侵权赔偿责任的裁判立场。此立场显然倾倒性地保护债权人利益，但突破了股东有限责任原则，导致利益失衡。至2019年，《全国法院民商事审判工作会议纪要》第15条严格界定了有限责任公司股东"怠于履行义务"与"公司主要财产、账册、重要文件等灭失，无法进行清算"之间的因果关系，并在第117条、第118条区分破产清算与解散清算的不同程序与不同功能。

算组进行清算，后因另案债权人申请破产，法院受理破产申请后指定破产管理人。破产管理人依据《公司法》第183条[①]、《企业破产法》第15条[②]的规定，诉请要求该8名股东对破产企业对外欠付债务522万元承担连带清偿责任，并主张支付破产管理人报酬54万元。

笔者接受破产企业股东秦某、狄某之委托代理本案。在研读本案证据材料以及与委托人充分沟通的基础上，针对破产管理人主张所依据的请求权基础，笔者从破产清算程序与解散清算程序的不同功能和不同法律适用，股东秦某、狄某仅为财务出资的小股东身份，公司财产、账册、重要文件等灭失因果关系等方面进行分析，为股东秦某、狄某不承担清算责任梳理出有效的抗辩框架，并向法庭提供与本案具有高适配度的类案检索报告。经充分准备，法院最终判决驳回破产管理人的全部诉讼请求，股东秦某、狄某不承担清算责任。

本案对于破产清算程序中小股东利益保护问题具有实务参考意义。本章通过还原本案代理过程及答辩思路，进一步对清算责任纠纷类案中清算义务人与配合清算义务人的责任区分、请求权基础、因果关系对抗要件等方面进行分析，以探讨于实务。

案情概述

2003年6月27日，破产企业设立，王某、应某、许某、秦某、狄某、郑某等8人为公司股东，均已实缴出资。其中，王某为法定代表人，应某

[①] 《公司法》第183条规定："公司因本法第一百八十条第（一）项、第（二）项、第（四）项、第（五）项规定而解散的，应当在解散事由出现之日起十五日内成立清算组，开始清算。有限责任公司的清算组由股东组成，股份有限公司的清算组由董事或者股东大会确定的人员组成。逾期不成立清算组进行清算的，债权人可以申请人民法院指定有关人员组成清算组进行清算。人民法院应当受理该申请，并及时组织清算组进行清算。"

[②] 《企业破产法》第15条规定："自人民法院受理破产申请的裁定送达债务人之日起至破产程序终结之日，债务人的有关人员承担下列义务：（一）妥善保管其占有和管理的财产、印章和账簿、文书等资料；（二）根据人民法院、管理人的要求进行工作，并如实回答询问；（三）列席债权人会议并如实回答债权人的询问；（四）未经人民法院许可，不得离开住所地；（五）不得新任其他企业的董事、监事、高级管理人员。前款所称有关人员，是指企业的法定代表人；经人民法院决定，可以包括企业的财务管理人员和其他经营管理人员。"

为执行董事，郑某为监事。秦某持有公司股权14%，狄某持有公司股权14%。

2016年12月23日，上海市场监督管理部门以破产企业无正当理由超过6个月未开业或开业后自行停业连续6个月以上为由吊销其营业执照，但破产企业并未办理注销。

上海某材料有限公司与破产企业系关联公司。2011年，破产企业变卖厂房后，将公司财务资料搬进了由上海某材料有限公司（以下简称"破产企业关联公司"）承租的厂房。2013年，破产企业关联公司涉嫌犯罪停止经营，公安机关查封了该厂房。

2014年，案外人上海某服装有限公司起诉破产企业关联公司、王某、破产企业，提起企业借贷纠纷一案。同年7月21日，上海市松江区人民法院出具（2014）松执字第×××号执行裁定书，上海某服装有限公司申请对破产企业关联公司、王某、破产企业强制执行，但上述主体均因经营不善而倒闭，员工已经全部解散，法定代表人王某下落不明。法院在查封该关联公司全部机器设备、原材料、成品及半成品，并已提交上海市高级人民法院进行评估、拍卖；经查明，被执行人在本市无其他可供执行的财产，因此终结该案执行程序。

因破产企业对上海某服装有限公司负有到期债务未能偿还，上海某服装有限公司向上海市松江区人民法院申请破产企业破产清算。上海市松江区人民法院于2018年11月20日裁定受理破产清算。

2018年12月30日，上海市松江区人民法院指定破产管理人。

2019年7月15日，破产管理人向破产企业法定代表人王某寄送《关于限期移交上海某包装有限公司财产、印章、证照、账簿等所有企业经营材料和财产资料的通知》。

2020年11月16日，破产管理人向其余7位股东寄送上述通知。

2021年1月21日，破产管理人向上海市松江区人民法院提起诉讼，要求判令王某、秦某、狄某等8名股东连带清偿破产企业对外欠付的债务人民币522万元及管理人报酬54万元。

争议焦点

本案所涉破产清算程序中，在公司股东未尽清算义务[①]的情况下其是否对公司主要财产、账册等状况不明以及公司清算不能承担清算责任，这是本案的核心问题。本案被告 8 名股东之中，并非所有股东均担任公司法定代表人、财务负责人或其他管理人员，部分股东甚至仅为财务出资，并未实际参与公司经营与管理。

因此，本案争议焦点为：

1. 案涉被告作为破产企业的法定代表人或股东，是否存在《企业破产法》第 15 条及《全国法院民商事审判工作会议纪要》（以下简称《九民纪要》）规定的不履行法定义务的情形。

2. 如果被告存在不履行法定义务的情形，其行为是否导致无法清算或者造成债权人损失，即被告不履行法定义务的行为与无法清算或者造成债权人损失之间是否存在因果关系。

代理思路

原告破产管理人以《公司法》第 183 条作为请求权依据，因此，本案审理过程中，笔者提请法庭注意，本案系破产清算程序，应适用《企业破产法》及相关规定，不能适用《公司法》相关规定。据此，法庭向原告破产管理人释明，要求原告破产管理人明确其请求权基础。原告破产管理人当庭变更《公司法》第 183 条、《民法总则》（已失效）第 70 条请求权基础为《企业破产法》第 15 条、第 7 条第 3 款[②]。

针对案涉公司主要财产及账册丢失问题，原告破产管理人诉称：

根据《公司法》第 183 条"有限责任公司的清算组由股东组成"、《民法总则》* 第 70 条"法人的董事、理事等执行机构或者决策机构的成员为

[①] 此处指《公司法》第 183 条规定的清算义务。
[②] 《企业破产法》第 7 条第 3 款规定："企业法人已解散但未清算或者未清算完毕，资产不足以清偿债务的，依法负有清算责任的人应当向人民法院申请破产清算。"
* 已失效。——笔者注

第七章　不同清算程序中股东承担清算责任的请求权基础及双重因果关系抗辩

清算义务人",八被告均为公司股东,依法为本案的清算义务人。八被告未按《企业破产法》第 7 条第 3 款之规定履行申请破产义务,导致案涉公司主要财产、账册、重要文件等灭失,应承担公司无法清算之责任。

本案的关键思路在于厘清法定代表人及股东在公司申请破产时承担责任问题以及在破产清算程序中的责任承担问题。对此,笔者代理被告狄某、秦某发表代理意见如下:

一、原告破产管理人诉请被告狄某、秦某承担连带清偿责任的请求权基础不能成立。

首先,本案系破产清算案件,应适用《企业破产法》及相关规定,不能适用原告主张的《公司法》规定。

其次,根据《企业破产法》第 15 条对"有关人员"的认定,被告狄某、秦某并非法定的配合清算义务人,不负有配合清算之义务,狄某、秦某亦不能适用该条款。

最后,原告破产管理人在庭审中变更请求权依据,以《企业破产法》第 7 条第 3 款要求被告狄某、秦某承担责任,亦不能成立。理由在于:

其一,《企业破产法》第 7 条第 3 款规定:"企业法人已解散但未清算或者未清算完毕,资产不足以清偿债务的,依法负有清算责任的人应当向人民法院申请破产清算。"该条款设立目的在于规定申请破产清算的义务主体,以保障破产清算程序及时启动。因此,该条款是程序性规定,不能直接以此作为责任承担与否的适用依据。

其二,结合《九民纪要》第 118 条第 4 款"依法负有清算责任的人未依照《企业破产法》第 7 条第 3 款的规定及时履行破产申请义务,导致债务人主要财产、账册、重要文件等灭失,致使管理人无法执行清算职务"之规定,该条款可以适用的条件是未及时履行破产申请义务的行为与债务人主要财产、账册、重要文件等灭失之间存在因果关系。

本案中,案涉破产企业被吊销营业执照之前,公司财产、账册、印章、账簿等重要资料就已经被公安机关封锁或已灭失。在此情况下,假设被告狄某、秦某及时履行破产申请义务,公司主要财产、账册、印章、账簿等资料在客观上也无法移交或已在先灭失。据此,被告狄某、王某是否及时履行破产申请义务,与公司主要财产、账册、重要文件等能否移交或是否丢失在客观上不存在任何因果关系,故该条款不能适用。

其三,从司法实践的立场来看,该条款在不存在导致债务人主要财产、账册、重要文件等灭失的情况下不能适用。

因此,原告以该条款诉请被告狄某、秦某承担未妥善保管公司财产、账册、重要文件等侵权责任,其请求权基础不能成立。

二、对于破产企业主要财产、账册、印章、账簿等资料无法移交或灭失的核心问题,被告狄某、秦某没有过错或过失,也不存在任何因果关系,而破产管理人应承担相应民事责任。

首先,客观上被告狄某、秦某不存在导致破产企业财产、账册、印章、账簿等资料无法移交或灭失的可能性。

根据本案已查明的事实,公司财产、账册、印章、账簿等资料在破产企业被吊销营业执照之前就已经被封锁或灭失,被告狄某、秦某在客观上不具有进行移交或者毁损的可能性。

被告狄某、秦某从未直接或间接占有、使用或保管过公司财产、账册、印章、账簿等资料。根据现有证据及庭审中当事人自认、证人证言,可以证实被告狄某、秦某仅财务出资,从未参加过公司的实际经营和管理,也从未担任过董事、监事、高级管理人员等职务,与公司实际控制人也不是一致行动人,故被告狄某、秦某从不具有管理或接触公司财产、账册、印章、账簿等公司经营资料和重要文件的职责和可能性。

其次,被告狄某、秦某主观上没有过错或过失。

其一,被告狄某、秦某仅财务出资,不关注或不了解公司实际经营动态;其二,庭审中证人明确、多次陈述"狄总(狄某)、秦总(秦某)一年都去不了公司一次""公司平时都是董事长(王某)和许总(许某)在管"等证人证言,可以证实被告狄某、秦某对公司实际经营情况、是否被吊销营业执照、是否破产清算以及公司主要财产、账册、印章等企业资料去向等情况根本不能知悉,因此,被告狄某、秦某无论是对破产企业被吊销营业执照后是否应组织解散清算,还是在破产清算程序中是否移交财产、账册、印章等资料,主观上均没有任何过错或过失。

第七章　不同清算程序中股东承担清算责任的请求权基础及双重因果关系抗辩

因此，被告狄某、秦某与公司财产、账册、印章、账簿等资料无法移交或灭失不具有因果关系，也不存在过错与过失，无须承担任何责任。

最后，本案破产管理人履职严重失职，与公司财产、账册、印章、账簿等企业资料无法移交或灭失具有因果关系。

从时间上看，2018年12月30日法院指定破产管理人，但至2019年7月15日，该破产管理人才向公司法定代表人寄出第一份《关于限期移交上海某包装有限公司财产、印章、证照、账簿等所有企业经营材料和财产资料的通知》，直到2020年11月16日，该破产管理人才向其余7位股东寄送上述通知。这一期间长达1年4个月有余，显然不符合管理人正常履职表现，足以体现该破产管理人严重怠于履职。

在庭审中，经代理律师多次询问管理人是否有案涉公司破产清算的工作底稿，是否调查过案涉公司财产、账册、重要文件等去向，是否向公安机关询问或沟通过被查封的案涉公司财产、账册、印章等企业资料情况等履职情况，该破产管理人均拒绝回答或表示一概不知。

此外，应当注意的是，在本案之前，该破产管理人以案涉公司全体股东抽逃出资为由诉至贵院，该抽逃出资一案经过实体审理后，该破产管理人却以缓交诉讼费为由撤回该案。而在该抽逃出资一案审理中，该破产管理人已明确知道案涉公司财产、印章、证照、账册等资料去向，但在该抽逃出资一案结束后，该破产管理人仍不主动调查公司财产、印章、证照等企业资料，现又以此为由提起诉讼，要求公司全体股东对债务以及管理人报酬承担连带清偿责任，可见该破产管理人有为谋取管理人报酬而恶意缠讼之嫌。

综上，该破产管理人严重渎职，其严重失职行为与公司财产、账册、印章等企业资料无法移交或灭失之间存在事实上的因果关联，根据《企业破产法》第27条"管理人应当勤勉尽责，忠实执行职务"之规定，该破产管理人没有妥善履职，应予承担相应民事责任。

三、被告狄某、秦某不应承担任何相关责任。

上述第一点已述，原告无论是以《企业破产法》第15条还是以第7条第3款诉请被告狄某、秦某承担责任，均不能成立。

原告诉请管理人报酬纯属无理缠讼。管理人报酬离不开债务人财产的确定，但在本案债务人财产尚未确定的情况下，原告诉请管理人报酬缺乏事实基础。况且，管理人报酬也不属于债权人利益受损部分。按照《最高人民法院关于债权人对人员下落不明或者财产状况不清的债务人申请破产清算案件如何处理的批复》第3款①及《九民纪要》第118条②的规定，该破产管理人既代表债权人利益，又将管理人报酬纳入债权人利益部分，逻辑混乱，自相矛盾，其意图明显是为取得管理人报酬。

因此，原告破产管理人的诉讼请求均不能成立，被告狄某、秦某不应承担任何相关责任。

上海市松江区人民法院经审理，采纳了笔者的代理意见，并判决驳回原告破产管理人全部诉讼请求。法院认为：

《最高人民法院关于债权人对人员下落不明或者财产状况不清的债务

---

① 《最高人民法院关于债权人对人员下落不明或者财产状况不清的债务人申请破产清算案件如何处理的批复》规定："债务人的有关人员不履行法定义务，人民法院可依据有关法律规定追究其相应法律责任；其行为导致无法清算或者造成损失，有关权利人起诉请求其承担相应民事责任的，人民法院应依法予以支持。"

② 《九民纪要》第118条规定："人民法院在审理债务人相关人员下落不明或者财产状况不清的破产案件时，应当充分贯彻债权人利益保护原则，避免债务人通过破产程序不当损害债权人利益，同时也要避免不当突破股东有限责任原则。人民法院在适用《最高人民法院关于债权人对人员下落不明或者财产状况不清的债务人申请破产清算案件如何处理的批复》第3款的规定，判定债务人相关人员承担责任时，应当依照企业破产法的相关规定来确定相关主体的义务内容和责任范围，不得根据公司法司法解释（二）第18条第2款的规定来判定相关主体的责任。上述批复第3款规定的'债务人的有关人员不履行法定义务，人民法院可依据有关法律规定追究其相应法律责任'，系指债务人的法定代表人、财务管理人员和其他经营管理人员不履行《企业破产法》第15条规定的配合清算义务，人民法院可以根据《企业破产法》第126条、第127条追究其相应法律责任，或者参照《民事诉讼法》第111条的规定，依法拘留，构成犯罪的，依法追究刑事责任；债务人的法定代表人或者实际控制人不配合清算的，人民法院可以依据《出境入境管理法》第12条的规定，对其作出不准出境的决定，以确保破产程序顺利进行。上述批复第3款规定的'其行为导致无法清算或者造成损失'，系指债务人的有关人员不配合清算的行为导致债务人财产状况不明，或者依法负有清算责任的人未依照《企业破产法》第7条第3款的规定及时履行破产申请义务，导致债务人主要财产、账册、重要文件等灭失，致使管理人无法执行清算职务，给债权人利益造成损害。'有关权利人起诉请求其承担相应民事责任'，系指管理人请求上述主体承担相应损害赔偿责任并将因此获得的赔偿归入债务人财产。管理人未主张上述赔偿，个别债权人可以代表全体债权人提上上述诉讼。上述破产清算案件被裁定终结后，相关主体以债务人主要财产、账册、重要文件等重新出现为由，申请对破产清算程序启动审判监督的，人民法院不予受理，但符合《企业破产法》第123条规定的，债权人可以请求人民法院追加分配。"

第七章　不同清算程序中股东承担清算责任的请求权基础及双重因果关系抗辩

人申请破产清算案件如何处理的批复》（以下简称《批复》）第3款规定，"债务人的有关人员不履行法定义务，人民法院可依据有关法律规定追究其相应法律责任；其行为导致无法清算或者造成损失，有关权利人起诉请求其承担相应民事责任的，人民法院应依法予以支持"。关于如何理解和适用该规定，《全国法院民商事审判工作会议纪要》（以下简称《九民纪要》）第118条进一步明确，人民法院在审理债务人财产状况不清的破产案件时，"应当充分贯彻债权人利益保护原则，避免债务人通过破产程序不当损害债权人利益，同时也要避免不当突破股东有限责任原则"。人民法院在适用《批复》第3款的规定，判断债务人相关人员承担责任时，应当依照《企业破产法》的相关规定来确定相关主体的义务内容和责任范围，不得根据《最高人民法院关于适用〈中华人民共和国公司法〉若干问题的规定（二）》第18条第2款的规定来判定相关主体的责任。《批复》第3款规定的"债务人的有关人员不履行法定义务，人民法院可依据有关法律规定追究其相应法律责任"，系指债务人的法定代表人、财务管理人和其他经营管理人员不履行《企业破产法》第15条规定的配合清算义务，人民法院可以根据《企业破产法》第126条、第127条追究其相应法律责任……

《批复》第3款规定的"其行为导致无法清算或者造成损失"，系指债务人的有关人员不配合清算的行为导致债务人财产状况不明，或者依法负有清算责任的人未依照《企业破产法》第7条第3款的规定及时履行破产申请义务，导致债务人主要财产、账册、重要文件等灭失，致使管理人无法执行清算职务，给债权人利益造成损害。"有关权利人起诉请求其承担相应民事责任"，系指管理人请求上述主体承担相应损害赔偿责任并将因此获得的赔偿归入债务人财产。管理人未主张上述赔偿，个别债权人可以代表全体债权人提起上述诉讼。

本案原告先后依据《公司法》第183条，《企业破产法》第7条、第8条，《批复》第3款及《九民纪要》第118条向被告主张相应责任，即"债务人的有关人员不履行法定义务，人民法院可依据有关法律规定追究其相应法律责任；其行为导致无法清算或者造成损失，有关权利人起诉请求其承担相应民事责任的，人民法院应依法予以支持"，其本质在于认为被告作为上海某包装有限公司的法定代表人或股东，不履行相关法定义务，导致上海某包装有限公司无法清算或对其造成损失，故要求被告承担相应侵权损害赔偿责任。鉴于债务人上海某包装有限公司已被本院裁定进入破产清算程序，原告以《企业破产法》、《批复》第3款及《九民纪要》之规定作为其诉讼请求所依据的基础规范，并无不当。

据此，本案争议焦点有二点：（1）被告作为上海某包装有限公司的法定代表人或股东，是否存在《企业破产法》第15条及《九民纪要》规定的不履行法定义务的情形；（2）如果被告存在不履行法定义务的情形，其行为是否导致无法清算或者造成债权人损失，即被告不履行法定义务的行为与无法清算或者造成债权人损失之间是否存在因果关系。

对于第一个争议焦点，本院认为，根据《批复》以及《九民纪要》的相关规定，被告作为上海某包装有限公司的法定代表人或股东是否存在不履行法定义务的行为，主要是指是否存在不履行《企业破产法》第15条规定的配合清算义务。具体而言，《企业破产法》第15条规定，"自人民法院受理破产申请的裁定送达债务人之日起至破产程序终结之日，债务人的有关人员承担下列义务：（一）妥善保管其占有和管理的财产、印章和账簿、文书等资料……前款所称有关人员，是指企业的法定代表人；经人民法院决定，可以包括企业的财务管理人员和其他经营管理人员"，现原告主张被告未履行上述第1项规定的义务。对于第1项规定的妥善保管其占有和管理的财产、印章和账簿、文书等资料义务，被告辩称上海某包装有限公司账册在2011年公司的资产出卖后存放于上海某材料有限公司承租的位于××经济园区××路××号的厂房二楼内，2013年之后因上海某材料有限公司涉嫌非法吸收公众存款罪被公安机关查封，被告无法再取得相关账册，客观上无法再保管账册，账册状况被告无从得知，对于该事实，有上海某包装有限公司财务人员的证人证言，结合上海某材料有限公司法定代表人等涉嫌犯罪被公安机关侦查及本院刑事判决认定，能够相互佐证，故本院采纳被告的辩称意见，上海某包装有限公司的账册意外灭失，被告对于账册下落不明不具有过错。对原告关于被告存在未妥善保管其占有和管理的财产、印章和账簿、文书等资料的主张，本院不予支持。

第七章　不同清算程序中股东承担清算责任的请求权基础及双重因果关系抗辩

对于第二个争议焦点，本院认为，根据《批复》以及《九民纪要》的相关规定，被告不履行法定义务的行为与无法清算或者造成债权人损失之间是否存在因果关系，主要是指是否存在因被告不履行配合清算的行为导致债务人财产状况不明，或者是否未按照《企业破产法》第7条第3款的规定及时履行破产申请义务，导致上海某包装有限公司主要财产、账册等灭失，致使管理人无法执行清算职务，给原告利益造成损失。本院认为，上海某包装有限公司财产状况不明的原因在于账册因意外原因而下落不明，并非由于原告所称的被告存在未妥善保管账册而导致，故被告之行为与上海某包装有限公司财产状况不明不存在因果关系；对于后者，本院认为，本案被告作为法定代表人及股东，虽系公司的清算义务人，但《企业破产法》并未规定债务人符合破产原因时，债务人相关主体一律负有申请破产清算的义务，以及未及时申请破产而应向债权人承担的责任。虽然上海某包装有限公司在被申请破产清算前已存在法律规定的吊销营业执照的解散事由，但根据查明的事实，上海某包装有限公司在2011年年初已将公司资产全部出卖用于偿付工人工资及其他应付款项等，破产申请前有执行案件因无财产可供执行而终结本次执行程序，执行裁定书亦认定上海某包装有限公司因经营不善而倒闭，员工已经全部解散；且2016年12月上海某包装有限公司被市场监督管理部门列入开业后自行停业连续6个月以上，属于经营异常而吊销营业执照，上海某包装有限公司无法清算的原因在于连续停业且无财产可供清算，并非由于原告所称的被告存在未履行破产申请的法定义务而导致，不存在因此而导致上海某包装有限公司主要财产、账册等灭失，致使管理人无法执行清算，给原告利益造成损失的后果发生。

裁判结果

上海市松江区人民法院于2021年10月20日作出（2021）沪0117民初××××号民事判决：驳回原告上海某包装有限公司的诉讼请求。

复盘研析

本案所涉案情繁复，但剥去细枝末节后，可以概括出此类案件的核心争议问题：公司出现《公司法》第180条①规定的法定解散事由时，公司股东未按《公司法》第183条之规定履行解散清算义务，当公司进入破产清算程序后，公司股东是否应根据《最高人民法院关于适用〈中华人民共和国公司法〉若干问题的规定（二）》（以下简称《公司法解释（二）》）第18条②或《企业破产法》第15条承担清算责任？

笔者认为，代理此类案件的基本思路为：先应厘清解散清算与破产清算的不同功能和法律适用，在此前提下，分情形讨论解散清算程序中公司股东的"清算义务人"及破产清算程序中公司股东"配合清算义务人"身份界定及承担责任边界。应当注意的是，对于"财产、账册、重要文件等灭失致使无法清算"这一事由，实践中存在混淆适用《公司法解释（二）》第18条第2款及《企业破产法》第15条、第7条第3款的情形，对此《九民纪要》第117条③、第118条已对实践中解散清算与破产清算的程序衔接、无法清算案件的审理与责任承担问题作出纠正与明确，应以此作为认定未履行解散清算义务的股东在破产清算程序中承担责任的依据。

基于此，下文对公司清算程序、不同清算程序中股东清算责任的请求

---

① 《公司法》第180条规定："公司因下列原因解散：（一）公司章程规定的营业期限届满或者公司章程规定的其他解散事由出现；（二）股东会或者股东大会决议解散；（三）因公司合并或者分立需要解散；（四）依法被吊销营业执照、责令关闭或者被撤销；（五）人民法院依照本法第一百八十二条的规定予以解散。"

② 《公司法解释（二）》第18条规定："有限责任公司的股东、股份有限公司的董事和控股股东未在法定期限内成立清算组开始清算，导致公司财产贬值、流失、毁损或者灭失，债权人主张其在造成损失范围内对公司债务承担赔偿责任的，人民法院应依法予以支持。有限责任公司的股东、股份有限公司的董事和控股股东因怠于履行义务，导致公司主要财产、账册、重要文件等灭失，无法进行清算，债权人主张其对公司债务承担连带清偿责任的，人民法院应依法予以支持。上述情形系实际控制人原因造成，债权人主张实际控制人对公司债务承担相应民事责任的，人民法院应依法予以支持。"

③ 《九民纪要》第117条规定："要依法区分公司解散清算与破产清算的不同功能和不同适用条件。债务人同时符合破产清算条件和强制清算条件的，应当及时适用破产清算程序实现对债权人利益的公平保护。债权人对符合破产清算条件的债务人提起公司强制清算申请，经人民法院释明，债权人仍然坚持申请对债务人强制清算的，人民法院应当裁定不予受理。"

第七章　不同清算程序中股东承担清算责任的请求权基础及双重因果关系抗辩

权基础、破产清算程序中股东不承担清算责任的因果关系对抗要件等问题进行分析。

一、公司清算程序之类型辨析

公司清算系指公司出现法定解散事由或者公司章程所规定的解散事由以后,为使公司法人资格归于消灭,依法对公司出资、资产、债权、债务等进行清理、处分的行为。公司清算范围包括公司出资、资产、债权、债务等审查与清理。公司清算为公司解散之法定程序,包含法律行为、法律事实、法律程序等多维度。

基于公司责任类型、财产状况、解散事由、启动程序主体、司法干预程度、债权人参与程度、清算人职责、清算机关等不同因素为分类标准,可以将公司清算程序分为不同类型。比如,以公司清算是依据法定程序还是公司自行确立的程序为标准,可以分为法定清算和任意清算;以清算实行是否存在显著障碍为标准,可以分为普通清算[①]和特别清算。但实务中,通常以公司财产是否足额清偿债务及启动清算程序不同,将公司清算分为破产清算与解散清算。

《民法典》及《公司法》为解散清算程序提供了规范指引。根据《民法典》第70条"法人的董事、理事等执行机构或者决策机构的成员为清算义务人"及《公司法》第183条"有限责任公司的清算组由股东组成"之规定,公司股东为清算义务人,负有对公司资产、债权、债务进行清算并终止公司对外所有法律关系的直接责任义务,故在清算义务履行程度上,公司股东在解散清算程序中应尽的清算义务显然高于在破产清算程序中股东应尽的配合清算义务。此外,在清算义务主体范围上,《企业破产法》第15条规定:"自人民法院受理破产申请的裁定送达债务人之日起至破产程序终结之日,债务人的有关人员承担下列义务:……前款所称有关

[①] 解散清算可分为普通清算和特别清算。一般认为,普通清算系在公司解散事由出现后由公司权力机关自行决议启动清算程序,原则上适用普通清算程序,但在普通清算发生法理上或事实上的显著障碍,或公司负债超过公司资产有不实的嫌疑时,法院或行政机关指定清算人介入清算程序,进行不当行为纠正、财产保全、停止清算以外的其他法律程序、依职权确认债权人会议的有关决议等司法干预,此时称为特别清算。简言之,普通清算由公司自行清算,特别清算中存在公权力的干预。

人员,是指企业的法定代表人;经人民法院决定,可以包括企业的财务管理人员和其他经营管理人员。"在破产清算程序中,并非所有公司股东均负有配合清算义务,而是"有关人员"才负有配合清算义务,对此,《九民纪要》第118条第3款进一步明确"有关人员"系指债务人的法定代表人、财务管理人员和其他经营管理人员。

为此,基于解散清算程序与破产清算程序中清算义务人或配合清算义务人的主体范围不同,公司股东在清算不能的情况下并非一概承担清算责任,而是应当识别公司股东是否具有法定代表人、财务管理人员和其他经营管理人员等身份,据此再进一步审查该公司股东是否实际参与管理经营公司,由此认定该公司股东是否应当为公司财产、账簿、重要文件等灭失导致清算不能承担责任。

二、破产清算与解散清算程序中公司股东承担清算责任的请求权基础及身份识别

承前所言,《公司法解释(二)》第18条第2款规定的是清算义务人怠于履行清算义务而应承担对债权人的侵权责任,其适用的法理基础是法人人格否定理论和侵害债权理论。因此,在公司解散清算程序中,应以该条认定股东作为清算义务人的请求权基础,并进一步以《九民纪要》第14条①、第15条②、第16条③作为股东不构成怠于履行清算义务抗辩、因

---

① 《九民纪要》第14条规定:"公司法司法解释(二)第18条第2款规定的'怠于履行义务',是指有限责任公司的股东在法定清算事由出现后,在能够履行清算义务的情况下,故意拖延、拒绝履行清算义务,或者因过失导致无法进行清算的消极行为。股东举证证明其已经为履行清算义务采取了积极措施,或者小股东举证证明其既不是公司董事会或者监事会成员,也没有选派人员担任该机关成员,且从未参与公司经营管理,以不构成'怠于履行义务'为由,主张其不应当对公司债务承担连带清偿责任的,人民法院依法予以支持。"

② 《九民纪要》第15条规定:"有限责任公司的股东举证证明其'怠于履行义务'的消极不作为与'公司主要财产、账册、重要文件等灭失,无法进行清算'的结果之间没有因果关系,主张其不应对公司债务承担连带清偿责任的,人民法院依法予以支持。"

③ 《九民纪要》第16条规定:"公司债权人请求股东对公司债务承担连带清偿责任,股东以公司债权人对公司的债权已经超过诉讼时效期间为由抗辩,经查证属实的,人民法院依法予以支持。公司债权人以公司法司法解释(二)第18条第2款为依据,请求有限责任公司的股东对公司债务承担连带清偿责任的,诉讼时效期间自公司债权人知道或者应当知道公司无法进行清算之日起计算。"

第七章　不同清算程序中股东承担清算责任的请求权基础及双重因果关系抗辩

果关系抗辩、诉讼时效抗辩的依据；公司破产清算程序中，应以《企业破产法》第15条第2款规定作为认定公司股东是否属于"有关人员"即配合清算义务人，在此基础上进一步认定是否具有承担清算责任的依据。

在公司解散清算程序中，公司股东均作为清算义务人履行清算义务，这在《民法典》第70条第2款①、《公司法》第183条、《公司法解释（二）》第7条第1款②中已经明确。但在公司破产清算程序中，公司股东是否均作为配合清算义务人，在清算不能的情形下，公司股东是否均应承担清算责任？对此，最高人民法院于2012年公布的第9号指导性案例③曾确立裁判规则："有限责任公司的股东、股份有限公司的董事和控股股东，应当依法在公司被吊销营业执照后履行清算义务，不能以其不是实际控制人或者未实际参加公司经营管理为由，免除清算义务。"按照这一规则，只要公司股东未履行（解散）清算义务，就必须承担破产清算中公司清算不能的侵权赔偿责任，这过于倾向保护债权人利益。此后司法实践以此作为裁判立场。2019年《九民纪要》施行，第118条第1款明确，"人民法院在审理债务人相关人员下落不明或者财产状况不清的破产案件时，应当充分贯彻债权人利益保护原则，避免债务人通过破产程序不当损害债权人利益，同时要避免不当突破股东有限责任原则"，进一步指出《企业破产法》第15条规定的配合清算义务人系债务人的法定代表人、财务管理人员和其他经营管理人员。故破产清算程序中，认定公司股东是否承担清算责任，关键在于该公司股东是否属于上述法定配合清算人。

本案中，原告破产管理人提出：根据《公司法》第183条"有限责任公司的清算组由股东组成"、《民法总则》（已失效）第70条"法人的董事、理事等执行机构或者决策机构的成员为清算义务人"，八被告股东均为破产企业的股东，因此承担破产企业的清算义务。实际上，本案原告混

---

① 《民法典》第70条第2款规定："法人的董事、理事等执行机构或者决策机构的成员为清算义务人。法律、行政法规另有规定的，依照其规定。"
② 《公司法解释（二）》第7条第1款规定："公司应当依照民法典第七十条、公司法第一百八十三条的规定，在解散事由出现之日起十五日内成立清算组，开始自行清算。"
③ 上海存亮贸易有限公司诉蒋某某、王某某等买卖合同纠纷案，最高人民法院指导案例9号（2012年）。

淆了公司解散清算与公司破产清算的概念。因为本案已经进入了公司破产清算程序，而不是解散清算程序，所以，不能再适用公司解散清算的相关法律规定，而应当适用《企业破产法》的相关规定。根据《企业破产法》第15条以及《九民纪要》第117条、第118条之规定，委托人秦某、狄某仅为财务出资的小股东，在公司未担任过任何职务，也从未实际参与经营管理过公司，故秦某、狄某并不属于"有关人员"范畴，亦无须承担任何清算责任。

实践中，如何认定公司股东是否属于配合清算义务人？笔者认为，从表征上看，主要从公司股东持股比例、担任职务、经营管理公司情况等因素综合考量。具体而言，如果公司股东担任法定代表人、财务负责人或监事，基于其身份，就能够推定该类股东实际掌管控制公司经营，其理应对公司财产、账簿、印章、重要文件等灭失导致清算不能承担清算责任，除非该类股东能够证明其与公司财产、账簿、印章、重要文件等灭失不存在因果关系；如果该公司股东并不具有上述身份但所持股达到控股股东地位，笔者认为，原则上亦应推定其具有管理与控制公司重要财产、资料的职能，除非其能举证证明仅为财务出资，但根据社会一般认知及公司决策机制，控股股东仅财务出资而不实际参与公司经营管理的可能性很小，故在这种情况下该类控股股东难以抗辩，其举证也较难达到高度盖然性的标准。

在公司股东所持股权比例小且未担任法定代表人、财务管理人员或其他管理人员的情况下，该类公司股东是否必然无须承担清算不能的民事责任？笔者认为，此种情形下可以从外观上推定该类公司股东仅为财务出资，即使其可能实际参与公司经营管理，但只要其没有掌管公司财产、财务账册、文书资料等，亦无须承担任何责任。实践中立场亦复如是，但证明该类公司股东是否掌管公司财产、账簿、文书资料等，举证责任分配上有不同观点，笔者将其概括为以下两种：

第一种观点是消极的举证责任分配主义，认为公司股东兼监事，并不必然属于《企业破产法》第15条中的"有关人员"。因此，即使公司股东担任监事，原告（一般为破产管理人）也没有证据证明该股东有掌管公司

第七章　不同清算程序中股东承担清算责任的请求权基础及双重因果关系抗辩

的财务账册、文书资料等事实；要求该公司股东承担妥善保管并向管理人移交债务人财产、印章和账簿、文书的义务，以及不配合清算的侵权责任，缺乏事实和法律依据，不予支持。如浙江省瑞安市人民法院在（2020）浙0381民初3591号①案件中认为："根据工商登记材料，被告陈某某为公司股东，但其并不必然属于《中华人民共和国企业破产法》第十五条中的'有关人员'。本案原告未能举证证明被告陈某某占有和管理债务人的财产、印章和账簿、文书等资料，故其不承担妥善保管并向管理人移交的义务，原告要求被告陈某承担不配合清算的侵权责任，缺乏事实和法律依据，本院不予支持。"

第二种观点是积极的举证责任分配主义。股东须主动证明其不具有掌管公司财产、账簿、重要文件等职责或与公司财产、账簿、重要文件等灭失导致清算不能不存在因果关系。此种裁判规则遵循《最高人民法院关于债权人对人员下落不明或者财产状况不清的债务人申请破产清算案件如何处理的批复》及《九民纪要》的实质要义，本案中即采这一观点。本案法院认为，几位任法定代表人、财务负责人等的股东通过证明2011年公司财务账册等重要资料存放于关联公司，关联公司于2013年因涉嫌非法吸收公众存款罪被公安机关查封，该几位股东无法再取得相关账册，客观上无法再保管账册，账册状况无从得知等事实，证明公司财产账册意外灭失，该几位股东对于账册下落不明不具有过错，法院认定管理人主张该几位股东未妥善保管其占有和管理的财产、印章和账簿、文书等资料的主张不能成立。据此，法院进一步认定该几位股东不履行法定的配合清算义务或未按照《企业破产法》第7条第3款规定及时履行破产申请义务之消极行为与公司财产、账册等状况不明不存在因果关系，并判决驳回管理人全部诉讼请求。

三、破产清算程序中股东不承担清算责任的双重因果关系抗辩

应当注意到，与本案相同或相似的类案中认定股东是否承担未履行配

---

① 瑞安市恒丰锻造有限公司管理人与陈某某等股东损害公司债权人利益责任纠纷案，浙江省瑞安市人民法院（2020）浙0381民初3591号民事判决书。

· 181 ·

合清算义务，或者认定股东是否承担未按照《企业破产法》第 7 条第 3 款规定及时履行破产申请义务的侵权责任，关键在于考察是否构成以下双重因果关系：

第一重因果关系：股东未履行配合清算义务或未按照《企业破产法》第 7 条第 3 款规定及时履行破产申请义务与公司财产账簿、印章等灭失之间是否存在因果关系。

第二重因果关系：公司财产账簿、印章等灭失或公司财产状况不明与管理人无法执行清算或造成债权人损失之间是否存在因果关系。

以上双重因果关系既是认定股东承担未履行配合清算义务或及时申请破产义务导致清算责任的内在因果关系，亦是股东抗辩不承担清算责任的重要突破口。据此，以本案为例，结合司法实践，针对破产清算程序中股东不承担清算责任的抗辩思路，笔者总结梳理以下要点，以供读者参考：

第一，审查原告破产管理人诉请股东承担连带清偿责任的请求权基础，其请求权依据是适用《公司法》第 183 条、《公司法解释（二）》第 18 条第 2 款，还是适用《企业破产法》第 15 条或第 7 条第 3 款？

第二，如果原告破产管理人以《公司法》第 183 条、《公司法解释（二）》第 18 条第 2 款作为请求权依据，主张破产企业股东承担不履行配合清算义务的侵权责任，可以从原告破产管理人错误适用法律依据这一角度进行分析。但在庭审过程中，若原告破产管理人注意到请求权基础不稳定的问题，或经法庭释明，原告破产管理人通常会当庭变更请求权基础，当出现这一情况时，应当及时调整抗辩思路。如何调整抗辩思路以及往哪一方向调整抗辩思路，笔者在以下第三点、第四点进行阐述。

第三，如果原告破产管理人最终以《企业破产法》第 15 条作为请求权依据，则先要界定公司股东是否属于该条所规定的"有关人员"范畴。在此情况下区分讨论：如果公司股东属于"有关人员"范畴，则应充分举证证明该公司股东未履行配合清算与公司财产状况不明不存在因果关系（如本案中公司财产、账簿等系意外灭失，非公司股东之过错），进一步证明公司财产状况不明与公司清算不能亦不存在因果关系（如本案中破产管理人存在履职不尽责、案涉公司早于申请破产前即已连续停业且无财产可供清算）。如果公司股东不属于"有关人员"范畴，此时的举证责任应转移至原告破产管理人；在原告破产管理人无法举证证明该公司股东掌管公司财产、账簿、重要文件等重要资料时，公司股东不应承担未妥善履行保管公司财产的侵权责任。

第四，如果原告破产管理人以《企业破产法》第7条第3款作为请求权基础，该类案件即并非仅涉破产清算程序，通常系公司在进入破产清算程序之前就已经具有法定解散事由而公司股东未尽清算义务。此类案件易混淆公司解散清算与破产清算的不同功能与不同法律适用，应根据《九民纪要》第118条第4款"依法负有清算责任的人未依照《企业破产法》第7条第3款的规定及时履行破产申请义务，导致债务人主要财产、账册、重要文件等灭失，致使管理人无法执行清算职务，给债权人利益造成损害"之规定，指出公司股东虽系公司的清算义务人，但《企业破产法》并未规定债务人符合破产原因时，债务人相关主体一律负有申请破产清算的义务，以及未及时申请破产而向债权人承担的责任。

除以上四要点外，在具体案件中，理当对公司无法清算的原因进行考察，进一步审查公司无法清算是否为公司股东未履行破产申请义务所致。如本案中，已通过举证证明公司无法清算的原因是公司经营异常、连续停业且无财产可供清算，故而不存在因公司股东未履行申请破产义务原因导致公司主要财产、账册等灭失，从而致使管理人无法执行清算、给债权人利益造成损失的后果发生。

四、结语

根据以上分析，笔者总结，关于股东清算责任纠纷类案中股东清算责任的认定问题，可以得出以下三个基本结论：

其一，应以区分公司解散清算与破产清算的不同程序和不同功能为前提，分别情况认定股东清算责任的承担问题。

其二，公司解散清算程序中，应以《公司法》第183条、《公司法解释（二）》第18条认定股东作为清算义务人的责任承担问题，并进一步以《九民纪要》第14~16条作为股东不构成怠于履行清算义务、因果关系抗辩、诉讼时效抗辩的依据；公司破产清算程序中，应以《企业破产法》第15条认定"有关人员"即配合清算义务人的责任承担问题。

其三，在解散清算与破产清算程序的衔接与适用上，理应遵循《九民纪要》第117条、第118条的规定认定无法清算责任案件的审理与责任承担。

第八章 《民法典》第585条第2款违约金调减规则的实务适用问题解析

——浙江某集团有限公司诉吴某股权转让纠纷案

本章提要

《民法典》第585条第2款规定:"约定的违约金低于造成的损失的,人民法院或者仲裁机构可以根据当事人的请求予以增加;约定的违约金过分高于造成的损失的,人民法院或者仲裁机构可以根据当事人的请求予以适当减少。"这明确了违约金调整制度,包括违约金调增与违约金调减两种情形。违约金调整制度的适用机制在于通过司法审判程序调整当事人之间事先约定的违约金,司法权是公权力,而当事人具有意思自治自由,因此,适用违约金调整制度时存在司法公权力与私法自治权的价值冲突问题。

本案系笔者经办的某股权并购项目中衍生的股权转让纠纷案件。本案中,双方当事人就股权转让交易设置违约金条款,约定以股权转让价款的20%作为违约金。在审理过程中,违约方抗辩,其拒绝承担违约金,但并未申请调减违约金,也未就约定违约金过高进行举证。在此情况下,一审法院认定"违约金明显超过损失的部分,本院酌情予以调整",酌定调减违约金至案涉股权转让价款的10%。二审法院维持一审判决。

根据文义解释,适用《民法典》第585条第2款违约金调整规则的前提,系当事人请求调整违约金及约定违约金过分高于或低于造成的损失。因此,笔者意欲从本案切入,通过还原本案代理思路及一审法院、二审法院的裁判思路，分析违约金调整制度适用的相关问题，以探讨于实务。

案情概述

2020年12月30日，浙江某集团有限公司（以下简称G公司）与被告吴某1、吴某2签订了《股权转让合同》，合同约定：吴某1向G公司转让其合法持有的浙江某材料有限公司（以下简称标的公司）50%股权，股权转让价款为人民币2000万元，除定金200万元外，800万元在完成股权变更后2个工作日内支付，剩余1000万元吴某1给G公司6个月宽限期，宽限期内按照年5%计算利息；2020年12月25日，案外人胡某与吴某2签订的《股权收购协议》中吴某2受让胡某的49%股权。完成工商变更登记后30日内吴某1将其持有的50%股权办理工商变更登记至G公司名下；G公司支付定金200万元后7日内将G公司载入标的公司股东名册；违约方应向合同守约方支付违约金，违约金为股权转让价款的20%，造成损失的另需赔偿，一方为实现权利而发生的律师费由违约方承担。

2021年1月11日，G公司支付定金款200万元。

2021年2月3日，双方为标的公司采购设备，G公司和吴某1与江苏某机械有限公司、常州某机械有限公司就设备价格进行谈判，在价格谈妥后，由G公司代表在合同中签字。当月19日，标的公司向江苏某机械有限公司支付设备款200万元，向常州某机械有限公司支付设备款60万元。

2021年3月19日，吴某2受让的49%股权完成了工商变更登记。

2021年4月16日，G公司和吴某1在杭州协商由G公司继续收购标的公司25%股权事宜，但之后并未按协商结果签订合同，也未实际履行。因吴某1未按约履行合同，双方就合同履行事宜多次通过函件往来协商，均没有结果。

2021年4月25日，吴某1发函，以《股权转让协议》显失公平为由明确表示拒绝履行。

2021年4月30日，G公司发函给吴某1，通知解除《股权转让合同》，并要求吴某1返还定金、支付违约金。本案中G公司和吴某1因诉讼分别支付律师费18万元、15万元。另外，根据会计师事务所对标的公司的财务状况出具的报告书，截至 2020 年 11 月 30 日公司资产总额 4542 万元、负债总额 2493 万元、净资产总额 2049 万元。

2021 年 5 月 7 日，G 公司向标的公司所在地人民法院提起诉讼，要求：（1）被告吴某 1 向原告 G 公司返还定金款 200 万元，并按照《股权转让合同》约定向 G 公司支付违约金 400 万元；（2）吴某 1 向 G 公司支付为实现债权产生的律师代理费 18 万元。

本案本诉受理后，吴某 1 提起反诉要求：（1）请求依法确认反诉被告要求解除 2020 年 12 月 30 日签订的《股权转让合同》的行为无效；（2）请求依法撤销反诉原告和反诉被告于 2020 年 12 月 30 日签订的《股权转让合同》；（3）请求依法判令反诉被告赔偿反诉原告损失 260 万元，并判令反诉原告不予返还反诉被告支付的定金 200 万元；（4）请求依法判令反诉被告赔偿反诉原告支出的律师代理费 15 万元。

争议焦点

本案一审争议焦点为：

1. 案涉股权转让合同是否应予解除，还是属于显失公平应予撤销？

2. 原告 G 公司是否有权要求被告吴某 1 返还定金、支付违约金及律师费损失，以及违约金如何确定？

3. 被告吴某 1 主张损失、律师费损失等能否支持？

本案二审争议焦点为：

1. 涉案股权转让合同是否属显失公平应予撤销？

2. 2021 年 4 月 16 日双方是否已就变更合同条款达成协议，当事人是否存在违约？

3. 一审法院酌情调整违约金数额是否合法？

4. 原判适用法律是否正确？

代理思路

笔者接受原告 G 公司委托代理本案。在本案一审中，围绕一审争议焦点，代理意见如下。

一、关于案涉股权转让合同是否应予解除

案涉股权转让合同系双方真实意思表示，亦不违反法律法规强制性规定，当属合法有效。根据案涉合同约定，吴某1存在多次违约情形，且其发函明确拒绝履行合同义务，构成根本违约，案涉股权转让合同应予解除。具体而言：

1. 根据案涉合同第8条规定："有下列情形的，守约方有权单方解除合同：违反本合同约定，累计存在3项以上或同时存在2项及以上违约情形。"本案中，吴某1不仅未在G公司支付定金款后7日内负责将G公司载入标的公司股东名册，也没有在吴某2受让的49%股权完成工商变更登记后的30日内将其股权办理工商变更登记至G公司名下；作为执行董事兼总经理，吴某1亦没有履行合同项下的7日内改组董事会义务。因吴某1累计存在3项并同时存在2项违约情形，G公司有权依据合同约定单方解除合同。

2. 《民法典》第563条规定："有下列情形之一的，当事人可以解除合同：……（二）在履行期限届满前，当事人一方明确表示或者以自己的行为表明不履行主要债务……"此条款的立法目的为：若一方当事人在合同履行期限届满前明确表示不履行合同义务，其依据合同享有的期限利益便立即消失，守约方可立即解除合同并主张违约责任，从而更好地促进交易效率并保护守约方的合法权益。本案中，吴某1在合同约定的履行期限届满已构成违约的情形下，发文明确表示不履行合同。根据举轻以明重的法律原则，守约方当然享有解除合同的权利。

3. 根据《民法典》第563条第3项的规定，当事人一方迟延履行主要债务，经催告后在合理期限内仍未履行。本案中，G公司不仅于4月14日向吴某1发函，要求吴某尽快落实股权转让过户事宜，在4月16日下午双方的会谈中G公司总经理蔡某也曾多次督促吴某1尽快办理股权转让手续，并于4月25日（合同约定的履行期届满后6日）向吴某1发函，要求履行合同项下股权转让及相关义务。在G公司的多次催告下，吴某1不仅迟迟未履行合同义务，更是于4月25日发函明确表示因合同显失公平而拒绝履行合同义务，其行为完全契合该条款所规定的情形。

因此，案涉《股权转让合同》符合《民法典》第563条第2项、第3项规定的法定解除情形，案涉《股权转让合同》应当予以解除。

二、吴某1应当向G公司返还定金200万元，并支付合同约定违约金400万元及G公司为实现债权的律师代理费损失18万元

1. 案涉合同签订后，吴某1并未按约履行合同，致使G公司不能实现合同目的，在案涉合同解除后，吴某1应当向G公司返还定金200万元。

2. 根据合同约定，吴某1应当按照股权转让价格的20%支付违约金400万元。且该约定违约金合法合理，不应调整。

根据《民法典》第585条"约定的违约金过分高于造成的损失的，人民法院或者仲裁机构可以根据当事人的请求予以适当减少"及《全国法院民商事审判工作会议纪要》第50条"除借款合同外的双务合同，作为对价的价款或者报酬给付之债，并非借款合同项下的还款义务，不能以受法律保护的民间借贷利率上限作为判断违约金是否过高的标准，而应当兼顾合同履行情况、当事人过错程度以及预期利益等因素综合确定。主张违约金过高的违约方应当对违约金是否过高承担举证责任"之规定，吴某1仅提出不支付违约金的抗辩理由，并未提出减少违约金的请求，也未提供任何证据证明违约金过高，应承担举证不能的不利后果，案涉违约金不应调减。

此外，案涉《股权转让合同》属于商事合同，而违约金在商事合同中不仅具有填补当事人损失的功能，也带有一定的惩罚性，以利于督促双方履行约定，促进商事效率。本案涉及商事交易，案涉《股权转让合同》就违约金已作明确约定，G公司在案涉合同签订前即耗时一年之久进行大量的财务及法律尽调，在案涉合同签订后呕心沥血，积极履行合同项下义务、推进项目进程；而吴某1不仅在项目推进中消极怠工，更因单方主观臆断认为案涉合同不公平而与G公司及第三人恶意磋商，并明确拒绝履行案涉《股权转让合同》项下义务，显然系故意、恶意违约，其严重背弃商业诚信、扰乱商业秩序的行为理应受到支付约定违约金的惩罚。

因此，双方事先约定股权转让款20%作为违约金合理适当，吴某1应按约向G公司承担违约金400万元。

此外，案涉《股权转让合同》第 7 条约定，违约方除支付违约金外，造成损失的，另需承担赔偿责任。G 公司在合同签订前后已投入了巨额的资金及精力，因吴某 1 违约导致 G 公司损失对标的公司非常可观的预期利益，而约定 20%股权转让款的违约金远远不能弥补 G 公司的前期投入及预期利益的损失。因此，G 公司保留依据合同约定及法律规定向吴某 1 继续追究损失赔偿的权利。

3. 案涉《股权转让合同》约定，违约方需支付守约方为实现债权而支出的律师费损失。本案中 G 公司并未违约，吴某 1 构成根本违约，因此，吴某 1 应向 G 公司支付其为实现债权而支出的律师代理费损失 18 万元。

对于上述 G 公司的诉请理由，吴某 1 抗辩称：

第一，2020 年 12 月 30 日，吴某 1 和原告 G 公司签署的《股权转让合同》是原告利用其优势地位，在吴某 1 处于危困状态下而签订，合同内容对双方当事人利益显著失衡，属于可撤销的合同。鉴于原告提出通知解除合同且不愿意修正合同条款，吴某 1 为此已提起反诉。

第二，吴某 1 和原告签订《股权转让合同》后，因原告存在擅自购买机器设备的行为以及与标的公司原股东胡某之间存在不当接触，双方就如何履行、完善《股权转让合同》等不公正条款一直在沟通协调。吴某 1 关联方吴某 2 亦及时支付股权转让款给胡某，将胡某的股份过户至其名下，为吴某 1 履行《股权转让合同》做好了准备。因此，被告没有故意不办理过户的意思表示，吴某 1 不存在违约行为。

第三，吴某 1 和原告在沟通协调过程中，于 2021 年 4 月 16 日达成了由原告增加受让吴某 1 和吴某 2 股份 25%，即受让标的公司全部股份 75%的口头协议，但原告事后反悔，属于原告违约在先。

第四，在原告违约在先且进一步沟通无果的情况下，原告于 2021 年 4 月 25 日发函要求吴某 1 在 3 日内办理股权过户，随后于 2021 年 4 月 30 日发函单方解除《股权转让合同》，其行为显属不当，依法不应予以支持。

第五，原告所谓吴某 1 未将其载入股东名册系吴某 1 违约，属于原告对载入股东名册的误解，在办理过户前事实上不可能载入股东名册，亦于法无据，原告以此作为解除合同理由之一没有事实和法律依据。

第八章 《民法典》第585条第2款违约金调减规则的实务适用问题解析

第六,原告诉请要求吴某1返还定金200万元,因原告单方提出解除《股权转让合同》无事实和法律依据,故该诉请不能成立;原告诉请要求吴某1支付400万元违约金,因吴某1无违约事实,且原告违法解约,故原告该诉请也不能成立。另外,原告无证据证明其存在损失,其违约金诉请亦不能成立。原告的律师代理费也无依据,不应支持。

吴某1在本案一审中提起反诉,认为案涉《股权转让合同》系G公司利用吴某1的危困状态签订,合同约定显失公平,应予撤销;2021年1月11日,G公司支付定金已逾期3天;自案涉《股权转让合同》签订后至2021年5月,双方一直在沟通落实完善案涉《股权转让合同》,且双方于2021年4月16日已就变更合同条款达成口头协议,在案涉《股权转让合同》洽谈变更后,G公司擅自购买机器设备,其违反口头协议在先,单方通知解除《股权转让合同》的行为无效,应承担违约责任,给吴某1造成的购买设备260万元损失,G公司应予赔偿。吴某1反诉要求:(1)确认反诉被告要求解除2020年12月30日签订的《股权转让合同》的行为无效;(2)撤销反诉原告和反诉被告于2020年12月30日签订的《股权转让合同》;(3)反诉被告赔偿反诉原告损失260万元并判令反诉原告不予返还反诉被告支付的定金200万元;(4)反诉被告赔偿反诉原告支出的律师代理费15万元。

针对吴某1反诉请求及反诉理由,笔者主要从事实上进行梳理,代理G公司答辩要点如下:

第一,G公司并未逾期3天支付定金,合同约定为7个工作日,元旦与双休日不计入,约定期限最后一天恰为2021年1月11日。

第二,G公司解除权依据源于案涉合同约定解除权及法定解除权,吴某1关于解除权的异议不能成立。案涉《股权转让合同》解除条件、违约金等,G公司诉请条件均已成就。

第三,关于吴某1以显失公平为由要求撤销案涉《股权转让合同》。案涉《股权转让合同》系商业合同,也不存在一般民事合同中意思表示虚伪的可能,因此,案涉合同不可撤销。

第四,关于吴某1主张赔偿购买260万元设备款项。该260万元款项亦是标的公司支付，该设备系标的公司采购，G公司仅与吴某1一同对该设备进行考察，并非G公司擅自采购，也未给吴某1造成损失，故吴某1主张赔偿不能成立。

第五，关于返还定金、支付违约金及赔偿律师费等问题。根据吴某1提供的证据，能够证明吴某1严重违约的事实，而G公司并不违约。因吴某1违约造成G公司签订案涉合同根本目的不能实现，因此，吴某1应当返还定金，并按约定支付违约金和赔偿律师费。至于吴某1主张的律师费损失，因G公司没有违约，故其主张不能成立。此外，至于吴某1主张案涉《股权转让合同》签订于标的公司危困状态，不符合事实。在经过财务和法律双重尽调后，G公司认为该项目可以产生收益，故与吴某1签订案涉《股权转让合同》，但在签订后，系因吴某1单方拒绝履行合同义务而阻止G公司盘活该项目。

一审法院认为：

依法成立的合同，对当事人具有法律约束力，当事人应当按照约定履行自己的义务。本案中G公司与吴某1签订合同后，吴某1未按约定履行合同义务，在G公司敦促后仍未履行，G公司可以解除合同，并按照合同约定要求吴某1返还定金、支付违约金及赔偿律师费损失，但违约金明显超过损失的部分，本院酌情予以调整。因G公司并未违约，吴某1要求不予返还定金，并要求G公司赔偿律师费损失，本院不予支持。

根据某会计师事务所的报告书，G公司受让股权的价格并未明显低于其价值，也无证据显示吴某1在签订《股权转让合同》时处于劣势地位或受到胁迫，故吴某1认为合同显失公平并要求撤销合同，本院不予支持。

关于标的公司采购设备，因在设备的选定、价格的确定以及设备款支付等环节中，吴某1一方均有参与，吴某1认为G公司擅自购买设备，本院不予采信，如果G公司的行为给标的公司造成损失，标的公司可通过另案诉讼解决。因G公司并未违约，吴某1要求不予返还定金，并要求G公司赔偿律师费损失，本院不予支持。

一审法院酌定调减违约金数额，判决被告吴某1向G公司支付违约金200万元。针对于此，原告G公司提出上诉，认为本案约定股权转让总价款20%为违约金具有合同和法律依据，符合意思自治原则，亦符合公平原则和诚实原则，当属合法合理，应予全部支持，故一审法院调减违约金程序违法，事实认定错误，应予纠正，理由如下：

1. 本案约定股权转让总价款的20%作为违约金合法合理，且系上诉人与被上诉人真实意思表示，一审法院应当充分尊重私法自治及双方缔约自由，不应干涉调减。

首先，本案约定违约金合法有效。本案中，上诉人与被上诉人签订的《股权转让合同》约定以股权转让总价款的20%作为违约金。上诉人与被上诉人均系具有相应行为能力的民事主体，该条款约定系双方真实意思表示，也未违反法律、法规强制性规定及公序良俗，当属合法有效。

其次，本案约定股权转让总价款20%作为违约金，这一数额本身具有适当性和合理性。《民法典》第584条规定："当事人一方不履行合同义务或者履行合同义务不符合约定，造成对方损失的，损失赔偿额应当相当于因违约所造成的损失，包括合同履行后可以获得的利益；但是，不得超过违约一方订立合同时预见到或者应当预见到的因违约可能造成的损失。"可见，违约赔偿数额涵括预期可得利益。

本案中，上诉人与被上诉人签订合同的根本目的在于期许通过受让股权以经营标的公司而获得收益。《股权转让合同》签订后，上诉人为盘活标的公司，前期已投入巨大融资成本，但因被上诉人违约，上诉人不仅未能实现预期利益，且损失相应融资成本。基于此，约定股权转让款20%作为违约赔偿数额，理应与本案股权交易所涉重大商业风险相适配，应予认定双方事先确定这一违约赔偿数额的合理性。

最后，上诉人与被上诉人对该约定违约金形成合意，以股权转让款的20%作为违约金属于双方对案涉重大商业风险预设违约金的合理预见，应尊重双方真意，应予全部支持约定违约金。

本案基础关系为股权转让关系，所涉股权价值2000万元，属于重大商业交易。上诉人与被上诉人在《股权转让合同》中明确以股权转让总价款的20%作为违约金，系双方事先确定任何一方违约后的赔偿数额，可以省去损害发生时的举证成本；同时，考虑案涉股权交易的重大标的，约定违约金亦含有双方借此加强对方履行契约的压力,即本案约定违约金具有担保合同履行功能的配置意旨;且本案中上诉人与被上诉人作为典型的商事主体,具有评估其违约金负担的能力,故本案约定违约金应在上诉人与被上诉人合理预见范围之内。

本案也不存在胁迫、欺诈、重大误解、显失公平等私法自治被滥用的情形,这一事实已在一审中查明。故约定违约金是双方达成的合意,双方的真意应当得到尊重,应予全部支持约定违约金。

为此,一审法院在本案约定违约金合法且合理的前提下,未充分尊重上诉人与被上诉人的缔约自由,径直酌减约定违约金,系过度干预私法自治,应予纠正。

2. 一审法院未经被上诉人申请而主动调减违约金,属于程序违法,应予纠正。

《民法典》第585条第2款规定:"约定的违约金低于造成的损失的,人民法院或者仲裁机构可以根据当事人的请求予以增加;约定的违约金过分高于造成的损失的,人民法院或者仲裁机构可以根据当事人的请求予以适当减少。"据此,司法调减违约金应同时具备两个条件:一是约定的违约金过分高于造成的损失;二是当事人向法院或仲裁机构提出酌减的请求。

本案中,被上诉人并未提出调整违约金的请求,也未就案涉约定违约金是否过高进行举证,在此情况下,一审法院主动干涉调整违约金,违反法定的违约金调减程序,系程序错误,应予纠正。

3. 一审法院认为"违约金明显超过损失的部分",其裁判逻辑混淆了违约金与损失赔偿的不同功能与支付条件,且该认定缺乏事实基础,系事实认定错误,应予纠正。

首先,违约金与损失赔偿的概念与属性有所区分。违约金的约定具有担保合同履行之价值,而约定损失赔偿仅是为违约行为发生后方便计算损失赔偿数额,不具有明确的担保合同履行之意义。故违约金的支付仅需存在违约行为即可,而约定损失赔偿本质上仍是一种损失赔偿,因此应以存在损失为前提条件,损失的具体大小和数额需当事人证明。

第八章 《民法典》第 585 条第 2 款违约金调减规则的实务适用问题解析

本案中,被上诉人一经发生违约行为,《股权转让合同》约定违约金支付条件即刻成就,被上诉人应当按约向上诉人支付股权转让款的 20% 违约金。如被上诉人提出违约金过分高于造成损失的,则基于法律确立的违约损失填平原则,应由被上诉人对违约金是否过高进行举证,据此以损失为基础进行判断,兼顾合同履行情况、当事人过错程度以及预期利益等因素综合确定。

本案中被上诉人并未主张调整违约金,也未提供相应的证据,一审法院不能仅凭主观臆断而否认或对抗本案全部约定违约金支付条件成就之事实。故一审法院认定"违约金明显超过损失的部分"系事实认定错误,应予纠正。

其次,假定一审法院依据被上诉人提出的调整违约金主张进行认定,则也应予全部支持约定违约金。

其一,假定被上诉人主张调整违约金,被上诉人应对违约金是否过高进行举证,否则,应承担举证不利的后果。

其二,根据《民法典》、《全国法院民商事审判工作会议纪要》以及相关法律法规确立的实质要义,认定约定违约金是否过高,一般应以损失为基础进行判断。损失包括合同履行后可以获得的利益,应兼顾合同履行情况、当事人过错程度以及预期利益等因素综合确定。

本案中,从实际履行过程来看,上诉人在签订《股权转让合同》后按约向被上诉人支付定金款,但被上诉人没有按照合同约定变更转让标的股权。其间,上诉人多次发函敦促被上诉人履行合同义务,但被上诉人以合同显失公平为由明示拒绝履行,并通过沟通协调、口头洽谈等行为恶意拖延时间。故被上诉人严重违约,其过错程度明显,直接导致上诉人签订合同的根本目的无法实现,不仅无法获得预期利益,而且因此损失融资成本。

其三,被上诉人未按约定履行合同义务,在上诉人敦促后仍未履行,存在多次违约甚至恶意违约,故被上诉人理应按约向上诉人支付约定的全部违约金,否则,有违诚信原则和公平原则。

因此,即使综合因素考量,也应认定支持全部约定违约金。故一审法院认定"违约金明显超过损失的部分"实乃错误,未尽审慎审查义务,缺乏依据，应予纠正。

针对一审法院调减违约金问题，吴某1亦提起上诉，认为一审法院判决支付违约金200万元不当，同时以案涉合同属显失公平应予撤销、2021年4月16日双方已就变更合同条款达成协议，吴某1以其不存在违约、一审法院适用法律错误等为由，要求改判支持其一审的全部反诉请求。

二审法院经审理，判决驳回双方上诉请求，维持一审判决。二审法院认为：

本案二审争议焦点有四，一是涉案《股权转让合同》是否属显失公平应予撤销，二是2021年4月16日双方是否已就变更合同条款达成协议，当事人是否存在违约，三是一审法院酌情调整违约金数额是否合法，四是原判适用法律是否正确。

经查，2020年12月30日，G公司与吴某1及案外人吴某2经协商签订《股权转让合同》，约定吴某1将其持有的标的公司50%股权以2000万元价格转让给G公司。而根据某会计师事务所出具的标的公司财务尽职调查报告，标的公司截至2020年11月30日净资产总额为2049万元。吴某1曾向标的公司投入的款项，并非计算双方交易时股权价值的依据，其主张G公司系不合理低价受让股权的意见不能成立，本院不予采信。鉴于吴某1也无证据证明其在订立合同时处于劣势地位或受到胁迫、欺诈等，一审法院驳回吴某1要求撤销《股权转让合同》的反诉请求，于法有据。

签订案涉《股权转让合同》后，吴某1并无充分证据证明双方已于2021年4月16日就变更合同内容达成口头协议，故双方当事人均应根据合同约定履行各自的义务。首先，《股权转让合同》约定定金200万元应于合同生效后7个工作日内支付，故G公司于2021年1月11日支付定金给吴某并未违反约定。其次，吴某1关联方吴某2在2021年3月19日已完成所受让的标的公司49%股权工商变更登记，根据合同约定，吴某1应在30日内将其持有的50%股权变更登记至G公司名下。然经G公司敦促后，吴某1仍未履行。故一审法院认定吴某1的行为已构成违约，有事实依据。最后，股东名册是公司股东行使权利的凭证，根据《公司法》第三十一条、第三十二条的规定，应先将股东的基本情况记载于股东名

第八章 《民法典》第585条第2款违约金调减规则的实务适用问题解析

册,再到工商管理部门办理登记手续。故吴某1上诉主张办理过户前不可能将G公司载入股东名册,明显不能成立。综上,鉴于吴某1未按约履行合同义务,且经双方多次沟通未果,G公司有权通知吴某1解除《股权转让合同》。

合同解除后,G公司依约有权要求吴某1返还定金、支付违约金及赔偿实现权利而发生的律师费用损失。本案一审中,吴某1以G公司违约等事由反诉要求确认G公司的解除合同行为无效,撤销双方签订的《股权转让合同》并由G公司赔偿损失等,本身包含了违约金过高的意思表示,一审法院据此对双方约定的违约金进行调整,并未违反法律规定。根据《民法典》第五百八十五条的规定,考虑G公司的损失情况,一审法院兼顾合同履行情况、当事人的过错程度以及预期利益等因素,确定由违约方吴某1返还定金200万元并支付G公司违约金200万元合理合法。G公司及吴某1就此所提的相关上诉意见均不能成立,本院不予采纳。

案涉《股权转让合同》虽签订于2020年12月,但合同履行延续至《民法典》施行后。根据《最高人民法院关于适用〈中华人民共和国民法典〉时间效力的若干规定》第一条第三款规定,一审法院适用民法典的规定进行判决正确。另外,关于吴某1主张G公司擅自购买机器设备给标的公司造成损失问题,因涉及案外人标的公司利益,一审确定由相关当事人另行解决,亦无不妥。

裁判结果

浙江省兰溪市人民法院于2021年8月6日作出(2021)浙0781民初××××号一审民事判决:

1. 被告吴某1于本判决生效之日10日内向原告G公司返还定金人民币200万元,并向原告G公司支付违约金200万元;

2. 被告吴某1于本判决生效之日起10日内向原告G公司支付律师费损失18万元;

3. 驳回原告G公司的其他诉讼请求;

4. 驳回反诉原告吴某1的诉讼请求。

双方当事人均不服一审判决，提起上诉。浙江省金华市中级人民法院于 2021 年 11 月 26 日作出（2021）浙 07 民终××××号二审民事判决：驳回上诉，维持原判。

复盘研析

《民法典》第 585 条规定违约金调整制度，包括违约金调增和违约金调减两种情形。根据《民法典》第 585 条第 2 款"约定的违约金过分高于造成的损失的，人民法院或者仲裁机构可以根据当事人的请求予以适当减少"及《全国法院民商事审判工作会议纪要》第 50 条"除借款合同外的双务合同，作为对价的价款或者报酬给付之债，并非借款合同项下的还款义务，不能以受法律保护的民间借贷利率上限作为判断违约金是否过高的标准，而应当兼顾合同履行情况、当事人过错程度以及预期利益等因素综合确定。主张违约金过高的违约方应当对违约金是否过高承担举证责任"之规定，适用调减违约金制度时应当同时满足两个条件：一是当事人请求人民法院或者仲裁机构减少违约金，二是当事人对主张违约金过高承担举证责任。

而在本案一审审理过程中，吴某 1 并未明确向法院提出减少违约金的请求，其仅提出不承担违约责任的抗辩。即便以此认为吴某 1 已向法院提出减少违约金的请求，但吴某 1 未对其主张违约金过高承担任何举证责任，在缺乏证据证明的情况下，一审法院未综合考量认定约定违约金过高而径直酌减，二审法院对一审裁判结果予以维持。对此，笔者认为，本案一审法院与二审法院的裁判思路虽有一定的合理性，但至少存在以下值得进一步商榷之处：

第一，在解决司法公权与私法自治的价值冲突问题上，本案约定违约金数额本身是否合法合理？基于双方意思自治，司法是否应当充分尊重缔约自由，不应过分干涉调减双方当事人约定违约金？

第二，在适用违约金调减规则的程序上，是否应恪守"当事人向人民法院或仲裁机构请求"的法定程序？在当事人没有向人民法院或仲裁机构请求予以减少违约金的情况，人民法院或仲裁机构能否主动适用违约金调

第八章 《民法典》第585条第2款违约金调减规则的实务适用问题解析

减规则？主动适用违约金调减规则是否合法？人民法院或仲裁机构能否主动释明调减违约金？

第三，在违约金减少幅度的实体认定上，如何确定所涉违约金的调减幅度？是否必须按照实际损失对照确定？综合考量在实践中应如何恰当适用？

以上问题亦是实践中违约金调减规则适用时出现的问题。笔者认为，违约金是商事活动中交易双方为保障交易安全而事先设置的重要手段，对于促进交易、敦促当事人履约、营造诚信营商环境等方面具有重要作用。因此，探讨以上问题的意义在于，缓解实务中僵化适用违约金调减规则的问题，便于实务中更准确、更恰当地适用违约金调减规则，以减少违约金调减规则对交易安全秩序的冲击和影响。

一、在解决价值冲突上：适用违约金调减规则时，应对司法公权与私法自治所涉价值进行衡平

违约金调减请求权具有抗辩和请求的双重性质[①]，其对抗守约方违约金请求的同时提出调减违约金的请求。违约金调减请求权具有与意思自治原则相对立的属性，因为当事人行使违约金调减请求权系通过司法审判权介入得以实现，在行为结果上体现为司法公权力对当事人自治权予以干涉，双方当事人事先约定的违约金被"强制性"调整减少。因此，不当或机械地适用违约金调减规则，会弱化违约金固有的惩罚性功能，尤其是在商事交易中，对商事交易安全、效率、诚信等秩序造成不利影响。因此，有论者指出，应当限制违约金调减规则的适用范围，承认商事合同相较于民事合同的特殊性，原则上将商事合同排除在违约金调减规则适用范围之外，除非危及商主体的生存。[②]

笔者认为，基于我国当前民商一体的立法模式，将商事合同排除在违约金调减规则适用范围外，不具有现实可行性。但是，考虑商事交易主体及商业合同的特殊性，在适用违约金调减规则时，理当以尊重私法自治为

[①] 参见石冠彬：《民法典合同编违约金调减制度的立法完善——以裁判立场的考察为基础》，载《法学论坛》2019年第6期。

[②] 参见石冠彬、彭宛蓉：《司法视域下民法典违约金调减规则的解释论》，载《苏州大学学报（哲学社会科学版）》2020年第4期。

基本原则，不应过分损害交易安全。因此，应当通过限制适用违约金调减规则的方式，以衡平司法公权与私法自治的价值冲突问题。限制适用违约金调减规则的方式包括但不限于，主张违约金过高的一方当事人应当向人民法院或仲裁机构作出请求减少违约金的明确意思表示，而不能将不承担违约金的抗辩事由直接理解为减少违约金的请求。

二、在适用程序上：应严格恪守《民法典》第585条第2款的规定

对于违约金调减规则的程序，或者当事人申请违约金调减的行权方式，应当严格按照《民法典》第585条第2款的规定，具体而言：

第一，对于《民法典》第585条第2款中"可以根据当事人的请求"的规定，不应作扩大解释。司法实践中，存在宽泛理解请求适用违约金调减的表现方式，如在本案中，违约方提出拒绝承担违约金的抗辩，即被一审法院认定为当事人提出调减违约金的申请。此外，一方当事人仅主张违约金计算方式不合理、拒绝履行守约方其他诉请等，都有可能被法院不当理解为一方当事人提出的调减违约金请求。对此，应当清晰指出，拒绝承担违约金、认为违约金计算方式不合理、拒绝履行守约方其他诉请仅是当事人的抗辩事由，而不应理解为申请调减的请求。因此，当事人在向人民法院或仲裁机构请求减少违约金时，应当作出"违约金过分高于损失，故请求予以减少"这一明确的意思表示，否则，会导致在适用程序上倾向性保护违约方，有违公平原则。

第二，在适用违约金调减规则时，按照《民法典》第585条第2款的规定，主张违约金过高的一方当事人负有证明违约金过分高于损失的举证责任，如果该当事人未能举证证明，应当承担举证不利的后果。进一步而言，在当事人没有举证证明的情况，人民法院或仲裁机构原则上不应认定该当事人的违约金调减请求。

第三，人民法院或仲裁机构不应主动释明违约金调减规则。根据《民法典》第585条第2款规定的应有之义，适用违约金调减规则必须依据当事人申请或请求，并不属于人民法院或仲裁机构主动释明义务的范畴。在

当事人没有申请或请求的情况下，人民法院或仲裁机构应保持客观中立的立场，参照诉讼时效规则，而不应主动向当事人释明违约金调减规则，否则，背离司法中立和公平原则。

三、在实体认定上：违约金调减幅度理当在申请调减违约金一方初步举证的基础上综合其他因素确定

违约金调减幅度应当根据综合因素确立，而不能仅以实际损失为依据。违约金与实际损失有所区分。违约金具有担保合同履行及惩罚违约方的功能。因此，违约金支付义务仅以相对方存在违约行为为前提，并不以违约方是否遭受损失为必要条件。但《民法典》以及相关规并未就《民法典》第585条第2款中的"过分高于"确立具体标准。因此，如何认定违约造成的损失，以及如何判断约定违约金是否过分高于造成的损失，司法实务中或难以达成共识。根据《民法典》第584条[①]的规定，实际损失应当包括预期可得利益，但预期可得利益如何确定，在当前实践中认定具有较大难度，而实践中对预期可得利益的证明标准也相对严苛。

笔者认为，当事人实际损失仅是判断违约金是否应予调减的考量因素，但并非唯一的认定依据，故不能仅以实际损失作为认定违约金调减幅度的标准，而是应当综合合同履行情况、当事人过错程度、预期可得利益等因素考察违约金是否过分高于损失以及调减幅度较为妥当。另外，主张违约金过高的一方当事人应当对违约金过高承担举证责任，而另一方当事人可以就其主张违约金不应调减的事实或者对调减幅度的异议承担进一步的补充举证责任。

以本案为例，本案约定违约金应属合法合理，因为本案属于重大股权并购项目，约定交易价款的20%作为违约金，与本案股权交易所涉重大商业风险相匹配，亦是双方对可能违约风险的合理预见，为双方真实意思表示，法院应当充分尊重私法自治及双方缔约自由，不应干涉调减。笔者认

[①] 《民法典》第584条规定："当事人一方不履行合同义务或者履行合同义务不符合约定，造成对方损失的，损失赔偿额应当相当于因违约所造成的损失，包括合同履行后可以获得的利益；但是，不得超过违约一方订立合同时预见到或者应当预见到的因违约可能造成的损失。"

为，在本案一审审理过程中，法院在违约方没有明确提出调减违约金的请求以及没有举证的情况下，未考虑违约方过错、守约方预期利益、合同履行情况等因素，直接认定违约金过高而酌定将违约金减至交易价款的10%，这调减违约金的合法性值得商榷。

应当指出的是，仅就股权转让交易中的违约金设置而言，在实践中，将股权转让总价款的20%作为违约金，具有合法性和合理性。比如，浙江省高级人民法院在（2020）浙民申1853号[①]案中维持了该案一审及二审判决结果，认为双方约定的按股权总转让价的20%违约金没有明显过高，没有调整必要。浙江省高级人民法院（2020）浙民申2072号[②]案、最高人民法院（2017）最高法民终455号[③]案、最高人民法院（2019）最高法民申3972号[④]案等均肯定了以股权转让合同标的20%作为违约金的合法性与合理性，甚至认为约定违约金金额不少于款项20%具有履约担保功能的配置意旨，符合当事人意思自治，亦符合公平原则和诚实信用原则。

四、总结

总结而言，违约金在民商事交易中具有重要作用，司法实践中不应僵化适用违约金调减规则，否则，会导致司法公权过度干预私法自治的局面，且会弱化违约金的惩罚性功能，不利于促进交易秩序的安全与效率。因此，应当按照《民法典》第585条第2款规定的违约金调减规则，在适用程序以及实体认定上做到严格适用，不应随意进行扩大解释，由此缓和司法公权与私法自治的价值冲突与矛盾。

[①] 许某某、陈某某股权转让纠纷案，浙江省高级人民法院（2020）浙民申1853号民事裁定书。
[②] 赵某某、王某某股权转让纠纷案，浙江省高级人民法院（2020）浙民申2072号民事裁定书。
[③] 北京华普产业集团有限公司、北京华普投资有限责任公司股权转让纠纷案，最高人民法院（2017）最高法民终455号民事判决书。
[④] 甘肃万达房地产开发有限公司、郝某某股权转让纠纷案，最高人民法院（2019）最高法民申3972号民事裁定书。

建设工程篇

第九章 基于实践观察视角的工程索赔问题再探讨

——某建设集团有限公司与某房产开发有限公司建设工程合同纠纷案

本章提要

相较于建设工程施工合同中的工程范围、工期、价款、结算、竣工验收、质量保修、违约责任、争议解决等实质性条款,在我国工程实践中,施工单位相对轻视索赔程序条款的设置与审核。基于"轻合同、重谈判"的交易习惯,国内施工单位在项目履约过程中,往往不重视或不愿意投入大量的时间和精力进行索赔管理。[1] 与国际施工单位相比,国内施工单位在工程索赔管理方面的能力与经验不足,导致难以契合司法实践中工程索赔的审判标准。

案涉某建设集团有限公司(以下简称建筑公司)系一家建筑行业上市公司,笔者接受建筑公司之委托申请仲裁。本案审理过程中,虽案涉双方均确认工期延误是因为工程投资规模大、雨季难施工等,但根据现有证据,并不足以证明案涉建筑公司已按照施工合同明确约定的工程索赔程序向某房产开发有限公司(以下简称房产公司)进行工期索赔,亦不能证明案涉房产公司按照约定索赔程序进行索赔。因此,仲裁庭最终裁决支持了

---

[1] 参见李佳:《结合马来西亚新案例看国际工程索赔程序条款效力问题——基于比较法的视角》,载北京仲裁委员会、北京国际仲裁中心主办:《北京仲裁》2021年第3辑,中国法制出版社2022年级,第138页。

工程款本金及逾期支付利息、备料款逾期支付利息以及进度款逾期支付利息等共计超亿元款项的仲裁请求。但仲裁庭根据案涉施工合同约定的逾期失权条款，裁决驳回了申请人建筑公司提出的赔偿工期延误损失仲裁请求以及被申请人房产公司提出的工期逾期损失仲裁反请求。

如果委托人建筑公司在施工过程中按照施工合同约定的索赔程序进行索赔，则房产公司应当承担巨额的工期延误损失。但因疏于工程索赔管理，且在案涉施工合同已明确约定逾期失权条款的情况下，委托人主张合理应得的巨额工期延误损失未能获得支持，导致案涉项目工程中委托人丧失这一权益。因此，在就本案同类案件进行复盘时，笔者立足于本案实践，总结出施工单位在工程索赔管理环节中的常见疏漏，以及工程索赔管理中潜藏的隐性风险以及防范建议，以期帮助施工单位提高工程索赔管理能力。

近年来，虽国内承包商逐渐重视项目工程索赔管理，但整体而言在工程索赔管理方面的关注度仍有欠缺。为此，笔者拟从本案切入，结合国内建设工程实践，从索赔程序、逾期索赔失权、索赔程序条款效力等维度阐述工程实务中的索赔问题，同时结合域外法的实践经验，探讨提高国内施工单位工程索赔管理能力的合理化建议。

案情概述

2013年7月25日，房产公司与建筑公司签订一份《建设工程施工合同》，约定房产公司将其投资开发的某生活广场项目工程发包给建筑公司总承包施工，承包范围为施工图纸所包含的土建、桩基、玻璃幕墙工程；给排水、气、消防水电、通风及空调等安装工程，约定工期为750天，合同价为4.6亿元。另外，专用条款第42.2.1项约定："（1）工程施工期间，承包人桩基工程全部完成并经测试验收合格后，发包人支付承包人中标价内桩基造价的75%；以后每月，承包人在25日提供实际工程完成工作量报表，经发包人代表审查认可后在下月的5日据此拨付工程进度款的75%；至结顶后15日内付该工程已完工程量的80%；工程竣工验收合格后，15日内付至该工程已完工程量的85%。（2）发包人收到承包人递交的竣工结算报告及完整的结算资料后,在6个月内核实。在结算文件生效后1个月内付清所有款项。承包人对发包人签认的结算价有异议的,发包人可先按约定比例支付承包人无异议部分结算款。存在争议的部分,按第46条的约定办理。(3)发包人向承包人支付上述(2)规定的结算款的同时,扣除结算款的5%作为质量保修金。(4)承包人收取备料款及每期工程款时应开具正式发票。"专用条款第42.1款约定:"合同生效,承包人人员设备进场后,付该工程合同总金额的10%备料款。"通用条款第42.1.1项约定:"双方在专用合同条款中约定发包人向承包人支付预付款的时间和数额,并按约定时间和比例逐次扣回。预付款比例不得低于合同金额的10%,不高于合同金额的30%。"通用条款第42.1.2项约定:"发包人应当在竣工结算文件生效或者应当生效后45天内向承包人支付竣工结算价款。发包人未按时支付工程竣工结算价款,从结算文件生效或应当生效后第46天起,发包人除按照中国人民银行发布的同期同类贷款基准利率向承包人支付应付工程价款的利息之外,每延误一天,还应支付不低于应付款日0.02%的逾期付款违约金。"

专用条款第23.2款约定:"双方约定工期顺延的其他情况:白天连续停水8小时以上(含8小时)影响正常施工的,按一天时间顺延;其他如由发包人造成的延误、障碍阻止;不可抗力。"专用条款第23.3款约定:"双方约定的异常恶劣气候条件为:台风、洪水、暴雨、暴雪等。"专用条款第37.2款误期赔偿费约定:"(1)每日历天赔付额度:4000元,(2)误期赔偿费最高限额是:200,000元。"通用条款第23.4款约定:"当第23.2款所述情况首次发生后,承包人应在14天内向监理人递交要求工期顺延的报告,并抄送发包人。"通用条款第23.6款约定:"如果承包人在工期延误事件发生后,未能在第23.4款和第23.5款约定的时间内递交要求工期顺延的报告和提交最终详细证明材料,则视为该事件不影响施工进度或承包人放弃索赔工期的权利,监理人可拒绝作出任何工期顺延的决定。"

通用条款第2.1款中约定了合同文件及优先顺序:专用合同条款优先于通用合同条款。

专用条款第46.1款约定仲裁管辖条款。

后房产公司与建筑公司签订一份《补充协议书》，约定房产公司将某生活广场项目工程的基坑围护、地下土石方工程发包给建筑公司施工，该部分工程合同价为2875万元。同时约定房产公司向建筑公司支付结算款时，扣除结算款的5%作为质量保修金，质量保修金采用现金，质量保修金保证期限和退还约定为：保修期满一年后14个工作日内，发包人免息返还工程竣工结算造价的2.5%；保修期满两年后14个工作日内，发包人一次性免息返还剩余的保修金。

2016年9月28日，房产公司又与建筑公司签订两份《补充协议书》，约定：（1）房产公司将项目外墙装饰线条工程发包给建筑公司施工，该部分工程价暂估为533万元；（2）因房产公司将项目内部装修工程发包给另一建筑公司，合同价为1560万元，房产公司应当按该合同价的1.5%作为配套管理费用支付给建筑公司。

双方确认，项目工程于2013年9月23日开工，于2016年10月25日工程竣工验收合格。2016年12月6日，建筑公司向审价公司提交竣工结算报告及结算资料，工程送审价为人民币562,671,393元，其后房产公司致函建设公司要求补充结算资料。2018年1月16日，审价公司作出《某生活广场项目工程结算审核征求意见稿》，初步核定工程结算造价为人民币45,440万元。之后双方进行了协商，但未达成一致。双方确认，房产公司已经支付工程款人民币4149万元。2015年7月30日，双方确认工程项目工期延至2016年1月20日竣工，实际工期逾期278天。2015年10月10日，双方签订《施工补充协议书》，约定竣工日期调整为2016年8月30日，交行政主管部门备案。经委托鉴定，案涉工程总造价为48,731万元，房产公司代建筑公司支付施工用水、电费用330万元，计算至2017年7月6日，房产公司逾期支付进度款而给建筑公司造成的利息损失为人民币143万元。

2018年1月24日，建筑公司向某仲裁委员会申请仲裁，请求：（1）裁决房产公司向建筑公司支付工程款人民币6951万元，并支付自2017年5月19日起暂计算至2019年4月30日的利息、违约金共计人民币 1454 万元，并继续支付自 2019 年 5 月 1 日起按银行同期同类贷款基准利率计算至实际支付之日止的利息及按日 2‰ 的标准计算至实际履行之日止的违约金；（2）裁决房产公司向建筑公司支付拖欠备料款造成的损失人民币 2312 万元（自 2013 年 9 月 16 日起计算至 2017 年 5 月 19 日止）；（3）裁决房产公司向建筑公司赔偿进度款逾期支付的利息损失人民币 1321 万元（以鉴定报告为准）；（4）裁决房产公司向建筑公司赔偿工期延误造成的损失人民币 2636 万元；（5）裁决建筑公司对某生活广场项目工程的拍卖、变卖后的款项在上述仲裁请求范围内享有优先受偿权。

在本案审理过程中，房产公司提出仲裁反请求称：案涉工程于 2013 年 9 月 23 日开工，2016 年 10 月 25 日竣工，实际工期 1128 天，比计划工期 750 天延误了 378 天。根据施工合同之约定，要求裁决建筑公司支付房产公司延误工期赔偿金 200 万元。

争议焦点

仲裁庭在审理建筑公司仲裁请求中，归纳争议焦点为[①]：

1. 关于房产公司支付建筑公司工程款、备料款、进度款等款项及相应利息问题；

2. 关于建筑公司是否在上述工程款项范围内对案涉项目工程拍卖、变卖后的款项享有优先受偿权问题；

3. 关于建筑公司请求房产公司赔偿工期延误造成的问题；

4. 关于房产公司请求建筑公司支付延误工期赔偿金问题。

仲裁庭在审理房产公司仲裁反请求中，归纳争议焦点为：房产公司请求建筑公司支付延误工期赔偿金能否成立。

---

① 在审理建筑公司仲裁请求中，仲裁庭对于是否启动工程造价鉴定问题进行了评议。仲裁庭认为，虽然房产公司未及时审核建筑公司提交的结算资料，但不能以建筑公司提交的结算资料直接作为定案依据，因此，启动了工程造价鉴定程序；而申请人与被申请人对于工程造价鉴定结果并无争议，因此，这一争议焦点的代理思路不再赘述。

代理思路

笔者接受建筑公司之委托代理本案。以上争议焦点既是法庭重点查明的对象,亦是笔者庭前重点准备的内容。下文详述代理主要要点。

一、关于争议焦点一:房产公司支付建筑公司工程款、备料款、进度款等款项及相应利息问题

笔者带领团队对案涉房产公司欠付工程款、备料款、进度款等本金、利率、起算点等一一进行梳理,并注明每一笔款项的依据和计算规则。被申请人房产公司以审价公司结算审核征求意见稿的初审金额、建筑公司没有交付相应工程发票、需要扣除工程保修金、建筑公司没有在先支付保证金等理由抗辩未拖欠工程款、备料款等。

仲裁庭经审理,采纳了笔者观点。仲裁庭认为[1],案涉工程竣工已超过两年,合同约定的返还保修金的期限已经届满,根据合同约定,被申请人应当支付拖欠工程款、备料款、进度款等款项本金及利息,但合同中没有明确约定该项款项利率、违约金的,仲裁庭不予支持。经计算,裁决工程款、备料款、进度款等款项及利息或违约金数额近 1.1 亿元。

二、关于争议焦点二:建筑公司是否在上述工程款项范围内对案涉项目工程拍卖、变卖后的款项享有优先受偿权问题

当时《最高人民法院关于建设工程价款优先受偿权问题的批复》(法释〔2002〕16 号,已失效)第 4 条"建设工程承包人行使优先权的期限为六个月,自建设工程竣工之日或者建设工程合同约定的竣工之日起计算"的规定,案涉工程竣工验收日期为 2016 年 10 月 25 日,故被申请人主张申请人提出仲裁申请时已超过 6 个月的优先权法定期限,申请人对案涉工程拍卖、变卖后的款项不享有优先受偿权。此即涉及工程价款优先受偿权的起算点问题[2]。在庭审中,笔者提出,在竣工验收之日双方尚未对

---

[1] 仲裁庭关于这一争议焦点的认定部分很详细,为避免行文过于冗长,笔者对这一部分的认定进行概括,下文对仲裁庭关于其他争议焦点的认定作相同处理。

[2] 关于工程价款优先受偿权的起算点问题,本书第十六章有详细论述。

案涉工程价款形成一致意见，故竣工验收之日房产公司应付工程款尚未确定，直至案涉工程造价于2019年4月8日出具时，建筑公司才具备行使优先受偿权的条件；工程价款优先受偿权应以2019年4月8日为起算点，申请人自2018年1月24日申请仲裁并未超出优先受偿权的法定期间。

仲裁庭经审理后，采纳了笔者的观点，认定申请人建筑公司对案涉工程拍卖、变卖后款项享有优先受偿权。主要理由为：认定案涉工程虽然于2016年10月25日竣工验收，但双方在办理竣工结算过程中未形成双方一致认可的结算价款，故建筑公司并不具备请求支付结算款及行使优先受偿权的条件。在案件审理过程中，仲裁庭委托审价公司对双方有争议部分的工程造价进行鉴定，审价公司于2019年4月8日出具《某生活广场工程造价鉴定意见书》，双方才最终确定涉案工程结算价款，建筑公司才具备主张优先受偿权的条件，故仲裁庭认为建筑公司建设工程价款优先受偿权之请求未超过除斥期间，应予支持。

三、关于争议焦点三及争议焦点四：建筑公司请求房产公司赔偿工期延误造成的问题及房产公司请求建筑公司支付延误工期赔偿金问题

本案中，笔者代理委托人就工期延误问题主张工期索赔，被申请人针对申请人主张的工期索赔提出反索赔请求，要求申请人支付延误工期赔偿金。但因委托人在工程施工时未做好工程索赔管理工作，在本案审理过程中，尽管申请人、被申请人均认可案涉工期延误的原因为工程投资规模大、雨季施工难，但仲裁庭认为，即便存在索赔事件，根据案涉施工合同约定，房产公司、建筑公司在索赔事项发生后28天内未申请索赔，丧失索赔权利。而申请人建筑公司在提交竣工结算资料时亦未明确索赔请求，申请人已丧失索赔权利，被申请人房产公司未在造价审核时提出工期索赔要求，被申请人房产公司索赔失权。据此，仲裁庭裁决驳回了申请人与被申请人的工期索赔请求。

裁判结果

某仲裁委员会于2019年7月26日作出（2018）×仲裁字第××××

号仲裁裁决书，裁决：

1. 被申请人房产公司自本裁决发生法律效力之日起 10 日内向申请人建筑公司支付工程款人民币 6931 万元，并以 6931 万元为基数，支付自 2017 年 7 月 7 日起计算至实际支付之日止，按中国人民银行同期同类贷款基准利率支付逾期利息及按每日 0.02% 标准支付逾期付款违约金。

2. 被申请人房产公司向申请人建筑公司支付备料款逾期支付的利息损失人民币 895 万元。

3. 被申请人房产公司向申请人建筑公司支付进度款逾期支付的利息损失人民币 144 万元。

4. 申请人建筑公司对某生活广场工程折价或拍卖款项在欠付的工程款人民币 6931 万元范围内享有优先受偿权。

5. 驳回申请人建筑公司的其他仲裁请求。

6. 驳回被申请人房产公司的仲裁反请求。

复盘研析

索赔管理是建设工程项目管理的重要环节。如在本案中，若案涉建筑公司高度重视工程索赔管理，并按照案涉约定索赔程序进行索赔，则可避免 2636 万元工期延误损失的逾期索赔失权问题。在国际建设工程领域，工程索赔历来是兵家必争之地，甚至起到决定项目盈亏的关键性作用。[1] 但在我国工程实践中，国内施工单位在工程索赔管理环节较为薄弱，由此可能导致难以"走出去"适应国际工程索赔管理的需要，同时在承发包双方讼争的个案中，难以达到工程索赔成立的标准。为此，笔者在下文中对工程索赔程序、逾期索赔失权、索赔程序条款的效力等问题进行阐述，并提出加强索赔管理能力的建议，以期提高国内施工单位对索赔管理问题的重视程度，从而提升国内施工单位的索赔管理能力。

---

[1] 如在马来西亚的判例法，倾向于对索赔程序条款作严格解释，采取索赔程序瑕疵即失权的裁判原则，由此在一定程度上倒逼其域外法工程领域对索赔管理的重视。

一、工程索赔的定义、规范与程序

(一) 关于工程索赔的定义

《建设工程施工合同(示范文本)》(1999年版)第1.21款定义:"索赔:指在合同履行过程中,对于并非自己的过错,而是应由对方承担责任的情况造成的实际损失,向对方提出经济补偿和(或)工期顺延的要求。"FIDIC合同条件[1](2017年版)第1.1.6项规定:"'索赔'是指一方或另一方根据本条件的任何条款,或与合同或工程实施有关或因合同或工程实施而产生的权利或救济的请求或主张。"《建设工程施工合同(示范文本)》(GF-2017-0201)第19.1款:"根据合同约定,承包人认为有权得到追加付款和(或)延长工期的,应按以下程序向发包人提出索赔:……"《建设工程工程量清单计价规范》(GB 50500-2013)第2.0.23项规定:"在工程合同履行过程中,合同当事人一方因非己方的原因而遭受损失,按合同约定或法律法规规定承担责任,从而向对方提出补偿的要求。"因此,只要一方当事人因非己方的原因而遭受损失,即可以向对方提出索赔。

归纳可知,工程索赔系指在建设工程施工合同履行过程中,一方或另一方认为对于非己方过错造成损失,按合同约定或法律规定应由对方承担责任的,一方或另一方可以向对方主张补偿经济损失和(或)顺延工期的权利。

(二) 工程索赔与违约责任的区分与竞合

实践中常有混淆工程索赔与违约责任的现象,实际上二者在概念上具有不同的外延与内涵,应当予以厘清:

1. 适用前提不同。违约条款的适用以违约方违反合同约定义务、存在过错为前提,而工程索赔适用于合同约定的索赔事件,包括相对方存在过错的情形,也包括非过错情形。比如,不可抗力作为工程索赔事件,却系违约责任的豁免事由。

2. 二者性质不同。工程索赔本质上系一种在工程施工过程中的经营性

---

[1] FIDIC合同条件1988年第4版及1999年第1版详细规定了索赔的程序,但未对工程索赔作出定义。

补偿行为,其立法旨意是在项目工程施工管理过程中,保护非过错方的实际损失,并给予非过错方合理补偿。违约责任兼有补偿性与惩罚性的双重属性,一方面为可能的违约方预设其违约行为的惩罚成本,省去在违约造成损失时的举证;另一方面给予非违约方合理补偿。

3. 适用时效不同。工程索赔期限侧重双方意思自治,实践中一般约定为28天的索赔程序,即索赔期限可以由双方约定。而违约责任则基于债权请求权之一般规则,适用诉讼时效的基本规定,受法定期限约束。

4. 给付形式或主张权利形式不同。工程索赔包括工期索赔和费用索赔,违约责任的承担包括按约修复、采取补救措施、给付违约金、行使合同解除权[1]等形式。

在建工实践中,通常同时会约定索赔条款与违约条款。两者虽存在以上的主要区别,但在功能上均系为施工合同履行过程中的受损失一方提供救济。因此值得讨论的是,在逾期索赔失权的情况下,受损失一方能否基于违约责任条款主张损失赔偿。现行法律体系以及《建设工程施工合同(示范文本)》(GF-2017-0201)没有对索赔条款与违约条款的衔接适用作出规定,实践中也少见当事人在合同中特别强调索赔条款与违约条款的衔接适用。司法裁判对该问题的立场亦有相左之处。例如,最高人民法院在(2019)最高法民终491号[2]案中认为:"双方在案涉合同中既约定了索赔程序,也约定了违约情形和对应责任,湖南四公司选择依照双方关于违约的约定及法律规定,主张洪洞交通局承担违约责任,并无不当。"这肯定了即便承包人逾期索赔失权,承包人仍可以通过主张违约责任挽回损失的立场。而北京市高级人民法院在(2018)京民终598号[3]案中持相反立场:"《施工合同》关于发包人索赔的约定内容并未剥夺中国农科院依法享有的权利、不存在约定无效的情形,中国农科院应依约行使自身的合同

---

[1] 关于建设工程施工合同的解除权问题,本书第十二章有详细论述。
[2] 湖南省第四工程有限公司、洪洞县交通运输局建设工程施工合同纠纷案,最高人民法院(2019)最高法民终491号民事判决书。
[3] 中国农业科学院与高碑店市建筑企业(集团)公司建设工程施工合同纠纷案,北京市高级人民法院(2018)京民终598号民事判决书。

权利，中国农科院未能举证证明其在合同约定的索赔时限内就工期延误、擅自更换人员等事项向高碑店公司主张过权利，则应承担相应的后果。现中国农科院以其反诉请求是依据合同法第一百零七条'违约责任'的规定提出的违约金及损失赔偿、不属于施工过程中的工程索赔事件为由，要求改判支持其工期延误损失、擅自更换人员违约金和监理费的上诉主张，缺乏事实和法律根据，本院不予支持。"其指出承包人提出的违约金及损失赔偿，不属于施工过程中的工程索赔事件，由此驳回承包人以违约责任要求工期延误损失等请求。

由此可见，施工合同中索赔条款与违约条款能否并行适用或者衔接适用的问题尚存争议。笔者认为，选择适用索赔条款还是违约条款均为当事人权利处分之自由，但不可就相同事实、相同性质的损失同时适用索赔条款与违约条款。比如，在因发包人过错导致工期延误的情况下，承包人既可以就发包人过错主张工期索赔，也可以基于违约条款要求发包人承担造成工期延误的损失赔偿责任，但不可同时就上述两种途径并行主张。另外，在索赔逾期失权的情况下，能否衔接适用违约责任条款，关键在于是否将索赔事件直接、明确地约定为违约项。如果索赔事件亦作为违约项，此时就同一可以索赔的事实而言，索赔条款与违约条款系可以并行选择适用的关系；如果索赔事项没有明确约定作为违约项，即使基于同一可以索赔的事件，但因工程索赔与违约责任具有以上概念和适用上的区分，也难以衔接适用，否则，会削弱索赔逾期失权条款的强制效力性，除非合同中另有约定。

（三）关于工程索赔的规范性规定

在司法实践中，费用索赔项往往通过签证方式固定进入工程造价。关于工程索赔价款的确定，在工程实践中往往通过鉴定方式确定。《建设工程造价鉴定规范》[①] 第5.8款对费用索赔争议的四种情形作出规定：一是一方在合同约定的期限内提出索赔，对方当事人也在合同约定的期限内答

---

① 住房和城乡建设部于2017年8月31日发布国家标准《建设工程造价鉴定规范》（GB/T 51262－2017），自2018年3月1日起实施。

复,但双方未能达成一致[1];二是对暂停施工索赔费用有争议的[2];三是因不利的物质条件或异常恶劣的气候条件的影响,承包人提出应增加费用和延误的工期的[3];四是因发包人原因,发包人删减了合同中的某项工作或工程项目,承包人提出应由发包人给予合理的费用及预期利润[4]。

值得注意的是,当前法律规范仅针对工期索赔的情形,并未讨论费用索赔的问题。比如,《最高人民法院关于审理建设工程施工合同纠纷案件适用法律问题的解释(一)》第10条规定:"当事人约定顺延工期应当经发包人或者监理人签证等方式确认,承包人虽未取得工期顺延的确认,但能够证明在合同约定的期限内向发包人或者监理人申请过工期顺延且顺延事由符合合同约定,承包人以此为由主张工期顺延的,人民法院应予支持。当事人约定承包人未在约定期限内提出工期顺延申请视为工期不顺延的,按照约定处理,但发包人在约定期限后同意工期顺延或者承包人提出合理抗辩的除外。"《民法典》第803条规定:"发包人未按照约定的时间和要求提供原材料、设备、场地、资金、技术资料的,承包人可以顺延工程日期,并有权请求赔偿停工、窝工等损失。"该两条讨论的是工期顺延

---

[1] 《建设工程造价鉴定规范》第5.8.2项规定:"一方当事人提出索赔,对方当事人已经答复但未能达成一致,鉴定人可按以下规定进行鉴定:1 对方当事人以不符合事实为由不同意索赔的,鉴定人应在厘清证据事实以及事件的因果关系的基础上作出鉴定;2 对方当事人以该索赔事项存在,但认为不存在赔偿的,或认为索赔过高,鉴定人应根据相关证据和专业判断作出鉴定。"

[2] 《建设工程造价鉴定规范》第5.8.3项规定:"当事人对暂停施工索赔费用有争议的,鉴定人应按以下规定进行鉴定:1 合同中对上述费用的承担有约定的,应按合同约定作出鉴定;2 因发包人原因引起的暂停施工,费用由发包人承担,包括:对已完工程进行保护的费用、运至现场的材料和设备的保管费、施工机具租赁费、现场生产工人与管理人员工资、承包人为复工所需的准备费用等;3 因承包人原因引起的暂停施工,费用由承包人承担。"

[3] 《建设工程造价鉴定规范》第5.8.4项规定:"因不利的物质条件或异常恶劣的气候条件的影响,承包人提出应增加费用和延误的工期的,鉴定人应按以下规定进行鉴定:1 承包人及时通知发包人,发包人同意后及时发出指示同意的,采取合理措施而增加的费用和延误的工期由发包人承担;发承包双方就具体数额已经达成一致的,鉴定人应采纳这一数额鉴定;发承包双方未就具体数额达成一致,鉴定人通过专业鉴别、判断作出鉴定;2 承包人及时通知发包人后,发包人未及时回复的,鉴定人可从专业角度进行鉴别、判断作出鉴定。"

[4] 《建设工程造价鉴定规范》第5.8.5项规定:"因发包人原因,发包人删减了合同中的某项工作或工程项目,承包人提出应由发包人给予合理的费用及预期利润,委托人认定该事实成立的,鉴定人进行鉴定时,其费用可按相关工程企业管理费的一定比例计算,预期利润可按相关工程项目报价中的利润的一定比例或工程所在地统计部门发布的建筑企业统计年报的利润率计算。"

情形下,承包人有权按照约定请求赔偿停工、窝工等损失。在此应予指出,工期顺延不等于工期逾期。在按照合同约定时间开工的情况下,实际竣工日期晚于约定竣工日期即可证明工程逾期,但是工程逾期并不等于工期延误。如果承包人能够证明系发包人原因导致工期延误,则不仅可以免除逾期竣工违约责任,还可以向发包人主张因工期顺延导致增加的成本费用。①

(四) 关于工程索赔的程序

前已所述,工程索赔是指在合同履行过程中,对于并非自己的过错,而是应由对方承担责任的情况造成的实际损失向对方提出经济补偿、时间补偿的要求。经济索赔,是指工程一方当事人向对方要求不应该由自己承担的经济损失或者额外开支,取得合理赔偿;时间赔偿即工期索赔,指承包人向发包人要求延长施工时间,将原定的工程竣工日期顺延一段合理的时间。值得注意的是,索赔程序为双向程序,即在索赔事件触发后,既可能由承包人启动索赔程序,也可能由发包人向承包人进行索赔。以承包人向发包人进行工期索赔为例,索赔程序一般包括以下环节:

1. 触发索赔事件。施工合同通常约定索赔事件,1988 年 FIDIC 第 4 版、1999 年 FIDIC 第 1 版、1999 年版《建设工程施工合同(示范文本)》、2017 年版《建设工程施工合同(示范文本)》均规定了工期索赔事件②,其包括但不限于施工现场条件、气候条件的变化,施工进度、物价的变化,以及合同条款、规范、标准文件和施工图纸的变更、差异、延误等。

2. 承包人递交索赔意向通知书和索赔通知书。索赔期限一般以双方约定为主,实践中通常采用《建设工程施工合同(示范文本)》(GF – 2017 – 0201)规定,承包人应在知道或应当知道索赔事件发生后 28 天内,向发包人提交索赔意向通知书,说明索赔的理由。承包人应在发出索赔意向通知书后 28 天内,向发包人正式提交索赔通知书。索赔通知书应详细说明

---

① 参见最高人民法院民事审判第一庭编著:《最高人民法院建设工程施工合同司法解释(二)理解与适用》,人民法院出版社 2019 年版,第 135、141~149 页。

② 详见 1988 年 FIDIC 第 4 版第 44.1 款、1999 年 FIDIC 第 1 版第 8.4 款、1999 年版《建设工程施工合同(示范文本)》第 13 条、2017 年版《建设工程施工合同(示范文本)》第 7.5.1 条。

索赔理由和要求,并附必要的记录和证明材料。索赔事件具有连续影响的,承包人应继续提交延续索赔通知,说明连续影响的实际情况和记录。在索赔事件影响结束后 28 天内,承包人应向发包人递交最终索赔通知书,说明最终索赔要求,并附必要的记录和证明材料①。实践中,为了提高索赔效率,一般索赔申请人会同时提交索赔意向通知书与索赔通知书或简化提交索赔通知的程序。

应当注意的是,根据工程惯例,承包人申请索赔并不一定采取索赔意向书、索赔报告书等固定形式,其他会议纪要、联络函、签证单、联系单、现场施工日志等载明索赔事件及表明承包人主张权利(工期延长或额外付款)的书面文件,亦可作为索赔申请依据。

3. 发包人进行审查。发包人收到承包人的索赔通知书后,应及时(一般要求在合同约定时间之内)查验承包人的记录和证明材料。

4. 发包人出具索赔处理结果。发包人应在收到索赔通知书或有关索赔的进一步证明材料后的 28 天内②,将索赔处理结果答复承包人;如果发包人逾期未作出答复,视为承包人索赔要求已被发包人认可。承包人接受索赔处理结果的,一般而言,索赔款项作为增加合同价款,在当期进度款中进行支付;承包人不接受索赔处理结果的,按合同约定的争议解决方式办理。

二、逾期索赔失权与索赔程序条款效力

相较于域外法中的索赔程序瑕疵即失权制度③,我国司法实践在索赔程序认定上采取相对宽泛的立场,《最高人民法院关于审理建设工程施工

---

① 此以《建设工程施工合同(示范文本)》(GF-2017-0201)第 19.1 款规定为例,具体工程实践中以当事人意思自治为主。
② FIDIC 合同版本和我国国家发改委、财政部、建设部等九部委发布《标准施工招标文件(2007 年版)》(以下简称《九部委合同》)没有规定发包人对承包人索赔处理的期限,《建设工程施工合同(示范文本)》(GF-2017-0201)第 19.2 款规定,发包人应在监理人收到索赔报告或有关索赔的进一步证明材料后的 28 天内,由监理人向承包人出具经发包人签认的索赔处理结果。发包人逾期答复的,则视为认可承包人的索赔要求。
③ 参见李佳:《结合马来西亚新案例看国际工程索赔程序条款效力问题——基于比较法的视角》,载北京仲裁委员会、北京国际仲裁中心主办:《北京仲裁》2021 年第 3 辑,中国法制出版社 2022 年版,第 138 页。

合同纠纷案件适用法律问题的解释（一）》第 10 条①及《建设工程施工合同（示范文本）》（GF－2017－0201）②第 19.1 款均确立了逾期索赔失权制度。逾期索赔失权系指在合同履行过程中，发生索赔事件后索赔方提出索赔请求超过索赔期限而丧失索赔权利。在建设工程施工合同中，索赔期限是依据合同约定创设的权利失效期间。在当前工程实践中，索赔期限源于工程惯例或当事人之间的交易习惯，在广泛适用的《建设工程施工合同（示范文本）》（GF－2017－0201）第 19.1 款中、FIDIC 合同第 20.1 款及第 23.1 款中均规定索赔期限为 28 天，但具体工程项目中，双方当事人可根据意思自治原则，对索赔期限、索赔程序及索赔失权条件进行约定。

建设工程实践通常会同时设置索赔程序条款和逾期索赔失权条款，但在具体个案中，索赔程序条款及逾期索赔失权条款的效力如何，应当在不同情境下区分讨论。笔者结合既往经办建设工程案件的经验，总结以下情形中索赔程序条款与逾期索赔失权条款的效力问题及裁判立场：

（一）同时约定索赔程序条款与逾期索赔失权条款

《最高人民法院关于审理建设工程施工合同纠纷案件适用法律问题的解释（一）》第 10 条第 2 款明确了逾期索赔失权条款的效力，且实务中主流观点亦认为逾期索赔失权条款系双方意思自治的产物，在不违背法律法规强制性规定的情况下，应当认可逾期索赔失权条款有效。但在少数案件中，逾期索赔失权条款违反法律禁止性规定而无效。比如在（2018）藏民终 67 号③案中，西藏自治区高级人民法院以当事人对诉讼时效的预先放弃无效为理由之一驳回了发包人逾期索赔失权的主张，最高人民法院在

---

① 《最高人民法院关于审理建设工程施工合同纠纷案件适用法律问题的解释（一）》第 10 条规定："当事人约定顺延工期应当经发包人或者监理人签证等方式确认，承包人虽未取得工期顺延的确认，但能够证明在合同约定的期限内向发包人或者监理人申请过工期顺延且顺延事由符合合同约定，承包人以此为由主张工期顺延的，人民法院应予支持。当事人约定承包人未在约定期限内提出工期顺延申请视为工期不顺延的，按照约定处理，但发包人在约定期限后同意工期顺延或者承包人提出合理抗辩的除外。"

② 早在 2013 年版《建设工程施工合同（示范文本）》中即确立了逾期失权制度。

③ 山东民生建设有限公司与林芝华庭房地产开发有限责任公司建设工程施工合同纠纷案，西藏自治区高级人民法院（2018）藏民终 67 号民事判决书。

（2019）最高法民申 2708 号①案再审中对上述观点予以肯定。而在最高人民法院（2014）民一终字第 56 号②等案中，法院肯定了逾期索赔失权条款的效力，认为在未依据合同约定履行索赔程序的情况下，无权获得工期、停窝工损失等赔偿。

（二）约定逾期索赔失权条款的例外适用情形

承前所述，《最高人民法院关于审理建设工程施工合同纠纷案件适用法律问题的解释（一）》第 10 条第 2 款明确逾期索赔失权，但存在例外适用情形，即承包人能够证明发包人在约定期限后仍同意工期顺延，或者承包人提出合理抗辩。

对于前者情形，如发包人在会议纪要、工程联系单、往来函件等行为中表明在约定期限后仍同意工期顺延，则承包人申请工期顺延并未违反诚实信用原则，不宜认定承包人失去工期顺延的权利。

对于后者情形中"合理抗辩"的认定，司法实践中具有一定的自由裁量空间。比如，山西省高级人民法院在（2020）晋民终 645 号③案中肯定了一审法院的立场："原告虽未提供充分证据证明工期顺延经过被告确认，但经本案查明的事实可以确认确实存在被告增加工程量以及被告直接将部分工程分包给第三人的情况，故原告提出工期顺延的合理抗辩成立。"该案中裁判者系从查明事实的角度认定"合理抗辩"，这一视角与最高人民法院释义中解释立场一致："……或者承包人提出合理抗辩证明其行为并不会影响对索赔事件的调查，且其能够证明根据合同和适用法律其有权获得工期顺延。"④ 实践中，亦有裁判立场倾向以发包人对工期延误是否有过错作为判断承包人是否存在合理抗辩的标准，如新疆维吾尔自治区高级人

---

① 山东民生建设有限公司与林芝华庭房地产开发有限责任公司建设工程施工合同纠纷案，最高人民法院（2019）最高法民申 2708 号民事裁定书。
② 中铁二十二局集团第四工程有限公司与安徽省高速公路控股集团有限公司等建设工程施工合同纠纷案，最高人民法院（2014）民一终字第 56 号民事判决书。
③ 河南建隆建筑安装装饰工程有限公司与晋城市兰煜房地产开发有限公司建设工程施工合同纠纷案，山西省高级人民法院（2020）晋民终 645 号民事判决书。
④ 最高人民法院民事审判第一庭编著：《最高人民法院建设工程施工合同司法解释（二）理解与适用》，人民法院出版社 2019 年版，第 135、141~149 页。

第九章 基于实践观察视角的工程索赔问题再探讨

民法院在（2021）新民终 38 号[①]案中认为："合同履行过程中，南通三建公司既履行了施工义务，又负担了立恒房产公司作为发包人应当承受的资金压力，南通三建公司亦可因立恒房产公司未按约支付工程款对工期延误进行合理抗辩。"即发包人过错或发包人原因导致工期逾期，可以作为承包人合理抗辩的事由。但应当注意的是，作为承包人提出合理抗辩具有一定边界，即使承包人提出了发包人过错的事由，但无法证明该事由对工期逾期造成切实影响的，承包人仍然无法获得工期顺延的补偿。例如，陕西省高级人民法院在（2019）陕民终 48 号[②]案中认为，承包人尽管提出工程设计变更等可能导致工期延误的因素及提交证据能够证明涉案工程存在大量工程变更的客观事实，但在承包人根据施工经验完全知晓工程变更对施工进度的影响，以及具备克服工程设计变更等可能导致工期延误因素的能力时（如承包人可以依据合同约定向发包人或者监理公司提出顺延工期的申请，以弥补工程变更对施工进度产生的不利影响；可以通过适当延长施工时间、增加施工人员数量、改进施工方法、合理调整施工工序以及有效提高施工效率等措施来抵销工程变更对工期的影响等），承包人关于迟延竣工不构成违约、工期自然顺延等理由不足以构成工期延误的合理抗辩。因此，综合司法实践，笔者认为，应当按以下基本规则界定"合理抗辩"成立：一是客观存在非承包人能够克服的工期顺延因素导致工期拖延的事实，且系因发包人过错或客观原因导致工期延期；二是承包人虽未按照约定的期限和形式主张工期索赔，但承包人能够举证会议纪要、签证单、联系单等书面文件证明其行为并不会影响裁判者对索赔事件的调查，且其根据合同或适用法律有权获得工期顺延。

在此应当指出的是，逾期索赔失权条款针对的索赔类型包括工期索赔和费用索赔。但《最高人民法院关于审理建设工程施工合同纠纷案件适用法律问题的解释（一）》第 10 条第 2 款仅就工期索赔问题进行明确，未涉

[①] 新疆立恒房地产开发有限公司与江苏南通三建集团股份有限公司、侯某某等建设工程施工合同纠纷案，新疆维吾尔自治区高级人民法院（2021）新民终 38 号民事判决书。

[②] 陕西有色建设有限公司与陕西郝其军制药股份有限公司建设工程施工合同纠纷案，陕西省高级人民法院（2019）陕民终 48 号民事判决书。

及费用索赔问题。对此,有观点认为,既然该条款仅是针对工期顺延,则其但书规定不应及于费用索赔。但笔者认为,工期索赔与费用索赔虽属不同的索赔类型,但二者关系密切,如工期索赔的成立往往伴随承包人停窝工损失。最高人民法院民事审判第一庭在释义中指出工期索赔的两项作用,一是顺延工期以避免承担逾期竣工违约责任,二是承包人获得因停窝工而产生的人员、设备费用。① 因此,在没有明确规定费用索赔的例外情形时,基于意思自治原则,不应限制《最高人民法院关于审理建设工程施工合同纠纷案件适用法律问题的解释(一)》第10条第2款的适用范围是较为妥当的做法,但根据实质解释,该条款的但书规定实则已包含费用索赔,如果仅简单地从文义上排除费用索赔适用"合理抗辩"的例外情形,可能有悖于保障承包人合法利益的立法原意。基于此,笔者认为,或可从该条款的实质释义角度去寻求"合理抗辩"对费用索赔的适用突破。

(三) 仅约定索赔程序条款,但未约定逾期索赔失权条款

当前国内实践中主流观点认为,合同未约定逾期索赔失权条款时,仅以未按照索赔程序为由主张失去索赔权利,不能得到支持。"如果当事人仅约定承包人提出工期顺延申请的期限,但未明确约定未在约定时间内提出申请视为工期不顺延或者视为放弃权利,则不能直接认定承包人未申请顺延工期的后果是放弃主张顺延权利。"② 这与域外法实践有所不同。以马来西亚为例,马来西亚针对仅约定索赔程序的条款是否具有逾期索赔失权的强制效力,取决于该条款本身是强制性还是指导性。③ 而在我国实践中,一般认为仅约定索赔程序的条款不具有认定逾期索赔失权的强制力。如最

---

① 参见最高人民法院民事审判第一庭编著:《最高人民法院建设工程施工合同司法解释(二)理解与适用》,人民法院出版社2019年版,第136页。

② 最高人民法院民事审判第一庭编著:《最高人民法院建设工程施工合同司法解释(二)理解与适用》,人民法院出版社2019年版,第135、141~149页。

③ 参见李佳:《结合马来西亚新案例看国际工程索赔程序条款效力问题——基于比较法的视角》,载北京仲裁委员会、北京国际仲裁中心主办:《北京仲裁》2021年第3辑,中国法制出版社2022年版,第138页。

高人民法院在（2018）最高法民终373号[①]案中认为，案涉合同并未约定承包人超过约定期限提交资料即视为放弃索赔权利，因此未支持发包人逾期索赔失权的主张。温州市中级人民法院（2018）浙03民终314号[②]案、福州市中级人民法院（2017）闽01民终1448号[③]案等亦持相同观点。因此，仅约定索赔程序条款，法院一般不认定其具有强制性，进而认定索赔逾期失权。

三、关于提高承包方索赔管理能力的建议

（一）注重索赔条款与逾期索赔失权条款的设置与审查

一方面，要做好索赔条款的设置与审查。除关注索赔期限外，还须对索赔程序中的通知形式、内容要求、程序瑕疵后果等条款进行设置与审核，强调实际施工过程中的合理性与可行性。另一方面，要注重逾期索赔失权条款的对等性，即在前期合同谈判中，承包方相对处于弱势地位，通常会对承包方约定逾期索赔失权，但基于索赔程序的双向性，承包方应力争要求对发包方作出同等的逾期索赔失权约定。

（二）重视施工过程中的证据固定与收集工作

索赔能否成立在很大程度上取决于索赔证据是否充分，因此，在某种意义上，索赔管理过程实际上是施工过程中证据留痕、收集与固定的过程。以索赔的一般程序为脉络，承包方至少应当重视索赔通知、施工合同要求的其他通知、承包方的同期记录（通常由承包方管理人员签字的记录，并有工程师进行监督与审查的书面材料）、索赔报告（或者临时索赔报告、最终索赔报告）及证明报告、索赔材料寄送与签收记录等证据的制作与固定工作。值得注意的是，索赔材料并不局限于以上形式，在无法取得或制作以上材料的情况下，会议纪要、施工日志、签证单等已被双方交

[①] 宏胜建设有限公司与兴义市威鲁公路投资建设有限责任公司建设工程施工合同纠纷案，最高人民法院（2018）最高法民终373号民事判决书。

[②] 平阳县鳌江新农村建设投资有限公司诉温州城建集团股份有限公司等建设工程施工合同纠纷案，浙江省温州市中级人民法院（2018）浙03民终314号民事判决书。

[③] 福州市公路局长乐分局与福建华鼎建设工程有限公司建设工程施工合同纠纷案，福建省福州市中级人民法院（2017）闽01民终1448号民事判决书。

易习惯认可的替代性材料也可作为索赔依据,尤其是在施工紧张或某些紧急情况下,替代性材料可以节约时间,也可以为当前索赔事项的索赔目标预留一定的空间。此外,由于国内实践强调实体公正,因此,除针对索赔事项本身外,还应侧重举证证明发包方对索赔事件发生是否具有过错以及发包方在索赔事件中应承担的责任。

(三)引入专业资源,提升索赔管理能力

所谓授人以鱼不如授人以渔,就承包方而言,提升自身的索赔管理能力是关键。在施工前期,或者初次承包国际工程或国内大型工程时,如果没有很充分的索赔管理经验,有必要聘请外部顾问或专业人士咨询或驻场。比如,聘请专业律师提供索赔管理服务,一方面通过专业律师的参与切实提高索赔管理能力,另一方面承包方可以借此专业律师参与索赔的过程,逐步摸索、培养一批同时具备工程与法律知识的复合型索赔人员,为承包方提供长期性、可持续性的高质量索赔管理服务。

第十章 从代理大额工程索赔案件漫谈建设工程施工合同解除权问题

——某建设有限公司与某房地产开发有限公司建设工程施工合同纠纷案

本章提要

本案系大额建设工程索赔案件。笔者代理某建设有限公司（以下简称建筑公司）诉请某房地产开发有限公司（以下简称房产公司）支付欠付工程款、违约金等款项。本案历经多次开庭审理、司法审计、谈判博弈等过程，最终获得仲裁庭支持，建筑公司得以实现工程款、违约金及利息等超亿元数额索赔结果。本案取得了良好的办案效果。

本案中，涉及建设工程施工合同的解除权问题、工程违约金起算点及计算方式、工程价款优先受偿权起算点及范围等问题，其中工程违约索赔、工程价款优先受偿权历来为建设工程争议解决中的热点问题，笔者在本书第九章、第十四章分别进行论述，本章不再赘述。

在建设工程争议解决中，解除施工合同并非常规的权利主张路径，而本案之所以采取解除施工合同的路径，系基于案涉项目工程背景以及委托人商业目的等综合因素考量后而选择的诉讼策略，这一策略对于工程争议解决实践具有参考意义。因此，本章对本案代理思路及经办过程的简要回顾，侧重对建设施工合同的解除权问题进行分析，以期对实务提供有益参考。

案情概述

2015年1月5日,建筑公司与房产公司签订一份《建设工程施工合同》,约定由建筑公司承建房产公司某项目小高层二期一标段工程,合同价款(暂定1500万元)以及工程款支付、违约责任等内容。其中,合同专用条款第26条对工程款(进度款)支付进行了约定:"工程款(进度款)支付的方式和时间。(1)按月进度完成合格工程量80%支付,乙方每月25日按实际完成合格工程报给甲方,甲方应于收到所报进度款之日起7个工作日内审核完毕,7个工作日进度款支付给乙方,今年春节前15日付完合格工程量85%。(2)施工过程中产生的工程联系单,按月进度统一合并统计,按比例计入当期的工程进度款。对于本工程范围外的工程款(进度款)支付的方式和时间:按月度实际完成合格产值的80%支付,乙方每月25日按实际完成合格工程量报给甲方,甲方应于收到所报进度款之日起7个工作日内审核完毕,7个工作日进度款支付给乙方。(3)工程初验完成后付至实际完成合格产值的95%,竣工验收合格后30天内承包方上报,发包方收到完成的结算报告后,在6个月内提出审计意见,经双方确认后30天内付至结算价款的97%。(4)竣工验收合格一年后十五天内付到结算价款的100%。"合同专用条款第35.2款对违约责任进行了约定:"甲方按合同约定支付工程进度款及结算款,如因甲方原因不能及时支付的,则按未付款月息1.5%,向乙方支付违约金及其他损失。"

2015年4月16日,建筑公司与房产公司签订《建设工程施工合同》一份,约定由该建筑公司承建某项目工程住宅二期(小高层)三标段土建、安装工程,并约定工程价款(暂定4000万元)以及工程款支付、违约责任等内容。其中,合同专用条款第26条对工程款(进度款)支付进行了约定:"工程款(进度款)支付的方式和时间。(1)按月进度完成合格工程量80%支付,乙方每月25日按实际完成合格工程报给甲方,甲方应于收到所报进度款之日起7个工作日内审核完毕,审核完毕后7个工作日进度款支付给乙方。(2)施工过程中产生的工程联系单,按月进度统一合并统计,按比例计入当期的工程进度款。对于本工程范围外的工程款（进度款）支付的方式和时间：按月度实际完成合格产值的80%支付，乙方每月25日按实际完成合格工程量报给甲方，甲方应于收到所报进度款之日起7个工作日内审核完毕，审核完毕后7个工作日进度款支付给乙方。（3）单体初验完成后十五天内付至实际完成合格产值的90%，竣工验收合格后30天内承包方上报决算报告，发包方收到完整的结算报告后，在120天内提出审计意见，经双方确认后30天内付至结算价款的97%。（4）竣工验收完成一年后十五天内付至结算价款的98%，竣工验收完成二年后十五天内付到结算价款的99%，竣工验收完成五年后十五天内付到结算价款的100%。"合同专用条款第35.2款对违约责任进行了约定："甲方按合同约定支付工程进度款及结算款，如因甲方原因不能及时支付的，则按未付款月息1.5%，向乙方支付违约金及其他损失。"

2015年4月8日，双方签订一份《补充协议》，该补充协议对配合服务费的比例、垫资利息等作出约定。

2018年4月22日，双方制作一份《某项目应收工程款及利息计算表》，由房产公司时任法定代表人签字，建筑公司盖章予以确认。

2019年4月22日，双方就车位抵顶工程款签订一份《补充协议二》，约定房产公司以每个8万元的价格将20个车位抵给建筑公司，用以抵偿拖欠该建筑公司的160万元工程款。

案涉一标段工程已经完工，且于2016年1月22日通过竣工验收。三标段工程未完工，至今处于停工状态。至建筑公司申请仲裁之日，房产公司未向建筑公司支付工程款。

2019年6月18日，建筑公司向某仲裁委员会申请仲裁，请求裁决：（1）被申请人房产公司向申请人建筑公司支付工程款人民币51,452,588.29元及违约金（其他损失）暂算至2019年6月11日为31,501,889.26元，并支付自2019年6月12日起至实际履行之日起按月息1.5%标准计算违约金（其他损失）；（2）确认申请人建筑公司就被申请人房产公司位于某项目小高层二期一标段（18#－21#、1#地下室）及附属工程、住宅二期（小高层）和三标段（10#－11#－12#－13#楼及3#地下室）工程折价、变卖、拍卖的价款享有优先受偿权。

2019年9月9日，申请人建筑公司向仲裁庭申请增加以下两项仲裁请求：（1）解除申请人与被申请人于2015年4月16日签订的某项目小高层二期三标段《建设工程施工合同》；（2）被申请人承担因合同解除产生的损失（具体以第三方司法审价结论为主）。同时，申请人申请变更原仲裁申请书中的第一项仲裁请求，即将原仲裁申请书中的第一项仲裁请求中违约金（其他损失）按月息1.5%标准计算调整为按月息2%标准计算。

争议焦点

本案争议焦点为：

1. 双方于2015年4月16日签订的三标段《建设工程施工合同》是否应解除以及解除合同的时间；

2. 涉案工程的造价及被申请人拖欠的工程款数额；

3. 被申请人是否存在违约行为以及若被申请人存在违约行为，违约金应如何计算；

4. 三标段合同解除后产生的损失；

5. 申请人主张的优先受偿权。

代理思路

笔者接受建筑公司之委托代理本案。为最大限度地帮助委托人合理有效地实现合法权益，笔者带领团队研判诉讼方案，根据仲裁庭审查重点，梳理出本案的代理思路。根据本案争议焦点，介绍本案代理思路如下。

一、双方于2015年4月16日签订的案涉三标段《建设工程施工合同》是否应解除以及解除合同的时间

鉴于双方已经不能继续履行合同，故双方都同意解除涉案三标段施工合同。关于合同解除的具体时间，笔者代理建筑公司主张，以申请仲裁之

日即 2019 年 6 月 18 日为合同解除之日①，而房产公司则主张双方于 2015 年 4 月 16 日签订的三标段施工合同事实上在 2016 年 2 月 15 日停工后就已经解除。

仲裁庭经审理，倾向于采纳笔者观点，以仲裁申请书副本送达被申请人之日作为解除合同时间。仲裁庭认为：

鉴于双方已经不能继续履行合同，且双方都同意解除涉案三标段施工合同，故本庭支持申请人解除三标段施工合同的仲裁请求。关于合同解除的具体时间。申请人主张以其申请仲裁之日，即 2019 年 6 月 18 日为合同解除之日，被申请人则主张双方于 2015 年 4 月 16 日签订的三标段施工合同事实上在 2016 年 2 月 15 日停工后就已经解除。本庭认为，双方签订的三标段施工合同不存在无效的情形，自签订之日起对双方当事人具有约束力。即使后来停工，双方也并未对解除合同作出约定。依据《中华人民共和国合同法》* 第九十四条的规定，当事人一方明确表示不履行主要债务，对方当事人有权解除合同。但申请人在被申请人从未支付工程款的情况下，也未向被申请人单方行使解除权，故本庭认为至申请人提起仲裁之日，涉案三标段施工合同并未解除。现申请人直接以提起仲裁的方式主张解除三标段施工合同，故本庭确认双方于 2015 年 4 月 16 日签订的某项目小高层二期三标段《建设工程施工合同》自仲裁申请书副本送达被申请人之日的 2019 年 6 月 24 日解除。

二、涉案工程的造价及被申请人拖欠的工程款数额

案涉工程造价审计所涉争议项较多，笔者从三方面厘清案涉应付工程款。

一是在确定案涉工程无争议项目造价的基础上，针对争议项及相关证据材料逐一进行质证、核查与解释，力求最大限度地为委托人争取最有利空间。

---

① 在建设工程争议解决中，解除施工合同非常规路径。而本案之所以要求解除施工合同，一是出于对案涉项目工程"及时止损"的商业目的考虑，二是基于对本案争议解决方案的考量。对本案采取解除施工合同的策略，笔者在下文"复盘研析"中详细阐述，在此不赘述。

* 已失效。——笔者注

二是实事求是地查清事实，对于房产公司所主张的垫付水电费金额，与委托人进行仔细核查。

三是被申请人主张车位抵顶工程款问题。根据现有证据，被申请人并未将《补充协议二》所涉的20个车位过户给申请人，且车位属于人防车位，因此，约定该20个车位抵顶工程款并未履行，实际上也不可能履行，无法抵顶工程款。由此确定案涉工程总造价，扣减建设单位垫付款项及已支付款项，进一步确定被申请人拖欠工程款数额。

仲裁庭采纳笔者观点，经综合审理，仲裁庭认为：

台州市某工程咨询有限公司于2020年6月12日出具涉案工程的《工程造价鉴定意见书》。其中确定部分为49,359,856元，双方对该部分无异议。对于不确定部分为1,873,446元，本庭综合双方的质证意见及鉴定机构于2020年7月28日出具的《某项目小高层二期一标段、三标段工程补充鉴定意见》（以下简称补充鉴定意见），对不确定部分的造价认定如下：1. 一标段卫生间、厨房、阳台楼面防水涂料费用447,217元可计入鉴定造价中；2. 一标段地下室地面找平层混凝土与自拌混凝土差价50,930元可计入鉴定造价中；3. 一标段18#－21#楼屋顶避雷系统费用42,852元可计入鉴定造价中；4. 三标段卫生间、厨房、阳台楼面防水涂料费用436,002元可计入鉴定造价中；5. 三标段地下室顶板找平层商品混凝土与自拌混凝土差价37,109元可计入鉴定造价中；6. 三标段地下室墙面及楼梯间刮腻子费用115,644元可计入鉴定造价中；7. 三标段10#、11#楼塔吊租赁费及塔吊司机工资，由于双方对塔吊拆除时间存在争议，根据庭审笔录，本庭认为塔吊拆除时间应认定为2015年11月拆除为宜，按照补充鉴定意见，塔吊租赁费和塔吊人工费共计180,400元可计入鉴定造价中；8. 对在施工过程中形成的各种联系单，一标段编号为052费用5015元可计入鉴定造价中，三标段编号为049、051费用267,980元可计入鉴定造价中。经计算，上述8项内容可计入工程造价的共计1,583,149元。除上述8项内容外的其他费用，因证据不充分，均不应计入工程造价。综上，本庭认定涉案工程总造价为50,943,005元，其中一标段工程的结算款为29,293,816元。

第十章　从代理大额工程索赔案件漫谈建设工程施工合同解除权问题

至于被申请人主张的车位抵顶工程款问题。本庭认为，根据现有证据，被申请人并没有将《补充协议二》中所涉的20个车位过户给申请人，且车位属于人防车位，因此，《补充协议二》中将车位抵顶工程款的约定并未履行，实际上也不可能履行。因此，被申请人主张已用20个车位抵顶160,000元工程款的主张不能成立。综上，被申请人自始未向申请人支付过工程款，结合本庭对工程总造价的认定，被申请人尚欠申请人工程款50,943,005元。

三、被申请人是否存在违约行为以及若被申请人存在违约行为，违约金应如何计算

针对这一争议焦点，代理思路为：

首先，本案被申请人存在违约行为。

双方在一标段、三标段施工合同专用条款第26条对工程款（进度款）支付的方式和时间进行了约定，但自双方签订合同之日起至申请人申请仲裁之日止，被申请人从未按合同约定支付过工程价款，故被申请人存在违约行为，理应承担违约责任。

其次，应当确定案涉工程款应付款之日。

根据当时《最高人民法院关于审理建设工程施工合同纠纷案件适用法律问题的解释》（法释〔2004〕14号）第18条[①]的规定，"利息从应付工程价款之日计付"，结合案涉《建设工程施工合同》通用条款第44.5.1项"发包人未按第44.3款至第44.4款规定期限进行审核或审核后没有提出书面意见，承包人可在上述期限到期后15天内书面催告发包人予以确认，经催告后发包人在28天内仍没有提出任何书面意见的，则承包人送审的竣工结算文件生效"以及案涉合同专用条款第42.2.1项"在结算文件生效后1个月内付清所有款项"之约定，本案中，申请人已经在2016年12月6日向被申请人提交结算文件，因被申请人未按期审核，申请人已于

[①] 《最高人民法院关于审理建设工程施工合同纠纷案件适用法律问题的解释》（法释〔2004〕14号）第18条已被现行《最高人民法院关于审理建设工程施工合同纠纷案件适用法律问题的解释（一）》（法释〔2020〕25号）第27条吸收。

2017年3月22日发函催告被申请人，但是被申请人仍未出具任何书面意见，因此申请人提交的结算文件生效日为2017年3月22日往后顺延28天即2017年4月19日，结算款的应付日为2017年5月19日。

最后，被申请人应当承担拖欠工程款的利息及违约金。

案涉合同通用条款第44.5.2项约定："发包人未按时支付工程竣工结算价款，发包人除按中国人民银行发布的同期同类贷款基准利率向承包人支付应付工程价款的利息外，每延误一天，还应支付不低于应付款项0.02%的逾期付款违约金。"因此，申请人可以同时主张拖欠工程款的利息和违约金。

申请人社会融资借款利息成本高达月息2%-3%，故被申请人理应承担融资成本利息损失。具体而言，根据《建设工程施工合同》专用条款第42.1款及第42.1.2项约定，被申请人应当按此支付欠付备料预付款的利息及违约金。根据案涉施工合同专用条款第42.2.1项约定及通用条款第42.2.6项约定，被申请人应当按此支付欠付工程进度款的备料预付款的利息及违约金。

仲裁庭经审理认为：

双方在一标段、三标段施工合同专用条款第26条对工程款（进度款）支付的方式和时间进行了约定，但自双方签订合同之日起至申请人申请仲裁之日止，被申请人从未按合同约定支付过工程价款，故本庭认为被申请人存在违约行为，理应承担违约责任。

……

关于一标段工程进度款及结算款违约金计算的起止时间。因《某项目应收工程款及利息计算表》中并未记载具体完成审定的时间和应支付时间，故本庭在综合考虑双方约定的报审情况和每月天数不均等因素，酌定从申请人报审的次月15日起支付违约金，如该计算表中载明2月进度款的违约金应从3月15日起支付，依次类推。按照一标段工程施工合同专用条款第26条"竣工验收合格一年后十五天内付到结算价款的100%"的约定，考虑一标段工程竣工验收时间为2016年1月22日，按约定计算结算款的应付时间，本庭认为，被申请人应在工程竣工验收合格一年后十五天内付到结算价款的100%，故一标段进度款的违约金应计算至2017年2月6日。一标段工程结算款的违约金起算日应与进度款违约金计算终止日相衔接，故一标段工程结算款违约金应以29,293,816元为基数按月息1.5%的标准从2017年2月7日起计算至实际履行完毕之日止。

关于三标段工程进度款及结算款违约金计算的起止时间，参照最高人民法院于2019年11月8日印发的《全国法院民商事审判工作会议纪要》第49条规定的精神，即合同解除时，一方依据合同中有关违约金、约定损害赔偿的计算方法、定金责任等违约责任条款的约定，请求另一方承担违约责任的，人民法院依法予以支持。本庭虽然已认定双方签订的某项目小高层二期三标段《建设工程施工合同》于2019年6月24日解除，但考虑到三标段工程并未完工，故三标段工程进度款违约金应参照本庭对一标段工程进度款违约金计算方式及起算时间的认定，一直计算至三标段已施工部分工程款确定之日，即本裁决作出之日。因建设工程施工合同的解除不具有溯及力，仅解除后的合同关系终止，解除合同前的合同关系不因解除而终止。双方虽在三标段合同专用条款第26条对工程款（进度款）支付进行了约定，但80%进度款以外的工程款支付条件是建立在单体初验和竣工验收合格的基础之上的，三标段工程并未完工，不存在竣工验收的情况，故合同解除后，本庭确定的三标段已施工部分的工程款不能作为合同中约定的结算款计算违约金。

四、三标段合同解除后产生的损失

关于案涉三标段合同解除后的损失问题，由于本案已约定违约金，但建筑公司并未收集相应证据。故仲裁庭认为，申请人建筑公司虽然请求裁决被申请人房产公司承担因三标段合同解除后产生的损失，但并未提交相应的证据，申请人建筑公司可在取得证据后另行主张权利。

五、申请人主张的优先受偿权

关于案涉工程优先受偿权问题，代理要点为：

根据当时《最高人民法院关于审理建设工程施工合同纠纷案件适用法

律问题的解释（二）》（法释〔2018〕20号）第17条①"与发包人订立建设工程施工合同的承包人，根据合同法第二百八十六条规定请求其承建工程的价款就工程折价或者拍卖的价款优先受偿的，人民法院应予支持"，第22条②"承包人行使建设工程价款优先受偿权的期限为六个月，自发包人应当给付建设工程价款之日起算"，以及当时《合同法》第286条③"发包人未按照约定支付价款的，承包人可以催告发包人在合理期限内支付价款。发包人逾期不支付的，除按照建设工程的性质不宜折价、拍卖的外，承包人可以与发包人协议将该工程折价，也可以申请人民法院将该工程依法拍卖。建设工程的价款就该工程折价或者拍卖的价款优先受偿"之规定，本案两份施工合同约定的工程价款均为暂定价，待结算后方可决定欠付工程款的具体数额。因此，被申请人应当给付工程价款的日期为结算确定之日，即本案裁决作出之日。为此，申请人主张优先受偿权，并未超过法定的优先受偿权期限，有事实和法律依据，应当予以支持。

仲裁庭支持了申请人的优先受偿权：

两份施工合同约定的工程价款均为暂定价，待结算后方可决定欠付工程款的具体数额。本案确定欠付工程款数额的时间应当是本裁决确定之日。参照《最高人民法院关于审理建设工程施工合同纠纷案件适用法律问题的解释（二）》第17条"与发包人订立建设工程施工合同的承包人，根据合同法第二百八十六条规定请求其承建工程的价款就工程折价或者拍卖的价款优先受偿的，人民法院应予支持"和第22条"承包人行使建设工程价款优先受偿权的期限为六个月，自发包人应当给付建设工程价款之日起算"之规定，本案被申请人应当给付工程价款的日期为结算确定之日，即本裁决作出之日。本庭认为，申请人主张优先受偿权，有事实和法

---

① 《最高人民法院关于审理建设工程施工合同纠纷案件适用法律问题的解释（二）》（法释〔2018〕20号）第17条已被现行《最高人民法院关于审理建设工程施工合同纠纷案件适用法律问题的解释（一）》（法释〔2020〕25号）第35条吸收。

② 《最高人民法院关于审理建设工程施工合同纠纷案件适用法律问题的解释（二）》（法释〔2018〕20号）第22条已被现行《最高人民法院关于审理建设工程施工合同纠纷案件适用法律问题的解释（一）》（法释〔2020〕25号）第41条吸收。

③ 《合同法》第286条已被现行《民法典》第807条吸收。

第十章　从代理大额工程索赔案件漫谈建设工程施工合同解除权问题

律依据。

裁判结果

经过多次开庭审理，某仲裁委员会于 2020 年 11 月 11 日作出（2019）×仲裁字××××号仲裁裁决：

1. 确认申请人建筑公司与被申请人房产公司于 2015 年 4 月 16 日签订的某项目小高层三标段《建设工程施工合同》于 2019 年 6 月 24 日解除。

2. 被申请人房产公司于本裁决发生法律效力之日起 10 日内向申请人建筑公司支付工程款 50,943,005 元。

3. 被申请人房产公司于本裁决发生法律效力之日起 10 日内向申请人建筑公司支付工程进度款及结算款的违约金（一标段工程进度款以《某项目应收工程款及利息计算表》中载明的一标段工程各月审核进度款的金额为基数，按照月息 1.5% 的标准从申请人报审的次月 15 日起计算至 2017 年 2 月 6 日；一标段工程结算款违约金应以 29,293,816 元为基数按月息 1.5% 的标准从 2017 年 2 月 7 日起计算至实际履行完毕之日止；三标段工程进度款以《某项目应收工程款及利息计算表》中载明的三标段工程各月审核进度款的数额为基数，按照月息 1.5% 的标准从申请人报审的次月 15 日起计算至本裁决作出之日止）。

4. 申请人建筑公司在被申请人房产公司欠付工程款的范围内就其承建工程部分折价或者拍卖的价款享有优先受偿权。

5. 驳回申请人建筑公司的其他仲裁请求。

复盘研析

因建设工程施工合同具有持续性、长期性合同的性质，且无论是建设单位还是施工单位的商业投资价值均较大，故在追索建设工程价款、工程索赔等建设工程实践中，讼争各方通常不会主动或单方提出解除施工合同，否则，可能会造成更大的商业利益损失。因此，建设单位或施工单位一方或双方主张解除建设工程施工合同，更多的是基于商业理性角度考量而选择的一种诉讼策略。

以本案为例，在代理施工单位申请仲裁之始，笔者根据既往经办建工实务经验，提出要求建设单位（本案中房产公司）支付拖欠工程款及利息、承担违约金、工程价款优先受偿权等仲裁请求，但结合案涉建设单位从未支付过工程款的事实，施工单位已无法再自行垫资继续施工，而案涉建设单位因资金链断裂，无法再继续履行施工合同的工程款支付义务，案涉三标段施工合同实则已陷入合同僵局，如继续勉强履行，或对双方均无裨益。据此，笔者综合考量全局，从施工单位（本案中建筑公司）商业经营的角度出发，经与委托人施工单位分析利弊，审慎向仲裁庭申请增加解除案涉三标段施工合同并主张解除后损失赔偿的仲裁请求，以期在维护施工单位合法利益的同时主动打破本案合同履行僵局，帮助施工单位在案涉未完工项目工程中及时止损。增加解除三标段施工合同的仲裁请求后，案涉建设单位同意解除，就施工单位而言，直接避免了后续继续垫资施工而导致工程款无法收回的商业风险。

我国现行民法体系中，合同解除权包括法定解除权、约定解除权与任意解除权。《民法典》第562条[①]规定了合同约定解除，以尊重当事人意思自治为立法旨意。《民法典》第563条[②]第1款对合同法定解除采用列举式定义，明确了五种合同法定解除的情形：（1）因不可抗力致使不能实现合同目的；（2）在履行期限届满前，当事人一方明确表示或者以自己的行为表明不履行主要债务；（3）当事人一方迟延履行主要债务，经催告后在合理期限内仍未履行；（4）当事人一方迟延履行债务或者有其他违约行为致使不能实现合同目的；（5）法律规定的其他情形。前四种解除情形强调因不可抗力或合同一方违约达到不能实现合同目的的程度。最后一种解除情

[①]《民法典》第562条规定："当事人协商一致，可以解除合同。当事人可以约定一方解除合同的事由。解除合同的事由发生时，解除权人可以解除合同。"

[②]《民法典》第563条规定："有下列情形之一的，当事人可以解除合同：（一）因不可抗力致使不能实现合同目的；（二）在履行期限届满前，当事人一方明确表示或者以自己的行为表明不履行主要债务；（三）当事人一方迟延履行主要债务，经催告后在合理期限内仍未履行；（四）当事人一方迟延履行债务或者有其他违约行为致使不能实现合同目的；（五）法律规定的其他情形。以持续履行的债务为内容的不定期合同，当事人可以随时解除合同，但是应当在合理期限之前通知对方。"

第十章 从代理大额工程索赔案件漫谈建设工程施工合同解除权问题

形意指其他法律规定可以解除合同的情形，如《民法典》第533条①规定的情势变更制度下，合同并非无法继续履行，而是继续履行将对一方当事人明显不公平，故从平衡双方利益角度出发，设定再交涉机制，从程序上保障意思自治，增加自主处理合同纠纷的可能性②。又如，《民法典》第806条第1款规定："承包人将建设工程转包、违法分包的，发包人可以解除合同。"第806条第2款规定："发包人提供的主要建筑材料、建筑构配件和设备不符合强制性标准或者不履行协助义务，致使承包人无法施工，经催告后在合理期限内仍未履行相应义务的，承包人可以解除合同。"本案中，建设单位从未支付过工程款，致使施工单位签订施工合同的根本目的不能实现，且在施工单位主张解除施工合同时，建设单位同意解除，故案涉三标段施工合同解除同时符合法定解除与约定解除的请求权基础。

基于此，笔者认为，在合同法定解除权与合同约定解除权的适用上，建设工程施工合同并不存在法律适用上的差异或特殊规则，与其他合同相同，合同当事人即发包人或承包人均享有法定解除权与约定解除权。但就建设工程施工合同任意解除权问题而言，尤其是关于发包人是否享有任意解除权的问题，实践中尚存争议，主要有三种观点：其一，赞同赋予发包人任意解除权；其二，否定发包人的任意解除权；其三，主张限制发包人的任意解除权。

持赞同论者认为，根据《民法典》第787条③及《民法典》第808条"本章④没有规定的，适用承揽合同的有关规定"之规定，从体系解释的角度看，建设工程合同发包人理应享有承揽合同中定作人的该项权利⑤。

---

① 《民法典》第533条规定："合同成立后，合同的基础条件发生了当事人在订立合同时无法预见的、不属于商业风险的重大变化，继续履行合同对于当事人一方明显不公平，受不利影响的当事人可以与对方重新协商；在合理期限内协商不成的，当事人可以请求人民法院或者仲裁机构变更或者解除合同。人民法院或者仲裁机构应当结合案件的实际情况，根据公平原则变更或者解除合同。"

② 长沙县水利工程建设中心与湖南泰华建设工程有限公司建设工程合同纠纷案，湖南省长沙市中级人民法院（2021）湘01民终12376号民事判决书。

③ 《民法典》第787条规定："定作人在承揽人完成工作前可以随时解除合同，造成承揽人损失的，应当赔偿损失。"

④ 指《民法典》第十八章"建设工程合同"。

⑤ 黄喆：《建设工程合同法定解除权的教义学框架》，载《南京社会科学》2012年第4期。

持否定论者认为，建设工程施工合同双方可以协商约定解除条件，"为什么偏偏要单方面、片面、任意、没有任何条件地解除合同，非常解释不通。这一条严重破坏了整个法律公平、公正、社会正义。"[1] 建设工程施工合同标的为大宗不动产，合同双方一般事先设定违约责任、约定解除、争议解决等条款，从而维持商业交易的可预见性。故从商业逻辑的角度来看，没有必要赋予发包人任意解除权。如果赋予发包人任意解除权，发包人容易采取机会主义行为，导致全部的合同风险分配给承包人承担，不符合风险分担的内在机制。[2] 有实务观点认为，从建设工程施工合同的特殊性及防止社会资源浪费的角度出发，应当维护建设工程施工合同的稳定性，因此发包人不应享有对建设工程施工合同的任意解除权[3]。有论者指出，《民法典》第806条[4]已规定发包人在承包人转包、违法分包情形下的法定解除权，实际上否定了其任意解除权，否则，在发包人享有承揽合同定作人的任意解除权后，没有必要再规定该法定解除权[5]。

持限制论者认为，不应否定发包人的任意解除权，但应当加以限制[6]。任意解除权的存在并不意味着发包人可以任意毁约，依据规范目的解释，发包人当然不可以为了更换承包人而任意解除合同，然后再与他人订立合同。通常情形下，多是发包人改变了计划，在合同的继续完成对发包人已失去利益时，发包人解除合同以避免不必要的投入，并补偿承包人的

---

[1] 梁慧星：《合同法的成功与不足（下）》，载《中外法学》2000年第1期。
[2] 宁红丽：《论合同类型的认定》，载《法商研究》2011年第6期。
[3] 宁波海川电器有限公司等与宁波翔胜建设有限公司建设工程施工合同纠纷案，浙江省宁波市中级人民法院（2010）浙甬民二终字第523号民事判决书。
[4] 《民法典》第806条规定："承包人将建设工程转包、违法分包的，发包人可以解除合同。发包人提供的主要建筑材料、建筑构配件和设备不符合强制性标准或者不履行协助义务，致使承包人无法施工，经催告后在合理期限内仍未履行相应义务的，承包人可以解除合同。合同解除后，已经完成的建设工程质量合格的，发包人应当按照约定支付相应的工程价款；已经完成的建设工程质量不合格的，参照本法第七百九十三条的规定处理。"
[5] 曹文衔、宿辉、曲笑飞：《民法典建设工程合同章条文释解与司法适用》，法律出版社2021年版，第474页。
[6] 最高人民法院民法典贯彻实施工作领导小组主编：《中华人民共和国民法典合同编理解与适用（三）》，人民法院出版社2020年版，第1900页。

第十章 从代理大额工程索赔案件漫谈建设工程施工合同解除权问题

损失。①

上述争论源于对《民法典》第787条和第808条的不同理解与适用。笔者认为，建设工程施工合同作为特殊承揽合同，发包人理应享有定作人的任意解除权，但基于建设工程施工合同与承揽合同的差异，对于发包人任意解除权的行使应作出合理限制。

建设工程施工合同与承揽合同主要差异在于标的不同，建设工程合同标的通常为不动产，而承揽合同标的一般为动产、智力成果或其他非物质形态的工作成果。另外，两者缔结过程受行政制约不同，建设工程是涉及公共利益和安全的特殊产品，国家实行严格的管理和控制，当事人意思自治受公权力的制约，如大部分建设工程合同具有严格的缔结程序，如《最高人民法院关于审理建设工程施工合同纠纷案件适用法律问题的解释（一）》第3条第1款规定："当事人以发包人未取得建设工程规划许可证等规划审批手续为由，请求确认建设工程施工合同无效的，人民法院应予支持，但发包人在起诉前取得建设工程规划许可证等规划审批手续的除外。"而承揽合同以当事人合意为主，除限制意思自治的公序良俗、诚实原则、公平原则等一般规则外，行政一般不予干预。此外，在主体要求、合同要式、部分工作交由第三人完成的程序、分包关系中的责任承担等方面，两者也存在差异②，但该等差异通常难以对发包人是否享有任意解除权的问题分析产生实质影响③。

通过以上差异之对比，结合经济生活的发展规律，可以分析定作人享有任意解除权具有以下合理的内在逻辑：一是定作物的完成仅仅为满足定作人利益，基于定作人视角，只要定作物尚未完成，定作人可以一己决定

---

① 曹文衔、宿辉、曲笑飞：《民法典建设工程合同章条文释解与司法适用》，法律出版社2021年版，第514页。
② 最高人民法院民事审判第一庭编：《民事审判实务问答》，法律出版社2021年版，第67～69页。
③ 曹文衔、宿辉、曲笑飞：《民法典建设工程合同章条文释解与司法适用》，法律出版社2021年版，第2～4页。

是否完全或部分放弃承揽给付[①]；二是在定作人单方出现情势变更时，允许定作人在赔偿承揽人损失的前提下解除合同，既可以避免给定作人造成更大的浪费，也不会过分损害承揽人利益，由此在法律技术层面上避免社会资源浪费。

当前实践中，有论者认为建设工程施工合同不能类推适用《民法典》第787条的主要顾虑在于：一是基于建设工程施工合同标的的特殊性、程序的法定性与利益的复杂性，赋予发包人任意解除权可能会破坏施工合同和建设市场的稳定性，从而导致更大社会资源的浪费；二是发包人行使任意解除权后，如果其对施工人赔偿损失不足，可能会衍生二次讼累，进而造成司法资源的浪费，不利于社会稳定。以上也是建设工程施工合同与承揽合同本质差异所决定的考量因素，而基于建设工程勘察合同、设计合同与承揽合同在债之本质上更具类似性，司法实务观点认可勘察合同、设计合同均可适用定作人的任意解除权。比如，上海市浦东新区人民法院（2017）沪0115民初77582号[②]案、河南省高级人民法院（2016）豫民终2号[③]案等，涉案合同均为建设工程设计合同，法院均认为建设工程设计合同属于建设工程合同范畴，而建设工程合同的解除则应当适用承揽合同的有关规定，即定作人有权随时解除建设工程合同。

对此，笔者认为，在赋权维度，应当肯定发包人作为特殊承揽人的地位，认可发包人的任意解除权，但在行权维度，即当发包人行使任意解除权时，实务中至少应当作出以下限制：

1. 限制发包人行使任意解除权的情形。在一般情形下，允许发包人行使任意解除权，但在意思自治受到限制的特殊情形中，应当对发包人行使

[①] 杜景林、卢谌：《德国民法典——全条文注释》（上册），中国政法大学出版社2015年版，第541页。

[②] 昆山万古装饰设计有限公司与繁构建筑装饰设计工程（上海）有限公司建设工程设计合同纠纷案，上海市浦东新区人民法院（2017）沪0115民初77582号民事判决书。

[③] 洛阳维达石化工程有限公司与安徽桑锐科技股份有限公司建设工程设计合同纠纷、技术转让合同纠纷案，河南省高级人民法院（2016）豫民终2号民事判决书。

任意解除权作出否定性评价，如《民法典》第132条①规定不得滥用权利、损害公共利益，《民法典》第7条②规定的诚信原则，《民法典》第8条③规定的公序良俗。

2. 适度减轻发包人任意解除权纠纷中承包人的举证责任。发包人任意解除权意味着将机会风险在一定程度上转嫁给了承包人，故在发包人主张任意解除权的纠纷中，司法审判应当充分考虑承包人的预期利益损失，适度减轻承包人的损失举证责任，适度放宽承包人损失主张的证明标准。

3. 加强对发包人任意解除权的行政责任。针对涉及重大民生工程，自然环境资源、重要城市规划等工程，应在行政监管上设立禁止发包人对此类工程行使任意解除权的原则性规定。

---

① 《民法典》第132条规定："民事主体不得滥用民事权利损害国家利益、社会公共利益或者他人合法权益。"
② 《民法典》第7条规定："民事主体从事民事活动，应当遵循诚信原则，秉持诚实，恪守承诺。"
③ 《民法典》第8条规定："民事主体从事民事活动，不得违反法律，不得违背公序良俗。"

第十一章 代理建设工程监理合同纠纷案件四要点

——浙江某工程管理咨询有限公司诉浙江玉环某银行股份有限公司建设工程监理合同纠纷案

本章提要

在建设工程实践中，相较于建设工程施工合同纠纷、建设工程分包合同纠纷、建设工程装饰合同纠纷等案件类型，建设工程监理合同纠纷在数量上属于"小众"案件。实践中对于建设工程监理合同纠纷的关注度不高，因此，建设工程监理合同领域少有实务研究。

本案系笔者代理浙江玉环某银行股份有限公司（以下简称业主单位）与浙江某工程管理咨询有限公司（以下简称监理单位）的一起建设工程监理合同纠纷案件。本案中，合同总价为48.50万元，但监理单位以实际监理服务期限超出合同约定为由主张要求业主单位支付工程监理费179.84万元及相应利息。从案涉工程开工至竣工的时间跨度来看，监理单位主张似乎具有合理性，但从监理单位实际提供监理服务期限以及提供监理服务到位情况来看，监理单位主张缺乏事实依据。因此，笔者在代理本案之初，以本案事实作为抓手，再以案涉监理合同约定作为监理服务费用的认定标准，结合建设工程监理的相关规范，证明监理单位提供监理服务不符合合同约定和相关规定要求，指出监理单位诉请不能成立。本案中，法院最终酌定业主单位支付62.93万元监理费。

从本案可以看出，建设工程监理合同纠纷代理思路不同于施工合同纠纷（及分包合同纠纷），后者通常围绕工程价款、索赔、工程质量等争议，而前者涉及监理服务期限、监理费计算公式、监理服务是否到位以及隐蔽工程旁站记录等监理规范。从某种意义上来说，代理监理合同纠纷案件更需建设工程专业知识背景。因此，本章拟通过对本案的回顾与复盘，总结代理监理合同纠纷类案的四大要点，以期为代理建设工程监理合同纠纷类案提供有益参考。

案情概述

2010年8月20日，监理单位通过招投标方式与业主单位签订《建设工程委托监理合同》，约定由监理单位为业主单位某营业大楼工程提供监理服务。监理服务期限为16个月，合同自签发工程开工令之日开始至承接范围内所有工程竣工验收完毕时结束。监理费率为2.425%，监理费率一次性包死，不再调整。合同总价＝概算造价2000万元×监理费率＝48.50万元（人民币）。合同总价根据实际工程结算价按实结算。合同第二部分第36条约定，"监理人由于非因自己的原因而暂停或终止执行监理业务，其善后工作以及恢复执行监理业务的工作，应当视为额外工作，有权得到额外的报酬"。第三部分专用条款第4条进一步明确监理范围及监理工作内容。第39条对监理费用计取约定"监理费率一次性包死，不作任何调整……被监理部分的工程造价以招标人与施工承包人的结算价为准（非监理方责任引起的监理服务期超期费用按监理结算价格的平均月监理费计算）""额外工作：业主单位不再另行支付额外费用""停工期间不计取酬金"。附加协议条款约定"监理人在投标时承诺的监理工程师及驻现场监理机构人员和主要检测设备必须按工程进度及时到位，监理人员必须在岗，不得擅自更换，到岗以施工现场指纹考核为依据；总监理工程师到岗以天为统计单位，其他监理人到岗以半天为统计单位；总监理工程师月到岗不足21天，或监理人员发生违纪违法等严重失职行为的，或工程出现重大事故的……业主单位有权单方中止合同，不支付监理酬金，同时监理人赔偿业主单位由此造成的全部损失；总监理工程师月到岗不足25天或其他监理人员月到岗不足27天，或者监理人员擅自更换的，每人次扣除监理费伍仟元……"

另外,监理单位在招投标文件、监理大纲中承诺每日填写监理日志,向业主单位提交监理周报、月报,以及监理人员到岗率,其中,总监月到岗不低于25天,其他监理人员月到岗不低于27天,对列入旁站计划或按规定须进行旁站的关键部位、关键工作,保证监理人员全过程在场。招标文件列明拟任监理人员有总监李某、安装监理工程师张某1、土建监理工程师赵某、监理员张某2。

监理合同签订后,工程于2011年3月8日开工,进行土建项目施工。

2012年4月17日,应市政府要求,业主单位要求将门窗材料由普通铝合金更换为断热铝合金,通知施工单位某建设公司暂停施工。其后开展门窗重新设计、议价、协商补偿,监理单位组织协调会议,并进行了节能验收、审核等工作。施工单位因此申请工期延期7个月。因门窗更换造成损失8万元,各方达成一致意见:"因责任比较复杂,程序较为烦琐,由施工单位承担10%即8000元,由监理单位承担5%即4000元,由预算单位负担2.5%即2000元,其余66000元由业主负担",在支付预算费时扣回。

后工程继续施工,土建工程、装修工程、绿化项目等关键线路施工间隔期仍有涂料、电气、消防等其他项目施工、验收。

2014年12月12日,由监理单位主持召开初步验收会议,梳理出29项整改问题,并要求各专业施工单位完成整改后报监理复查,经复查合格后报业主单位组织竣工验收。

后工程于2016年1月11日竣工验收合格,工程结算价为2488.2476万元。

业主单位向监理单位支付监理费388,938元,已扣除需业主单位承担的4000元材料损失(实际支付384,938元)。

后双方多次协商监理费,监理单位于2018年1月15日向业主单位发送监理费结算单,监理期间自2010年8月20日至2014年12月8日,主张监理费155.3278万元;2020年2月24日,监理单位通过微信方式向业主单位员工叶某发送监理费结算单,主张监理期间自2010年10月20日至

2016年1月11日，并对开工前及初验后的监理费按监理费率50%计算，主张监理费163.8126万元。业主单位员工叶某反馈意见，监理期限自2011年3月8日至2014年12月12日，但要求扣除门窗材料更换的停工时间半年以及土建竣工验收至装修工程开工期间的停工时间5个月。后监理单位于2020年11月13日再次反馈意见，双方未达成一致意见。

因双方多次协商监理费不成，监理单位诉至玉环市人民法院，主张监理工程于2011年3月8日开工，并于2016年1月11日竣工验收，实际监理服务期限为58个月，要求业主单位支付工程监理费179.84万元及相应利息。

争议焦点

本案审理过程中，笔者代理业主单位向法庭提出实际监理服务期限，监理单位存在监理日记、周报、月报制度未落实，监理人员到岗率不足及代签字，擅自变更监理人，旁站监理，隐蔽工程监理记录缺失等问题，引起法庭重视。据此，法庭归纳争议焦点如下：

1. 实际监理服务期限的认定，包括监理服务起止时间及业主单位主张停工期间的认定。

2. 监理单位是否妥善履行监理职责？监理单位是否存在实际监理服务期限，监理单位存在监理日记、周报、月报制度未落实，监理人员到岗率不足及代签字，擅自变更监理人，旁站监理，隐蔽工程监理记录缺失等问题。

代理思路

笔者接受业主单位委托后，围绕监理单位实际监理服务期限与履职情况两大事实，通过可视化说明、大量举证、书面申请责令提供证据等方式，向法院证明案涉监理服务期限仅12个月24天，并非监理单位所称58个月，以及监理单位存在监理日志、周报、月报缺失，监理人员到岗率不足、擅自变更监理人员、部分监理记录缺失等事实。根据案涉监理合同约定，实际服务期限在约定合同期内，属额外工作，不计费用。同时，监理工委未按照约定及相关监理规范尽到职责,应予扣减实际监理费用。故此,监理单位诉请及理由均不能成立。

围绕本案争议焦点,本案代理要点为:

一、本案监理服务期限仅为约定合同期16个月,监理单位所主张合同期以外的部分属于额外工作,并非延长合同期

1. 案涉监理合同第一部分第5条约定"监理服务期限:16个月",即本案合同期内的监理服务期为16个月。

2. 本案合同期以外的期限属于额外工作,不属于延长合同期。

(1) 案涉监理合同标准条件第25条约定:"监理人的责任期即委托监理合同有效期。在监理过程中,如果因工程建设进度的推迟或延误超过书面约定的日期,双方应进一步约定相应延长的合同期。"此即明确延长合同期以双方进一步约定为前提。同时,根据监理合同标准条件第32条"在委托监理合同签订后,实际情况发生变化,使得监理人不能全部或部分执行监理业务时,监理人应当立即通知业主单位"、第34条"变更或解除合同的通知或协议必须采取书面形式,协议未达成之前,原合同仍然有效"之约定,延长合同期需监理单位前置履行通知义务,并以签订书面协议作为变更的要式条件,而本案中监理单位没有通知,双方也没有进一步约定另外签订书面协议,故本案约定合同期没有变更,不存在延长合同期。

(2) 监理合同标准条件第36条约定:"监理人由于非自己的原因而暂停或终止执行监理业务,其善后工作以及恢复执行监理业务的工作,应当视为额外工作,有权得到额外的报酬。"

本案中,案涉项目的停工、关键线路工程之间的衔接空档期,均不是因监理单位自己的原因暂停或终止执行监理业务,且因工程停工召开的例会、复工后配合签章文件资料,均系监理单位的善后工作以及恢复执行监理业务的工作范畴,符合约定的额外工作,故合同期以外的期限实为额外工作。

3. 因此,本案约定合同期内的监理服务期限16个月即2011年3月8日至2012年7月8日,而在合同期内,2012年4月17日至2012年11月

16日停工期间属于额外工作部分,故实质上2012年4月17日之后的期间均为额外工作,实际监理服务期仅为2011年3月8日至2012年4月17日(见图11-1)。

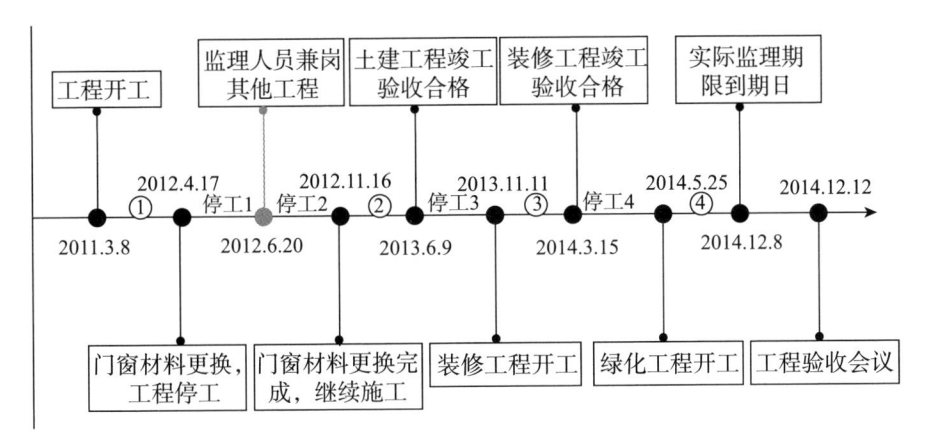

图11-1 本案工程及所涉事实时间轴

因此,根据图11-1梳理的案涉事实,案涉实际监理服务期间仅为图11-1中标号①的时间段。

二、额外工作、停工期间均不计取费用或酬金,本案仅能在约定合同期内计取实际监理服务期的监理报酬,监理单位的诉请和理由不能成立

1. 监理合同专用条件第39条第3款约定:"额外工作:业主单位不再另行支付额外费用。"第4款进一步约定:"停工期间不计取酬金。"

2. 本案存在多段停工的事实,均有相应证据可以证实。假设贵院不能认定2012年4月17日之后为额外工作不支付费用,但2012年4月17日之后的停工期间也不应计取酬金。

3. 因此,本案可以计取监理费用的期间实质上即2011年3月8日至2012年4月17日(图11-1中标号①的时间段,12个月24天),据此计算实际监理费用应为48.17万元,业主单位已支付38.8938万元。

三、监理单位监理履职不尽责,实际监理费用应予扣减

监理单位没有按照监理合同约定及相关法律规定妥善履行监理职责。

其一,根据案涉《招标文件》第3~6条、《监理工程委托监理合同》专用条件第4条、《监理大纲》第2条及监理规范相关法律,监理单位应

当规范编制和保管监理日志、监理月报、监理例会、旁站记录等必要监理资料及原始凭证。但本案中，经多次向法庭申请监理单位提交上述资料，监理单位明确表示无法提供上述资料及原始凭证，这可以说明监理单位没有按约合规地进行监理。

其二，在合同期内，监理人员现场到岗率不足，且相关文件资料上的签章混乱，存在代签，甚至存在非本案监理人员签字的情况。

其三，监理单位提供的《监理业务手册》及《监理工作总结》均系为业绩证明、编制资料所套用的示范模板，其上记载内容明显不符合客观事实，无法证明监理单位已尽到监理职责。

因此，监理单位不仅没有监理到位，且违法违规履职，应予扣减实际监理费用。

本案中，监理单位抗辩称实际监理服务期限为58个月（2011年3月8日开工至2016年1月11日竣工验收），且已尽到监理职责。本案一审法院经审理，采纳了笔者的观点，对案涉实际监理服务期限以及监理单位是否已妥善履行监理职责的事实进行审慎认定，最终酌定业主单位支付62.93万元监理费，并驳回监理单位的其他诉讼请求。本案一审判决后，监理单位并未提起上诉。

本案一审法院认为：

原告、被告之间的委托监理合同依法定程序成立，合法有效，对双方均具有约束力。合同约定了监理期间、监理范围，并明确约定非因监理方责任引起的监理服务期超期费用计算办法，在合同约定的监理期到期后，被告实际按照约定的监理范围继续履行监理合同，有权要求按照合同约定计算监理费。原告履行监理合同存在瑕疵，被告有权要求减少价款。

关于到岗率不足问题，合同约定"总监理工程师月到岗率低于21天的，委托方有权单方中止合同，不支付监理酬金，总监理工程师月到岗不足25天或其他监理人员月到岗不足27天，或者监理人员擅自更换的，每人次扣除监理费伍仟元……"被告未行使合同解除权，监理人员继续履行合同，被告现要求不支付监理人员兼岗后的监理费并无合同依据，本院不予支持。

原告无法证明到岗率符合合同约定，被告亦无法量化被告未到岗天数并适用违约责任条款，本院综合考量原告的履约瑕疵情况，对门窗材料不符合要求导致工期延误的失察责任比例，初验后29个整改问题可能存在的复查、提交验收工作，以及被告主张的"停工期"即关键线路施工间隔期（约14.5个月），监理工作相对较轻等客观情况，酌定在监理期间自2011年3月8日至2014年12月12日（约45个月）计算的基础上，扣除18个月的监理费作为原告承担的违约责任，按27个月计算监理费用。工程结算价为2488.2476万元，因此监理费为62.93（2488.2476×2.425%÷16×27－38.8938）万元，原告要求被告支付自起诉之日起按全国银行间同业拆借中心公布的贷款市场报价利率计算的利息损失，符合法律规定，本院予以支持。

裁判结果

玉环市人民法院于2021年10月25日作出（2021）浙1021民初××××号一审民事判决：

1. 限被告浙江玉环某银行股份有限公司于本判决生效之日起10日内向原告浙江某工程管理咨询有限公司支付监理费62.93万元，并按全国银行间同业拆借中心公布的贷款市场报价利率支付自起诉之日起至实际履行之日止的利息损失。

2. 驳回原告其余诉讼请求。

本案一审判决作出后，各方均未提起上诉，本案判决已生效。

复盘研析

基于本案实践，笔者曾总结建设工程监理合同纠纷办理四要点。[①] 下文将在该总结基础上进行适当拓宽与更新，以便读者阅读更加清晰。但因建设工程监理合同纠纷在实务中数量较少，本案亦是笔者代理为数不多的

---

① 参见洪加、徐先宝等：《办案札记：经办建设工程监理合同纠纷案件"四要点"》，载微信公众号"北京中银台州律师事务所"2022年2月16日，https：//mp.weixin.qq.com/s/DA53OonBL5zdrIH6IrMLUA。

监理合同纠纷案件。因此，在总结监理合同纠纷案件的代理要点时，行文难免有缺、粗、漏之处，谨供实务界同人批评指正。

建设工程是百年大计，工程质量是建设工程的重中之重，而监理单位在工程施工过程中的各环节质量问题把关上具有至关重要的地位。因此，监理单位肩负着建设工程质量安全的重要使命，而具体到建设工程监理合同纠纷类案中，监理单位按照合同约定及相关监理规范妥善履行监理职责是发挥监理作用的应有之义。以本案为例，监理单位履职不到位系作为扣减监理费用的约定事由之一，但跳出个案之外来看，如果监理单位履职不到位，无疑会使所涉工程质量安全问题存在隐患。因此，厘清建设工程监理合同纠纷类案的要点，不仅在个案中具有精准维护当事人合法权益的现实作用，并且在工程领域中具有敦促监理单位妥善履职、保障工程质量的重要意义。因此，笔者以本案为例，总结出以下四方面的代理要点。

一、全面细致地把握案件事实

建设工程案件通常牵涉主体众多、情况错综复杂，每一个看似次要的情节都有可能成为"牵一发而动全身"的关键。因此，笔者认为，建设工程领域中细分的任何一类案件，均有必要全面地、细致地、深入地了解案情。笔者建议，在了解建设工程案件基本事实时，应当遵循"全面性、细节性、深刻性"三大基本原则，从"了解基本事实"到"理解基本事实"，通过阅读证据材料、对所涉案件背景进行尽调、与委托人沟通等基本方法，对所涉案件事实形成全局掌握。

以本案为例，笔者在接受业主单位委托后，经与业主单位初步沟通，笔者带领团队阅读案卷材料，先行从业主单位提供的证据材料中了解本案事实概况，在此基础上，再进一步与业主单位充分沟通，对所涉案件细节以及不明之处进行进一步的核实与确认，同时对案件所涉交易背景进行简要调查，以便快速、精准地理解本案事实全貌（见表11-1）。

表 11-1 本案事实梳理过程

过程		具体事实
通过与委托人初步沟通及阅读案卷材料，初步概括本案基本事实	1	2010年8月20日，监理单位通过招投标方式与业主单位签订《建设工程委托监理合同》，约定由监理单位为业主单位某营业大楼工程提供监理服务；监理服务期限为16个月（合同自签发工程开工令之日开始至承接范围内所有工程竣工验收完毕时结束）；监理结算价格=被监理部分的工程造价×监理费率（监理费率一次性包死，不作调整）；被监理部分的工程造价以招标人与施工承包人的结算价为准（非监理方责任引起的监理服务期超期费用按监理结算价格的平均月监理费计算）；合同另对监理费支付、监理范围、监理职责等做了约定
	2	案涉工程开工至竣工验收合格期间远超出约定监理服务期限
	3	监理单位认为实际监理服务期限为58个月，扣除已支付监理费之后，要求业主单位支付工程监理费179.84万元及相应利息。因双方多次协商监理费不成，遂成讼
经与委托人进一步沟通与核实，补充本案事实细节	1	案涉工程施工过程中存在多段停工期间
	2	监理单位存在监理人员到岗率不足、代签、乱签、兼岗等履职不到位的情况

从表11-1可见，通过全面深入的梳理案情，笔者快速找到本案突破口——监理单位所主张的实际监理服务期限58个月不能成立，因为案涉工程存在多段停工期间，案涉实际监理服务期限尚待梳理（可参见本章"代理思路"部分所展示的图11-1）；监理单位履职不到位的情况有相应证据予以佐证，应据此扣除相应监理服务费用。

以本案事实为根据，再结合案涉监理合同约定，本案破解思路便呼之欲出。

二、紧扣监理合同约定

在研究案涉关键证据监理合同时，应重点关注以下几方面的约定：

（一）关于监理费计算规则的约定

工程监理合同纠纷常因监理单位诉请要求支付监理费涉讼，故约定监理费计算规则条款是研究重点。案涉监理合同约定"监理费率一次性包死，不作任何调整……被监理部分的工程以招标人与施工承包人的结算价为准(非监理方责任引起的监理服务期超期费用按监理结算价格的平均月监理费计算)""监理人由于非因自己的原因而暂停或终止执行监理业务,其善后工作以及恢复执行监理业务的工作,应当视为额外工作,有权得到额外的报酬""额外工作:业主单位不再另行支付额外费用""停工期间不计取酬金"。

基于此,提炼出案涉监理费计算公式为:

实际监理服务费用=平均月监理费×实际监理服务期限

平均月监理费=工程造价×监理费率÷约定监理期限(16个月)

分析可知,工程造价、监理费率、约定监理期限及平均月监理费均为定量,而实际监理服务期限为变量,因此,实际监理服务期限为案涉监理服务费的决定因素,应进一步根据实际监理服务期限有关约定作出事实上及适用上的有利解释。

(二)关于监理服务期限的约定

案涉监理合同约定"监理服务期限:26个月""监理范围自签发工程开工令之日开始至承接范围内所有工程竣工验收完毕时结束。"

对于上述有关监理服务期限约定的条款如何作出有利解释?首先,应结合案涉监理合同上下文约定。案涉监理合同关于"额外工作"及"停工期间"约定:"监理人由于非因自己的原因而暂停或终止执行监理业务,其善后工作以及恢复执行监理业务的工作,应当视为额外工作,有权得到额外的报酬""额外工作:业主单位不再另行支付额外费用""停工期间不计取酬金"。

其次,进一步分析可知,案涉监理服务期限的正确理解应是:实际监理服务期限系指监理单位实际提供监理服务的期限,该期限可能在合同约定监理服务期间之内,其跨度亦可能超出合同约定监理服务期间之外。如果实际监理服务期限超出合同约定监理服务期间,则应区分为三部分,进而确定实际监理服务费:

在合同约定监理服务期间内的部分,按照合同约定确定监理服务费;

超出合同约定监理服务期间的部分,根据案涉监理合同关于"额外工作"的约定，该部分属于额外工作，不属于约定延长合同期①，不再另外计算额外报酬；

如果所涉监理服务期限内存在停工的，应予扣除停工期间后认定实际监理服务期限。

关于实际监理服务期限的认定与理解，笔者在下文中详细阐述，在此先不展开。

（三）关于监理范围及监理工作内容的约定

监理范围及监理工作内容系监理合同的基本组成要素。比如，案涉监理合同明确约定了监理范围及监理工作内容，并进一步对监理人员到岗率、总监理工程师月到岗、监理人员擅自更换等监理工作要求作出细化约定，且将该监理工作要求作为违约责任的事由之一。

除监理合同本身之外，与监理合同相关的招投标文件、监理大纲等文件和监理合同约定监理范围及监理工作内容互为补充与完善，均作为约束双方权利义务的依据。如案涉招投标文件及监理大纲中，监理单位对每日填写监理日志，向业主单位提交监理周报、月报，监理人员到岗率，旁站计划或按规定需进行旁站的关键部位、关键工作等作出履职承诺，但在案涉工程实际施工过程中，现有证据显示，监理单位并未做到以上承诺。

据此，在本案中，可以基本锁定证明实际监理服务期、额外工作、停工期间、监理人员履职不到位等事实作为本案有利的举证方向与答辩方向，该等事实真伪亦为本案裁判者审查之重点。

此外，值得一提的是，以上所列监理费计算规则、监理服务期限、监理范围及监理工作内容三大约定内容，通常系组成建设工程监理合同的基本构架。在代理建设工程监理合同纠纷案件时，无论讼争标的为何，均应重点关注这三方面约定内容，以便在个案中快速寻求突破。

三、正确理解实际监理服务期限

承前所述，根据案涉监理服务费用的计算规则，确定实际监理服务费

---

① 案涉监理合同约定，延长合同期需双方书面另行确定。

用的关键在于确定案涉实际监理服务期限。实际监理服务期限系指监理单位为所涉工程提供监理服务的实际期限，该期限起止时间点根据具体个案而有所不同，通常约定以工程开工日作为起点，以工程竣工验收之日作为终点。但笔者认为，不应拘泥于当事人约定，而应实质审查以确定实际监理服务期限。根据监理服务期限的定义，以监理单位开始提供监理服务之日作为起点、以监理单位无须提供监理服务或不再提供监理服务之日作为终点较为妥当。

监理服务起止时间系确定监理服务期限的基本尺度，关于监理服务起止时间的确定，应从两方面进行认定：其一，根据所涉监理合同约定认定。如案涉监理合同约定监理服务期限："自签发工程开工令之日开始至承接范围内所有工程竣工验收完毕时结束"。本案中，双方对工程开工之日均无异议，故双方讼争点在于如何认定"所有工程竣工验收完毕"，这就涉及如何理解案涉工程竣工验收完毕的问题。其二，从客观事实上进一步认定监理服务期限。本案中，是以案涉工程竣工完毕之日作为终点，还是以案涉工程验收备案之日作为终点？案涉监理单位主张以竣工验收备案时间（2018年1月11日）作为监理服务期限终止，但笔者认为，应从监理单位何时结束监理服务或无须再提供监理服务的角度实质判断监理服务期限终点。笔者在本案中向法庭提供了一份关键证据，即监理单位向业主单位发送的一张工程监理费结算单，其中监理单位载明监理期间计算至2014年12月12日（案涉工程初验日期），同时，经法庭询问，监理单位无法明确说明初验后至验收期间（监理单位主张其提供监理服务至2016年1月11日）的工作内容并提供相应证据，与其起诉主张不一致，又未能作出合理解释，因而应作出对监理单位不利的认定。对此，法庭采纳笔者观点，采取实质认定的思路，认为案涉工程于2014年12月12日初步验收后，监理单位没有提供也无须提供监理服务，故以此作为监理服务期限的终点。

监理服务起止时间确定的从开始提供监理服务时到结束监理服务时的时间跨度，不必然等于实际监理服务期限。因为考虑工程施工中的不确定因素，并非所有时段内监理单位均提供监理服务。比如，发生停工事实时，监理单位可能不提供监理服务；在停工时间较长的情况下，监理单位提供监理服务期限不应包含停工期间。本案中，案涉工程施工过程中存在分项、分部工程之间的空档期、门窗材料更换导致施工单位申请停工期等停工事实，笔者在向法庭提交相应证据的基础上，以本案工程施工节点可视化（见图11-1）方式呈现实际监理服务期限，以便法庭快速厘清案涉工程施工各节点以及直观体现停工事实。

此外，应当指出的是，当实际监理服务期限超出合同约定期限时，应当根据所涉监理合同约定辨别是否应区分合同内期限与合同外期限的不同计算方式，因为并非实际监理服务期限的所有时段均应计算监理费用。如果案涉监理合同约定超出合同约定期限外的部分属于额外工作，就不另外计取报酬。当然在具体个案中，应当根据具体所涉监理合同约定进行确定与辨别。

四、关注监理单位是否妥善履职

工程监理应当依照法律、行政法规及有关的技术标准、设计文件和建筑工程承包合同，对承包单位在施工质量、建设工期和建设资金使用等方面，代表建设单位实施监督。监理单位是否妥善履职，不仅涉及监理单位违约责任，更关乎工程质量安全问题。因此，在建设工程实践中，合同约定以及相关监理规范规定往往对监理单位工作范围及相应职责作出严格要求。

在梳理本案相关事实时，笔者发现案涉监理单位至少存在三方面履职不到位的情况：一是案涉监理单位未落实监理日记、周报、月报制度等职责；二是存在监理人员到岗率不足、代签字、擅自变更监理人员等问题；三是缺失旁站监理、隐蔽工程监理记录等重要文件。这显然与案涉监理合同、招投标文件、监理大纲及监理规范相关法律法规相违背。

针对此，案涉监理单位提交监理工作总结、监理服务手册进行反驳，但监理工作总结系监理单位单方制作，虽记载旁站监理达百余次、隐蔽工程记录完整，但并无现场记录相印证；至于监理业务手册，系双方为办理房产证而出具，其中内容多为格式化，不具有证明监理工作履职到位的客观性。为此，笔者要求法庭责令监理单位进一步提供旁站记录等现场记录，但监理单位未提供。根据证据规则及监理单位履约瑕疵可能导致工程质量的严重危害性，法庭最终认定监理单位履职失职，并在此基础上酌定扣减监理费用。

第十二章 以建设工程施工权为居间内容的中介合同合法性与有效性问题之辨析

——余某诉林某、浙江某建设集团有限公司、上海市某开发集团有限公司中介合同纠纷案

本章提要

《民法典》第961条对中介合同作出定义:"中介合同是中介人向委托人报告订立合同的机会或者提供订立合同的媒介服务,委托人支付报酬的合同。"在当前建设工程领域中,因市场信息不对称及资源不平衡,衍生出建工项目的居间业务,其中居间内容多为提供有偿的工程信息,按照《民法典》第963条[①]之规定,如据此促成合同成立,委托人应按约支付报酬,如未促成合同成立,则中介人报酬请求权不能成立,根据《民法典》第964条[②]之规定,中介人仅享有必要费用请求权。故此,约定居间内容在不违反法律法规之强制性规定的情况下,以是否促成合同成立的结果作为判断中介人报酬请求权是否成立的标准,是当前司法实践中类案处理的基本裁判规则。

[①] 《民法典》第963条规定:"中介人促成合同成立的,委托人应当按照约定支付报酬。对中介人的报酬没有约定或者约定不明确,依据本法第五百一十条的规定仍不能确定的,根据中介人的劳务合理确定。因中介人提供订立合同的媒介服务而促成合同成立的,由该合同的当事人平均负担中介人的报酬。中介人促成合同成立的,中介活动的费用,由中介人负担。"

[②] 《民法典》第964条规定:"中介人未促成合同成立的,不得请求支付报酬;但是,可以按照约定请求委托人支付从事中介活动支出的必要费用。"

第十二章　以建设工程施工权为居间内容的中介合同合法性与有效性问题之辨析

本案系一起典型的中介合同纠纷案件。案涉中介合同系以建设工程施工权作为居间内容，合同签订方为：甲方余某，乙方林某、浙江省某建设集团有限公司（以下简称某建设公司），但某建设公司并未在合同上盖章确认。合同主要内容为，约定余某为乙方获取案涉工程施工权提供中介服务，并约定居间报酬为人民币400万元。本案中，余某以某建设公司为被告主张居间报酬请求权，后又追加林某为共同被告，追加上海市某开发集团有限公司（以下简称某开发公司）为第三人。

笔者接受林某之委托代理本案。案涉中介合同约定的合同目的并未明确系为某建设公司取得施工权还是为林某取得施工权，这就涉及案涉约定居间内容的合法性与有效性问题。因此，本案在抗辩原告余某居间报酬请求权是否成立之前，应先考察案涉中介合同的根本目的系为案涉某建设公司还是林某提供居间服务、是否实际提供了居间内容、所提供的居间内容能否达到促成案涉建设工程施工合同签订的程度等关键要素。根据在案证据，案涉工程系必须经招投标的项目，且案涉某建设公司通过法定招投标程序中标取得案涉工程，鉴于此，根据《招标投标法》及有关强制性规定，案涉中介合同约定内容具有违法性，原告余某居间报酬请求权不能成立。

本案历经一审、二审与再审，一审法院与二审法院均采纳笔者观点，认定案涉中介内容存在违法性以及余某并未实际提供居间服务的事实，不予支持余某的居间报酬请求权。后余某申请再审，浙江省高级人民法院受理余某的再审申请后，因案涉某建设公司提供了案涉工程中标通知书的证据，余某撤回再审申请。

从本案实践中可以看到，建设工程领域中的中介行为必须以合法性和有效性为前提，不得违背法律法规强制性。一审法院、二审法院及再审法院的审判工作有深度、有力度、有温度，以公平正义的理念、穿透式审理的方式对本案进行评判，对案涉中介行为的合法性作出否定性评价，达到了惩戒该类违法居间行为、维护建筑市场秩序的社会效果。这正是本案所揭示的意义所在。

案情概述

2020年9月,原告余某与被告林某签订《居间服务合同(补签)》一份,甲方(委托人):某建设公司、林某,乙方(居间人):余某(原某开发公司实际控制人)。甲乙双方为了发挥双方的优势,根据《合同法》,经双方充分协商,依平等自愿、等价有偿原则,达成如下协议:乙方已接受甲方原口头委托,负责把厂房建设项目(以下简称该工程项目),推荐给甲方,向甲方提供关于该工程项目的重要信息,并最终促成甲方与某开发公司签订该工程项目的施工合同,取得施工权;乙方作为原某开发公司实际控制人负责协调安排现有租户的清退、现有房产的拆除以及该工程项目的报建工作。"居间成功"是指完成上述该工程项目与某开发公司签订总承包合同及上述条款。甲方未签订总承包合同,视为委托事项未完成;乙方必须向甲方提供有关该工程项目前期工作的主要信息,并提供相关的业务咨询服务,对业主方进行有效的协调,并促成甲方取得工程施工权。如果居间成功,甲方应按本合同约定,向乙方按照本合同约定支付居间报酬;合同约定的报酬提取标准为:鉴于乙方已完成上述居间服务合同内容,根据甲乙双方原口头约定甲方应无条件支付乙方人民币400万元作为报酬,甲方如果需要居间服务发票,应另外支付开票税金;合同约定的报酬支付方式为:由甲方按乙方实际完成居间服务情况支付报酬;截至本补签合同签订前,乙方已完成所有合同义务,但甲方还有350万元居间服务报酬未支付给乙方。甲方应在2018年10月25日前支付200万元,在2018年12月25日前支付150万元;甲方未按合同支付乙方服务报酬,每日承担万分之五滞纳金,发生一次,支付一次,以此类推。直至乙方应付报酬结清……甲方(盖章)处有林某签名,乙方(签名)处有余某签名,丙方(签字)处有甲方担保人周某签名。

原告诉至法院,要求被告林某、某建设公司按合同支付350万元及滞纳金。

另查明,2018年1月,某建设公司与某开发公司签订建设工程总承包合同一份,双方主要约定,该工程为EPC交钥匙合同,承包人的工作内容

第十二章　以建设工程施工权为居间内容的中介合同合法性与有效性问题之辨析

是为该工程提供勘察、设计、报建、采购、施工、竣工验收、交付、房产证办理、修补其任何缺陷并完成档案与验收工作。该合同开工日期为2018年5月1日，竣工日期2019年3月31日；该工程的总承包合同为固定包干单价合同，固定包干单价按照××××元/m² 出租面积计算，该合同暂定出租面积为××××m²，合同暂定总价为人民币××××万元。该包干单价包含（但不限于）完成该工程内容（从该协议签订之日起的土地现状至取得规划验收合格、消防验收合格、竣工验收合格并取得竣工验收备案证、项目所有证书及政府批文，以及取得房屋产权证书之日止的所有工作内容）所需的人工、材料、机械、管理费、利润、税金（开具增值税专用发票，增值税税率11%）、规费、风险费等全部内容。合同签字页发包人处盖有某开发公司公章及其授权代表私章，承包人处盖有某建设公司公章及其授权代表签名。

2018年5月22日，被告林某转账给原告余某50万元，附言：往来款。

2018年6月15日，某开发公司名称变更。

2018年8月，被告某建设公司与第三人某开发公司签订建设工程施工合同一份，第三人为发包人，被告某建设公司为承包人，双方主要约定："一、工程概况。1. 工程名称：××××产业园高端定制厂房项目；2. 工程地点：嘉善县××××……5. 工程内容：××××及附属工程；6. 工程承包范围：土建、安装及附属工程。二、合同工期计划开工日期2018年9月10日，计划竣工日期2019年8月6日。……四、签约合同价与合同价格形式。1. 签约合同价为：人民币18,716.2万元……五、项目经理：承包人项目经理李某。"合同签字盖章处有发包人第三人某开发公司的公章及委托代理人签名，承包人处盖有某建设公司公章及其授权代表私章。

2018年8月20日，被告某建设公司出具施工现场已具备开工条件确认书。

争议焦点

本案一审争议焦点为：

原告余某为谁中介及中介的内容是什么？

本案二审争议焦点为：

1. 案涉某建设公司应否支付案涉居间服务费。
2. 案涉林某应否支付案涉居间服务费。

代理思路

本案原告余某先以某建设公司为被告提起诉讼，后又追加林某为共同被告，以及追加某开发公司为第三人。原告余某诉称："一、根据案涉《居间服务合同（补签）》约定由原告把案涉工程项目推荐给被告，并促成被告与某开发公司签订该工程项目的施工合同，取得施工权。原告已完成相应合同义务，被告应向原告支付人民币400万元。二、在案涉合同签订前，林某已支付50万元，被告尚有350万元未支付，因此，案涉合同约定2018年10月25日前支付200万元，2018年12月25日前支付150万元。三、至本案起诉之日，被告仍未将350万元支付给原告，已构成违约。因此，原告余某向嘉兴市嘉善县人民法院提起诉讼，要求被告立即向原告支付350万元，并立即支付滞纳金（截至2021年3月2日暂计算为1,454,750元，之后继续以350万元未还部分为基数，按照每日万分之五继续计算至实际付清之日止）。"

笔者接受林某之委托代理本案。本案审理过程中，笔者向法庭指出，原告真实意思系为某建设公司提供居间服务，而非为林某提供居间服务。即便原告系为林某提供居间服务，但林某并未取得案涉工程施工权，且林某作为个人无法取得案涉工程施工权，案涉居间合同约定具有违法性。另外，余某并无证据证明其实际提供了居间服务内容，案涉约定400万元居间报酬畸高，因此，林某主张居间报酬请求权不能成立。具体代理意见如下：

一、被告林某并非案涉合同的相对主体，原告真实意思系与某建设公司缔结案涉合同，即期望为某建设公司提供居间服务，而不是为林某提供居间服务，因此，原告主张林某支付居间费用没有事实根据。

（一）首先，从事实上看，被告林某不是案涉合同的相对主体。

第十二章　以建设工程施工权为居间内容的中介合同合法性与有效性问题之辨析

1. 案涉合同形式及内容均体现某建设公司是合同相对方。

（1）案涉合同抬头载明"甲方（委托人）：某建设公司"，末尾落款处载明"甲方（盖章）"。

（2）其中第1.1款约定"……并最终促成甲方与某开发公司签订该工程项目的施工合同，取得施工权"，第1.3款约定"……甲方未签订总包合同，视为委托事项未完成"，可见，案涉合同形式及约定内容均以某建设公司为合同相对方。

2. 原告方先以某建设公司为被告主张居间报酬，但在某建设公司明确表示对原告方所称居间服务不知情以及原告方确实无法提供相应证据的情况下，原告方又申请追加林某为被告。这一系列行为可以表明，尽管案涉合同上有林某签字，但原告方仅认为某建设公司系案涉合同相对主体，林某并非案涉合同相对方，故原告先以某建设公司为被告提起诉请，而原告方在认为无法从某建设公司获取所主张居间费用的情况下，从而又追加林某为被告，显然仅系为谋取居间费用。

3. 根据原告方申请的证人陈某在庭审中的再三陈述，提供居间服务目的是促成某建设公司与某开发公司签订总承包合同或施工合同，并非为林某取得施工权。

4. 被告林某在案涉合同上签字，系为自身取得施工权之目的，而原告方提供案涉合同文本并要求被告林某签署之真意，系期望通过林某与某建设公司签署案涉合同。并且原告方也未有证据证明实际向林某提供过任何居间服务。因此，林某并非案涉居间关系（假设真实存在）的实际相对方，案涉合同虽有林某签字，但仅是双方虚伪意思表示。

因此，被告林某不是案涉合同或案涉居间关系（假设真实存在）的相对主体，原告诉请被告林某支付居间报酬没有事实根据，不能成立。

（二）综合前述，原告真实意思系为促成某建设公司与某开发公司签订案涉项目工程施工合同，案涉合同缔结归属系某建设公司。

但根据本案已经查明的基础事实，某建设公司与某开发公司于2017年下半年即开始接洽商谈，并于2018年1月签署施工合同，但原告方证人陈某却反复陈述在2018年上半年提供所谓居间服务，以及在收到林某

· 261 ·

50万元以后开始提供居间服务，基于这两个重要事实，可知原告方主张提供居间服务的事实在时间逻辑上根本不能成立。况且，某建设公司与某开发公司系基于双方此前项目已经合作的基础上，某建设公司已在某开发公司供应商名录里，并在2017年下半年经磋商、洽谈后双方签署案涉项目施工合同。因此，某建设公司与某开发公司签订施工合同的结果与原告所主张提供居间服务不存在任何因果关系。

基于此，根据《民法典》第963条之规定，原告诉请某建设公司支付居间报酬亦不能成立。

综上，原告无论以林某还是某建设公司作为索求居间报酬的主体，其居间报酬请求权均不能成立。

二、假定原告认为是为林某提供居间服务，但林某并非实际施工人，原告也并未促成林某获得实际施工权，故原告诉请林某支付居间报酬不能成立。

1. 原告没有实际向林某提供过居间服务。原告仅依据案涉合同即主张其已经提供居间服务，无法达到高度盖然性的证明标准，且原告也未提供直接证据予以证实，同时根据法庭调查时案涉各方的陈述，应当确定原告并未实际提供过任何居间服务。

2. 林某并非案涉项目的实际施工人，这一事实经法庭质询、某建设公司陈述及某开发公司答辩均可以认定。假设原告为林某提供过居间服务，但最终并未帮助林某取得实际施工权，故原告也无权要求林某支付居间费用。

3. 至于原告提供陈某与林某通话录音、《嘉善县建设工程质量安全监督备案数据库》、《某建设公司项目管理机构情况登记表》、《限期整改通知书》等资料，只能证明林某在2018年8月为取得案涉项目施工权而为某建设公司在案涉项目所在地进行相关手续的办理、联络，但不能直接推定林某是实际施工人。结合案涉项目施工许可证于2018年8月21日办理的事实以及庭审中某建设公司的陈述，可以佐证在2018年8月，林某希望通过帮助某建设公司获取承包而从中谋利，以及某建设公司希望通过林某在案涉项目所在地的人际关系实现快速办证的事实。因此，原告提供证

第十二章　以建设工程施工权为居间内容的中介合同合法性与有效性问题之辨析

据不能证明被告林某是实际施工人。

因此，林某并非案涉项目实际施工人，假定原告是为林某提供居间服务，原告也并未促成居间目的，其诉请居间费用不能成立。

三、假定原告提供居间服务促成林某取得实际施工权，但原告所提供居间内容违法，案涉合同无效，原告诉请居间报酬请求权不能成立。

根据《民法典》、《建筑法》、《最高人民法院关于审理建设工程施工合同纠纷案件适用法律问题的解释（一）》或当时《合同法》、当时《最高人民法院关于审理建设工程施工合同纠纷案件适用法律问题的解释》等相关法律规定，将工程转包或分包给没有资质的个人均系违反法律法规的强制性规定，当属无效行为。

本案中，假定原告确实提供了居间服务，且所提供居间服务促成了林某取得实际承包权，但原告所提供居间内容因违反法律法规的强制性规定而无效，案涉合同是约定居间内容的载体，亦属无效，因此，原告基于案涉合同所主张的居间报酬乃非法请求，不能成立。

此外，慎重审查原告所提供居间内容的合法性是认定中介合同有效性以及居间报酬合理性的前提。本案中，如原告通过居间形式包装违法承包行为，并意图从中渔利，这类行为不仅严重扰乱建筑市场，而且违背法律法规强制性规定。为维护社会公序良俗，法庭应当对这类行为作出严厉的否定性评价，遏制因该类行为谋利的违法乱象，通过司法的规范与指引作用，正确引导和弘扬社会主义核心价值观。

四、案涉合同约定的居间报酬本身极其不合理，不应支持。

首先，案涉项目工程总价仅1.8亿元，而案涉约定居间报酬却高达400万元，居间费用比例达到案涉项目工程总价的2.2%。立足建设工程行业实际，建筑工程利润率极低，通常平均利润仅有1%，因此，案涉居间报酬比例如此之高明显不合理，而原告方在庭审中所述"居间拿2到5个点很合理"显然系违背建筑市场规律所作的恶意抗辩。

其次，原告方从始至终都未提供证据证明其提供的居间服务内容，故约定如此高昂的居间报酬与原告实际付出（假设存在）不能对等，有违公平和诚信原则，不应支持。假设存在居间服务，贵院也应不予支持或予以调减。

此外，林某在原告并未实际提供任何居间服务的情况下已支付50万元，对该笔50万元原告应属不当得利，对此被告林某保留向原告追索返还该50万元的权利。

本案一审审理过程中，被告某建设公司答辩称其是第三人某开发公司土建总承包供应商名录内的企业，案涉工程系其法定代表人与第三人某开发公司多次洽谈后订立施工总承包合同，其承建案涉项目并未经任何人提供中介服务。此外，其从未与原告余某签订案涉《居间服务合同（补签）》，该合同签署方林某与其无关，林某签字的行为对其不具有约束力，原告诉状所述的款项支付也非其所为，请求法院依法驳回原告对其的全部诉讼请求。第三人某开发公司答辩称其未参与到余某与某建设公司、林某之间有关案涉居间合同协商、签订、履行过程之中，并非中介合同的当事人。

本案一审法院经审理，采纳了笔者的观点，认为案涉中介合同约定有违公序良俗，判决驳回了原告的全部诉讼请求。一审法院认为：

中介合同是中介人向委托人报告订立合同的机会或者提供订立合同的媒介服务，委托人支付报酬的合同。中介人未促成合同成立的，不得要求支付报酬，但可以要求委托人支付从事居间活动支出的必要费用。本案争议焦点为原告余某为谁中介及中介的内容是什么。结合本案，根据被告某建设公司与第三人某开发公司的陈述，双方签订建设工程施工合同并无中介人介绍，原告余某也没有提供向委托人报告订立合同的机会或者提供订立合同的媒介服务的证据。同时，原告余某与被告林某签订的《居间服务合同（补签）》上并无某建设公司盖章确认，原告也没有证据证明被告林某代表了某建设公司，故原告要求某建设公司支付报酬及滞纳金，缺乏依据，本院不予支持。被告某建设公司对此提出的抗辩意见，本院予以采纳。被告林某与原告余某签订《居间服务合同（补签）》的行为，事前未经某建设公司授权，事后也未被追认，故其行为仅代表其个人。而林某作为个人，无法取得案涉工程的施工权，根据《居间服务合同（补签）》明确约定"甲方未签订总包合同，视为委托事项未完成"，故原告并无证据

第十二章 以建设工程施工权为居间内容的中介合同合法性与有效性问题之辨析

证明其促成中介合同完成，其要求被告林某支付350万元报酬及滞纳金，缺乏事实和法律依据，本院不予支持。虽然，嘉善县建设工程质量安全监督备案数据库、施工单位项目管理机构情况登记表显示被告林某为案涉工程实际承包人、驻善负责人，但某建设公司认为林某只是案涉工程联系人，并不是承包人和负责人，且林某也不是某建设公司员工。据此，如果原告认为其居间成功的是林某取得某建设公司案涉工程的实际承包权，那么，该行为亦具有违法性，双方签订的协议无效。被告林某对此提出的抗辩意见，本院予以采纳。另外，鉴于原告余某原为某开发公司实际控制人，即使其对被告某建设公司与某开发公司签订建设工程施工合同发挥了作用，也不应视为其获取巨额报酬的成本，亦非一般朴素价值所能接受，有违公序良俗。

余某不服一审判决，向嘉兴市中级人民法院提起上诉，其上诉理由为：（1）一审法院认定某建设公司与某开发公司签订建设工程施工合同并无中介人介绍，余某也没有提供居间服务证据，该认定存在错误。（2）一审法院认定余某没有证据证明林某代表某建设公司系事实认定错误。余某一审提交了从嘉善县建设工程质量安全管理服务中心调取的嘉善县建设工程质量安全监督备案数据库相关记录、施工单位项目管理机构情况登记表，其上明确记载林某系案涉工程实际施工人、某建设公司驻善负责人身份，足以证明林某可在案涉工程中代表某建设公司。因此，余某有理由相信林某可以代表某建设公司，林某与余某签订案涉中介合同效力及于某建设公司。（3）一审法院未支持余某向林某主张居间服务费的请求存在错误。案涉中介合同系补签合同，系对所完成居间事务以及报酬的确认。一审法院认定案涉中介合同的真实性，却又对合同内容不予认可，自相矛盾。（4）一审法院认定余某即便对某建设公司与某开发公司签订建设工程施工合同发挥了作用也有违公序良俗，该认定缺乏依据。余某系第三人某开发公司原实际控制人，该身份并不限制余某从事居间活动，其为某建设公司、林某与某开发公司签订建设施工合同提供居间服务，并不违反法律、行政法规的强制性规定，也未损害任何第三人的利益，不会对社会造成其他不利影响，不存在违反公序良俗的情形。为此，余某提出上诉请求：撤销一审判决，依法改判支持余某诉讼请求。

二审中各方均未提供新证据。二审法院对一审法院查明的事实进行确认。

围绕二审争议焦点，笔者调整代理思路如下：

一、上诉人没有提供居间服务，其主张居间报酬没有事实基础，一审法院认定正确，上诉人上诉事实及理由不能成立。

1. 根据某建设公司与某开发公司的陈述，可以证实案涉施工合同签订并无任何中介人介绍。

2. 案涉施工合同签订于2018年1月（根据某建设公司陈述，在2017年下半年就已开始与某开发公司进行磋商洽谈案涉项目工程），而证人在一审陈述提供居间服务的时间为2018年上半年，由此可见，上诉人主张提供了居间服务显然不属实。

3. 上诉人仅凭借案涉中介合同主张居间报酬，但根据一审本案庭审中法庭再三询问，上诉人无法陈述提供居间服务的具体内容，亦不能提供证据证明具体居间事务，可以进一步证实上诉人没有提供居间服务，因此，上诉人主张居间报酬自始至终没有任何事实依据，不能成立。

为此，一审法院对此进行穿透式审理并认定上诉人没有实际提供居间服务，进而认定上诉人主张没有事实依据，是为正确，上诉人上诉事实及理由不能成立，贵院应予驳回。

二、林某不能代表某建设公司，上诉人也没有证据证明林某代表某建设公司，一审法院认定正确，上诉人上诉事实及理由不能成立。

首先，林某不是某建设公司员工，其签字行为未经某建设公司授权，某建设公司也没有在案涉中介合同上追认盖章，上诉人也不能提供在当时情况下其有理由相信林某代表某建设公司的权利外观证据，故林某签字行为既非职务行为，亦非表见代理行为，不能代表某建设公司。

其次，林某不是案涉工程的实际施工人，其仅在2018年8月意图为某建设公司取得案涉项目施工权时，在案涉项目所在地进行相关手续的办理与联络，结合案涉项目施工许可证于2018年8月21日办理的事实，可以佐证林某只是案涉工程联系人的身份，并不是上诉人认为的承包人和负责人。

第十二章　以建设工程施工权为居间内容的中介合同合法性与有效性问题之辨析

至于上诉人以嘉善县建设工程质量安全监督备案数据库、某建设公司项目管理机构情况登记表、限期整改通知书等资料为由主张林某是案涉工程的承包人和负责人，缺乏事实依据，不能成立。嘉善县建设工程质量安全监督备案数据库、某建设公司项目管理机构情况登记表上虽显示林某为实际承包人、驻善负责人，但该等资料系当时资料员为工程相关手续办理联络方便而以林某名义上报的，且嘉善县建设工程质量安全监督备案数据库上并未加盖某建设公司公章，不能证明林某实际施工人或驻善负责人的身份。

因此，林某不能代表某建设公司，上诉人也没有证据证明林某代表了某建设公司，一审法院认定正确，上诉人上诉事实及理由不能成立，贵院应予驳回。

三、无论上诉人认为其居间是为某建设公司签订施工合同还是为林某取得案涉工程实际施工权，其居间报酬请求权均不能成立，一审法院对此认定正确，应予驳回上诉人的上诉事实及理由。

从一审庭审中证人陈述提供居间服务是为了某建设公司取得施工权、上诉人先起诉某建设公司后追加林某为被告等一系列事实，可以证实上诉人缔结案涉中介合同的真实意思系为某建设公司提供居间服务，并期望从某建设公司处获取居间报酬。但根据已查明的事实，某建设公司与某开发公司签订施工合同没有中介人介绍，上诉人也未实际提供居间服务，故上诉人主张居间报酬请求权没有事实和法律依据，不能成立。

假定上诉人认为系为林某取得案涉工程的施工权，则该行为违反《建筑法》第 28 条[①]、第 29 条[②]之强制性规定，案涉中介合同当属无效，况且

[①] 《建筑法》第 28 条规定："禁止承包单位将其承包的全部建筑工程转包给他人，禁止承包单位将其承包的全部建筑工程肢解以后以分包的名义分别转包给他人。"

[②] 《建筑法》第 29 条规定："建筑工程总承包单位可以将承包工程中的部分工程发包给具有相应资质条件的分包单位；但是，除总承包合同中约定的分包外，必须经建设单位认可。施工总承包的，建筑工程主体结构的施工必须由总承包单位自行完成。建筑工程总承包单位按照总承包合同的约定对建设单位负责；分包单位按照分包合同的约定对总承包单位负责。总承包单位和分包单位就分包工程对建设单位承担连带责任。禁止总承包单位将工程分包给不具备相应资质条件的单位。禁止分包单位将其承包的工程再分包。"

林某也没有取得案涉工程实际施工权,故上诉人要求林某支付居间报酬亦不能成立。

为此,一审法院经审慎审查案涉中介合同的合法性问题,作出认定正确,上诉人的上诉事实及理由不能成立,贵院应予驳回。

四、案涉中介合同本身约定报酬极不合理,有违公序良俗,一审法院认定正确,上诉人上诉事实及理由不能成立。

根据一审查明事实,案涉项目工程总价仅1.8亿元。建设工程实践中通常平均利润率仅为1%,而案涉约定居间报酬高达400万元,其比例达到案涉工程总价的2.2%,故该约定巨额居间报酬本身极不合理,严重扰乱了建筑市场秩序。

此外,假定上诉人履行了案涉居间合同中的清退、拆除、报建工作,但该等工作在客观上不可能影响某建设公司与某开发公司能否签订施工合同,该等工作实际付出(假定有实际履行)与约定高昂报酬之间无法对等,有违公平合理。换言之,假定上诉人作为原某开发公司实际控制人对案涉施工合同签订发挥了作用,也不能视为上诉人谋取巨额报酬的成本,有违公序良俗。

因此,司法应当充分发挥正向引导社会的功能与作用,对案涉中介合同及所涉违法性行为作出严厉的否定性评价,一审法院对此认定正确,上诉人以签订该等约定不违反强制性规定、不损害第三人及社会利益等作为上诉事实及理由,纯属诡辩,不能成立,贵院应予驳回。

二审审理过程中,被上诉人某建设公司辩称:(1)某建设公司是第三人某开发公司土建总承包供应商名录内的企业,案涉工程施工总承包合同系某建设公司时任法定代表人与第三人某开发公司多次洽谈后订立的,某建设公司承建案涉项目并未经任何人提供居间服务。(2)某建设公司从未与余某签订案涉中介合同,林某并非公司员工,也从未向公司介绍过工程,其与余某签订案涉居间合同前,某建设公司早已与某开发公司协商签订了合同,林某仅系在某建设公司签订总承包合同后协助某建设公司在嘉善完善项目属地工程备案等手续。故林某签订案涉中介合同与某建设公司

第十二章 以建设工程施工权为居间内容的中介合同合法性与有效性问题之辨析

无关,其签字的行为对某建设公司不具有约束力,其支付款项也非某建设公司所为。(3)案涉纠纷与某建设公司无关,请求二审法院驳回余某的上诉请求,维持原判。

本案二审中,第三人某开发公司述称:某开发公司并非案涉中介合同的当事人,未曾参与余某与某建设公司、林某关于该合同的协商、签署、履行等任何过程,对该合同产生的纠纷等事宜毫不知情。而且现有证据亦不能证实本案处理结果与某开发公司存在法律上的利害关系,事实上案涉中介合同纠纷与某开发公司无关,某开发公司无须承担任何责任。因此,某开发公司并非《民事诉讼法》规定的应参与诉讼的第三人,请求法院驳回对某开发公司的追加申请。

二审法院经审理,采纳了笔者的观点,判决驳回了余某的上诉请求,维持了一审判决。二审法院认为:

本案系居间合同纠纷[①],争议焦点为余某向某建设公司、林某主张支付案涉居间服务费的请求能否成立。

关于某建设公司应否支付案涉居间服务费。本院认为,余某主张其为某建设公司提供居间服务促成某建设公司与某开发公司签订了施工合同,主要依据为林某以建设公司名义签订的案涉居间合同,但该合同上并无某建设公司盖章确认,某建设公司事后也未对该合同进行追认,现余某也未能提供证据证明林某签订该合同系作为某建设公司员工行使职务行为或受某建设公司委托实施代理行为。至于余某称林某系案涉工程实际施工人、某建设公司驻善负责人,但某建设公司、林某均对此不予认可,且余某所提交的证据并不足以证明相关事实,更何况,相关材料系余某事后获取,据此也难以证明案涉合同签订当时即存在相关表象足以令余某相信林某能够代表某建设公司实施相关行为,则林某签订案涉居间合同的行为也不能构成表见代理。故此,余某主张某建设公司系案涉合同相对方依据不

[①] 本案经过一审、二审和再审,一审和再审裁判文书中使用的是中介合同纠纷,二审裁判文书中使用的是居间合同纠纷。此处为二审裁判原文。此外,《民法典》和《民事案件案由规定》将"居间合同"改为"中介合同",本章统一使用中介合同。但实践中,二者不会严格区分。

足。更何况，余某仅以行为效力不能及于某建设公司的林某所确认内容证明其已为某建设公司提供了居间服务，依据亦不足，故其据此向某建设公司主张案涉居间服务费，一审法院未予支持并无不当。

关于林某应否支付案涉居间服务费。本院认为，如前所析，林某与余某签订案涉居间合同效力不能及于某建设公司，则应由行为人林某承担相应责任。另外，余某应当知道林某系无权代理但仍与其签订合同，也存在过错，且余某未能提供证据证明某建设公司与某开发公司签订施工合同系由其居间促成，也未就其完成的具体居间事务提供证据加以证明。结合在案证据、各方当事人陈述、案涉合同签订目的和实际履行情况以及余某、林某就签订案涉居间合同均存在过错等情形，本院认为林某已支付余某的50万元足以弥补余某所受损害，对余某所主张的剩余350万元款项，本院不予支持。

至于余某称林某系案涉工程实际施工人，余某已提供居间服务，林某应支付居间服务费。本院认为，林某作为无施工资质的个人，余某无法通过居间促成其取得案涉工程的施工权，且余某提供的现有证据不足以证明林某系案涉工程实际施工人。另外，从案涉居间合同约定内容以及余某最初主张来看，余某签订案涉居间合同原意系为某建设公司而非林某提供居间服务，故余某的该部分主张亦缺乏依据，本院不予采信。

综上所述，余某的上诉请求不能成立，应予驳回；一审判决认定事实清楚，判决结果正确，应予维持。

余某不服二审判决，向浙江省高级人民法院申请再审。但某建设公司向再审法院提交案涉工程中标通知书的证据，证明案涉工程系必须经招投标的项目，不存在也不可能存在任何居间的可能性。据此，笔者向再审法院强调案涉约定居间内容的违法性。后经再审法院庭前工作，余某申请撤回再审申请。本案取得圆满的办案结果。

裁判结果

嘉善县人民法院于2021年12月16日作出（2021）浙0421民初××

第十二章　以建设工程施工权为居间内容的中介合同合法性与有效性问题之辨析

×××号一审民事判决：驳回原告余某的全部诉讼请求。

余某不服一审判决，提起上诉。嘉兴市中级人民法院于2022年5月14日作出（2022）浙04民终×××号二审民事判决：驳回上诉，维持原判。

余某不服二审判决，向浙江省高级人民法院申请再审，后又申请撤回再审申请。浙江省高级人民法院于2022年9月1日作出（2022）浙民申××××号再审民事裁定：准许余某撤回再审申请。

复盘研析

建设工程实践中的中介行为大多因信息不对称而发生。建设工程领域中的中介行为应以合法性与有效性为前提，尤其在以取得工程施工权作为居间内容或目的时，应更慎重审查该居间内容或目的是否违反法律法规的强制性规定，社会危害性评价、司法规范与指引价值亦是判断该居间内容或目的是否具有合法性和有效性的判断标准。基于本案实践，笔者意欲围绕以取得建设工程施工权为居间内容的中介合同合法性与效力性问题展开分析。[①]

一、从强制性规定来看，需要审查约定居间内容系为谁促成建设工程施工权以及如何促成建设工程施工权

根据《建筑法》第28条[②]、第29条第1款[③]、第29条第3款[④]及《最高人民法院关于审理建设工程施工合同纠纷案件适用法律问题的解释

[①] 笔者曾就本案实践撰文评述，本章在原有评述基础上进一步进行梳理与分析，以便行文更加清晰。原文参见徐先宝等：《以建设工程施工权为居间内容的中介合同合法性与有效性问题之辨析》，载微信公众号"北京中银台州律师事务所"2021年12月29日，https：//mp.weixin.qq.com/s/n6rSEJ4Isel-sgL1Sy_KNA。

[②] 《建筑法》第28条规定："禁止承包单位将其承包的全部建筑工程转包给他人，禁止承包单位将其承包的全部建筑工程肢解以后以分包的名义分别转包给他人。"

[③] 《建筑法》第29条第1款规定："建筑工程总承包单位可以将承包工程中的部分工程发包给具有相应资质条件的分包单位；但是，除总承包合同中约定的分包外，必须经建设单位认可。施工总承包的，建筑工程主体结构的施工必须由总承包单位自行完成。"

[④] 《建筑法》第29条第3款规定："禁止总承包单位将工程分包给不具备相应资质条件的单位。禁止分包单位将其承包的工程再分包。"

(一)》第1条①的规定，在主体上，禁止没有资质的实际施工人、没有相应资质或超越资质等级的承包人承包工程；在行为上，转包、违法分包或必须进行招标而未招标或者中标的，当属无效。

因此，当所涉居间合同约定为没有资质的实际施工人或为没有相应资质或超越资质等级的承包人取得建设工程，或者约定中介行为实质上系通过转包、违法分包或违反《招标投标法》等强制性规定的方式实现时，该约定居间内容及中介行为具有违法性，应当对当事人主张的居间报酬请求权作出否定性评价。反之，在所涉中介合同约定不违反上述法律法规的强制性规定的情况下，以取得建设工程施工权为内容的约定应当认定为合法有效。

换言之，以建设工程施工权作为约定居间内容或目的时，拟取得建设工程施工权的主体是否具有相应资格以及中介行为是否属于转包、违法分包或违反《招标投标法》等情形，系评判该约定合法性和有效性的重要依据。此外，具体案件中，所涉中介合同约定居间报酬数额亦是认定合法性与有效性的评判依据，在本案中，根据法庭调查事实，案涉工程造价仅为1.8亿元，案涉约定居间报酬为400万元，比例达到案涉工程造价的2.2%，显然畸高，正如一审法院认定："不应视为其获取巨额报酬的成本"。

二、从法益评价来看，当意思自治与公序良俗存在对抗与冲突时，应有必要以保护社会公共利益为优先顺位，而对违背公序良俗的意思自治作出否定性评价

当约定居间内容具有违法性时，裁判者行使司法审判权对此作出否定性评价，这一过程体现了意思自治与公序良俗的对抗与冲突，即当事人之间基

---

① 《最高人民法院关于审理建设工程施工合同纠纷案件适用法律问题的解释（一）》第1条规定："建设工程施工合同具有下列情形之一的，应当依据民法典第一百五十三条第一款的规定，认定无效：（一）承包人未取得建筑业企业资质或者超越资质等级的；（二）没有资质的实际施工人借用有资质的建筑施工企业名义的；（三）建设工程必须进行招标而未招标或者中标无效的。承包人因转包、违法分包建设工程与他人签订的建设工程施工合同，应当依据民法典第一百五十三条第一款及第七百九十一条第二款、第三款的规定，认定无效。"

第十二章 以建设工程施工权为居间内容的中介合同合法性与有效性问题之辨析

于意思自治对居间内容形成合意，而该约定居间内容违反法律法规的强制性规定时，需要在公序良俗与私法自治之间进行价值取舍。笔者认为，在当事人遵循私法自治原则构建法律关系时，其享有的法律上的自治自由必须在法律及惯例普遍认可的秩序原则与风俗规范架构内才能发生法律效力。因此，应以保护社会公共利益为优先顺位，对于违背公序良俗的意思自治作出否定性评价。

在本案中，原告通过居间形式包装违法承包行为，并意图从中渔利，这类行为不仅对居间事务委托方造成不当得利侵害[①]，并且对建筑市场秩序造成了严重的破坏。如果放任该类现象滋生，可能会动摇经济社会的整体稳定性。因此，为鼓励良好有序的建筑工程承发包活动，遏制违法分包、非法转包等建筑市场乱象，本案一审法院与二审法院均对案涉中介合同作出否定性评价。

三、从司法规范与指引作用来看，正确引导和弘扬社会主义核心价值观是充分发挥司法功能的应有之义，理应对本案揭示的这类行为或现象作出严厉的否定性评价

既往司法实践中存在这样一种处理方式：在合同被确认无效的情形下，基于公平原则，应当给予已经履行或部分履行合同义务的一方主体适当补偿。根据这一处理规则，案涉约定400万元居间费用相对于案涉工程造价属于畸高，在假定余某提供了居间服务的情况下，从公平和等价有偿的角度出发，应当对余某付出的劳动酌情给予补偿，此处补偿有别于《民法典》第964条规定的"从事中介活动支出的必要费用"。

笔者不赞同这一处理规则。笔者认为，这一处理规则不能适用于本案以及与本案相同的所涉居间内容具有违法性的类案中。因为建筑工程质量问题关乎社会民生大计，且社会影响广泛，如果因违法居间内容导致所涉工程质量存在隐患问题，无疑会造成严重的不良影响。但受巨大利益驱使，实践中仍存在违法中介行为，正如本案所揭示的违法居间内容，在此

---

① 本案余某不能举证证明实际提供过居间服务，且林某最终也未取得实际施工权，而林某在先给付的50万元费用既无法定原因又无合同约定，可以认为余某不当受益该50万元。

情况下，如果裁判者仍认定给予该种违法中介行为酌定补偿，无疑降低了该类行为的违法成本，不利于杜绝此类行为或现象的再次发生。因此，对于此类工程领域中的违法中介行为，理应作出严厉的否定性评价，更应从根本上剔除其利益存在的空间，[①] 由此充分彰显司法的规范和指引作用，弘扬社会主义核心价值观，肃清建筑市场乱象，提升社会经济效能，为我国社会主义现代化建设提供有力保障。

四、结论

本案一审法院与二审法院均对该案所涉违法中介行为作出否定性评判，其司法立场及审判高度值得肯定。但值得一提的是，一审法院与二审法院虽裁判方向统一，均对本案进行穿透式审查，但裁判理由判然有别。一审法院侧重于从社会朴素价值观之维度进行评价，二审法院则注重于从逻辑发展上进行严谨推理，以及为林某已经支付的50万元作出合理认定，减少此后双方讼累。一审法院与二审法院虽从不同视角进行研判，但其释理部分充分且有信服力。

本案再审中，再审申请人因案涉某建设公司提交的中标通知书证据而撤回再审申请，可见再审申请人明知其约定居间内容具有违法性以及可以预见再审法院将对其作出否定性评价。

总结而言，以建设工程施工权为居间内容的合法性与有效性值得实务关注，在个案中可以作为分析案涉请求权基础能否成立的基础要件，而在实践中具有维护建筑市场秩序、保障社会公共利益等重要意义。

[①] 参见张某与天津市千金一诺装饰有限公司等居间合同纠纷案，天津市高级人民法院（2014）津高民二终字第0017号民事判决书。

第十三章 建设工程内部承包情形下的合伙体责任承担问题

——某建设集团有限公司诉林某、孙某建设工程分包合同纠纷案

本章提要

建设工程转包、分包与内部承包是工程实践中的常见形式，工程内部承包在组织形式及责任承担上与工程转包、分包具有显著区分。本章以笔者经办的一起工程内部承包案件为视角，通过回顾本案代理过程，进一步分析本案核心问题：建设工程内部承包情形下合伙体的责任承担问题，包括合伙体合伙人如何确定责任承担以及如何对外豁免责任承担等问题。

本案中，林某与孙某以合伙体方式内部承包某建设集团有限公司（以下简称建筑公司）项目工程，双方约定林某为执行事务合伙人，后林某退出合伙体及项目工程。项目工程竣工后，建筑公司进行结算并出具一份《工程结算书》，要求孙某在《工程结算书》上签字确认。建筑公司以该份《工程结算书》为依据，要求林某、孙某对项目工程亏损的1000万元承担连带责任。

笔者接受林某委托代理本案。针对建筑公司主张项目亏损1000万元的事实，笔者逐笔核查了项目工程的款项数额及流转情况，并进一步与林某进行沟通，深入了解案情。由于项目工程开工于2013年，相关施工资料及财务凭证不齐全，其间，相关人员变动及所涉财务情况复杂，因此，笔者通过反复推敲本案事实细节，并从在案证据入手，敏锐挖掘建筑公司

提交的《工程结算书》证据的疏漏之处，逐步反驳建筑公司的请求权基础，最终法院采纳笔者观点，建筑公司主动要求调解，本案最后以林某承担100万元工程款的调解结果结案。

本案中林某与孙某形成的合伙体系特殊的合伙合同关系，对外而言，合伙体以其全部合伙财产对外承担责任；对内而言，林某与孙某之间可以内部约定责任承担比例与责任承担形式。但合伙人内部约定不能对抗债权人对合伙体享有的债权，这是处理合伙关系责任承担时"内外有别"的基本规则。根据这一基本规则，林某应与孙某共同向建筑公司承担1000万元工程款的连带责任，但笔者在代理本案时，以建筑公司明知林某已退出合伙体及内部承包关系这一事实为切入点，从在案证据、法律法规、法理学说、公平正义等多维度论证林某不应承担连带责任的观点，最终取得了良好的办案效果。

从本案可以看到，突破合伙体连带责任的一种思路在于证明债权人已知合伙人退出合伙体的事实，因本案以调解结案，这一思路虽未在法院说理层面上进行论证，但从本案结果来看，这一思路应值得肯定。笔者选取本案进行复盘分析的意义也正在于此。

案情概述

2013年，某发包单位开发某市建筑大厦，经招投标，建筑公司中标该项目工程。2013年7月25日，某发包单位与建筑公司签订《建设工程承包合同》，约定由建筑公司承包项目工程，承包范围为发包人指定的土建（含围护支撑）、水电、消防、通风等安装工程，面积近5万平方米，工程总日历天数700天，工程价款为8000万元（其中中标价格为7000万元、安全防护、文明施工措施费1000万元）。

2013年9月29日，建筑公司与其内部员工林某、孙某二人签订《项目内部承包责任合同》，约定将上述项目工程承包给林某、孙某进行建设施工，承包方式为包工包料，该项目工程所需资金均由林某、孙某自行承担，林某、孙某二人对该项目工程自负盈亏，项目工程施工期间，林某为项目负责人。

2014年1月，林某退出合伙。经林某与孙某结算后，后续工程的施工、工程款等发放事宜均由孙某负责管理，林某不再参与。

2019年12月，建筑公司对该项目工程盈亏进行计算，并出具一份《工程结算书》由孙某签字，其中载明案涉项目工程致使建筑公司亏损1000万元。

基于该份《工程结算书》，建筑公司主张项目工程亏损1000万元，并要求林某与孙某对此承担共同责任。案涉各方对项目工程亏损金额及责任承担产生分歧，遂建筑公司向温岭市人民法院提起诉讼。

争议焦点

本案审理过程中，笔者向法庭指出建筑公司提交的《工程结算书》效力问题及林某已退出合伙、内部承包关系已解除的事实。故本案争议焦点为：

1. 林某是否已退出合伙关系？林某与建筑公司的内部承包关系是否已经解除？建筑公司要求林某对项目亏损承担责任能否成立？

2. 案涉工程结算单是否有效？孙某签字的效力是否能够及于林某？

代理思路

围绕本案争议焦点，笔者认为，根据在案证据，林某于2014年1月已退出合伙关系，在退出合伙关系后已进行项目工程的阶段性结算。建筑公司对此系明知，且以其默示行为认可林某实际已退出内部承包关系，故林某无须对案涉项目工程盈亏承担任何责任，孙某在工程结算书上签字的效力亦不能及于林某。

同时，建筑公司举出的该份《工程结算书》是本案的关键证据，笔者通过逐一审查核对该份工程结算书上的数笔款项细目，从中发现该份工程结算书在编制内容上存在虚假，存在数笔不应入账的大额款项，导致该份工程结算书呈现亏损1000万元的计算结果。笔者从该份工程结算书内容入手，指出其中多处漏洞，相关内容为建筑公司单方随意编造，没有事实依据，不具有法律效力，由此推翻该份工程结算书，并向法庭揭示本案项目工程的真实盈亏情况。

具体代理意见如下：

一、建筑公司明知林某已退出合伙关系（退出合伙时已进行项目工程的结算与财务账册的移交），且以其默示行为认可林某退出内部承包关系，故林某不应也无须对案涉项目工程承担任何责任。

（一）建筑公司明知林某在2014年1月与孙某解散合伙后已退出案涉项目工程的承包施工，并已解除与林某的内部承包关系。

2014年1月，林某与孙某合伙体解散时已进行结算，后续项目工程均由孙某接手负责，双方合伙期间财务账册也已由孙某移交给建筑公司。案涉孙某陈述、证人证言、《内部承包责任合同》、建筑公司提交的林某与孙某合伙期间及孙某施工期间的账册等证据材料能够相互印证，足以证实林某已于2014年1月退出合伙关系的事实。

建筑公司明知林某已退出合伙关系并解除内部承包关系的事实，代理人已通过向法庭举出以下证据证明：

1. 建筑公司会计在林某退出合伙时接收孙某移交的合伙财务账册，可证明建筑公司已经知道林某退出合伙关系，这与证人颜某及陈某（会计）的陈述相一致。

2. 根据原告、被告双方陈述及被告提交的监理会议签到表，可以证明林某2014年1月退出合伙关系后已与建筑公司解除了内部承包关系，已不参与项目具体施工，仅在涉及重大分部工程验收时以项目经理身份参加会议。假设建筑公司还认为林某是项目承包人，则与后续领款凭证及其他项目有关资料都没有林某签字的事实相互矛盾，从而也说明建筑公司明知林某已退出合伙关系，并且与林某解除了内部承包关系。

3. 建筑公司提供的《工程施工明细账》将案涉项目施工期间各阶段施工责任人以红色双横杠予以明显区分，证明建筑公司将案涉项目分为三个阶段：

第一道双横杠线之前（施工成本截止时间为2014年1月18日）为林某与孙某合伙经营期间（双横杠线以上注明林某，以下注明孙某，这与后续的汇款记录相一致）。

第一道双横杠线之后（2014年1月18日至2015年6月25日）为孙某个人单独施工期间。

第二道双横杠线之后（2015年6月25日之后）为建筑公司直接施工期间。

《内部承包责任合同》指定工程款汇给林某台州银行账户，建筑公司在2014年1月18日之前将工程款汇入林某台州银行账户，而之后将工程款汇给孙某银行账户（建筑公司至今未提供协商变更指定汇款账户的依据），可以证明林某在2014年1月18日退出合伙关系，后续由孙某对案涉项目负责。

建筑公司以红色双横杠线方式将案涉工程阶段做了严格区分，进一步证明建筑公司对于林某退出合伙的事实是知情的。

4. 从建筑公司提供的领款凭证来看，2011年至2014年1月的领款人均为林某，2014年1月至2015年6月25日的领款人均为孙某。这与建筑公司向法庭提供的明细账完全一致，可以证明建筑公司明知林某已退出合伙的事实。

5. 2015年8月25日，建筑公司向林某发函，要求林某履行项目经理职责管理项目直至工程完成结算。结合当时背景及招投标后项目经理随意更换（投标时的项目经理并非林某，在此之前已更换过一次）的行业规则，建筑公司要求林某以项目经理的身份参与完成项目工程结顶系职务行为，而非履行内部承包合同，从而证实建筑公司认可与林某解除了内部承包关系的事实，进一步证实建筑公司已知晓林某退出合伙，才会要求林某履行项目经理职责。

6. 建筑公司提交的《建筑大厦工程项目（林某）公司拨入项目及项目工程施工（成本）结算表》记载了林某名字及工期，明确工程开工至2014年1月18日（林某与孙某共同合伙施工期间）的施工成本；《建筑大厦工程项目（孙某）公司拨入项目及项目工程施工（成本）结算表》记载了孙某名字，明确后续项目是由孙某单独负责。两张结算单可以证明建筑公司明确知道林某已于2014年1月退出合伙的事实。

综上，上述证据之间能够相互印证，已形成完整的证据链，足以证明建筑公司已知道并认可林某退出合伙及解除内部承包关系的事实。

（二）孙某签字行为已超出合伙体责任范畴，仅能代表其个人行为，其效力不能及于林某。

首先，林某已于2014年1月退出合伙关系，合伙体已解散，孙某签字不具有代表合伙体共同行为的法律效力。

其次，即使在合伙关系存续期间，合伙体对外承担的权利义务也应以案涉项目产生的责任范围为限，而该结算书掺杂多项孙某个人借款、担保、利息等与案涉项目无关的款项，不属于合伙体责任范畴。

再次，孙某事先未与林某达成合意，在未经林某同意且未核实的情况下在结算书上单方签字，其行为已超出合伙体权利义务边界。

最后，根据林某、孙某共同签字《项目内部承包责任合同》，指定项目资金转入林某账户，由林某与建筑公司进行领款结算，若双方涉及变更账户或结算人，也应当由林某与孙某共同签字确认。否则，孙某在结算书上的签字行为仅是其个人行为，其效力不能及于林某。

（三）建筑公司明知林某退出合伙关系，与孙某恶意串通进行结算，主观非善意，损害林某的合法权益。

首先，建筑公司明知林某退出合伙关系而与孙某结算，并据此起诉要求林某承担责任，其主观明显非善意。

其次，《工程结算书》系建筑公司编制，建筑公司将多笔与案涉项目工程无关的款项纳入项目成本，恶意将案涉项目工程变盈利为亏损，其内容严重损害林某的合法权益。

再次，孙某在建筑公司要求签字时未进行任何核实就签字了，《工程结算书》的真实性存疑。

最后，孙某于2020年5月5日签字后，建筑公司于2020年5月25日即提起诉讼，显然《工程结算书》是建筑公司专为起诉而编造的证据。由此可见，建筑公司与孙某恶意串通明显，其目的在于损害林某的正当利益。

二、关于案涉《工程结算书》的效力问题。

（一）从《工程结算书》本身来看，《工程结算书》系建筑公司随意编造，不符合事实，不具有法律效力，具体理由为：

1. 从《工程结算书》的形成过程来看，《工程结算书》系建筑公司单方计算,且在没有进行任何核实的情况下要求孙某签字确认。

2. 从《工程结算书》的意思表示来看,在林某与孙某的通话中,孙某明确表示"建筑公司让他签字,他就签了,没有进行核实",因此《工程结算书》缺乏建筑公司与孙某进行结算的真实意思表示,不具有法律效力。

3. 从《工程结算书》的内容来看,其中多笔应纳入收入的款项却未纳入结算,不应纳入的支出款项却纳入结算,这是庭审中已经查明的事实。[①]

4. 从《工程结算书》的形式来看,《工程结算书》上记载时间为2019年12月31日,但却对2018年1月至2020年4月的利息进行结算,在时间上不合理,亦有违事实逻辑。

5. 从《工程结算书》的计算依据来看,建筑公司在《工程结算书》的第1项中记载实际土建部分的项目支出达到6000多万元,但建筑公司无法提供相对应的领付款凭证证明款项支出。可见,该结算书系建筑公司随意计算,没有事实依据。

综上,该结算书系原告随意编造,与事实相悖,不具有法律效力。

(二)从《工程结算书》效力来看,假定《工程结算书》有效,但孙某单方签字行为仅能代表其个人,其效力不能及于林某。

其一,建筑公司明知林某于2014年1月退出合伙关系,现时隔6年与孙某单方进行结算。即使建筑公司认为林某应该承担责任,也应与林某本人进行结算,而不是仅与孙某单方结算。监理汇报的6张会议签到表证实林某在退出合伙后以项目经理的身份参与该项目,因此,建筑公司辩称找不到林某的理由是不成立的。

其二,林某已于2014年1月退出合伙关系,合伙体已解散,孙某签字不具有代表合伙体共同行为的法律效力。首先,即使在合伙关系存续期间,合伙体对外承担的权利义务也应以案涉项目产生的责任范围为限,而该结算书掺杂多项孙某个人借款、担保、利息等与案涉项目无关的款项,不属于合伙体责任范畴。其次,孙某事先未与林某达成合意,在未经林某

[①] 针对该份《工程结算书》中的记载款项问题,笔者逐笔罗列成一份表格提交法庭,帮助法庭查明事实。

同意且未核实的情况下在结算书上单方签字，其行为已超出合伙体权利义务边界。最后，根据林某、孙某共同签字《项目内部承包责任合同》，指定项目资金转入林某账户，由林某与建筑公司进行领款结算，若双方涉及变更账户或结算人，也应当由林某与孙某共同签字确认，否则，孙某在结算书上的签字行为仅是其个人行为，其效力不能及于林某。

其三，建筑公司明知林某退出合伙关系，与孙某恶意串通进行结算，主观非善意，损害林某的合法权益。

其四，按《民法通则》（已失效）第30条及《民法典》第967条[①]之规定，本案林某与孙某的合伙关系属于合伙合同关系。《民法典》第970条第2款[②]确定全体合伙人可以委托一人或者数人执行合伙事务。执行事务合伙人性质上为代理人，如超越代理权限时，应考察是否构成表见代理，否则由行为人自行承担责任。若执行事务合伙人存在职务侵权的，应视为自身行使侵权行为，应由行为人自行承担。

本案中，假设林某与孙某合伙关系仍存续，那么从与建筑公司签订的《项目内部承包责任合同》来看，建筑公司明确知晓林某为合伙事务执行人。林某在执行合伙事务时的效力能否及于孙某，还要考察其是否存在超越代理权限的问题。且孙某并非合伙事务执行人，其根本无权对外进行结算，其结算效力不及于林某。另外，林某与孙某的合伙关系系为了完成案涉项目而达成的合伙，其合伙的人合性远弱于夫妻之间的关系。即便是夫妻之间对外所借款项或是因经营承担的债务，法院在审查是否属于夫妻共同债务时，还需由债权人提供证据证明，而合伙关系人合性远弱于夫妻关系，更应由债权人提供证据证明。本案中，孙某并非合伙事务执行人，其无权对外办理结算。即便建筑公司提供了孙某签字的结算表，在建筑公司无法证明结算表中的各项支出均系合伙期间共同债务的情况下，结算书效

[①] 《民法通则》（已失效）第30条已被《民法典》第967条吸收。《民法典》第967条规定："合伙合同是两个以上合伙人为了共同的事业目的，订立的共享利益、共担风险的协议。"

[②] 《民法典》第970条第2款规定："合伙事务由全体合伙人共同执行。按照合伙合同的约定或者全体合伙人的决定，可以委托一个或者数个合伙人执行合伙事务；其他合伙人不再执行合伙事务，但是有权监督执行情况。"

力不及于林某。

综上，即使该结算书有效，其效力也仅能约束建筑公司与孙某，而不能及于林某。

三、关于本案项目工程盈亏的真实情况。

案涉工程结算书掺杂孙某个人借款、担保款、利息等与案涉项目无关的款项，且存在算出不算进，算多不算少，多笔收入未计入的情况，导致案涉项目工程由盈利转亏损，不能够真实反映案涉项目工程盈亏的真实情况。为此，笔者在一一比对工程结算书上的类目和案涉项目工程的财务账册的基础上，已向法庭列出11笔应计入而未计入、不应计入而计入的款项，根据客观计算，案涉项目工程应当至少盈利500万元。据此，建筑公司应向林某支付上述盈利500万元，林某保留对建筑公司追索项目工程盈利的权利。

以上观点在法院审理之初受到质疑，但经过不懈努力，经办法官逐渐接受笔者的代理意见。在本案审理过程中，建筑公司主动要求调解。2020年11月，经法庭主持调解，建筑公司仅要求林某承担100万元的工程款支付责任，自愿放弃其他诉讼请求。

裁判结果

温岭市人民法院于2020年11月13日作出（2020）浙1081民初××××号民事调解书：

1. 被告林某支付给原告某建设集团有限公司工程款、税金等各项款项共计100万元，按以下方式分期支付……①

2. 原告自愿放弃其他诉讼请求。

3. 双方就项目工程已结算完毕。

复盘研析

工程内部承包是建筑企业内部革新的一种经营模式，在组织结构及责

---

① 本案以调解结案，为保护当事人隐私，在裁判结果展示中省去不必要信息。

任承担上区别于工程转包、分包、挂靠等情形。工程实践中，常见于个人之间形成合伙体，以合伙体为主体内部承包建设工程。在此情形下，值得探讨合伙体内部承包情形下的责任承担问题。正如本案所揭示的，债权人明知合伙人退出合伙体后，该合伙人是否还应对债权人承担责任？就建筑企业而言，在以内部承包形式承建工程时，为保障建设工程质量及强化工程项目管理，通常会在内部承包经济责任协议中对内部承包人进行严格的权利义务限制。因此，在涉及工程亏损时，建筑企业会依据在先约定对内部承包人进行追偿。但就内部承包人而言，由于工程周期长及各种不确定因素，难以保证工程能够达到予以盈利的目标，内部承包人通常对项目工程的盈利或亏损自行承担责任。而在合伙体作为内部承包人时，又涉及合伙体内部与外部的责任区分问题，导致在此情况下的责任承担问题显得更为复杂，本案即属这一情形。

由于建设工程案件需要行业知识背景，笔者在下文中首先厘清工程转包、违法分包、工程挂靠及工程内部承包的基本概念，以便读者对工程常见的几种施工情形有初步了解。再基于本案实践，进一步探讨内部承包关系的成立与效力、合伙体内部承包情形下的责任承担形式、合伙体合伙人不对外承担责任的情形等问题，以期为合伙体内部承包情形下的建设工程类案争议解决提供有益参考。

一、工程转包、违法分包、工程挂靠及工程内部承包的概念区分

（一）工程转包、违法分包的概念及情形

禁止工程转包与违法分包的强制性规定见于《民法典》《建筑法》《建设工程质量管理条例》等相关法律法规中，其中，《民法典》第791条[①]、

---

① 《民法典》第791条规定："发包人可以与总承包人订立建设工程合同，也可以分别与勘察人、设计人、施工人订立勘察、设计、施工承包合同。发包人不得将应当由一个承包人完成的建设工程支解成若干部分发包给数个承包人。总承包人或者勘察、设计、施工承包人经发包人同意，可以将自己承包的部分工作交由第三人完成。第三人就其完成的工作成果与总承包人或者勘察、设计、施工承包人向发包人承担连带责任。承包人不得将其承包的全部建设工程转包给第三人或者将其承包的全部建设工程支解以后以分包的名义分别转包给第三人。禁止承包人将工程分包给不具备相应资质条件的单位。禁止分包单位将其承包的工程再分包。建设工程主体结构的施工必须由承包人自行完成。"

《建设工程质量管理条例》第 25 条①、《建筑工程施工发包与承包违法行为认定查处管理办法》第 7 条等规定明确了工程转包与违法分包的概念，并对工程转包与违法分包的情形进行了列举。

1. 工程转包的概念及情形

建设工程转包，是指承包单位将其承包的全部建筑工程转包给他人或者将其承包的全部建筑工程肢解以后以分包的名义分别转包给他人的行为。《建设工程质量管理条例》第 78 条第 3 款进一步指出工程转包的性质："本条例所称转包，是指承包单位承包建设工程后，不履行合同约定的责任和义务，将其承包的全部建设工程转给他人或者将其承包的全部建设工程肢解以后以分包的名义分别转给其他单位承包的行为。"

在此需要指出的是，工程转包行为一概认定为无效，而工程分包行为应进行合法分包行为与违法分包行为之分。关于工程分包行为，笔者在下文中详细阐述，在此不展开。关于工程转包情形，主要规定如下。

（1）《民法典》第 791 条第 2 款规定："总承包人或者勘察、设计、施工承包人经发包人同意，可以将自己承包的部分工作交由第三人完成。第三人就其完成的工作成果与总承包人或者勘察、设计、施工承包人向发包人承担连带责任。承包人不得将其承包的全部建设工程转包给第三人或者将其承包的全部建设工程支解以后以分包的名义分别转包给第三人。"

（2）《建筑法》第 28 条规定："禁止承包单位将其承包的全部建筑工程转包给他人，禁止承包单位将其承包的全部建筑工程肢解以后以分包的名义分别转包给他人。"

（3）《建筑工程施工发包与承包违法行为认定查处管理办法》第 7 条规定："本办法所称转包，是指承包单位承包工程后，不履行合同约定的责任和义务，将其承包的全部工程或者将其承包的全部工程肢解后以分包的名义分别转给其他单位或个人施工的行为。"

---

① 《建设工程质量管理条例》第 25 条规定："施工单位应当依法取得相应等级的资质证书，并在其资质等级许可的范围内承揽工程。禁止施工单位超越本单位资质等级许可的业务范围或者以其他施工单位的名义承揽工程。禁止施工单位允许其他单位或者个人以本单位的名义承揽工程。施工单位不得转包或者违法分包工程。"

(4)《建筑工程施工发包与承包违法行为认定查处管理办法》第 8 条规定："存在下列情形之一的,应当认定为转包,但有证据证明属于挂靠或者其他违法行为的除外:

(一)承包单位将其承包的全部工程转给其他单位(包括母公司承接建筑工程后将所承接工程交由具有独立法人资格的子公司施工的情形)或个人施工的;

(二)承包单位将其承包的全部工程肢解以后,以分包的名义分别转给其他单位或个人施工的;

(三)施工总承包单位或专业承包单位未派驻项目负责人、技术负责人、质量管理负责人、安全管理负责人等主要管理人员,或派驻的项目负责人、技术负责人、质量管理负责人、安全管理负责人中一人及以上与施工单位没有订立劳动合同且没有建立劳动工资和社会养老保险关系,或派驻的项目负责人未对该工程的施工活动进行组织管理,又不能进行合理解释并提供相应证明的;

(四)合同约定由承包单位负责采购的主要建筑材料、构配件及工程设备或租赁的施工机械设备,由其他单位或个人采购、租赁,或施工单位不能提供有关采购、租赁合同及发票等证明,又不能进行合理解释并提供相应证明的;

(五)专业作业承包人承包的范围是承包单位承包的全部工程,专业作业承包人计取的是除上缴给承包单位'管理费'之外的全部工程价款的;

(六)承包单位通过采取合作、联营、个人承包等形式或名义,直接或变相将其承包的全部工程转给其他单位或个人施工的;

(七)专业工程的发包单位不是该工程的施工总承包或专业承包单位的,但建设单位依约作为发包单位的除外;

(八)专业作业的发包单位不是该工程承包单位的;

(九)施工合同主体之间没有工程款收付关系,或者承包单位收到款项后又将款项转拨给其他单位和个人,又不能进行合理解释并提供材料证明的。"

（5）《〈建筑工程施工转包违法分包等违法行为认定查处管理办法（试行）〉释义》第7条规定："存在下列情形之一的，属于转包：

（一）施工单位将其承包的全部工程转给其他单位或个人施工的；

（二）施工总承包单位或专业承包单位将其承包的全部工程肢解以后，以分包的名义分别转给其他单位或个人施工的；

（三）施工总承包单位或专业承包单位未在施工现场设立项目管理机构或未派驻项目负责人、技术负责人、质量管理负责人、安全管理负责人等主要管理人员，不履行管理义务，未对该工程的施工活动进行组织管理的；

（四）施工总承包单位或专业承包单位不履行管理义务，只向实际施工单位收取费用，主要建筑材料、构配件及工程设备的采购由其他单位或个人实施的；

（五）劳务分包单位承包的范围是施工总承包单位或专业承包单位承包的全部工程，劳务分包单位计取的是除上缴给施工总承包单位或专业承包单位'管理费'之外的全部工程价款的；

（六）施工总承包单位或专业承包单位通过采取合作、联营、个人承包等形式或名义，直接或变相的将其承包的全部工程转给其他单位或个人施工的；

（七）法律法规规定的其他转包行为。"

2. 工程违法分包的概念及情形

工程分包行为包括合法分包行为及违法分包行为。《建筑法》第29条规定，建筑工程总承包单位可以将承包工程中的部分工程发包给具有相应资质条件的分包单位。因此，工程合法分包系指建设工程总承包人经发包人同意，或者单位工程承包人经发包人同意或认可，将承包范围内的部分工程或者部分工作内容发包给具有相应资质条件的分包单位。合法分包情形包括建设工程勘察、设计、施工总承包人经发包人同意，可以将勘察、设计分包给有相应资质条件的分包单位；建设工程施工总承包人、单位工程承包人经发包人同意或认可，可以将除工程主体结构的施工以外的部分专业分项工程及劳务作业分包给有相应资质条件的分包单位等情形。劳务分包亦是一种工程合法分包形式，指施工单位或专业承包单位将其承包的工程劳务作业发包给具有相应资质的劳务分包单位完成。

工程违法分包的概念亦采取列举式定义。《民法典》第791条第3款明确规定："禁止承包人将工程分包给不具备相应资质条件的单位。禁止分包单位将其承包的工程再分包。建设工程主体结构的施工必须由承包人自行完成。"因此，工程违法分包系指承包人将工程分包给不具备相应资质的单位、分包单位将其承包的工程再分包或将建设工程主体结构的施工进行分包。此外，《建设工程质量管理条例》《建筑工程施工发包与承包违法行为认定查处管理办法》《〈建筑工程施工转包违法分包等违法行为认定查处管理办法（试行）〉释义》《水利工程合同监督检查办法（试行）》等规定均对违法分包情形进行了列举规定，结合《民法典》第791条第3款的规定，违法分包主要包括如下情形。

1. 承包人将工程分包给不具备相应资质条件的单位或个人。

2. 分包单位将其承包的工程再分包的。

3. 承包人将建设工程主体结构的施工分包给其他单位。

4. 建设工程总承包合同中未有约定，又未经建设单位认可，承包单位将其承包的部分建设工程交由其他单位完成的。

5. 劳务分包单位除计取劳务作业费用外，还计取主要建筑材料款、周转材料款和大中型施工机械设备费用的。

6. 专业分包单位将其承包的专业工程中非劳务作业部分再分包的。

7. 法律法规规定的其他违法分包行为。

（二）工程挂靠的概念及情形

挂靠并非法律专有名词，而是建设工程行业中约定成俗的通用名词。挂靠是指单位或个人以其他有资质的施工单位的名义，承揽工程的行为。因此，与"挂靠"一词相对应的法律概念是借用资质。一般而言，没有相应资质的单位或个人以其他有资质的施工单位名义承揽工程，即构成挂靠行为，至于是否实际承接到工程以及是否实际施工，不能改变挂靠的法律性质。

《〈建筑工程施工转包违法分包等违法行为认定查处管理办法（试

行)》释义》第11条较为全面地规定了挂靠的8种具体表现形式，笔者以该条为依据总结出典型的挂靠情形如下。

1. 没有资质的单位或个人借用其他施工单位的资质承揽工程的。

2. 有资质的施工单位相互借用资质承揽工程的，包括资质等级低的借用资质等级高的，资质等级高的借用资质等级低的，相同资质等级相互借用的。

3. 专业分包的发包单位不是该工程的施工总承包或专业承包单位的，但建设单位依约作为发包单位的除外。

4. 劳务分包的发包单位不是该工程的施工总承包、专业承包单位或专业分包单位的。

5. 施工单位在施工现场派驻的项目负责人、技术负责人、质量管理负责人、安全管理负责人中一人以上与施工单位没有订立劳动合同，或没有建立劳动工资或社会养老保险关系的。

6. 实际施工总承包单位或专业承包单位与建设单位之间没有工程款收付关系，或者工程款支付凭证上载明的单位与施工合同中载明的承包单位不一致，又不能进行合理解释并提供材料证明的。

7. 合同约定由施工总承包单位或专业承包单位负责采购或租赁的主要建筑材料、构配件及工程设备或租赁的施工机械设备，由其他单位或个人采购、租赁，或者施工单位不能提供有关采购、租赁合同及发票等证明，又不能进行合理解释并提供材料证明的。

8. 法律法规规定的其他挂靠行为。

（三）工程内部承包的概念及实务认定

工程内部承包系指承包人与其具备相应资质的下属分支机构或职工签订合同，由承包人提供支持并进行监督，其下属分支机构或职工完成承包工程的经营模式。工程内部承包是建筑企业内部经营模式的一种革新，属于合法经营，但工程实践中通常存在名为内部承包，实为非法转包、违法分包或挂靠的现象。

为正确认定内部承包，有些法院对认定内部承包作出实务指引。例如，《浙江省高级人民法院民事审判第一庭关于审理建设工程施工合同纠纷案件若干疑难问题的解答》第1条对如何认定内部承包合同及其效力进行明确规定："建设工程施工合同的承包人与其下属分支机构或在册职工签订合同，将其承包的全部或部分工程承包给其下属分支机构或职工施工，并在资金、技术、设备、人力等方面给予支持的，可认定为企业内部承包合同；当事人以内部承包合同的承包方无施工资质为由，主张该内部承包合同无效的，不予支持。"

《杭州市中级人民法院民一庭关于审理建设工程及房屋相关纠纷案件若干实务问题的解答》中明确区分了挂靠与内部承包："对于建设单位内部承包合同，应当认定为是工程承包人就其承包的全部或部分工程与其下属分支机构或职工签订的工程承包合同，属建筑施工企业的一种内部经营方式，法律和行政法规对此并不禁止，该承包人应对工程施工过程及质量等进行管理，对外承担施工合同的权利义务。当事人一方以内部承包合同中的承包方无施工资质为由主张该内部承包合同无效的，不予支持。而挂靠则是指实际施工主体借用有资质的建筑施工企业名义承揽建设工程，该实际施工主体与被挂靠企业间并不存在隶属或管理关系，构成独立主体间的承包合同关系，如果挂靠单位并无相应施工资质的，应认定该承包合同关系无效。因此，二者区分主要应从合同当事人间是否有劳动或隶属管理关系，承包工程所需资金、材料、技术是否由对方当事人提供等进行判断。"

住房和城乡建设部建筑市场监管司在《〈建筑工程施工转包违法分包等违法行为认定查处管理办法（试行）〉释义》中第7条释义部分亦指出内部承包的特征："合作、联营、内部个人承包等形式本身并不被法律所禁止，均是施工单位生产经营过程中提升竞争力和企业效益的有效措施。但近些年来却产生了大量以合作、联营、内部个人承包等形式或名义，直接或变相的将其承包的全部工程转给他人施工的违法情形。如何认定，关键在于：①承包人是否实际参与工程的组织施工与管理及合作、联营人是否以自身身份或联合体身份参与施工；②合作、联营人是否具有实施该工程的资质。二者必须全部满足才能被认定为合作、联营施工，而不是转包或挂靠。如果合作、联营方没有资质，或者是在项目上不是以其自身身份或联合体身份出现，仍然以承包人名义对外的，对合作、联营方应认定存在挂靠行为，对承包人应认定为转包。内部承包关键是看是否组成项目管理机构以及现场主要管理人员与施工单位之间有没有劳动合同、工资、社保关系，有没有统一的资产、财务关系等，如果没有这些关系，对施工单位可认定为转包。"

此外，《北京市高级人民法院关于审理建设工程施工合同纠纷案件若干疑难问题的解答》《四川省高级人民法院关于审理建设工程施工合同纠纷案件若干疑难问题的解答》《福建省高级人民法院关于审理建设工程施工合同纠纷案件疑难问题的解答》[1]等均对内部承包的认定以及区分转包、违法分包及挂靠的特征进行了明确规定。

因此，司法实践中已经对工程内部承包的认定问题达成共识。通常认为，工程内部承包应当同时具备以下三方面的要件：其一，承包人与内部承包人之间具有劳动或隶属管理关系；其二，承包人在资金、技术、设备、人力等方面给予支持；其三，承包人对工程施工过程及质量等进行管理。

（四）工程内部承包与工程转包、违法分包及挂靠的区分

综上分析，工程内部承包与工程转包、违法分包及挂靠行为主要在行为效力、所涉主体、管理模式及责任承担上具有如下区别。

1. 在行为效力上，工程内部承包同时符合前述合法性要件，故在司法实践中对工程内部承包协议的效力采肯定立场。例如，浙江省高级人民法院在（2007）浙民一终字第379号[2]案中就已指出内部承包的经营模式并未被现行法律和行政法规所禁止，应认定合法有效。而对于工程转包、违法分包及挂靠行为，一般否定该等行为的合法性和有效性。

2. 在所涉主体上，内部承包合同双方系劳动关系或隶属管理关系，主要体现为内部承包人是建筑企业的分支机构或在册员工，而两个独立的企

---

[1] 福建省高级人民法院于2007年11月22日发布实施，现行有效。
[2] 参见金某等与浙江某建设有限公司等建设工程施工合同纠纷案，浙江省高级人民法院（2007）浙民一终字第379号民事判决书。

业法人之间不存在劳动关系或行政隶属关系,故通常发生转包或分包之行为,至于挂靠则强调不具备资质的单位或个人借用有资质的施工单位进行工程承揽。

3. 在管理模式上,内部承包为一种内部经营管理方式,故承包人应参与工程的组织和管理,如在资金、设备、人力等方面予以协调和支持,并对工程质量、安全生产等方面施行管理与监督。内部承包对建筑企业的管理义务提出了更高的要求,而工程转包、违法分包、挂靠情形中通常需实际施工人自筹资金、自主经营,施工企业仅收取承包费或管理费。

4. 在责任承担上,内部承包情形中,承包人对外承担责任,而内部承包人不是对外承担责任的主体。这与挂靠情形下的责任承担形式具有外观相似,但在挂靠情形中,实际施工人系以建筑企业的名义办理手续或签订合同。此等情形下建筑企业为名义上的责任承担主体,故实践中常见建筑企业先对外承担责任后,再向内部承包人进行追偿的做法。

二、内部承包关系的成立与效力问题

承包人与内部承包人之间是否具有劳动或隶属管理关系,承包人是否在资金、技术、设备、人力等方面给予支持,承包人是否对工程施工过程及质量等进行管理这三要件,不仅是工程内部承包的形式特征,也是评判所涉内部承包合同成立与否、是否具有效力的主要考察因素。

各地司法实践中认定内部承包合同效力采用较为严苛的立场。例如,在认定是否具有劳动关系或管理关系上,《北京市高级人民法院审理民商事案件若干问题的解答(之三)》第25条规定:"认定企业内部承包合同应审查合同双方当事人之间有无劳动(人事)关系,及合同内容是否包括劳动报酬、社会保险、福利、职业培训等内容。"同时指出,应审查承包人与内部承包人之间是否具有真实合法的劳动关系。《安徽省高级人民法院关于审理建设工程施工合同纠纷案件适用法律问题的指导意见》[①]第4条第2项指出,以建筑施工企业的分支机构、施工队或者项目部等形式对外开展经营活动,但与建筑施工企业之间没有产权联系,没有统一的财务

---

① 安徽省高级人民法院于2009年5月4日发布实施,现行有效。

管理，没有规范的人事任免、调动或聘用手续的，应认定为实际施工人挂靠经营。深圳市人民政府发布的《深圳市制止建设工程转包、违法分包及挂靠规定》第 7 条第 3 项规定："具备下列情形之一的，以挂靠行为论处：……（三）合同约定的施工单位与施工现场的项目经理及主要工程管理人员之间无合法的人事调动、任免、聘用以及社会保险关系。"该规定对劳动关系的认定提出了更高的要求，强调从财务管理、人事调动、任免、聘用及社会保险关系综合考察认定是否存在劳动关系或管理关系。

具体到案件中，是否存在劳动关系或管理关系主要通过审查书面劳动合同、社保参保记录、有关部门出具的证明、员工名单、工资表或工资条、考勤册、工作证、人事档案等证据进行综合认定。在某些个案中，甚至将是否具有相应资质作为认定是否成立内部承包关系的依据。例如，浙江省绍兴市中级人民法院在（2014）浙绍民终字第 1106 号[①]案中认为："被上诉人黄某无建设行业现场管理岗位证书、'三类人员'证书、特种作业人员证书、与上诉人建安公司无劳动关系、员工关系、不在员工名单中、未办理过社保参保记录。"最高人民法院在（2013）民申字第 2345 号[②]案中认为："对该《建设工程施工合同》及《内部承包合同》，依照《最高人民法院关于审理建设工程施工合同纠纷案件适用法律问题的解释》[③] 第四条关于承包人非法转包、违法分包建设工程或者没有资质的实际施工人借用有资质的建筑施工企业名义与他人签订建设工程施工合同的行为无效之规定，二审判决认定无效，并无不当。至于盐城二建连云港分公司是否获得盐城二建公司授权，及其与张某是否具有内部劳动关系，并不影响该认定正确。"

关于承包人是否在资金、技术、设备、人力等方面给予支持以及是否对工程施工过程及质量等施行管理的认定问题上，应从内部承包合同约定

[①] 黄某与浙江恒通机械有限公司、浙江建安实业集团股份有限公司建设工程合同纠纷案，浙江省绍兴市中级人民法院（2014）浙绍民终字第 1106 号民事判决书。

[②] 张某等诉南通市达欣工程股份有限公司等建设工程施工合同纠纷案，最高人民法院（2013）民申字第 2345 号民事裁定书。

[③] 已失效。——笔者注

内容及实际履行情况进行认定,对此,司法实务主要有两种裁判情形。

第一种裁判情形中,内部承包合同明确约定"承包人与内部承包人独立核算、自负盈亏",而实际履行过程中内部承包人自行组织资金、技术、设备、人力等进行施工(内部承包合同中甚至约定内部承包人需向承包人缴纳履约保证金方可介入工程),通常认定这一情形不构成内部承包关系,即名为内部承包,实为转包、分包、挂靠或外部合作关系。例如,最高人民法院认为(2017)最高法民申 59 号[①]案即属于名为内部承包视为转包的情形,最高人民法院认为:"内部承包关系中,发包工程单位对外应承担施工合同权利义务和经营风险,对内应向承包人提供一定资金、设备等必要的物质条件。……从《内部承包责任书》和《补充协议》的内容看,有以下约定:合同约定工程内容以海口公司与建设方承包内容为准;启动资金由薛某自备,工程款由薛某负责;该工程所发生的所有债务薛某承担,与海口公司无关等。因此,上述协议虽名为内部承包,但实际上合同中约定的相关内容符合转包的特征。"最高人民法院在(2017)最高法民申 393 号[②]案中也认为:"合同签订后陆通公司即将涉案工程转包给周某,周某以陆通公司项目经理的身份承包涉案工程,周某承包涉案工程施工过程中并不接受陆通公司的内部管理,实际采取独立核算、自负盈亏方式。即使持有建造员证,周某作为个人也不具备承包涉案工程的相应资质。故原判决将周某与陆通公司之间法律关系的性质认定为名为内部承包,实为转包,并不缺乏证据证明……"湖北省高级人民法院在(2016)鄂民申 2692 号[③]案中认定名为内部承包实为挂靠关系:"虽名为内部承包合同书,但合同内容也明确约定在施工期间所发生的经济往来均由夏某、高某自行承担。太子水榭二期工程项目部也未到相关机关办理登记手续,高某亦非泰森浩公司职工。此外,高某在再审申请书中亦认可其向泰森浩公司交纳

---

① 参见武汉市东西湖海口建筑工程有限公司与湖北瑞德置业有限公司襄阳分公司建设工程施工合同纠纷案,最高人民法院(2017)最高法民申 59 号民事裁定书。
② 新疆陆通建筑安装工程有限公司与周某建设工程施工合同纠纷案,最高人民法院(2017)最高法民申 393 号民事裁定书。
③ 高某与泰森浩建设工程有限公司建设工程施工合同纠纷案,湖北省高级人民法院(2016)鄂民申 2692 号民事裁定书。

了项目管理费及税金。上述事实表明本案中的高某、夏某与泰森浩公司实质上为挂靠关系。"而对于认定名为内部承包、实为外部合作关系，最高人民法院在（2016）最高法民申229号[①]案中认为："广西一建（甲方）与俞某及李某施工队（乙方）签订的《建设工程施工合作协议书》中，约定由乙方以大包干方式（即包工、包料、包质量、包工期、包安全、包文明施工、包经营管理，实行自主经营、单独核算，自负盈亏）负责具体实施广西一建承建的四季花城·高尔夫温泉公寓二、三期的部分工程。协议书中明确要求：乙方不得私自以广西一建的名义签订购销合同、材料机械租赁合同及劳务合同；乙方自行采购的材料、机械、劳务等应按约定及时支付款项，发生纠纷由乙方负责处理，乙方对外的债权债务均由乙方自行负责，与甲方无关。上述约定表明，广西一建与李某等施工队之间是外部合作关系，不是内部承包关系。"

第二种裁判情形中，裁判者认为，承包人对内部承包人的管理义务系内部承包关系构成要件的实质判断标准，至于承包人在资金、技术、设备、人力等方面是否给予支持及对工程施工过程及质量等是否施行管理为外观表征，故此，只要承包人切实履行了对项目工程的有效管理，即便存在独立核算、自负盈亏，亦应认定为有效的内部承包关系。例如，浙江省高级人民法院在（2007）浙民一终字第379号[②]案中持这一观点："在建筑行业，建筑企业的职工作为建筑企业的内部承包者，在企业的有效监督、管理下，组织工程建设的人、财、物，建造符合法律规定和委托方要求的建筑工程，自负盈亏；而建筑企业通过有效地管理内部承包者，确保建设工程施工合同的有效履行和建设工程的质量，并通过管理费形式获取相应利益，用以改善建筑企业条件，更好地实现企业扩大规模和资质等级的提升。"

---

① 参见海口信深金属材料有限公司等与广西建工集团第一建筑工程有限责任公司等买卖合同纠纷案，最高人民法院（2016）最高法民申229号民事裁定书。
② 金某等与浙江某建设有限公司等建设工程施工合同纠纷案，浙江省高级人民法院（2007）浙民一终字第379号民事判决书。

另外，应当注意的是，内部承包合同的实质性内容亦是审查是否符合内部承包关系的重要评判标准。例如，在名为内部承包，实为转包、分包的情形下，内部承包合同内容接近于或具备建设工程施工合同的基础内容（如工程质量、工期、价款、施工过程等基本问题），应当认定不构成内部承包法律关系。最高人民法院在（2016）最高法民再271号[①]案中采此观点："该《内部承包协议》《补充协议》具备了建设工程分包合同施工范围、施工工期、施工质量、价款支付、材料供应等实质性内容，双方之间工程分包关系成立，北方建筑公司仅以该协议名称为内部承包协议为由否认与张某等的工程分包关系，与承包协议约定相悖。"江西省高级人民法院在（2015）赣民一终字第058号[②]案中也认为："从该内部承包合同中双方约定的包工包料的承包方式、交纳管理费、任命廖某为项目责任人等内容及廖某于2013年11月1日出具的情况说明来看，廖某与祥龙公司之间符合借用资质的法律特征，而不符合转包或内部承包的法律特征。"

再如，内部承包合同约定的承包范围为资质证书中规定的工业与民用建筑承包范围，应否认其内部承包合同约定之实质并非承包关系，而是构成建设工程施工企业资质租赁或者有偿使用的法律关系。例如，最高人民法院在（2016）最高法民再149号[③]案中认为："该内部承包合同约定的承包范围为资质证书中规定的工业与民用建筑承包范围，也就是说，究其合同约定之实质，该合同名为内部承包，实为建设工程施工企业资质租赁或者有偿使用。李某在庭审中亦自认其经营建和分公司，主要是利用圣祥公司的资质方便其对外承揽建筑工程。换言之，该内部承包合同约定之实质并非承包法律关系。"

[①] 长春北方建筑工程公司诉张某建设工程施工合同纠纷案，最高人民法院（2016）最高法民再271号民事判决书。

[②] 参见赣州上联鞋业工业有限公司与江西省赣南祥龙建筑有限责任公司建设工程施工合同纠纷案，江西省高级人民法院（2015）赣民一终字第058号民事判决书。

[③] 参见李某与孟某、长春圣祥建筑工程有限公司等案外人执行异议之诉案，载《最高人民法院公报》2017年第2期。

三、关于内部承包合同的责任承担问题

关于内部承包合同的责任承担问题，应在内部承包合同成立、不成立、有效、无效等不同情形下分别讨论。

承前所述，在内部承包合同成立且有效的情形下，通常存在两层法律关系：一是承包人与发包人之间的建设工程合同关系，二是承包人与内部承包人之间的内部承包关系。根据合同相对性，在项目工程施工过程中，承包人根据其与发包人签订的建设工程合同约定的权利义务对发包人承担责任，根据其与内部承包人签订的内部承包合同约定对内部承包人施行管理，而内部承包人也据此向承包人承担责任和主张工程款结算、违约金等权利。在此应当注意的是，内部承包人不能突破合同相对性向发包人主张权利，这与实际施工人在主张权利上有所区分。

此外，在考察内部承包人的组织形式时，存在多个自然人以合伙体的形式作为内部承包人的身份，此时产生了第三层法律关系。根据《民法典》第967条的规定①，第三层法律关系为多个内部合伙人之间的合伙合同关系。在此情形下，合伙体中内部合伙人责任承担的问题值得思考。正如本案中，林某与孙某形成合伙体内部承包工程，林某为执行事务合伙人②，但在施工过程中退出合伙关系并退出内部承包关系的情况下，建筑公司是否仍有权要求林某承担项目盈亏的责任？对此，笔者认为，至少应当从以下两方面探讨这一特定情形。

一方面，应当严守合同相对性原理，即对外明确合伙体对承包人承担连带责任，且合伙人之间内部约定不得对抗这一责任承担。在对承包人承

---

① 《民法典》第967条规定："合伙合同是两个以上合伙人为了共同的事业目的，订立的共享利益、共担风险的协议。"根据该条规定，本案林某与孙某为了共同的建筑工程，成为合伙，其合伙关系属于合伙合同关系，因此多个内部承包人之间应该按照合伙合同关系确定权责义务。

② 《民法典》第970条规定："合伙人就合伙事务作出决定的，除合伙合同另有约定外，应当经全体合伙人一致同意。合伙事务由全体合伙人共同执行。按照合伙合同的约定或者全体合伙人的决定，可以委托一个或者数个合伙人执行合伙事务；其他合伙人不再执行合伙事务，但是有权监督执行情况。合伙人分别执行合伙事务的，执行事务合伙人可以对其他合伙人执行的事务提出异议；提出异议后，其他合伙人应当暂停该项事务的执行。"因此，以合伙体形式进行内部承包时，合伙体内部的合伙人之间应当明确分工，包括明确执行合伙事务的人员。

担责任后，内部合伙人可以基于合伙合同之约定进行内部相互追偿及责任划分。另一方面，不应一概僵化适用合同相对性原则，要从个案动态过程整体把握。例如，其中某一内部合伙人在项目工程施工过程中退出合伙关系，承包人明知该内部合伙人退出合伙关系，且在后续施工过程中以行为表明认可该内部合伙人已退出内部承包关系，此时应当认为承包人不可再基于内部承包关系向该内部合伙人主张权利，除非该内部合伙人没有对退出合伙关系及内部承包关系之前的项目工程进行结算。应当注意的是，此等情形下该内部合伙人之所以无须承担责任，并非合同相对性的突破，而是内部承包关系已经解除或终止，承包人要求该内部合伙人承担责任缺少请求权基础。

因此，在内部承包合同成立且有效的情况下，双方均应受内部承包合同约定的权利义务约束。

同时，笔者认为，在内部承包合同关系不成立的情形中，应当先确定双方之间形成的基础法律关系，如前所述，可能实质为转包、分包、挂靠或外部合作关系，再进一步确定该实质法律关系是否有效；如该法律关系有效，则可以适用双方之间既已签订的合同约定确定双方权利义务，如在认定无效的情形下，应根据《民法典》第793条[1]确立的建设工程施工合同无效的处理规则以及《最高人民法院关于审理建设工程施工合同纠纷案件适用法律问题的解释（一）》相关规定进行处理。

---

[1] 《民法典》第793条规定："建设工程施工合同无效，但是建设工程经验收合格的，可以参照合同关于工程价款的约定折价补偿承包人。建设工程施工合同无效，且建设工程经验收不合格的，按照以下情形处理：（一）修复后的建设工程经验收合格的，发包人可以请求承包人承担修复费用；（二）修复后的建设工程经验收不合格的，承包人无权请求参照合同关于工程价款的约定折价补偿。发包人对因建设工程不合格造成的损失有过错的，应当承担相应的责任。"

第十四章 民法典视角下工程价款优先受偿权制度的主要变化与实务适用

——林某诉浙江某资源有限公司、浙江某海洋有限公司建设工程施工合同纠纷案

本章提要

《最高人民法院关于审理建设工程施工合同纠纷案件适用法律问题的解释（一）》[1]（以下简称2020年《建设工程司法解释（一）》）在对2004年《最高人民法院关于审理建设工程施工合同纠纷案件适用法律问题的解释》[2]（以下简称2004年《建设工程司法解释（一）》）、2018年《最高人民法院关于审理建设工程施工合同纠纷案件适用法律问题的解释（二）》[3]（以下简称2018年《建设工程司法解释（二）》）梳理与修改的基础上，对《民法典》第18章建设工程合同制度的理解与适用进行了进一步的补充与明确，其中有关工程价款优先受偿权制度的内容为此次《民法典》及司法解释2020年《建设工程司法解释（一）》的重大修改内容之一。

本案系笔者在《民法典》实施后代理的第一起有关工程价款优先受偿权的建设工程案件。本案中，实际施工人林某就案涉工程向浙江某资源有限公司（以下简称资源公司）主张支付工程价款，并主张其就工程价款在

---

[1] 《最高人民法院关于审理建设工程施工合同纠纷案件适用法律问题的解释（一）》于2021年1月1日实施生效。
[2] 《最高人民法院关于审理建设工程施工合同纠纷案件适用法律问题的解释》已失效。
[3] 《最高人民法院关于审理建设工程施工合同纠纷案件适用法律问题的解释（二）》已失效。

案涉工程拍卖、变卖后的款项享有优先受偿权。案涉讼争工程价款由三部分组成，每一部分工程价款数额、应付款时间及对应工程范围均不同，对此，本案法院根据《最高人民法院关于适用〈中华人民共和国民法典〉时间效力的若干规定》第1条①、第20条②的规定，对该三部分工程价款及优先受偿权进行分别认定。

本案典型体现了《民法典》实施前后工程价款优先受偿权制度的变化及衔接适用问题，包括工程价款优先受偿权期限、主体、权利主张方式等重要内容，同时，优先受偿权期限性质、时效适用、范围、实际施工人是否享有优先受偿权等实务问题，均值得进一步分析与探讨。鉴于此，本章通过复盘本案，对《民法典》优先受偿权制度的主要变化及上述实务问题进行进一步的分析与阐述，以期有助于实务。

案情概述

2019年6月1日，资源公司作为甲方与乙方林某签订《D创新产业园海堤项目施工合同》，由资源公司将位于某市某区的D创新产业园海堤项目工程发包给林某施工。合同约定，乙方根据甲方示意图进行施工，护岸海堤总长约500米，包工包料，总价款430万元（所有工程价款均不含税款和其他费用），资源公司应在2019年8月30日前向林某支付合同价款，如逾期，则剩余未支付工程款按月息2%计息。

2020年6月15日，资源公司与林某签订《D创新产业园海堤项目补充协议》，资源公司将海堤挡土墙（东侧F-G轴约230米，西侧A-B轴约197米，钢筋砼挡土墙）工程发包给林某施工，施工工期为2019年7

---

① 《最高人民法院关于适用〈中华人民共和国民法典〉时间效力的若干规定》第1条规定："民法典施行后的法律事实引起的民事纠纷案件，适用民法典的规定。民法典施行前的法律事实引起的民事纠纷案件，适用当时的法律、司法解释的规定，但是法律、司法解释另有规定的除外。民法典施行前的法律事实持续至民法典施行后，该法律事实引起的民事纠纷案件，适用民法典的规定，但是法律、司法解释另有规定的除外。"

② 《最高人民法院关于适用〈中华人民共和国民法典〉时间效力的若干规定》第20条规定："民法典施行前成立的合同，依照法律规定或者当事人约定该合同的履行持续至民法典施行后，因民法典施行前履行合同发生争议的，适用当时的法律、司法解释的规定；因民法典施行后履行合同发生争议的，适用民法典第三编第四章和第五章的相关规定。"

月5日至8月30日，双方愿意按191万元包工包料大包干方式进行，各项条款按原施工合同执行。

2020年8月18日，林某报送了因资源公司海堤护岸工程变更致工作量增加和工期顺延的工程项目签证单，签证单合计金额429,225元，资源公司在签证单上签章确认。签证单记载混凝土、钢筋含量、人工费、模板返工费、因前施工队阻挠误工费、工程量增加顺延工期等费用。

同日，林某向资源公司报送工程项目结算单，结算单记载包括D海堤项目施工合同、D海堤项目补充协议、工程项目签证单合计金额为6,639,225元（4,300,000元+1,910,000元+429,225元）。资源公司在结算单上签章同意。

因D创新产业园海堤项目工程已完工并交付资源公司使用，但资源公司未支付上述款项。2021年6月24日，林某向台州市椒江区人民法院提起诉讼，要求：（1）资源公司向林某支付工程款6,639,225元及该款自2019年8月31日起至实际付清之日止按月利率2%计算的相应利息损失；（2）林某对D创新产业园海堤项目工程及创新产业园园区内海堤挡土墙工程的拍卖、变卖后的款项在上述诉讼请求范围内享有优先受偿权。

台州市椒江区人民法院另查明：2018年4月4日，资源公司曾与浙江某海洋有限公司（以下简称海洋公司）签订《海堤承包合同》，由海洋公司施工D创新产业园护岸海堤约1200米。施工过程中，海洋公司施工受阻，未完工而退场。

台州市椒江区人民法院认为，本案的处理结果与海洋公司有法律上的利害关系，依法通知海洋公司作为第三人参加诉讼，并于2021年7月14日公开开庭进行了审理。

争议焦点

笔者接受林某之委托代理本案。因林某不具备建筑企业施工资质，故其与资源公司签订的建设工程施工合同应为无效。因此，本案争议焦点为：

1. 林某主张工程价款及利息是否应予支持？
2. 林某主张对案涉工程价款享有优先受偿权能否成立？

代理思路

一、关于林某主张工程价款及利息是否应予支持的问题

根据本案基本事实,林某主张工程价款 6,639,225 元由三部分组成,每部分款项数额、应付款时间、主张依据等均不同,因此,为便于法庭认定案涉工程价款,笔者将林某所主张工程价款本金及利息进行整理与分类(见表 14-1)。

表 14-1　林某主张工程价款的组成情况

序号	工程款本金	工程价款利息计算	主张依据	应付款时间
①	4,300,000 元	如逾期,剩余未付工程款按月息 2% 计算	2019 年 6 月 1 日双方签订的《D 创新产业园海堤项目施工合同》	2019 年 8 月 30 日
②	1,910,000 元	按 2019 年 6 月 1 日签订的《D 创新产业园海堤项目施工合同》执行	2020 年 6 月 15 日双方签订的《D 创新产业园海堤项目补充协议》	按 2019 年 6 月 1 日签订的《D 创新产业园海堤项目施工合同》执行
③	429,225 元	按月息 2% 计算	2020 年 8 月 18 日,资源公司确认的工程项目签证单上增加混凝土、钢筋含量、人工费、模板返工费、因前施工队阻挠误工费、工程量增加顺延工期等	—

表 14-1 所展示的工程款本金总金额 6,639,225 元(4,300,000 元 + 1,910,000 元 + 429,225 元),由林某于 2020 年 8 月 18 日向资源公司报送工程项目结算单,资源公司在结算单上签章同意确认。因此,本案审理过程中,资源公司对工程款本金为 6,639,225 元没有异议,但对利息有异议,辩称月息 2% 计算标准过高,以及利息起算点应从 2020 年 8 月 18 日起开始计算。

二、关于林某主张对案涉工程价款享有优先受偿权能否成立的问题

关于实际施工人是否享有工程价款优先受偿权的问题，实务中历来有所争议。笔者认为，实际施工人为工程同样投入人力与物力，案涉工程已经投入使用，视为验收合格，实际施工人林某当然对案涉工程价款享有优先受偿权。因此，笔者向法庭提出以下意见：

首先，林某对案涉工程价款有权享有优先受偿权。《浙江省高级人民法院民事审判第一庭关于审理建设工程施工合同纠纷案件若干疑难问题的解答》第22条指出："建设工程施工合同无效，但工程经竣工验收合格，承包人可以主张工程价款优先受偿权。分包人或实际施工人完成了合同约定的施工义务且工程质量合格，在总承包人或转包人怠于行使工程价款优先受偿权时，就其承建的工程在发包人欠付工程价款范围内可以主张工程价款优先受偿权。"本案中，虽林某与资源公司签订的建设工程施工合同无效，但案涉工程已投入使用，根据《最高人民法院关于审理建设工程施工合同纠纷案件适用法律问题的解释（一）》第14条"建设工程未经竣工验收，发包人擅自使用后，又以使用部分质量不符合约定为由主张权利的，人民法院不予支持"的规定，案涉工程实为验收合格，实际施工人林某完成了案涉约定的施工义务且质量合格，就案涉工程在欠付工程价款范围内享有工程价款优先受偿权。

其次，林某有权向资源公司主张工程价款优先受偿权。《浙江省高级人民法院民事审判第一庭关于审理建设工程施工合同纠纷案件若干疑难问题的解答》第23条规定："实际施工人的合同相对人破产、下落不明或资信状况严重恶化，或实际施工人至承包人（总承包人）之间的合同均为无效的，可以依照最高人民法院《关于审理建设工程施工合同纠纷案件适用法律问题的解释》* 第二十六条第二款的规定，提起包括发包人在内为被告的诉讼。"因此，林某有权向资源公司主张工程价款优先受偿权。

最后，林某主张工程价款优先受偿权并未超过法定期限，应予支持。

---

* 已失效。——笔者注

《最高人民法院关于审理建设工程施工合同纠纷案件适用法律问题的解释（一）》第41条规定："承包人应当在合理期限内行使建设工程价款优先受偿权，但最长不得超过十八个月，自发包人应当给付建设工程价款之日起算。"案涉工程价款于2020年8月18日统一结算确认，林某在2021年5月11日以诉讼方式主张，并未超过优先受偿权权利主张期限，应予支持林某在欠付工程款范围内对案涉工程拍卖、变卖后的价款享有优先受偿权。

对此，资源公司辩称林某提出的优先受偿权已过时效，且案涉工程未竣工验收，不应支持林某的优先受偿权。

本案法院采纳了笔者观点，对林某主张工程价款及利息进行认定，并分段评判讼争工程款的优先受偿权问题。

一审法院认为：

林某不具备建筑企业施工资质，与资源公司签订的建设工程施工合同无效。对林某施工部分工程款，林某曾与资源公司进行过结算，资源公司应按结算金额支付工程款。现林某要求资源公司支付工程款6,639,225元，资源公司无异议，本院予以支持。资源公司至今未付清工程款，林某要求资源公司赔偿利息损失合理。根据施工合同约定，工程款4,300,000元应在2019年8月30日前付清，故该部分工程款林某可主张2019年8月31日起的利息损失。补充协议约定各项条款按原施工合同执行，但补充协议签订时间为2020年6月15日，原施工合同约定的付款时间为2019年8月30日，无法按照2019年8月30日确定付款时间。因此，补充协议所涉工程款以及签证单所涉工程款应当在双方结算后进行支付，该部分工程款的利息损失起算点应为2020年8月19日。对于利息损失的计算标准，施工合同约定按照月息2%确定，并未明显过高，本院予以支持。为方便计算，资源公司欠付工程款截至起诉时的利息损失，经计算为2,350,442.42元，起诉后的利息损失可按欠款总额6,639,225元、月利率2%进行确定。

至于优先受偿权问题，优先受偿权是承包人对承建工程的价款就其承建工程部分所享有的权利，主张权利的期限从应付建设工程价款之日起算。本案中，林某主张的工程款由三部分组成。其中，施工合同的4,300,000元工程价款应付款时间为2019年8月30日，按照《最高人民法院关于审理

第十四章 民法典视角下工程价款优先受偿权制度的主要变化与实务适用

建设工程施工合同纠纷案件适用法律问题的解释（一）》确定的最长期限18个月计算，林某在2021年5月主张权利，已超过期限，不再享有优先受偿权；补充协议的工程价款1,910,000元应付款时间为2020年8月18日，按照《最高人民法院关于审理建设工程施工合同纠纷案件适用法律问题的解释（二）》*确定的6个月期限计算，林某可行使权利的期限届满前已实施《最高人民法院关于审理建设工程施工合同纠纷案件适用法律问题的解释（一）》，应当按照最新规定确定其行使权利的期限，即最长不超过18个月，林某起诉时尚未超过18个月，有权主张该部分优先受偿权；工程项目签证单确认的429,225元，同理，未超过最长18个月期限。林某要求现场勘验主要是为了区分护岸海堤中其与浙江某海洋有限公司施工部分，以确定施工合同价款优先受偿权的建设工程范围，因该部分价款林某已不享有优先受偿权，本院不再进行现场勘验。建设工程价款优先受偿的范围包括全部工程价款，但不包括利息、违约金、损害赔偿等。故林某可就补充协议的1,910,000元在施工的海堤挡土墙部分享有优先受偿权。工程项目签证单，从款项组成情况来看，分为材料款、施工工艺变更款、返工费用、工期延误补偿款等。其中，工期延误补偿款不属于建设工程价款优先受偿的范围；材料款和预制大模板返工费用反映不出具体施工工程范围；E点施工工艺变更、C－D段模板返工、E－F段施工道路路基填渣以及E－F段外护岸大毛石加固，是在已有工程上进行施工或者为施工需要进行的辅助施工，难以单独确定施工所形成的具体工程项目，进而难以确定行使优先受偿权的建设工程范围，故对林某主张的该部分工程价款优先受偿权，本院不予支持。

裁判结果

台州市椒江区人民法院于2021年8月4日作出（2021）浙1002民初××××号一审民事判决：

1. 被告资源公司于本判决生效后10日内支付给原告林某工程款

---

* 已失效。——笔者注

6,639,225元，截至2021年6月24日未付工程款的利息损失2,350,442.42元以及工程款6,639,225元自2021年6月25日起至实际付清之日止按月利率2%计算的利息损失。

2. 原告林某就工程款1,910,000元对某市某区D创新产业园区内海堤挡土墙工程的折价款或者拍卖的款项优先受偿。

3. 驳回原告林某的其他诉讼请求。

本案一审判决作出后，各方均未提起上诉，本案判决已生效。

复盘研析[①]

本案系衔接适用《民法典》实施前后工程价款优先受偿权制度的典型案例。本案法院分段评判案涉工程价款优先受偿权的裁判路径，充分体现出工程价款优先期限的重要变化，以及充分肯定了实际施工人享有优先受偿权的裁判立场。因此，本案集中反映了《民法典》施行后工程价款优先受偿权制度的主要变化以及工程价款优先受偿权范围、实际施工人是否享有优先受偿权等实务问题。下文将以本案为出发点，对民法典视野下工程价款优先受偿权制度的主要变化以及实践中有关工程价款优先受偿权制度适用的常见问题进行进一步分析。

一、工程价款优先受偿权期限的重要变化

关于工程价款优先受偿权的期限，2018年《建设工程司法解释（二）》第22条规定："承包人行使建设工程价款优先受偿权的期限为六个月，自发包人应当给付建设工程价款之日起算。"2020年《建设工程司法解释（一）》第41条[②]对此进行修改："承包人应当在合理期限内行使建设工程价款优先受偿权，但最长不得超过十八个月，自发包人应当给付建设工程价款之日起算。"比较新旧规定可以看到，当前工程价款优先受偿

[①] 笔者曾就本案实践撰文评述之，下文在原文基础上进行重新梳理与修改完善。原文参见徐先宝等：《民法典下工程价款优先受偿权制度的几点思考》，载微信公众号"北京中银台州律师事务所"2021年9月16日，https：//mp.weixin.qq.com/s/51i7dEjijpkQjZMY-08n-g。

[②] 2020年《建设工程司法解释（一）》第41条规定："承包人应当在合理期限内行使建设工程价款优先受偿权，但最长不得超过十八个月，自发包人应当给付建设工程价款之日起算。"

权期限的重要变化主要体现为以下三个方面。

其一，工程价款优先受偿权的行使期间长度最长为18个月。这是工程价款优先受偿权制度的显著变化。这一重大修改体现出，立法层面加大了对承包人优先受偿权的保护力度，同时考虑到建设工程周期漫长的实际情况，将优先受偿权的权利最长行使期限延长至18个月，更能契合建设工程实践需要。

其二，工程价款优先受偿权期限不再是法定的不变期间。根据2020年《建设工程司法解释（一）》第41条[①]规定，根据文义解释，工程价款优先受偿权期限的概念理当包含"合理期限"及"十八个月"两个期限的应有之义。进一步而言，笔者认为，准确的工程价款优先受偿权期限应指该条规定的"合理期限"，而非指"十八个月"，这就意味着，承包人应在应付建设工程价款之日起的合理期限内行使优先受偿权，该合理期限可以是1个月，也可以是10个月，但最长不超过18个月，如果承包人超过18个月主张优先受偿权的，一般不予支持。换言之，该条规定的"最长不得超过十八个月"系对"合理期限"这一变量期间的限缩解释，"合理期限"并不必然等同于"十八个月"，即工程价款优先受偿权期限也并不必然等同于18个月，而对于"合理期限"的认定，自由裁量尺度归于裁判者。

其三，工程价款优先受偿权期限的性质明确为法律拟制期限。对于工程价款优先受偿权行使期限的性质问题，实务与理论曾存在争议，主要有两种观点：第一种观点认为是特殊诉讼时效，如重庆市第五中级人民法院在（2011）渝五中法民初字第248号[②]案中认为："原告建工某某建司在竣工后的六个月内就工程款5,657,290元在法院执行过程中就优先受偿权提出了申请，并且没有超过法律规定的诉讼时效。"法院将施工方就优先受偿权提出的申请表述为"没有超过法律规定的诉讼时效"。第二种观点认为是除斥期间。在2020年《建设工程司法解释（一）》颁布以前，最高

[①] 2020年《建设工程司法解释（一）》第41条规定："承包人应当在合理期限内行使建设工程价款优先受偿权，但最长不得超过十八个月，自发包人应当给付建设工程价款之日起算。"

[②] 参见重庆建工某某建筑工程有限责任公司诉重庆某某电子技术有限公司建设工程价款优先受偿权纠纷案，重庆市第五中级人民法院（2011）渝五中法民初字第248号民事判决书。

人民法院认为工程价款优先受偿权的性质是除斥期间。① 但2020年《建设工程司法解释（一）》颁布后，最高人民法院明确指出该合理期限既不属于诉讼时效，也不属于除斥期间，是从保护施工人员和其他权利人权益的角度拟制的期限。② 对此，笔者赞同之。笔者认为，诉讼时效与除斥期间均为不变期间，而行使优先受偿权的"合理期限"为可变期间，不符合诉讼时效与除斥期间的形式特征。从逾期主张的权利状态观之，逾期超过诉讼时效导致权利人丧失胜诉权，逾期超过除斥期间导致权利人实体权利消灭，而对于逾期超过工程价款优先受偿权期限的权利状态，当前尚未达成共识，但从行为结果来看，逾期超过工程价款优先受偿权最长行权期限的，应当不予支持。

此外，应当指出的是，《最高人民法院关于建设工程价款优先受偿权问题的批复》③ 第4条曾规定建设工程价款优先权的期限为自建设工程竣工之日或者建设工程合同约定的竣工之日起计算，该规定在实务中存在这样的一种适用困境：在建设工程竣工之日或者合同约定的竣工之日时，工程价款尚未确定，即便主张优先权，但因工程价款没有确定而不具备行使优先权之条件，而当工程价款确定之时，优先权期限早已经超过，此时又当如何救济这一仅因立法技术导致本该享有优先权的权益人失权问题？* 基于此，2020年《建设工程司法解释（一）》第41条④沿袭了2018年《建设工程司法解释（二）》第22条关于工程价款优先受偿权期限起算点的规定，明确以应当给付建设工程价款之日作为工程价款优先受偿权期限

---

① 参见最高人民法院民事审判第一庭编著：《最高人民法院建设工程施工合同司法解释（二）理解与适用》，人民法院出版社2019年版，第446~447页。

② 参见最高人民法院民事审判第一庭编著：《最高人民法院新建设工程施工合同司法解释（一）理解与适用》，人民法院出版社2021年版，第421页。

③ 《最高人民法院关于建设工程价款优先受偿权问题的批复》已失效。

* 本书第九章《基于实践观察视角的工程索赔问题再探讨——某建设集团有限公司与某房产开发有限公司建设工程合同纠纷案》所涉案件中即面临这一困境。在该案件中，笔者基于法理角度，向仲裁庭主张在该案工程竣工之日并不具备工程价款优先权行使的条件，至该案工程造价出具之日才具备主张工程价款优先权的条件，以此论证该案中委托人方申请仲裁时并未超过优先权的法定期限。在该案中，仲裁庭采纳了笔者的观点，支持了享有优先受偿权的主张。——笔者注

④ 2020年《建设工程司法解释（一）》第41条规定："承包人应当在合理期限内行使建设工程价款优先受偿权，但最长不得超过十八个月，自发包人应当给付建设工程价款之日起算。"

第十四章 民法典视角下工程价款优先受偿权制度的主要变化与实务适用

起算点,以此解决了工程竣工时间与工程价款确定时间错位而导致优先受偿权期限超过的立法技术问题。

二、新旧工程价款优先受偿权制度的衔接适用

在代理本案当时,司法实务尚未涌现批量参考判例,因此,在所涉工程价款横跨《民法典》实施前后的情况下,如何衔接适用优先受偿权制度的新旧规定,值得实务关注。笔者认为,本案法院分段裁量工程价款优先受偿权的做法,不失为衔接适用新旧优先受偿权制度的一类参考范本。

本案中法院评判林某是否享有优先受偿权的基本思路为:按照讼争工程价款的组成部分一一进行评判,先评判是否超过2020年《建设工程司法解释(一)》规定的18个月最长行权期限,再界定优先受偿权范围。针对第一部分应付款时间为2019年8月30日的4,300,000元工程价款,根据2020年《建设工程司法解释(一)》确定的最长期限18个月计算,认为林某在2021年5月主张权利,已超过最长行权期限,不再享有优先受偿权。针对第二部分应付款时间为2020年8月18日的工程价款1,910,000元,先以应付款时间适用2018年《建设工程司法解释(二)》规定的6个月期限计算,在按此计算的权利期限届满前已实施2020年《建设工程司法解释(一)》,再根据2020年《建设工程司法解释(一)》确定的最长期限18个月计算,认为林某主张权利未超过最长期限18个月。针对第三部分应付款时间为2020年8月18日的429,225元,同理论之。本案法院在认定是否超过优先受偿权期限的前提下,再对未超过优先受偿权期限的工程价款部分的享有优先受偿权范围进行界定。

《最高人民法院关于适用〈中华人民共和国民法典〉时间效力的若干规定》已对衔接适用新旧优先受偿权制度作出明确规定,笔者认为,判断工程价款优先受偿权期限适用新规定还是旧规定,关键在于判断所涉工程价款优先受偿权的法律事实是否已持续到《民法典》实施之后。本案中,工程价款优先受偿权的法律事实已持续到《民法典》实施之后,故而可以承接适用2020年《建设工程司法解释(一)》规定的最长期限18个月,以此最大限度地使承包人的工程价款优先受偿权得到保障。

三、工程价款优先受偿权的实现方式或行权方式

本案中，实际施工人林某系通过诉讼方式行使工程价款优先权。但工程价款优先受偿权的权利行使方式并不限于提起诉讼或申请仲裁。《民法典》第807条规定："发包人未按照约定支付价款的，承包人可以催告发包人在合理期限内支付价款。发包人逾期不支付的，除根据建设工程的性质不宜折价、拍卖外，承包人可以与发包人协议将该工程折价，也可以请求人民法院将该工程依法拍卖。建设工程的价款就该工程折价或者拍卖的价款优先受偿。"该条提供了另外两种法定的行权方式：其一，承包人可以与发包人协议将该工程折价，就该工程折价的价款优先受偿。其二，承包人可以直接请求人民法院将该工程依法拍卖，并就拍卖价款优先受偿。

但在实践中，该两种行权方式在实践上存在以下问题：如以承包人与发包人协议折价的方式对所涉工程折价，是否会涉及其他债权人的合法权益？如为保障交易安全和交易秩序，是否应对协议折价方式予以合理限制？如以直接请求法院拍卖方式实现优先受偿，则应当适用民事诉讼中的何种非诉程序？

对此，笔者认为，工程价款优先受偿权系承包人对建设工程折价、拍卖所得价款优先受偿的法定权利，该法定权利的实现方式不应限缩于提起诉讼或申请仲裁，应当承认当事人之间通过协议折价方式实现优先受偿，或者请求人民法院对该工程拍卖的方式，否则有违《民法典》第807条的立法本意。当然，除《民法典》第807条规定的两种行权方式外，实务认可在执行程序中主张优先受偿权的方式，即承包人向执行法院主张其享有建设工程价款优先受偿权且未超过合理期限的，视为承包人依法行使了建设工程价款优先受偿权。[①]

在以协议折价方式主张优先受偿权时，笔者认为，有必要考虑此种方式是否会损害其他债权人的合法权益，但基于债权的不公开性，当事人之间协议折价所涉工程时，当事人难以知晓或难以对其协议折价是否损害其

---

① 参见中天建设集团有限公司诉河南恒和置业有限公司建设工程施工合同纠纷案，最高人民法院指导案例171号（2021年）。

第十四章 民法典视角下工程价款优先受偿权制度的主要变化与实务适用

他债权人的利益进行法律上的判断,同理,其他潜在债权人亦难以及时知晓或难以判断当事人之间是否已就所涉工程进行协议折价,而提起诉讼或申请仲裁的方式相对来说具有一定的公示性,且人民法院或仲裁机构作出的裁判具有法律上的公信力,能够在另一种程度上减少其他债权人可能就此引发的讼争。因此,如何合理适当地以折价协议方式行使优先受偿权,笔者认为,有待于相关解释或规范的进一步指引和明确。

对于承包人直接请求法院拍卖工程实现优先受偿权的方式,笔者认为,这一规定具有实际操作上的适用难度。承包人能够直接请求法院拍卖的必要前提是所涉工程价款债权已经确定且无争议,然而实践中很少有工程价款债权确定且无争议的情形,即便是发包人签字盖章确认的结算书,人民法院在审查时亦难以就此直接认定所涉工程价款债权。为解决这一前提条件,同时提高司法效率,笔者认为,可以通过承包人与发包人双方共同向法院申请直接拍卖的做法,以使人民法院确信所涉工程价款债权确定无争议,以及所涉工程符合直接拍卖的条件。

此外,该条规定的申请人民法院将工程拍卖的程序,不应理解为普通的民事诉讼程序,而应理解为一种特殊救济程序,类似于申请人民法院强制执行公证债权文书,属于非诉程序。[①] 但以何种具体程序进行拍卖,实务中有不同观点。有观点认为,工程价款优先受偿权具有担保工程价款债权实现之功能,接近担保物权,故可以准用实现担保物权的特别程序。但也有观点指出,根据物权法定,工程价款优先受偿权不属于法定担保权,故不能适用实现担保物权的特别程序。对此,笔者认为,该条规定承包人可以请求法院依法拍卖工程,其目的在于为承包人提供非争议解决形式实现优先受偿权途径的合法根据,因此,除普通诉讼程序以外的其他特别程序原则上均可适用于这一规定,但仅就程序本身而言,从当前司法实践观之,实现担保物权的特别程序比较契合此种行权方式,笔者倾向于认

[①] 参见谢勇、郭培培:《中天建设集团有限公司诉河南恒和置业有限公司建设工程施工合同纠纷案》,载《人民司法·案例》2022 年第 23 期。

为应当准用《民事诉讼法》第 203 条①、第 204 条②规定的实现担保物权的特别程序。

四、实际施工人是否享有工程价款优先受偿权

关于工程价款优先受偿权的权利主体，历来有所争议，其中最具争议的问题是实际施工人是否享有工程价款优先受偿权，或者实际施工人应否享有工程价款优先受偿权。对于这一问题，当前尚有争议，且各地法院实务立场亦有所不同。例如，本案法院的裁判立场肯定了实际施工人作为工程价款优先受偿权的行使主体，这是本案的典型意义之一。浙江省高级人民法院民事审判第一庭明确在工程质量合格的情况下，实际施工人依法享有优先受偿权。③ 而最高人民法院民事审判第一庭 2021 年第 21 次法官会议讨论认为，实际施工人不属于《民法典》第 807 条及 2020 年《建设工程司法解释（一）》第 35 条规定的"与发包人订立建设工程施工合同的承包人"，不享有建设工程价款优先受偿权。④

赞成实际施工人享有工程价款优先受偿权的主要依据是，实际施工人虽然没有建筑资质，但在工程质量合格的情况下，实际施工人与具备建筑资质的承包人相同，作为建设工程人力、财力、物力的实际投入者，其主张的工程款也包括应付建筑工人的工资，因此，理应赋予实际施工人工程价款优先受偿权。

否定实际施工人享有工程价款优先受偿权的主要理由是，实际施工人

---

① 《民事诉讼法》第 203 条规定："申请实现担保物权，由担保物权人以及其他有权请求实现担保物权的人依照民法典等法律，向担保财产所在地或者担保物权登记地基层人民法院提出。"

② 《民事诉讼法》第 204 条规定："人民法院受理申请后，经审查，符合法律规定的，裁定拍卖、变卖担保财产，当事人依据该裁定可以向人民法院申请执行；不符合法律规定的，裁定驳回申请，当事人可以向人民法院提起诉讼。"

③ 《浙江省高级人民法院民事审判第一庭关于审理建设工程施工合同纠纷案件若干疑难问题的解答》第 22 条规定："建设工程施工合同无效，但工程经竣工验收合格，承包人可以主张工程价款优先受偿权。分包人或实际施工人完成了合同约定的施工义务且工程质量合格，在总承包人或转包人怠于行使工程价款优先受偿权时，就其承建的工程在发包人欠付工程价款范围内可以主张工程价款优先受偿权。"

④ 参见最高人民法院民一庭：《最高法院民一庭：实际施工人不享有建设工程价款优先受偿权》，载微信公众号"最高人民法院民一庭"2022 年 4 月 8 日，https：//mp.weixin.qq.com/s/l2nKmOcIT0Pv TdlppXaa0g。

涉及转包、违法分包或借用资质施工，该等行为被法律的强制性规定所禁止，如赋予实际施工人优先受偿权，会对建筑市场秩序产生消极的引导作用，因此，应当从价值层面对其作否定评价，对实际施工人的权利保护不应与合法承包人等同。

笔者认为，根据《民法典》第807条及2020年《建设工程司法解释（一）》第35条规定，仅从文义上看，不能将实际施工人绝对排除在"与发包人订立建设工程施工合同的承包人"之外。在具体个案中，可以适当放宽工程价款优先权的行使主体范围，在建设工程验收合格的情况下，应当肯定实际施工人为建设工程投入的人、财、物，毕竟工程价款优先受偿权的设立初衷是切实解决拖欠工程款问题，保护施工人所代表的建筑工人、广大农民工等弱势群体的生存利益，鉴于此，综合因素考量，实务立场可以趋向肯定实际施工人的建设工程价款优先受偿权。

五、工程价款优先受偿权的范围

建设工程价款优先受偿权系法定优先权，其效力范围不同于抵押权等意定优先权范围，其优先权效力范围由法律法规明确规定。2020年《建设工程司法解释（一）》第40条[①]延续2018年《建设工程司法解释（二）》第21条规定，承包人工程价款优先受偿的范围依照国务院有关行政主管部门关于建设工程价款范围的规定确定，并明确指出逾期支付建设工程价款的利息、违约金、损害赔偿金等并不在优先受偿之列。

根据当时最高人民法院民事审判第一庭的释义[②]，国务院有关行政主管部门关于建设工程价款范围的规定主要有二：一是《建筑安装工程费用项目组成》第1条第1项规定："建筑安装工程费用项目按费用构成要素组成划分为人工费、材料费、施工机具使用费、企业管理费、利润、规费和税金。"二是《建设工程施工发包与承包价格管理暂行规定》第5条第

[①] 2020年《建设工程司法解释（一）》第40条规定："承包人建设工程价款优先受偿的范围依照国务院有关行政主管部门关于建设工程价款范围的规定确定。承包人就逾期支付建设工程价款的利息、违约金、损害赔偿金等主张优先受偿的，人民法院不予支持。"

[②] 参见最高人民法院民事审判第一庭编著：《最高人民法院建设工程施工合同司法解释（二）理解与适用》，人民法院出版社2019年版，第424~442页。

2 款规定:"工程价格由成本(直接成本、间接成本)、利润(酬金)和税金构成。"二者虽表述不同,但内涵基本一致。这就意味着,承包人利润也应属于优先受偿范围。但是,实践中有观点认为,承包人利润不应当属于优先受偿范围,因为设置优先受偿权的立法旨意系基于建筑施工企业以提供劳务为主,现行《企业破产法》《民事诉讼法》规定职工的工资优先,工程的价款应当优先,[1] 如果赋予承包人利润属于优先受偿范围,则对发包人的其他债权人不公平,则与此立法初衷不相符。例如,《最高人民法院关于建设工程价款优先受偿权问题的批复》[2] 第 3 条中曾指出,利润作为预期收益,不属于"实际支出的费用"范围。这显然与上述《建筑安装工程费用项目组成》第 1 条第 1 项规定相悖。

对此,笔者认为,理应将承包人利润纳入优先受偿范围。即便是立足于优先受偿权的立法本意,工程价款优先受偿权的设立目的是解决建筑工人的工资拖欠问题,这就意味着,在合法合规的工程项目履约过程中(排除非法转包、违法分包等情形),建筑工人实现拖欠工资的权利只能向承包人主张,如果承包人利润不能优先受偿,则很难期待承包人会积极清偿拖欠的建筑工人工资债权,也很难期待承包人会为了偿还建筑工人工资而去积极主张优先受偿权,由此可能会消极阻碍建筑工人的应有权利。

此外,2020 年《建设工程司法解释(一)》没有明确垫资款及停窝工损失是否属于优先受偿的范围。此二者是否属于优先受偿范围,实践中尚存争议。

对于垫资款是否属于优先受偿范围的问题,有观点认为应充分考虑实践的复杂性,即便承包人垫资施工,但如其完成的工程质量不合格,承包人可能无权要求发包人支付工程价款,在此情况下,不宜优先保护承包人的垫资款。[3] 但也有观点认为,认定垫资款是否属于优先受偿范围的关键

---

[1] 参见杨永清:《解读〈最高人民法院关于建设工程价款优先受偿权问题的批复〉》,载最新法律文件解读丛书编选组编:《民事法律文件解读》2019 年第 2 辑(总第 170 辑),人民法院出版社 2019 年版。
[2] 《最高人民法院关于建设工程价款优先受偿权问题的批复》已失效。
[3] 参见最高人民法院民事审判第一庭编著:《最高人民法院建设工程施工合同司法解释(二)理解与适用》,人民法院出版社 2019 年版,第 424~442 页。

在于审查垫资款是否实际使用到了工程项目之中，如果垫资款系为了工程推进而不得已代垫付的款项，此时垫资款当属为建设工程而实际支出的费用，理应享有优先受偿之权益。

对于停窝工损失是否属于优先受偿范围，持否定论者认为，能够行使工程价款优先受偿权的权利范围不包括因发包人违约导致的损失，而停窝工损失通常系因发包人违约造成的，故不属于优先受偿的范围。[1] 持肯定论者认为，停窝工损失应当属于优先受偿范围，理由在于停窝工损失亦是承包人实际支出的费用，属于承包人为修建建设工程项目付出的成本，应当优先保护。

由上可知，垫资款及停窝工损失是否属于优先受偿范围，关键在于认定垫资款及停窝工损失是否属于为建设工程项目而实际支出的成本和费用。《民法典》第804条规定："因发包人的原因致使工程中途停建、缓建的，发包人应当采取措施弥补或者减少损失，赔偿承包人因此造成的停工、窝工、倒运、机械设备调迁、材料和构件积压等损失和实际费用。"虽停工、窝工、材料等损失和实际费用系因发包人违约造成，但该等损失和实际费用切实物化于项目建设中的人工、材料等建造成本，也应属于优先受偿范围。

除上述之外，还应当厘清工程质量保证金和工程奖励是否属于优先受偿范围的问题。工程质量保证金本质上是发包人从建设工程价款中预扣的工程价款，本就属于建设工程价款的一部分，可就建设工程折价或者拍卖的价款优先受偿。但对于并非从建设工程价款中预扣的质量保证金，不应属于工程价款的一部分，不享有优先受偿权。而关于工程奖励，当前实践中主流观点认为其属于施工合同对价之外的费用，不属于建设工程价款，除非施工合同中明确将工程奖励列为工程价款，否则工程奖励不属于优先受偿范围。

---

[1] 参见中铁二十二局集团第四工程有限公司等与安徽省高速公路控股集团有限公司建设工程施工合同纠纷案，最高人民法院（2014）民一终字第56号民事判决书。

第十五章 施工合同无效时工程价款请求权的诉讼时效问题

——陈某与某建工集团有限公司、某水务集团有限公司建设工程合同纠纷案

本章提要

本案项目工程于 2008 年竣工，但一直未进行结算。本案实际施工人陈某于 2017 年诉至法院主张工程价款请求权，要求某建工集团有限公司（以下简称建工集团）、某水务集团有限公司（以下简称水务公司）对欠付工程款承担清偿责任。

笔者接受陈某之委托代理本案。在代理本案时，笔者首先关注到本案工程价款请求权的诉讼时效问题，这亦是案涉讼争焦点问题之一。在本案审理过程中，笔者指出陈某主张工程价款时诉讼时效并未超过，主要依据是，陈某在本案起诉前，双方尚未对工程价款形成一致意见，不具备诉讼时效起算的条件，本案工程价款请求权诉讼时效起算点应自双方债权债务确定之日起计算，即工程造价鉴定报告出具之日起计算。本案一审法院及二审法院采纳了笔者的观点，在认定本案工程价款请求权在诉讼时效期间内的前提下，对本案事实及工程价款金额进行依法审理，最终委托人陈某的诉讼请求获得合理支持。

无效合同所涉债权请求权的诉讼时效问题历来争议颇大，其中分歧最大的是诉讼时效起算点问题。在本案实践中，以工程价款结算或双方债权债务确定之日作为诉讼时效起算点，具有个案的合理性。但从整体观之，

自本案发生之日至当前，司法实务中对于无效施工合同工程价款请求权诉讼时效问题的裁判规则一直在演变，各地法院也存在相左的裁判立场。因此，回顾本案的意义在于重新审视无效施工合同工程价款请求权的诉讼时效问题。

在下文中，笔者以本案实践为出发点，阐述合同确认无效是否适用诉讼时效制度、无效施工合同的工程价款请求权权利属性、无效施工合同工程价款请求权诉讼时效起算点裁判规则等内容，进而提出无效施工合同工程价款请求权诉讼时效应以应付工程款之日为起算点的合理性，以期对实务中处理同类案件提供相对有益的参考。

案情概述

水务公司二期供水工程总指挥部（以下简称指挥部）系水务公司的分支机构。2005年12月20日，指挥部与建工集团就T市二期供水工程Ⅵ标段水厂工程（以下简称项目工程）签订了《建设工程施工合同》一份，指挥部将项目工程发包给建工集团施工，合同采用固定价，固定总价为1.08亿元。

2008年5月28日，建工集团下属T市分公司与陈某签订《工程项目风险责任承包合同》一份，约定将项目工程施工图纸内第三区块的工程转包给陈某施工，对工程款付款方式、结算方式、违约责任、工期、质量等进行了约定。

同日，项目工程项目部与陈某又签订了《班组承包协议》，将该工程中管理楼、加氯间、高压配电间及二级泵房、管廊、低配中心、机修间外墙涂料施工发包给陈某，双方对包工包料单价、付款方式、交工验收、质量标准等进行了约定。

2008年10月16日，项目工程项目部与陈某再次签订了《班组承包协议》一份，约定将该工程中清水池顶面SBS改性沥青卷材施工以及刚性层施工发包给陈某施工。双方对综合单价、付款方式、交工验收、质量标准等进行了约定。

上述合同订立后，陈某组织人员进行施工，被告建工集团亦陆续支付工程款。

2008年9月30日，陈某施工结束后，勘察单位、设计单位、施工单位以及监理单位对子单位工程验收合格，但双方对工程款一直未能作出最终结算，指挥部与建工集团之间的工程款亦一直未能结算。

2017年7月3日，陈某诉至台州市路桥区人民法院，要求建工集团支付2,978,863.78元工程款及利息，水务公司对上述款项承担付款责任。

本案审理中，路桥区人民法院委托某造价咨询公司对陈某施工的工程金额进行司法鉴定。

2019年3月21日，该咨询公司出具鉴定结论：双方无异议部分的工程款为13,647,292元（其中土建10,811,287元+外墙涂料566,738元+防水1,669,471元+补偿658,709元－管理费58,913元）。双方存在异议的工程款为：（1）三区场地平整中采用塘渣和原土平整产生的差价164,137元是否应当计入工程款；（2）铝合金配合费22,965元是否应当计入工程款；（3）拆迁补偿费应否补偿给原告55,000元；（4）赶工部分争议（因双方提供的资料不完整，鉴定部门未作评估）。

本案审理中查明，项目工程已划归水务公司管理经营，且一直没有综合验收，但该工程实际已于2008年12月30日前投入使用。

争议焦点

本案审理过程中的争议焦点为：

1. 原告主张是否已过诉讼时效。
2. 关于工程款结算数额及拖欠原告工程金额问题。
3. 关于利息损失计算问题。
4. 关于水务公司应否承担付款责任问题。

代理思路

一、原告主张是否已过诉讼时效

被告建工集团抗辩称，本案已经超过诉讼时效，应予驳回陈某的诉讼请求。笔者指出陈某主张工程价款时诉讼时效并未超过,因为至陈某起诉前,双方尚未对工程价款形成一致意见,不具备诉讼时效起算的条件,本案工程价款请求权诉讼时效起算点应为双方债权债务确定之日,即工程造价鉴定报告出具之日。一审法院采纳了笔者观点,认定本案没有超过诉讼时效。

二、关于工程款结算数额及拖欠工程金额问题

根据项目工程鉴定结果,项目工程造价存在争议项,针对每一争议项,笔者代理原告陈某进行了详细的解释,强调争议项部分系实际发生的工程款数额,亦应一并计入工程结算数额,因此,结算金额应当包含鉴定结论中无异议部分金额和异议部分金额,二者合计总造价扣除被告建工集团已支付工程款,尚欠工程款 2,978,863.78 元。

被告建工集团答辩称,结算金额仅包含无异议部分金额,异议部分金额不应计算在内。

一审法院采纳笔者观点,经审查认为:

关于工程款结算数额问题。本院经审查认为,双方异议部分金额主要为第三区块场地平整差价、铝合金门窗施工配合费、拆迁补偿费用贴补以及赶工补偿。根据鉴定结论以及施工图纸计算,场地平整的总方量为 43,635.43 立方米,其中塘渣回填部分为 7363.43 立方米,原土回填部分为 36,282 立方米,总计工程金额为 764,381 元。而按鉴证的第 72 号工程洽商记录,塘渣回填的面积仅为 1899 立方米,其余全部为原土回填计算,工程金额为 600,244 元,二者相差 164,137 元。故双方对于场地平整的差额争执主要在于塘渣回填的实际方量问题。原告主张道路路基全部用塘渣回填,根据鉴定意见,塘渣回填的方量为 7363.43 立方米,并非业主和监理单位在 72 号洽商记录中的 1899 立方米,且 72 号洽商记录中亦载明工程量以审计单位审核为准,故本院认定塘渣回填的方量为 7363.43 立方米,差价 164,137 元被告建工集团应当支付给原告。对于铝合金门窗施工配合费、拆迁补偿费用贴补以及赶工补偿,双方并没有形成补偿的合意,原告要求被告建工集团支付,本院不予支持。综上本院认定原告施工的总工程

金额为 13,647,292 + 164,137 = 13,811,429 元。

关于被告建工集团拖欠原告工程金额问题。被告主张已付工程款金额为 11,530,234 元，原告主张被告已付工程金额为 10,910,467 元，差额为 619,767。被告认为原告未计算被告已经为原告向社保部门缴纳的五险费用 60,524 元以及钢材款差额 65.77 万元付款，根据举证责任的分配规则，被告建工集团主张已经支付原告工程款 11,530,234 元，但原告仅认可收到工程款 10,910,467 元，举证责任应当由被告建工集团承担，但建工集团未能举证证明差额部分款项已经由被告支付给原告，故由此产生的不利后果由建工集团承担。综上本院认定被告某省建工集团已付的工程款为 10,910,467 元，尚欠原告工程款为 2,900,962 元。

三、关于利息损失计算问题

关于本案工程款利息损失计算问题，笔者向法庭强调，本案工程款利息应自案涉工程交付之日起计算。代理意见主要有以下两点。

一、根据签订的《工程项目风险责任承包合同》第 5 条第 4 项约定，业主资金的支付作为被告建工公司进度款的付款条件，属于背靠背条款，对原告而言意味着支付期限没有约定，如按此条款，被告建工集团怠于向被告水务公司行使诉权，将导致原告陈某的合法权利永远不可能实现，显失公平，损害了原告陈某的合法权益。而且本案原告不具有施工资质，因此案涉合同无效，该条款亦不能适用。

二、根据当时《最高人民法院关于审理建设工程施工合同纠纷案件适用法律问题的解释》第 17 条[①]规定："当事人对欠付工程价款利息计付标准有约定的，按照约定处理；没有约定的，按照中国人民银行发布的同期同类贷款利率计息。"第 18 条规定："利息从应付工程价款之日计付。当事人对付款时间没有约定或者约定不明的，下列时间视为应付款时间：（一）建设工程已实际交付的，为交付之日；（二）建设工程没有交付的，为提交竣工结算文件之日；（三）建设工程未交付，工程价款也未结算的，

[①] 《最高人民法院关于审理建设工程施工合同纠纷案件适用法律问题的解释》第 17 条已被《最高人民法院关于审理建设工程施工合同纠纷案件适用法律问题的解释（一）》第 26 条吸收。

为当事人起诉之日。"

本案项目工程在 2008 年 9 月 30 日竣工后就已经交付，因此针对分包合同施工范围内的工程款利息，原告陈某有权要求自 2008 年 10 月 1 日起计算利息。

一审法院认为，本案工程款利息损失应自 2010 年 1 月 1 日起按中国人民银行同期同类贷款利率计算。

原告主张其施工的工程在 2008 年 9 月 30 日完工交付被告验收，故而要求被告从 2008 年 10 月 1 日开始计算工程款拖欠部分利息损失。被告建工集团认为根据双方订立的协议，工程款按进度支付并留存一定比例的质量保证金，现业主未支付工程款以及退回保证金，故原告请求支付利息损失不符合合同约定。本院认为，依原告与被告建工集团签订的协议约定，土建部分保证金比例为造价的 5%，按业主质保金退回建工集团账户后 7 日内同比例支付；防水部分保证金为工程造价的 5%，外墙涂料部分保证金为工程造价比例的 3.5%，均在交工验收后一年内左右返还。基于原、被告之间的合同无效，原告作为总承包商，转嫁质保金的行为亦无效。鉴于被告建工集团同被告水务公司实际结算情况以及工程的实际交付等情形，为平衡双方的利益，根据公平合理原则考量，本院酌情确定利息损失自 2010 年 1 月 1 日起按中国人民银行同期同类贷款利率计算。

四、关于水务公司应否承担付款责任问题

水务公司应当对案涉债务承担责任，对此，代理要点如下。

一、本案中被告水务公司为适格诉讼主体。

根据当时《最高人民法院关于适用〈中华人民共和国民事诉讼法〉若干问题的意见》[①]（2008 年调整）第 41 条的规定，法人非依法设立的分支机构，或者虽依法设立，但没有领取营业执照的分支机构，以设立该分支机构的法人为当事人。本案中，虽然被告提供的发包合同是以指挥部的名义与施工单位签订的，但是指挥部多数是项目法人为对在建项目实施管理而成立的临时机构，并未领取营业执照，且不具有独立资产以及承担民事

---

① 《最高人民法院关于适用〈中华人民共和国民事诉讼法〉若干问题的意见》现已失效。

责任的能力，因此应当以设立该工程建设指挥部的项目法人水务公司为被告。

而且原告陈某提供的证据中的招投标信息网站截图，能够证明本案项目工程招投标主体为被告水务公司，以及在被告建工集团提供的证据中，工程款或者暂借款发放的审批人均为水务公司董事长。案涉项目工程的实际工程资产也已划归至水务公司，水务公司是案涉项目工程的实际发包主体。

二、被告水务公司应当在被告建工集团欠付工程款的范围内承担责任。

根据当时《最高人民法院关于审理建设工程施工合同纠纷案件适用法律问题的解释（二）》第24条①规定："实际施工人以发包人为被告主张权利的，人民法院应当追加转包人或者违法分包人为本案第三人，在查明发包人欠付转包人或者违法分包人建设工程价款的数额后，判决发包人在欠付建设工程价款范围内对实际施工人承担责任。"该条设立的初衷是解决发包人已实际支付完毕工程款或发包人欠付的工程款少于转包人或者违法分包人尚欠实际施工人的工程款时的认定问题。本案中，按照被告建工集团自认，其与水务公司的工程款初审在1.1亿~1.2亿元，扣除已经支付的9000多万元，水务公司尚欠被告建工集团至少2000万元工程款，已远远超过本案的诉讼标的2,978,863.78元及利息，因此被告水务公司应当对该款项承担责任。

被告水务公司答辩称：水务公司与原告陈某之间并不存在合同关系，涉案工程系指挥部发包给建工集团承建，建工集团再将其中部分工程转包给原告施工，根据合同相对性原则，水务公司并非适格的被告主体，不应承担付款责任。

一审法院认为水务公司有义务在欠付建工集团的工程款范围内对原告陈某承担付款责任，但鉴于建工集团与水务公司之间尚未最终结算工程款，故尚不能认定水务公司对案涉债务承担责任。一审法院认为：

---

① 《最高人民法院关于审理建设工程施工合同纠纷案件适用法律问题的解释》第24条已被现行《最高人民法院关于审理建设工程施工合同纠纷案件适用法律问题的解释（一）》第43条吸收。

被告水务公司主张涉案工程系 T 市二期供水工程总指挥部总包给被告建工集团，建工集团再将部分工程发包给原告陈某，根据合同相对性原则，水务公司并非适格的被告主体。原告主张案涉项目工程相应的工程资产已经划归水务公司，水务公司为实际的业主单位，T 市二期供水工程总指挥部行使的仅仅是工程的管理职责，故水务公司应在欠付建工集团的工程款范围内对原告负担付款责任。本院认为涉案工程合同虽由 T 市二期供水工程总指挥部与被告建工集团订立，但相应的工程资产已经划归水务公司管理经营，根据权利义务相一致的原则，水务公司应为实际的业主单位，水务公司在欠付建工集团工程款范围内有义务对原告承担付款责任。但鉴于建工集团和水务公司之间尚未最终结算工程款，水务公司尚欠建工集团的工程款数额不详。原告要求被告水务公司在欠付建工集团工程款范围内对原告承担付款责任，该诉讼请求不具有确定性和执行力，故本院不予支持，原告可待水务公司与建工集团结算后另行主张。

裁判结果

台州市路桥区人民法院于 2019 年 4 月 18 日作出（2017）浙 1004 民初××××号一审民事判决：

1. 被告建工集团支付原告陈某工程款人民币 2,900,962 元并赔偿利息损失（自 2010 年 1 月 1 日起按中国人民银行同期同类贷款利率计算至判决确定履行日止）。

2. 驳回原告陈某其他诉讼请求。

建工集团不服一审判决，上诉至台州市中级人民法院。本案二审以调解结案，调解结果为：维持一审判决工程款本金，利息损失计算至签订调解协议止。

复盘研析

本案陈某与建工集团、指挥部签订的《工程项目承包责任协议》及《班组承包协议》虽系双方真实意思表示，但陈某作为不具备资质条件的施工主体，故双方之间协议无效。鉴于工程已完工并实际投入使用多年，可按合同约定方式进行结算。但本案项目工程于 2008 年完工，陈某于 2017 年向建工集团与水务公司主张工程款。在合同无效的情况下，本案中实际施工人陈某主张工程款是否已经过诉讼时效，这一问题值得进一步探讨。

工程价款请求权的诉讼时效问题通常包括无效合同的效力认定是否适用诉讼时效制度、工程价款请求权的性质以及工程价款给付请求权的诉讼时效起算点等三类问题。司法实践中对上述问题曾有争议，但至当前，已经基本达成了共识。

对于无效合同的效力认定是否适用诉讼时效制度的问题，有观点认为，确认合同无效只是诉讼手段，当事人主要目的在于追求返还财产、损失赔偿的无效法律后果，这体现了返还债的意思，应当适用诉讼时效规定。但当前实践中普遍认为，裁判者应当主动审查合同效力，确认合同无效不属于债权请求权，其合法性与违法性不因单纯的时间经过而改变，故不适用诉讼时效制度。最高人民法院曾在 2010 年 11 月发布的《最高人民法院关于无效合同所涉诉讼时效问题的规定（征求意见稿）》（以下简称《2010 年最高院无效合同诉讼时效征求意见稿》）第 1 条中进一步明确："当事人对确认合同无效请求权提出诉讼时效抗辩的，人民法院不予支持，但当事人可以对作为债权请求权的返还财产、赔偿损失请求权提出诉讼时效抗辩。"对这一观点，笔者赞同之。笔者认为，诉讼时效制度适用于债权请求权，而确认合同效力系对当事人主张法律关系存在与否的确认，在于明确法律关系产生的依据是否合法，实质上属于形成权，并非请求权，理应适用除斥期间更为恰当。但因确认合同无效具有国家干预性的特点，故我国现行法律中并未对确认合同效力的除斥期间进行规定。

对于合同无效时工程价款请求权的性质问题。根据《民法典》第 793 条[①]

[①] 《民法典》第 793 条规定："建设工程施工合同无效，但是建设工程经验收合格的，可以参照合同关于工程价款的约定折价补偿承包人。建设工程施工合同无效，且建设工程经验收不合格的，按照以下情形处理：（一）修复后的建设工程经验收合格的，发包人可以请求承包人承担修复费用；（二）修复后的建设工程经验收不合格的，承包人无权请求参照合同关于工程价款的约定折价补偿。发包人对因建设工程不合格造成的损失有过错的，应当承担相应的责任。"

规定，建设工程施工合同无效，但经竣工验收合格的，可以参照合同关于工程价款的约定折价补偿承包人。因此，在施工合同无效但竣工验收合格的情况下，施工方所主张工程价款系折价补偿款，属于债权请求权，应当适用《民法典》第188条[①]的诉讼时效规定。也有观点指出，折价补偿系一种不当得利，[②] 不当得利请求权属于债权请求权，故应适用诉讼时效制度。但关于工程价款给付请求权的诉讼时效起算点问题，立法层面上尚未形成一致规则，司法实践中也尚存争议。

《2010年最高院无效合同诉讼时效征求意见稿》第2条曾为无效合同的返还财产、赔偿损失请求权诉讼时效的起算点提出三种方案："方案一、合同无效，当事人一方请求另一方返还财产、赔偿损失的，诉讼时效期间从合同被确认无效之日起计算，但自合同履行期限届满之日起超过二十年，当事人一方提出诉讼时效抗辩的，人民法院不予支持。方案二、合同无效，一方当事人请求另一方当事人返还财产、赔偿损失的，诉讼时效期间从合同履行期限届满之日起计算。方案三、合同履行期限届满，合同尚未履行或者未完全履行的，合同法律关系中的一方当事人请求另一方当事人返还财产、赔偿损失的，诉讼时效期间从履行期限届满之日起计算。前款之外其他情形，诉讼时效期间从合同被确认无效之日起计算，但自合同履行期限届满之日起超过二十年的，人民法院不予保护。"该征求意见稿第3条、第4条、第5条针对保证合同无效、抵押合同无效、质押合同无效、留置合同无效等情形下产生的债权请求权诉讼时效起算点提出方案，但因该征求意见稿争议颇大，未能形成倾向性意见，故未能颁布施行。

在此之前，部分地方法院也曾对此问题作出尝试性规定。例如，北京市高级人民法院在2007年印发的《北京市高级人民法院审理民商事案件若干问题的解答之五（试行）》中作出解答："对合同被确认无效后产生

[①] 《民法典》第188条规定："向人民法院请求保护民事权利的诉讼时效期间为三年。法律另有规定的，依照其规定。诉讼时效期间自权利人知道或者应当知道权利受到损害以及义务人之日起计算。法律另有规定的，依照其规定。但是，自权利受到损害之日起超过二十年的，人民法院不予保护，有特殊情况的，人民法院可以根据权利人的申请决定延长。"

[②] 参见叶名怡：《折价补偿与不当得利》，载《清华法学》2022年第3期。

的返还财产或赔偿损失的请求权,应适用诉讼时效期间的规定,起算点则应自合同约定的履行期限届满之次日起算。"① 可见该观点与《2010 年最高院无效合同诉讼时效征求意见稿》第 2 条中的方案三一致。但至当前,对合同被确认无效后返还财产、赔偿损失请求权的诉讼时效的起算规则,《民法典》及相关法律法规均未作出明确规定。

在实践中,对于无效施工合同工程价款请求权诉讼时效起算点的规定,各地法院之间存在相左的裁判立场,笔者总结归纳,主要有以下裁判规则。

1. 有约定付款期限的,诉讼时效应从约定付款期限届满之日起计算。

广东省高级人民法院在(2017)粤民再 178 号②案中采此规则:"根据上述结算的有关约定,黄田镇政府应当在 2003 年 12 月 31 日前付清欠款工程款给严某,应以此时开始起算严某对黄田镇政府债权的诉讼时效。"

笔者认为,这一裁判规则充分尊重了当事人意思自治,因为约定付款期限是双方签订和履行施工合同时对其权利实现的合理预期,在约定付款期限届满后,无论合同是否有效,当事人均知道或应当知道其权利是否被侵害,因此以约定付款期限作为无效施工合同工程价款请求权诉讼时效起算点,符合私法自治的应有之义。但从权利实现结果来看,该裁判规则会导致无效合同有效处理的适用问题,违反了对违法行为进行否定性评价的基本法理。

2. 工程竣工验收合格且已结算的,诉讼时效应从实际结算之日起计算。

浙江省高级人民法院在(2016)浙民申 3538 号③案中持这一立场:"按照双方合同约定,本案工程款的 95% 应在工程完工后即日一次性付清,案涉工程于 2011 年 11 月竣工验收合格并交付使用,双方于 2011 年 12 月 3 日进行了工程款决算,此时周某对盛达皮鞋厂尚欠的工程款数额已经明

---

① 《北京市高级人民法院审理民商事案件若干问题的解答之五(试行)》现行有效。详见该解答中的问题解答 16。
② 严某、广东省四会市黄田镇人民政府建设工程施工合同纠纷案,广东省高级人民法院(2017)粤民再 178 号民事判决书。
③ 温州市龙湾盛达皮鞋厂诉周某等建设工程施工合同纠纷案,浙江省高级人民法院(2016)浙民申 3538 号民事裁定书。

知,本案诉讼时效应从 2011 年 12 月 3 日开始计算。"

笔者认为,这一裁判规则从双方债权债务确认时起算诉讼时效,认为在实际结算之日双方工程价款金额得以确认,此时才具备了诉讼时效起算的条件。但根据《民法典》第 188 条①的规定,按照文义解释,诉讼时效起算的意义在于权利人知道或者应当知道其权利受到侵害,而工程价款结算日不必然与权利人知道或应当知道相对方怠于履行支付义务的时间对等。因此,笔者认为,尽管工程实践中通常因各种原因导致施工方妥协,将工程价款应付之日推迟至工程结算日,该种裁判规则以工程价款是否结算或决算作为判断标准,具有一定的客观性和合理性,但从意思自治上观之,相对于于约定付款期限届满之日仍未履行支付义务或怠于履行支付义务,施工方即应知道其工程价款权利受到侵害,换言之,工程价款是否结算并不必然影响当事人知道或者应当知道权利是否受到侵害,即便工程价款尚未结算,当事人也应有权主张工程价款。

3. 未约定付款期限或约定付款期限无效,且工程未结算的,有以下三种诉讼时效起算规则。

其一,直接认定因债权债务未确定,诉讼时效未起算。例如,浙江省舟山市中级人民法院在(2015)浙舟民终字第 162 号②案中认为:"涉案工程虽于 2003 年竣工,但直至朱某向一审法院起诉前,各方仍未对工程进行结算,导致工程价款无法确定。根据法律规定,诉讼时效期间从知道或者应当知道权利被侵害时起计算,因朱某的权利并未确定,不应起算诉讼时效,故本案未过诉讼时效。"新疆维吾尔自治区高级人民法院在(2016)新民终 164 号③案中也认为:"姚某与钟某一直未进行结算,双方

---

① 《民法典》第 188 条规定:"向人民法院请求保护民事权利的诉讼时效期间为三年。法律另有规定的,依照其规定。诉讼时效期间自权利人知道或者应当知道权利受到损害以及义务人之日起计算。法律另有规定的,依照其规定。但是,自权利受到损害之日起超过二十年的,人民法院不予保护,有特殊情况的,人民法院可以根据权利人的申请决定延长。"
② 浙江博宇建筑有限公司诉朱某等建设工程施工合同纠纷案,浙江省舟山市中级人民法院(2015)浙舟民终字第 162 号民事判决书。
③ 钟某等与新疆金石建业有限责任公司建设工程施工合同纠纷案,新疆维吾尔自治区高级人民法院(2016)新民终 164 号民事判决书。

的债权债务关系尚不明确,在此情况下不具备起算诉讼时效的条件。因此,本院对姚某称钟某的起诉已超过诉讼时效期间的抗辩意见不予采信。"该裁判规则与上述第二种裁判规则的法理相同,在此不再赘述。

其二,从具备结算条件之日起计算诉讼时效。例如,四川省高级人民法院在(2017)川民终242号①案中认为:"《总承包合同》为无效合同,其约定的工程款支付期限不具有法律约束力。由于《总承包合同》无效,沈矿公司主张的工程款的依据是《中华人民共和国合同法》*第五十八条关于合同无效后,财产无法返还,应当折价补偿的规定。由于本案存在违法分包,且分包的土建工程、安装工程的工程款,四川化建公司、江油南方公司与本案当事人之间对工程结算价款都存在争议。本案沈矿公司是否有权向三星堆公司主张工程款以及具体的数额,需要以案涉土建工程、安装工程纠纷案件的处理为依据,《总承包合同》在上述纠纷终审前不具备结算条件。因此沈矿公司对本案工程款债权的诉讼时效,应当从案涉安装工程、土建工程纠纷都作出生效判决之日起计算,即2014年3月7日起开始计算。"对于该裁判规则,笔者不甚赞同。承前所述,即便工程价款已实际结算,也不能等同于当事人知道或应当知道权利受到侵害,举重以明轻,以具备结算条件之日作为诉讼时效起算点,显然更不具有合理性。

其三,从合同被确认无效之日起计算诉讼时效。最高人民法院(2005)民一终字第104号②案、重庆市高级人民法院(2015)渝高法民终字第00171号③案、四川省高级人民法院(2017)川民再513号④案等均采用这

---

① 沈阳矿山机械有限公司等与沈阳矿山机械有限公司矿山机械分公司建设工程施工合同纠纷案,四川省高级人民法院(2017)川民终242号民事判决书。
* 已失效。——笔者注
② 参见广西北生集团有限责任公司与北海市威豪房地产开发公司、广西壮族自治区畜产进出口北海公司土地使用权转让合同纠纷案,最高人民法院(2005)民一终字第104号民事判决书。
③ 参见永川区源力房地产开发有限公司与永川区朱沱镇人民政府建设工程施工合同纠纷案,重庆市高级人民法院(2015)渝高法民终字第00171号民事判决书。
④ 参见陈某等诉四川闻中四炜皮革有限公司等建设工程施工合同纠纷案,四川省高级人民法院(2017)川民再513号民事判决书。

一规则。该裁判规则的审查思路认为，根据《民法典》第793条①的规定，施工合同无效但竣工验收合格的，工程价款可以参照合同约定折价补偿。有观点认为，折价补偿的性质是一种不当得利，即该折价补偿并非合同上的责任，而是对转包人或违法分包人没有法律或合同上的依据，取得实际施工人工作成果的补偿，实质是一种不当得利的法律关系。② 因此，施工合同无效时的工程价款请求权实为不当得利返还请求权，其诉讼时效期限应从合同被确认无效之日起计算。对该裁判规则的另一种解释是，合同无效只能由法院或者仲裁机构确认，只有在判决或裁决确认合同无效之时才产生返还财产及赔偿损失请求权，权利人才知道或应当知道其权利受到侵害，诉讼时效期间才起算。至于因合同无效而导致的权利人的不利益，可以通过实体法的规定依公平原则进行解决，不应以诉讼时效起算点的提前起算来解决。③ 但该裁判规则会产生权利睡眠的问题，且有效的施工合同严格恪守诉讼时效起算点及期间规则，如无效施工合同以无法确定的合同确认无效之日作为诉讼时效起算点，可能产生当事人滥用此规则使其工程价款请求权诉讼时效起算点无限拉长，导致无效施工合同的法律保护超出有效施工合同的范畴，有悖无效合同否定评价的基本原则。

4. 未约定付款期限或约定付款期限无效，工程无须结算，诉讼时效从竣工验收之日起计算。

最高人民法院在（2016）最高法民再31号④案中采用这一规则。在此应指出的是，在该案中，虽法院以竣工验收之日作为诉讼时效起算点，但实际上该案中工程未结算也不影响工程价款确定，且工程竣工验收之日恰

---

① 《民法典》第793条规定："建设工程施工合同无效，但是建设工程经验收合格的，可以参照合同关于工程价款的约定折价补偿承包人。建设工程施工合同无效，且建设工程经验收不合格的，按照以下情形处理：（一）修复后的建设工程经验收合格的，发包人可以请求承包人承担修复费用；（二）修复后的建设工程经验收不合格的，承包人无权请求参照合同关于工程价款的约定折价补偿。发包人对因建设工程不合格造成的损失有过错的，应当承担相应的责任。"
② 参见叶名怡：《折价补偿与不当得利》，载《清华法学》2022年第3期。
③ 参见最高人民法院民二庭负责人就《最高人民法院关于审理民事案件适用诉讼时效制度若干问题的规定》（2008年9月1日）答记者问。
④ 参见蒲某等诉余某等建设工程分包合同纠纷案，最高人民法院（2016）最高法民再31号民事判决书。

好就是应付款之日。因此，该裁判规则实质上仍围绕债权债务确定以及履行期届满两个关键要点。

综上分析，笔者认为，对于无效施工合同工程价款请求权诉讼时效起算点问题，理应回归诉讼时效制度的立法本意，并结合现行《民法典》及《最高人民法院关于审理建设工程施工合同纠纷案件适用法律问题的解释（一）》进行思考。

我国诉讼时效制度自民法通则时代至民法典时代，已历时30余年。根据诉讼时效制度的立法释义，诉讼时效制度的规范根据或立法目的可总结为三方面，即督促权利人、维持秩序及保护义务人。[①] 其中，督促权利人体现在禁止权利人滥用权利或怠于行使权利。在无效施工合同场合中，承前分析，以合同确认无效作为诉讼时效起算点的这一立场，俨然会产生权利睡眠的问题，以及会产生民事法律关系无法及时结束的不确定风险，故不应将此作为无效施工合同工程价款请求权诉讼时效的起算点规则。而对于工程实际结算、具备结算条件或债权债务确定作为诉讼时效起算点的立场，笔者认为也不可取，原因在于，这些立场均或多或少忽视或损害了当事人之间的意思自治自由，背离了维护私法自治秩序的立法目的。

实际上，关于诉讼时效的起算点，《民法典》第188条第2款已明确规定："诉讼时效期间自权利人知道或者应当知道权利受到损害以及义务人之日起计算。"但该规定仅是概括性规定，无效施工合同纠纷中通常涉及多重法律关系及复杂法律事实，故个案中难以界定何种具体情形产生诉讼时效期间起算的效力，这也是实践中无效施工合同工程价款请求权诉讼时效起算点问题争议颇大的缘由之一。在此，笔者认为，在任何债权请求权场合中，诉讼时效期间起算点均归集于"自权利人知道或应当知道权利受到损害以及义务人"这一本质，但"权利人知道或应当知道权利受到损害以及义务人"这一规定过于宽泛，映射到实践中，应当辅以相对明确的客观标准进行演绎。

在无效施工合同场合中，实际施工方讼争的权利为工程价款请求权，

---

① 参见霍海红：《诉讼时效根据的逻辑体系》，载《法学》2020年第6期。

工程价款请求权保护的界分点理应是应付工程款之日。在此需要强调的是，应付工程款之日可能与约定付款期限届满之日重合，但基于工程惯例，双方一般会针对某笔进度款或结算款另行约定支付期限，此时原付款期限约定变更，应以双方最后约定的付款期限届满之日作为应付工程款之日。* 为此，笔者认为，无效施工合同工程价款请求权诉讼时效期间起算点应以应付款之日起计算。这一观点避免了无效合同有效处理之嫌，且具有相对充分的合理性与普适性，主要体现在以下三方面。

一是符合诉讼时效制度的立法本意。既充分尊重当事人之间的意思自治，有利于私法领域的秩序维护，同时也避免了当事人怠于行使权利而过分损害相对人的利益。

二是现行法律体系有相对充分的适用依据。即便在约定付款期限无效或未约定付款期限的情况下，《最高人民法院关于审理建设工程施工合同纠纷案件适用法律问题的解释（一）》第27条①也为"应付款之日"的界定提供了明确依据。

三是契合当前审判实践的实际需要。例如，项目工程始于2008年，至2017年实际施工人陈某起诉，时间已经过10余年，项目工程有关资料已难以收集，不利于法院或仲裁机构查明事实。因此，当前不少法院将应付款之日作为工程价款诉讼时效期间起算点，这一做法不仅可以提高司法审判效率，还能有效遏制当事人滥用时效利益的不诚信行为。

笔者总结，无效施工合同工程价款请求权应以应付款之日作为诉讼时效期间起算点，具体而言，如双方已约定付款期限或对原付款期限作出变更，应以双方最终约定的付款期限届满之日作为应付工程款之日。如双方

---

* 笔者按：此种情况下，工程价款诉讼时效期间起算点与工程价款利息、违约金等起算点并不存在同一性。应付款之日推迟系基于双方意思自治，工程款利息、违约金等产生系基于相对人怠于履行支付义务的事实，故工程款利息、违约金等还应从原付款期限届满之日起计算，两者并不冲突。——笔者注

① 《最高人民法院关于审理建设工程施工合同纠纷案件适用法律问题的解释（一）》第27条规定："利息从应付工程价款之日开始计付。当事人对付款时间没有约定或者约定不明的，下列时间视为应付款时间：（一）建设工程已实际交付的，为交付之日；（二）建设工程没有交付的，为提交竣工结算文件之日；（三）建设工程未交付，工程价款也未结算的，为当事人起诉之日。"

对付款时间没有约定或约定不明确，根据《最高人民法院关于审理建设工程施工合同纠纷案件适用法律问题的解释（一）》第 27 条之规定，建设工程已实际交付的，以交付之日作为应付工程款之日；建设工程没有交付的，以提交竣工结算文件之日作为应付工程款之日；建设工程未交付、工程价款也未结算的，以当事人起诉之日作为应付工程款之日。

关于建设工程价款应付款之日的界定，笔者总结如下（见图 15-1）。

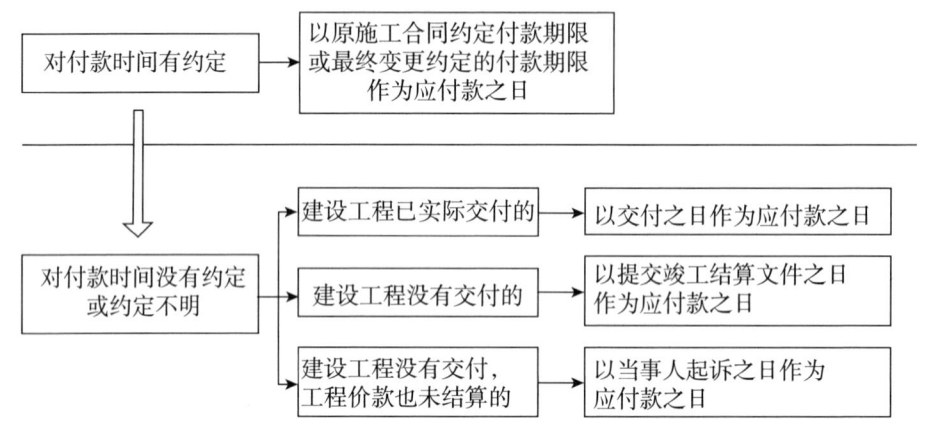

图 15-1 建设工程价款应付款之日界定

商业争议篇

第十六章 产品质量纠纷案件新视角：分拆诉讼实现大宗涉外产品质量纠纷索赔

——某集团股份有限公司诉某工程塑料供应有限公司买卖合同纠纷案

本章提要

本章涉及大宗涉外产品质量纠纷索赔案件。某集团股份有限公司（以下简称集团公司）为国内制造生产潜水泵的企业，某工程塑料供应有限公司（以下简称供应公司）为提供水泵端盖原材料的供应商。集团公司欲改良某型号潜水泵端盖材料，供应公司主动寻求集团公司合作，并在调研后专为集团公司研发新材料MPPO改性塑料米。集团公司将MPPO改性塑料米应用于潜水泵端盖制作，并将应用MPPO改性塑料米的潜水泵向其欧洲的客户进行销售。随后，集团公司多家欧洲的客户反馈应用MPPO改性塑料米的潜水泵端盖在运转后出现不同程度的破裂，并向集团公司进行索赔。集团公司向其欧洲的客户赔偿后，以MPPO改性塑料米不符合产品质量要求为由，要求供应公司承担质量责任以及损失赔偿责任。

笔者接受集团公司委托代理本案。在处理本案时，笔者并未采用常见的"产品质量认定纠纷"与"产品质量索赔纠纷"一体化处理方式，而是根据集团公司的实际情况，制定分拆诉讼的方法策略，为委托人在时间和空间上实现利益最大化。除分拆诉讼这一策略创新之外，本案中关于请求权基础选择、质量鉴定、产品技术标准认定等问题的处理，亦与一般产品质量纠纷案件的处理方式有所不同。本案历时3年之久，最终帮助委托人最大限度挽回损失，取得良好的办案效果。

基于本案实践，本章通过回顾本案的代理过程，进一步分析笔者代理本案时诉讼方案的制定、请求权基础的选择、海外产品质量索赔案件中实际损失的举证等问题，以期对实务中产品质量纠纷类案的处理提供有益借鉴。

案情概述

集团公司为国内制造生产潜水泵的企业，供应公司为提供水泵端盖原材料的供应商。因集团公司有意改良某型号潜水泵端盖材料，供应公司主动寻求集团公司合作。

2013年10月至2014年3月，供应公司与集团公司接洽后进行调研，并专为集团公司研发MPPO改性塑料米及其加工流程，多次交付塑料米原料，货值38.4万元，集团公司支付货款15万元。

2014年3月，集团公司向供应公司提出产品质量异议。

2014年8月，双方签订《合作基本合同》、《质量保证协议》、《环保协议》、《供应商廉洁协议》、《符合社会责任SA8000标准的声明》以及《MMPO材料产品技术标准》。2014年期间，由于端盖出现开裂，潜水泵整机无法使用，不断有欧洲的客户向集团公司提出质量问题，后集团公司陆续与欧洲的客户达成赔偿协议，因此产生的损失共计532万元。

2018年8月29日，集团公司向浙江省温岭市人民法院提起诉讼，请求法院判令供应公司就剩余的4.175吨MPPO改性塑料米进行退货，并向集团公司返还货款12.5万元。（以下简称质量纠纷案）

2019年5月7日，浙江省温岭市人民法院作出（2018）浙1081民初××××号民事判决（以下简称质量纠纷一审判决）：（1）集团公司向供应公司退回D1820型MPPO改性塑料米原料4175千克；（2）供应公司返还给原告集团公司货款12.5万元。

供应公司不服该一审判决，向浙江省台州市中级人民法院提起上诉。2019年6月26日，浙江省台州市中级人民法院作出（2019）浙10民终

第十六章 产品质量纠纷案件新视角：分拆诉讼实现大宗涉外产品质量纠纷索赔

××××号民事判决（以下简称质量纠纷二审判决）：驳回上诉，维持原判。

2020年1月10日，集团公司向浙江省温岭市人民法院提起诉讼，要求供应公司赔偿集团公司经济损失532万元。（以下简称索赔纠纷案）

2021年1月19日，浙江省温岭市人民法院作出（2020）浙1081民初××××号民事判决（以下简称索赔纠纷一审判决），判决供应公司赔偿集团公司319.2万元。

供应公司不服该一审判决，向浙江省台州市中级人民法院提起上诉。2021年5月18日，浙江省台州市中级人民法院作出（2021）浙10民终××××号民事判决（以下简称索赔纠纷二审判决）：驳回上诉，维持原判。

争议焦点

本案包括质量纠纷案及索赔纠纷案两个案件。

在质量纠纷案中，争议焦点为：案涉MPPO原材料是否符合案涉合同特定标准（附件《MPPO材料产品技术标准》）之约定？案涉潜水泵端盖产品质量问题是否因案涉MPPO原材料质量问题所致？

在索赔纠纷案中，争议焦点为：集团公司主张损失能否成立？应当如何认定造成损失？集团公司在应用MPPO改性塑料米时是否存在过错？

代理思路

先认定质量问题，再确定损失赔偿责任，这是本案的基本代理思路。在这一思路的基础上，笔者并未按照同时主张质量问题及损失赔偿的惯常做法，而是先主张认定质量问题，再另案诉请损失赔偿责任。通过这一分拆诉讼的方案，在本案当时的商业背景下，为委托人争取到了时间和空间上的最大权益。这一诉讼方案将在下文"复盘研析"部分详细阐述，在此不再赘述。

由于本案系以分拆诉讼的方案进行处理，故以下按照质量纠纷案与索赔纠纷案分别介绍代理思路。

一、关于质量纠纷案的代理思路

质量纠纷案一审审理过程中,笔者代理集团公司提起诉请,要求:(1)供应公司接受集团公司退回D1820型MPPO改性塑料米原料4175千克;(2)供应公司返还给集团公司货款12.5万元。主要理由为:

原告系从事生产泵、电机等生产、销售的上市公司,被告系从事塑料、橡胶及其制品和其他化工产品及原料的研发、销售等的企业。2013年10月,被告向原告推荐使用该公司生产的MPPO改性塑料米用于生产潜水泵马达端盖,承诺MPPO改性塑料米完全符合原告所需的产品技术标准,并能弥补原告之前一直沿用的材料的不足,且更能提高其使用性能。

2013年11月至2014年3月,原告将被告供应的MPPO改性塑料米用于生产潜水泵马达端盖整机销售至欧洲多个国家。因被告供应的MPPO改性塑料米制造的产品未能达到双方约定的产品技术标准,端盖出现开裂,引起潜水泵整机无法使用,从而导致众多客户纷纷要求退换货以及经济赔偿,因被告的原因造成了原告巨大的经济损失,也严重影响了原告的商业信誉。其间,原告与被告就MPPO改性塑料米引起的严重后果多次当面沟通协商,而赔偿金额无法达成一致。

综上,因被告提供的MPPO改性塑料米生产的产品未能达到双方约定的产品技术标准,原告生产的潜水泵马达端盖存在破裂,引起客户退换货及要求赔偿,其损失合计5,007,478.52元(不包括其他尚在协商中的经济损失,原告保留要求被告承担损失赔偿责任的权利),鉴于被告供应的MPPO改性塑料米生产的产品不符合产品技术标准,原告有权就剩余的4.175吨MPPO改性塑料米进行退货,并要求被告返还货款12.5万元。

供应公司辩称:

其供应的是原料,原料生产的产品所谓的不合格,不是其责任。其所提供的原料产品已经原告验收,集团公司在合同约定的期限,甚至在相当长的一段时间内,对原料的质量没有提出过异议。因此,原告用被告提供的原料所生产出的产品不合格,要求被告承担相应的巨额赔偿责任,是没有合同依据和法律依据的,应当驳回原告的全部诉讼请求。

第十六章 产品质量纠纷案件新视角：分拆诉讼实现大宗涉外产品质量纠纷索赔

本案一审审理过程中，笔者代理集团公司向法庭申请司法鉴定。因本案 MPPO 改性塑料米质量问题极其隐蔽，罕有实验室达到本案鉴定 MPPO 改性塑料米的技术条件。尽管司法鉴定具有很大难度，但笔者不懈努力，历经波折，最终进行了司法鉴定，鉴定结果为：本案 MPPO 改性塑料米存在质量问题，不符合双方约定的技术标准。

浙江省温岭市人民法院经审理，采纳了笔者观点，认定供应公司生产的 MPPO 改性塑料米不符合双方约定的《MPPO 材料产品技术标准》，并判决支持了集团公司的诉讼请求。一审法院认为：

原告集团公司和被告供应公司之间形成的买卖合同关系，系双方自愿，内容合法，依法应认定有效。供应公司生产的 MPPO 改性塑料米经鉴定不符合《MPPO 材料产品技术标准》。被告供应公司辩称其提供的是原料不是产品，原料生产的产品是否合格与其无关，本案的证据均能证明 MPPO 改性塑料米是被告专为原告研发生产的，使用在潜水泵马达端盖上的使用目的也是明确的，产品出现开裂后，被告也无法提供任何一种生产工艺流程，能使 MPPO 改性塑料米生产的产品使用在潜水泵马达端盖上不会产生开裂，故被告提供的 MPPO 改性塑料米不符合合同目的的特定标准，属于质量不符合约定。根据《中华人民共和国合同法》* 第一百一十一条规定："质量不符合约定的，应当按照当事人的约定承担违约责任。对违约责任没有约定或者约定不明确，依照本法第六十一条的规定仍不能确定的，受损害方根据标的性质以及损失的大小，可以合理选择要求对方承担修理、更换、重作、退货、减少价款或者报酬等违约责任。"原告集团公司有权按照法律规定或者双方的约定要求退货、减少价款、承担相应的经济损失等违约责任。现集团公司尚有 MPPO 改性塑料米原料 4175 千克，退还给供应公司，按原料价格 30 元/千克计算，计 12.5 万元，由供应公司返还相应的货款。

被告供应公司不服该一审判决，向浙江省台州市中级人民法院提起上诉，其上诉称：

---

* 已失效。——笔者注

上诉人所提供的原料已经被上诉人验收，被上诉人在合同约定的期限内甚至在相当长的一段时间内，对原料的质量没有提出过异议。上诉人只在原料类的质量保证要求范围内承担责任，一审法院将《MPPO材料产品技术标准》作为涉案货物买卖合同的标的物（塑料米）的质量标准，逻辑不通，没有事实与法律依据。因此，被上诉人用上诉人提供的原料所生产出的产品不合格，要上诉人承担相应的赔偿责任，没有合同依据和法律依据，二审法院应当改判支持上诉人的上诉请求。

在质量纠纷案二审审理过程中，针对供应公司的上诉请求及事实理由，立足于一审判决，笔者向法庭强调，因供应公司供应的MPPO改性塑料米制造的产品未能达到双方约定的产品技术标准，致使端盖出现开裂，引起潜水泵整机无法使用，从而导致众多客户纷纷要求退换货以及经济赔偿。因供应公司的原因造成集团公司巨大的经济损失，上诉人供应公司应当承担民事责任。供应公司的上诉请求缺乏事实与法律依据，一审判决认定事实清楚、适用法律正确，二审法院应予驳回上诉人的上诉请求。

浙江省台州市中级人民法院经审理，判决驳回上诉，维持原判。二审法院判决如下：

本案争议焦点是：上诉人供应公司提供的MPPO改性塑料米是否符合合同约定的特定标准，即本案是否存在塑料米原料的质量不符合合同约定情形。……本院认为，案涉的塑料米原料产品质量问题经一审法院委托浙江某检测集团股份有限公司鉴定，确定鉴定对象FR-MPPO改性塑料米不符合MPPO材料产品技术标准。《MPPO材料产品技术标准》是本案双方当事人约定的合同内容之一，文本上盖有上诉人供应公司的印章，上诉人与被上诉人约定将其用于指导MPPO材料产品的设计、生产、制造以及检验，对双方当事人具有约束力。上诉人供应公司要求对本案产品质量责任免除，缺乏事实和法律依据，本院不予支持。

二、关于索赔纠纷案的代理思路

在质量纠纷案已认定案涉MPPO改性塑料米原材料质量问题的基础上，笔者代理集团公司另案提起诉讼，进一步主张供应公司赔偿因案涉

第十六章 产品质量纠纷案件新视角：分拆诉讼实现大宗涉外产品质量纠纷索赔

MPPO 改性塑料米质量问题导致的已确定损失 532 万元（未确定损失尚在统计中），并提供与海外客户的往来邮件、与供应公司协商赔偿的会议纪要等证据。

供应公司辩称：

《MPPO 材料产品技术标准》并非双方约定标准，被告仅对 MPPO 原材料承担责任，原告没有依据要求被告对潜水泵端盖产品承担责任；原告主张退货损失 500 多万元没有客观证据予以证实，原告提供的邮件等证据均不符合法律规定的形式要件，其自行翻译的内容存在故意隐瞒重要事实的问题；原告退换货理由从没有体现出系哪类产品出现问题及何种质量原因所致，即使存在因本案所涉原因的退货事实，基于原告在生产环节的主导地位，其对潜水泵的质量问题存在重大过失，其理应承担主要责任。

浙江省温岭市人民法院经审查，认定被告供应公司抗辩理由及所提供证据不能推翻案涉 MPPO 改性塑料米不符合合同约定质量标准的事实，并论证集团公司提供往来邮件虽存在翻译瑕疵，但并不影响作为认定案涉损失的依据。一审法院认为：

被告提供的 MPPO 改性塑料米质量不符合合同约定，应当承担相应的违约责任。依据合同约定，对因质量不合格给原告造成的直接或间接的经济损失由被告全部承担（包括第三方索赔）。被告认为其仅提供原材料，基于原告在生产环节的主导地位，原告理应承担主要责任。对此，原告生产的水泵端盖需对被告提供的材料进行加工后才能实现，考虑原告的加工过程亦是影响最终产品是否符合产品标准的重要因素，故原告不仅需要对被告提供的原材料进行检验，还需对原告加工后的产品按照标准进行检验。依据原告与客户往来的电子邮件，原告曾表示其完成 1000 小时的耐久性测试才使用 MPPO 材料制作水泵马达端盖，即原告亦认可需对端盖进行测试。依据浙江某检测集团有限公司出具的质量鉴定报告，上述材料制成的端盖在 1000 小时测试后的破损率为 100%，若原告经过了测试，按常理应当能够发现其生产的端盖不符合标准，但原告现未提供证据证明其曾做过测试，亦无法对此作出合理解释，故本院认定原告未对加工后的产品进行检验。在此情况下，原告进行了批量生产及销售，因此造成的损失，

· 341 ·

原告亦存在过错。依据《最高人民法院关于审理买卖合同纠纷案件适用法律问题的解释》第三十条*规定，买卖合同当事人一方违约造成对方损失，对方对损失的发生也有过错，违约方主张扣减相应的损失赔偿额的，人民法院应予支持。因此，原告未对其加工的产品进行测试即批量生产并销售存在过错，应当扣减相应的损失赔偿额。原告损失金额为532万元，本院确定由被告赔偿给原告319万元。关于被告辩称原告主张的损失超过了其订立合同时预见到或应当预见到的因违反合同可能造成的损失的意见，因双方签订的合同中已经约定了被告承担的损失包括第三方索赔，本案中原告所主张的损失均为第三方索赔产生的损失，故对该抗辩意见，不予采信。

供应公司不服一审判决，向浙江省台州市中级人民法院提起上诉，其上诉称：

供应公司的合同责任仅是对原材料的质量保证，而不应无限延伸至潜水泵及其端盖的质量保证责任；被上诉人对《MPPO材料产品技术标准》存在构陷取证，且质量纠纷案的判决没有既判力，不能直接适用；被上诉人对其主张的损失举证也极不充分，原审判决在责任承担的分配上不公平，违背违约赔偿可预见性的规则。

针对供应公司的上诉请求及事实理由，笔者代理意见要点如下：

关于质量纠纷问题，法院已经作出生效判决，判决内容在判决文书中有详细阐述，当初所有的证据都指向MPPO改性塑料米是上诉人专门为被上诉人研发生产的，使用于潜水泵马达端盖上，使用目的极为明确。在产品出现裂痕后，一审法院经办法官询问上诉人有无办法用MPPO生产出按照质量标准设定的产品，即使不使用在马达端盖上，上诉人明确说对结果不保证，这是本案关键。经过检测机构鉴定，鉴定结果是出现25%的裂痕，不能达到合同预期和目的，因此一审和二审法院判断不符合合同约定。

关于被上诉人的损失额度，此次质量事故是被上诉人从成立以来经历的最大的一次产品质量事故，直接导致欧洲七个客户合同的违约，并且导

---

* 该条已被删除。——笔者注

第十六章 产品质量纠纷案件新视角：分拆诉讼实现大宗涉外产品质量纠纷索赔

致当期产值下降、间接损失、库存价值减少等。前后历时9个月来处理七个客户存在的退货、赔偿、运费等费用。上诉人在一审过程要求对国外往来邮件必须提供公证、翻译，对任何一个字翻译不精准就要求推翻所有的翻译件，这是上诉人利用诉讼程序推卸责任。被上诉人间接损失起码几亿元。在处理好七个客户的事宜后，双方当事人进行了协商，上诉人对赔偿损失金额作了确认是530多万元，只是提到后续需要得到香港公司①确认后才可以签字。

关于责任分摊，被上诉人认为一审法院在处理责任分摊时偏袒了上诉人。本案是合同纠纷，上诉人违反了合同约定造成损失应当赔偿。《民法典》第577条规定，合同一方违反合同约定，应当采取继续履行、补救措施或者赔偿损失等责任方式。本案违约责任属于上诉人，不属于被上诉人，530多万元的损失理应由上诉人承担，但被上诉人尊重法院判决，也不想纠缠于诉讼。况且责任分摊是基于侵权角度，本该由被上诉人提出，而不是上诉人提起。综上，请求驳回上诉人的上诉请求，依法维持原判。

浙江省台州市中级人民法院经审理，采纳笔者观点，判决驳回上诉，维持原判。二审法院认为：

本案的争议焦点在于：(1) 相关生效判决的既判力如何确定；(2) 一审法院关于损失金额的认定是否合理；(3) 一审法院关于赔偿责任的分摊是否公平。

关于焦点一：上诉人认为被上诉人存在构陷取证，《MPPO材料产品技术标准》不能作为指导上诉人生产原材料的技术标准，上诉人提供的MPPO改性塑料米不应对标这个标准。(2018) 浙1081民初×××号民事判决只是针对被上诉人要求退货的民事判决，有关MPPO改性塑料米质量问题不在判决主文，只有判决主文才有既判力。本院认为，被上诉人就其剩余的改性塑料米进行退货并要求上诉人返还货款的诉讼请求，经浙江省温岭市人民法院一审和本院二审，在生效判决［本院（2019）浙

---

① "香港公司"指持有供应公司100%股权的股东，因该法人股东系香港公司，故当时代理意见中简称为"香港公司"。

10民终×××号民事判决和浙江省温岭市人民法院（2018）浙1081民初×××号民事判决］中获得了支持，生效判决对上诉人提供的MPPO改性塑料米是上诉人专为被上诉人研发生产，在潜水泵马达端盖上使用，MPPO材料产品技术标准对双方具有约束力，以及上诉人提供的MPPO改性塑料米质量不符合合同目的的特定标准应当承担违约责任的认定应当作为本案认定的依据。……对上诉人关于其仅对原料而不是原料生产的产品承担责任，《MPPO材料产品技术标准》不是双方约定的标准，要求免除上诉人对本案产品的质量责任的主张，本院不予采纳；对上诉人关于原生效判决存在错误的主张，本院不予审理。

关于焦点二：上诉人认为本案被上诉人提供的邮件往来证实存在大量损失缺乏充分依据，一审法院简单以会议纪要中的500多万元来认定损失，但该会议纪要是被上诉人一方制作，上诉人签字只是证明参加过会议，不代表认可会议纪要内容。被上诉人应当提供实际损失，包括产品销毁的相关证据。本院认为，被上诉人向涉案七个客户所销售的产品出现质量问题与上诉人提供的MPPO改性塑料米存在因果关系。索赔通知函、供应商来访会谈记录表、会议签到表可以证明，被上诉人曾就其损失与上诉人进行过协商。被上诉人在一审中提供的合同、出口货物报关单、往来电子邮件、各种费用票据等有关损失处理的证据，足以证实被上诉人向涉案七个客户销售水泵以及在出现质量问题后与客户分别协商赔偿方式与金额，发生实际损失的事实。一审法院综合本案证据及法庭调查情况，分析认定被上诉人已经按照赔偿方案承担了赔偿责任，并最终认定损失金额为532万元并无不当。

关于焦点三：上诉人提供的MPPO改性塑料米质量不符合约定是引发涉案质量事故、造成被上诉人经济损失的主要原因，应承担包括赔偿损失在内的违约责任。考虑到被上诉人对新材料的应用缺乏必要的谨慎，质量控制存在一定的疏漏，对损失的发生亦存在过错，应当扣减上诉人相应的损失赔偿额。一审法院酌情确定由上诉人赔偿被上诉人319万元的判决于法有据，亦在合理裁量范围内。关于被上诉人主张的损失是否超出订立合同时所能预见的范围问题，本院认为，涉案MPPO改性塑料米是上诉人专门为被上诉人研发生产的，上诉人知晓该材料将被用于制造潜水泵马达端盖，应该预见到端盖出现开裂将导致潜水泵整机使用受到影响，进而会导致被上诉人蒙受巨额经济损失。此外，双方签订的合作基本合同中明确约定对因质量不合格给被上诉人造成的直接或间接的经济损失由上诉人全部承担（包括第三方索赔），可以佐证上诉人应当预见到其可能需要对第三方索赔产生的损失承担赔偿责任。现被上诉人主张的损失均为第三方索赔产生的损失，故对上诉人关于一审判决的赔偿金额违背违约赔偿可预见性规则的主张，本院不予采信。

裁判结果

对于质量纠纷案，浙江省温岭市人民法院于 2019 年 5 月 7 日作出（2018）浙 1081 民初×××号一审判决：

（1）原告集团公司于本判决生效之日起 10 日内向被告供应公司退回 D1820 型 MPPO 改性塑料米原料 4175 千克。

（2）被告供应公司于本判决生效之日起 10 日内返还给原告集团公司货款 12.5 万元。

供应公司不服该判决，向浙江省台州市中级人民法院提起上诉。浙江省台州市中级人民法院于 2019 年 6 月 26 日作出（2019）浙 10 民终××××号二审判决：驳回上诉，维持原判。

对于索赔纠纷案，浙江省温岭市人民法院于 2021 年 1 月 29 日作出（2020）浙 1081 民初×××号一审判决：

（1）被告供应公司于本判决生效后 10 日内赔偿给原告集团公司 319.2 万元；

（2）驳回原告集团公司的其他诉讼请求。

供应公司不服该判决，向浙江省台州市中级人民法院提起上诉。浙江省台州市中级人民法院于 2021 年 5 月 18 日作出（2021）浙 10 民终××××号判决：驳回上诉，维持原判。

> **复盘研析**

质量问题的认定是产品质量索赔案件中绕不开的一环,实践中,常见质量索赔案件的诉讼方案是:将产品质量问题的认定并入索赔案件诉请或在审理过程中一并审查。但在代理本案过程中,笔者并未采用这一常见处理方式,而是打破惯性思维,创新地尝试分拆诉讼的方案,即先认定产品质量问题,再以此为基础另案提起索赔之诉。从质量纠纷案到索赔纠纷案,历时3年之久,最终帮助委托人最大限度挽回损失,取得良好的办案效果。

除分拆诉讼这一创新策略外,本案中有关请求权基础选择、司法鉴定、产品技术标准认定等问题的处理方式亦与一般产品质量纠纷案件有所不同。因此,笔者从本案实践中总结,在下文中对本案诉讼策略及代理要点进行进一步分析与阐述,以期对实务提供有益参考。

一、产品质量纠纷中两大问题及诉讼方案的制定

产品质量纠纷为宽泛概念,通常包含两大问题:一是产品质量认定问题,即认定讼争产品是否存在不符合法律规定或合同约定的事实;二是产品质量索赔问题,即追索因产品质量问题产生的损失赔偿问题。前者为后者诉请成立的基础。

实务中,对产品质量纠纷问题常见处理方式是:一并诉请产品质量认定与损失索赔,或直接主张产品质量损失,在审理过程中一并审查是否存在产品质量问题。该种处理方式或可较为"短平快"地实现诉讼目的,但在案情复杂、产品质量问题难以认定、损失难以确定或还不能确定的情况下,应当根据案件实际情况审慎考虑诉讼方案。

本案始于2018年,该案启动时,考虑到客户的损失尚在统计(包括洽谈赔偿及索赔协商),不宜直接进入损失追索程序,故笔者带领团队在商议诉讼方案时,初步确定两步走的诉讼方案,即第一步先提起产品质量问题认定之诉,认定讼争产品质量问题以及要求退还货款。在质量纠纷案审理过程中,一方面帮助委托人尽快统计确定损失,另一方面为委托人与

供应商洽谈损失赔偿预留时间。至质量纠纷案结果确定后，若届时委托人尚不能与供应公司协商确定损失赔偿，此时再另案主张损失索赔。这一诉讼方案体现了以客户需求为中心，站在客户的商业角度，考虑到了非诉谈判、协商和解等多元解决途径，得到了委托人的高度认可。

在本案实际审理过程中，因质量纠纷案中司法鉴定耗费了很长时间，在此期间，委托人统计遭受的损失以及与供应公司洽谈损失索赔存在很大难度，直至第二步方案启动时才确定。在索赔纠纷案中，因"两步走"的方案，为损失的确定提供了较长的时间，最终帮助委托人挽回巨大损失。由此可见，本案诉讼方案具有一定的前瞻性。

在争议解决领域中，诉讼方案的重要性不言而喻。尤其是对于具有疑难复杂商业背景的争议解决而言，一个方向正确且具有一定前瞻性的诉讼方案可以使案件发生"起死回生"的效果。结合本案实践，笔者建议，在案情清楚、损失明确的产品质量纠纷案件中，宜采用"短平快"的处理方式，一步到位诉请主张产品质量损失赔偿，高效为委托人实现索赔；在案情复杂、质量问题隐蔽、损失难以确定或尚未确定的大型产品质量纠纷案件中，建议根据实际情况，考虑为委托人预留商业谈判余地，审慎研判诉讼方案，如本案中笔者制定的"分拆诉讼"的诉讼方案，应当对读者有所启发。

二、产品质量问题确定及涉海外交易损失的举证问题

本案采用"两步走"策略，在质量纠纷案中，最难攻克的关口在于如何对被告提供的MPPO改性塑料米进行质量鉴定。

案涉MPPO改性塑料米的质量问题极其隐蔽，需经过1000小时不间断的耐久性测试才会使端盖破损率达100%，而当时经指定的鉴定机构均不具备这一严苛条件。为此，笔者带领团队逐一征询省内入库的其他鉴定机构，主动寻求满足条件的鉴定机构，积极推动案件进展，最终锁定省内某家检测鉴定机构进行质量鉴定。根据质量鉴定报告，一审法院认定被告提供改性塑料米不符合《MPPO材料产品技术标准》，判决退还已付货款，支持了全部诉讼请求。后被告提起上诉，二审法院亦维持原判。

除确定产品质量问题这一技术问题之外，本案另一难题在于如何举证证明案涉产品质量损失数额。本案水泵远销海外市场，因此，在证明案涉MPPO改性塑料米质量问题之后，必须进一步证明集团公司赔偿其欧洲客户的损失数额。

基于海外交易习惯，本案中，集团公司与其欧洲客户之间关于案涉产品质量索赔的往来邮件即为证明本案损失数额的重要证据，而已赔偿欧洲客户的相应票据即为证明本案的直接证据。此外，为证明本案中集团公司损失，本案中另一不可或缺的关键证据系集团公司与供应公司的一份会议记录*，其中载明集团公司的损失金额，其上有供应公司盖章确认。在本案中，以上证据均为法院采信。

需要提醒的是，须注意涉外往来邮件在产品责任赔偿纠纷中的证据程序、证明内容及证明效力问题。涉外往来邮件属涉外证据，根据《最高人民法院关于民事诉讼证据的若干规定》第17条[①]、《最高人民法院关于适用〈中华人民共和国民事诉讼法〉的解释》第525条[②]之规定，案涉往来邮件应当进行翻译。在索赔纠纷案审理过程中，被告供应公司质疑翻译的部分涉外往来邮件，认为该中文翻译存在明显翻译错误和"倾向性"，如"Quality department"错译为"技术部"，理应为"质量部"；又如，"DMC"错译为"碳酸二甲酯"，实际应为"团状模塑料"；等等。供应公司据此主张本案翻译带有一定的主观倾向性，缺乏可信度，试图以此推翻涉外往来邮件的证明力。即使如被告供应公司主张，案涉邮件翻译存在部分错误，但笔者在庭审中指出，此等错误仅为专业名词上的不精确翻译，并不影响往来函件中原告集团公司与其欧洲客户之间关于水泵出现质量问

---

* 该份会议记录系客户与被告供应公司在产品质量认定之诉期间形成的洽谈记录，对于证明被告供应公司认可造成客户损失具有关键作用。——笔者注

① 《最高人民法院关于民事诉讼证据的若干规定》第17条规定："当事人向人民法院提供外文书证或者外文说明资料，应当附有中文译本。"

② 《最高人民法院关于适用〈中华人民共和国民事诉讼法〉的解释》第525条规定："当事人向人民法院提交的书面材料是外文的，应当同时向人民法院提交中文翻译件。当事人对中文翻译件有异议的，应当共同委托翻译机构提供翻译文本；当事人对翻译机构的选择不能达成一致的，由人民法院确定。"

题后反馈、沟通、协商、赔偿等事实认定，因此，本案法院经审理，采纳笔者观点，认定该等错误并不影响邮件翻译的证明效力，亦不影响对原告集团公司已对其欧洲客户进行赔偿的认定。

笔者认为，对于涉外证据的翻译问题，虽可视作翻译技术问题，但如果在影响证明目的的实质性内容上存在翻译不精确或翻译错误的问题，经由当事人质疑又不能作出合理解释，则必然会对该证据证明力、事实认定及案件结果产生不利影响。反之，如果仅涉及行业专有名词等技术瑕疵，且不影响案件事实的证明，应认定该等涉外证据翻译的效力。

此外，被告供应公司主张该中文翻译未完整翻译原有的邮件，缺乏关键信息，翻译内容不完整，导致证据内容不完整；上述翻译中没有邮件地址、日期等关键信息，不符合电子邮件的特征；又抗辩称大多数邮件仅翻译回复邮件，没有翻译原始邮件，无法完整体现往来邮件所讨论的内容。对于这一问题，笔者认为，本案提供的邮件及翻译能够反映水泵出现问题后集团公司与其欧洲客户进行沟通、协商、赔偿等过程，而在邮件中的协商索赔方案，与集团公司最终进行赔偿的实际方案有所出入，实属正常，不能据此否定本案邮件的证据能力。本案中，法院亦采纳笔者这一观点。

三、索赔纠纷案中请求权基础的选择

在质量纠纷案生效且执行完毕后，笔者代理委托人立即启动索赔纠纷案诉讼，最大限度为委托人节约时间成本。

在代理质量纠纷案过程中，涉及请求权基础的选择问题。实务中通常认为，因质量问题导致损失赔偿的请求权基础为侵权责任。基于侵权责任成立的一般要件，在本案中，需要证明MPPO改性塑料米质量问题与潜水泵成品质量问题之间存在因果关系，换言之，需要通过证明这一因果关系论证供应公司需要对应用其提供的MPPO改性塑料米原材料的成品质量问题承担民事责任。这就涉及原料质量问题与成品质量问题之间是否必然存在因果关系的问题——即使MPPO改性塑料米存在质量问题，但MPPO改性塑料米仅为原料，而潜水泵为成品，从MPPO改性塑料米原料运用至潜水泵制作成品的全部流程中，客观上并不能排除生产工艺、其他材料等因

素导致潜水泵质量问题的可能性，因此，原料质量问题与成品质量问题之间是否具有必然的因果关系，以及如何在本案中论证改性塑料米质量问题与潜水泵成品质量问题之间存在必然的因果关系，值得探讨，亦是依据侵权责任制度中认定损失赔偿责任能否成立的关键。

　　本案中，被告供应公司认为：其提供的仅为用于制造端盖的MPPO塑料米原材料，仅需对照约定的《MPPO材料产品技术标准》承担责任，而案涉潜水泵（包括端盖）是成品，不应将对原材料的质量责任无限延伸至对成品的质量责任。何况，只有原告集团公司拥有生产该潜水泵及端盖的生产设施设备，其在生产成品后未测试，亦具有过错。

　　对此，在质量纠纷案中，为向法庭论证MPPO改性塑料米质量问题与潜水泵成品质量问题之间存在必然的因果关系，笔者向法庭指出，案涉MPPO改性塑料米系被告供应公司主动寻求原告集团公司合作，并专为原告集团公司特别定制的新材料。换言之，案涉潜水泵成品除MPPO改性塑料米之外，其余材料及生产工艺均未改变，在此情况下，应由被告供应公司举证证明可以使涉案MPPO改性塑料米运用生产出成品后不会发生质量问题的生产工艺，否则，应当推定MPPO改性塑料米质量问题系导致潜水泵质量问题的直接、唯一原因。法院采纳了笔者观点，并向被告供应公司释明，但被告供应公司不能举证证明运用MPPO改性塑料米生产出成品后不发生质量问题的生产工艺，法院据此认定MPPO改性塑料米质量问题与潜水泵质量问题之间存在因果关系。

　　但基于MPPO改性塑料米质量问题与潜水泵质量问题之间的因果关系，能否必然认定被告供应公司对潜水泵质量问题承担损失赔偿责任？在索赔纠纷案审理过程中，被告供应公司以原告集团公司存在过错、产品技术标准不能适用、因果关系链不应从原料无限延伸至成品等理由进行抗辩，试图论证对原材料的民事责任不能无限延伸至成品的民事责任。对此，笔者在庭前准备时已充分考虑到侵权责任证明的不利因素，并带领团队反复斟酌案件事实和基础法律关系，并在侵权责任、合同关系视角下分别进行了模拟法庭演绎，最终选择以合同请求权作为请求权基础，以此要求被告供应公司承担违约导致的直接和间接的经济损失责任。因此，在索赔纠纷案中,一审法院与二审法院均采纳笔者的观点,从合同相对性角度支持了要求供应公司承担造成直接经济损失与间接经济损失的诉讼请求。

从索赔纠纷案可以看到,质量索赔类案的请求权基础通常有二:一是侵权责任,二是合同责任。具体到案件中,请求权基础的选择对于诉请能否成立具有关键性的作用。在本案中,之所以选择合同请求权作为索赔纠纷案的请求权基础,主要基于两方面原因:一方面,本案中可能存在证明侵权责任的薄弱环节,而根据合同相对性要求被告供应公司承担违约责任,可以规避己方在请求权基础及举证方面的不利风险;另一方面,在质量纠纷案中,法院已认定被告供应公司违反案涉合同约定,在此情况下,选择与既判力约束相同的权利请求依据,可以对索赔纠纷案的局势起到事半功倍之效。

第十七章 精装修商品房装修差价赔偿争议的类案处理思路

——杨某、林某等业主诉台州市某房产开发有限公司、第三人某装饰集团有限公司商品房预售买卖合同纠纷系列案

本章提要

近年来，精装修商品房逐渐成为房地产行业趋势。在精装修商品房交易中，精装修价格及精装修质量为业主重点关注对象，故业主因装修质量问题而提起赔偿精装修差价的诉讼屡见不鲜。该类案件讼争问题主要聚焦在：主张精装修差价的依据是什么？讼争商品房装修是否符合约定的交付标准？在精装修标准约定不明确的情况下，如何认定商品房精装修的交付标准及质量问题？基于公示价格、商品房预售方案或商品房评估价格主张开发商赔偿装修差价能否成立？认定赔偿装修差价，如何确定赔偿或补偿标准？

本案中，杨某、林某等五十余户购房者（以下简称原告方或业主方）分别与台州市某房产开发有限公司（以下简称房产公司）签订商品房预售买卖合同，向房产公司购买案涉商品房。某装饰集团有限公司（以下简称装饰公司）与房产公司签订装饰工程施工合同，为案涉商品房进行精装修工程施工。后业主方诉称房产公司逾期交付案涉商品房以及精装修质量不符合约定交付标准，提出房产公司赔偿逾期交房违约金、赔偿精装修差价等诉请，并追加装饰公司为第三人。

笔者接受第三人装饰公司之委托代理本案。在经办该系列案时，笔者首先对第三人装饰公司在本案中是否承担责任及可能承担责任与诉讼请求的关联性进行分析，并从合同相对性、相关法律法规、案涉商品房预售合同条款、商品房预售方案、现场勘验情况、相关判例等维度逐一对业主诉讼请求进行分析，并围绕案涉精装修差价是否应予赔偿的争议焦点进行论述。同时，在本案审理过程中，第三人装饰公司根据现场勘验情况，积极对业主方所涉装修质量问题进行修复。本案一审法院及二审法院均采纳笔者观点，最终判决驳回业主方的诉讼请求。

在具体个案中，购房者主张精装修差价或基于交付的商品房确实存在重大质量问题，但不乏购房者滥用诉讼权利、恶意主张退赔装修差价的现象。因此，在个案中如何对该类案件的焦点问题进行具体问题具体分析，对于个案的把握与研判具有重要作用。鉴于此，笔者从本案切入，通过回顾本案的经办要点，对该类案件所涉精装修价格性质、精装修差价请求权基础等争议问题进行延伸分析，以期对经办或处理该类案件提供参考。

案情概述

业主方向房产公司购买案涉商品房及地下室车位，双方于2018年3月29日签订《商品房买卖合同》。该合同第3条约定，房屋按建筑面积计算价格，建筑面积×××m^2，单价为×××元/m^2，总价为××××××元；地下室车位按套（单元）计算价格，单价××元，总价为××××元。第9条约定，出卖人应当在2019年9月30日前将符合下列各项条件的商品房交付买受人使用：（1）建设工程经竣工验收合格，并取得建设工程竣工验收备案证明；（2）取得法律、行政法规规定的应当由规划、公安消防、环保等部门出具的认可文件或准许使用文件；（3）用水、用电、用气、道路等具备商品房正常使用的基本条件。第10条约定，除合同第9条约定的特殊情况以外，出卖人如未按合同规定的期限将商品房交付买受人，按下列两种方式处理：1. 按逾期时间分别处理（不作累加）：（1）逾期不超过120日，自合同第9条约定的最后期限的第2天起至实际交付之日止，出卖人按日向买受人支付已交付房价款万分之一的违约金，合同继续履行；（2）逾期超过 120 日后……买受人要求继续履行合同的，合同继续履行，自合同第 9 条约定的最后交付期限的第 2 天起至实际交付之日止，出卖人按日向买受人支付已交付房价款万分之一的违约金。2. 双方按照补充协议的相关约定执行。第 12 条约定，商品房达到交付使用条件后，出卖人应当书面通知买受人办理交付手续；双方进行验收交接时，出卖人应当出示合同第 9 条约定的证明文件，并签署房屋交接单；在签署房屋交接单前，出卖人不得拒绝买受人查验房屋；所购房屋为住宅的，出卖人还需提供《住房质量保证书》和《住宅使用说明书》；出卖人不出示证明文件或证明文件不齐全，买受人有权拒绝交接，由此产生的延期交房责任由买受人承担；商品房交付使用时，买受人对房屋及装修质量、公共设施、设备质量提出异议的，出卖人应当给予解释和说明，仍不能达成一致意见的，双方委托有关资质的工程质量检测机构进行质量检测……检测结果合格的，出卖书面通知的交付日期视为交付。第 14 条约定，双方将该商品房的装饰、设备标准约定于合同附件四，如为精装修房，双方应当约定装修使用的主要材料和设备的品牌、产地、规格、数量等内容；出卖人交付的商品房，应当符合约定装饰、设备标准，达不到约定标准的，出卖人补偿装饰、设备差价，并承担违约责任如下：双方按照补偿协议的相关约定执行。第 18 条约定，商品房实行保修制度，有关该商品房主要的保修范围、保修期和保修责任，双方约定于合同附件六；买受人购买的商品房为住宅的，出卖人自商品房交付使用之日起，按照《住宅质量保证书》承诺的内容承担相应的保修责任。合同附件四为装饰、设备标准，约定了主要材料和设备的品牌、产地、规格、数量等内容。合同附件六为保修责任主要条款，其中第 3 条约定，如该房屋存在地基基础和主体结构工程以外的质量问题，经有资质的鉴定机构鉴定，确属保修期内开发商依法应保修范围，出卖人应当按照合同约定承担保修责任。合同附件八为补充协议内容，其中，第 5 条第 2 款约定，出卖人发出《入伙通知书》的形式可以是电话、传真、信函、当地媒体报纸公告或网络媒体公告等形式；第 5 条第 5 款约定，房屋存在质量瑕疵（非房屋主体结构质量问题）等情况不作为影响房屋交付的因素，出卖人应及时维修，买受人承诺不因此理由拒绝接收房屋；第12条第2款约定，双方同意出卖人雇佣的任何人员（包括销售人员）所出具或签署的与合同或房屋有关的任何文件，均应由出卖人予以书面授权或确认后对出卖人具有约束力，双方在交易过程中口头表述的意向和介绍信息，与合同及补充协议不一致的或超出合同及补充协议约定的，不构成合同内容，亦不作为确定双方权利义务的依据。

2018年1月28日，房产公司就案涉房产项目填报了《T市商品房预售方案》。该方案中有案涉商品房住宅预售价格汇总表和住宅楼一房一价表，对商品房的数量、实测面积、可售面积、均价、总销售金额以及每间商品房的建筑面积、单价（毛坯价、精装价）、金额进行罗列。透明售房网公布了案涉房屋的建筑面积、备案单价、装修价、总价等信息。

2018年10月17日，案涉商品房及附属地下室建设工程被综合评定消防验收合格。

2019年1月2日，案涉商品房住宅楼经竣工验收合格。案涉商品房住宅楼已完成管道燃气设施预埋、生活用电供应、日常生活用水供应。房产公司将案涉商品房住宅室内精装修工程承包给装饰公司施工。装饰公司在2019年5月3日前向房产公司交付了装修成果。

2019年8月23日，房产公司通过微信告知业主方住宅预计于同年9月30日交房，要求业主提供地址便于房产公司邮寄交房通知书。

2019年9月28日，房产公司向业主方邮寄交房通知书。

2019年10月2日，房产公司通过微信告知业主方于2019年10月11日前往房产公司办理所购商品房的交付手续。房产公司出具的《住宅质量保证书》明确户内设备设施中橱柜及台面、洁具、燃气壁挂炉、空调、可视对讲、地板、木制品、户内门锁、淋浴房的保修期限均为2年，厨房电器、厨房水槽及龙头、进户门锁、进户门的保修期限均为1年。

2020年7月6日，业主方委托某律师事务所向房产公司发送律师函，其上记载商品房未达到合同约定交付条件和精装修交付条件，已构成违约，要求房产公司出示商品房具备交付条件的全部书面资料。房产公司于2020年7月7日签收上述函件。

本案中，业主方基于其与房产公司签订的《商品房预售买卖合同》，向浙江省台州市椒江区人民法院提起诉讼，主张以下诉请：（1）判令被告支付原告逾期交房违约金及利息；（2）判令被告对原告购买的房屋质量问题进行维修；（3）判令被告对公共部分质量问题进行维修；（4）判令被告赔偿原告装修差价［约定装修标准（备案价）10,000元/m^2与实际装修价值的差价部分，实际装修价值以鉴定结果为准，差价暂计5000元/m^2］。并追加装饰公司为第三人。

本案审理过程中，经现场勘验，案涉商品房存在大理石有缝隙、部分泛黄、储物柜反弹器失效、地板有坑洼点、墙面墙纸脱胶等质量问题。事后，经业主方确认，部分质量问题已由第三人装饰公司维修处理。

争议焦点

在庭审前，经笔者提请，法庭注意到原告方诉请第三项"判令被告对公共部分质量问题进行维修"不符合《民法典》第278条的主体资格要求，经法庭释明，原告方于庭前撤回该项诉请。

经各方陈述、举证质证及法庭调查，一审法院归纳争议焦点如下：

（1）涉案房屋是否符合交付使用条件？房产公司是否构成逾期交房？原告诉请逾期交房违约金及利息是否成立？

（2）涉案房屋是否存在质量问题？是否影响房屋交付？

一审法院驳回业主方诉讼请求。业主方遂向台州市中级人民法院提起上诉，二审争议焦点为：

（1）关于"装修价10,000元/m^2"是否对上诉人与被上诉人具有约束力？

（2）关于上诉人要求被上诉人退还实际装修价值与合同约定装修价的差额部分是否应予支持？

（3）关于逾期交房的违约责任如何判定？

代理思路

接受第三人装饰公司委托后，笔者带领团队在认真审阅案件材料的基础上，结合既往经办疑难商业案件的实务经验，对案涉商品房进行了现场勘验，并从事实基础、法律法规、司法判例、法理论证等层面研判案件；经过团队模拟法庭演练、复盘与调整，确定以下答辩思路（见图17-1）：

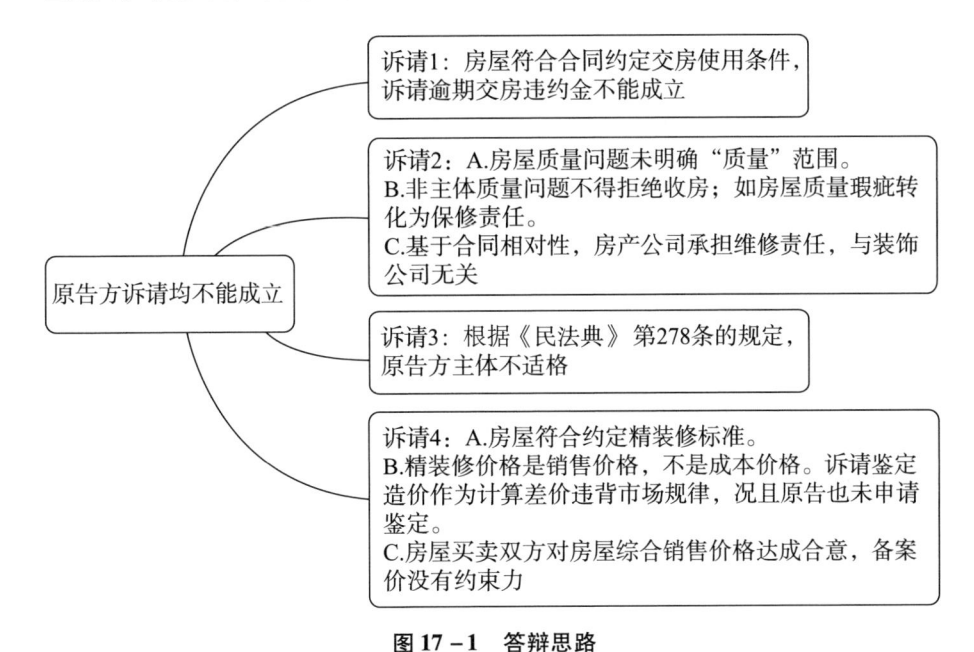

```
                    ┌─────────────────────────────────────┐
                    │ 诉请1：房屋符合合同约定交房使用条件， │
                    │ 诉请逾期交房违约金不能成立           │
                    └─────────────────────────────────────┘
                    ┌─────────────────────────────────────┐
                    │ 诉请2：A.房屋质量问题未明确"质量"范围。│
                    │ B.非主体质量问题不得拒绝收房；如房屋 │
                    │ 质量瑕疵转化为保修责任。             │
                    │ C.基于合同相对性，房产公司承担维修责任，│
                    │ 与装饰公司无关                       │
┌──────────────┐    └─────────────────────────────────────┘
│原告方诉请均不能成立├───┐
└──────────────┘    ┌─────────────────────────────────────┐
                    │ 诉请3：根据《民法典》第278条的规定， │
                    │ 原告方主体不适格                     │
                    └─────────────────────────────────────┘
                    ┌─────────────────────────────────────┐
                    │ 诉请4：A.房屋符合约定精装修标准。     │
                    │ B.精装修价格是销售价格，不是成本价格。│
                    │ 诉请鉴定造价作为计算差价违背市场规律，│
                    │ 况且原告也未申请鉴定。               │
                    │ C.房屋买卖双方对房屋综合销售价格达成 │
                    │ 合意，备案价没有约束力               │
                    └─────────────────────────────────────┘
```

图17-1　答辩思路

结合图17-1，根据庭审实时动态，笔者对案涉房屋未逾期交付、逾期交房违约金不能成立、房屋不存在主体质量问题等进行分述，并着重对装修差价补偿问题进行分析。代理思路简要如下：

首先，根据合同相对性，第三人装饰公司并非合同相对方，与本案处理没有直接的法律关系。

其次，原告四项诉请均与第三人装饰公司无关，且不能成立。

第一，第一项诉请逾期交房违约金不能成立。应以双方约定的交付条件作为案涉商品房交付依据。

《商品房买卖合同》第9条明确约定了交付条件及交付期限，装修装饰并不作为交付条件，即使案涉商品房装饰不符合约定的装修标准，原告以精装修未达到标准为由拒绝收房本身存在违约。

第二，第二项诉请对房屋质量问题进行维修不能成立。

1. 原告该项诉请与第一项诉请自相矛盾。原告拒绝接收房屋，即没有实际接收房屋，就不存在维修的问题；而维修责任应在交付房屋后，且在质量保证期间产生。且根据案涉《商品房买卖合同》附件六第 3 条约定，由甲方即本案被告房产公司承担维修责任，与第三人装饰公司无关。

2. 此外，原告并未明确其诉请质量问题中的"质量"范围。

3. 根据现场勘验情况，第三人装饰公司已对案涉房屋装修质量瑕疵问题进行了维修。

第三，第四项诉请装修差价部分不能成立。

1. 本案房屋按照综合价格进行买卖，没有区分毛坯价格和装修价格，备案价对房屋买卖合同的双方当事人没有约束力，故原告诉请装修差价不能成立。

2. 退一步讲，即便备案价（精装修 10,000 元/m²）对双方当事人具有约束力，该精装修价格亦是双方真实意思表示，且案涉房屋已按合同附件四约定精装修标准交付，原告方理当遵守合同约定接收房屋，而不能违反"禁反言"原则主张装修差价。

3. 该精装修价格系包含市场因素、开发商品牌溢价、地理位置优势等综合因素的市场价格，并不等同于装修工程成本价。更何况，装修工程造价亦包含施工单位的利润，不能等同于精装修价值。因此，无法鉴定本案商品房的精装修价值；原告方也未申请提出鉴定，故原告方诉请精装修差价部分不能成立。

在一审法院审理过程中，原告方另援引浙江省 2017 年 7 月开始实施的《全装修住宅室内装饰工程质量验收规范》（建设发〔2017〕28 号），拟证明案涉房屋不符合全装修标准，以此主张装修差价补偿。对此，笔者在庭审中强调案涉商品房系精装修房屋，而非全装修房屋，精装修与全装修截然不同，全装修仅要求实现商品住宅的基本使用功能和基本装饰，精装修无法律法规对其作出明确界定，指装修的档次，通常体现为精致、豪华装修。此外，笔者向法庭指出，该规范在时间上不能溯及适用。

庭审结束后，笔者紧密把握案件动向，及时与一审法院进行沟通。一

第十七章　精装修商品房装修差价赔偿争议的类案处理思路

审法院采纳笔者观点，判决驳回业主方诉讼请求。一审法院认为[①]：

杨某与房产公司签订的《商品房买卖合同》，意思表示真实，应为有效。涉案房屋已竣工验收合格、通过消防验收且已经通水、通电、通燃气，符合合同约定的商品房交付使用条件。房产公司已通知杨某按时接收房屋，杨某拒绝接收的理由是房屋存在质量问题。根据现场勘验情况，案涉房屋在装修质量上存在一定瑕疵，但不影响房屋的正常使用。杨某以此拒绝接收房屋，不符合合同约定，也无法律依据。此外，杨某也未能举证证明房产公司在交付房屋时拒绝提供《住房质量保证书》《住宅使用说明书》等证明文件，故杨某拒收房屋无合理依据。至于房产公司在2019年10月2日发送微信告知杨某于2019年10月11日办理收房手续，房产公司认为系双方另行协商确定。考虑到房产公司此前已发送了交房通知书，房屋也已经符合交付使用条件，房产公司没有必要迟延交房等因素，本院认为房产公司的陈述合理，予以采纳。故房产公司未构成逾期交房，无须支付逾期交房违约金。

对于现场勘验发现的质量瑕疵，因杨某客观上没有收房，且房产公司通知的交房时间至今未超过2年，本院确定由房产公司对发现的质量瑕疵（除已修复的主卧进门处以外）进行修复。杨某还认为，涉案房屋的质量问题还包括实际装修材料与合同约定不符。本院认为，实际装修材料与合同约定是否相符，不属于房屋质量问题，也不属于《商品房买卖合同》约定的修复情形。杨某以此为由要求修复，不能成立，本院予以驳回。对杨某由此提起的鉴定申请，本院不予准许。对房产公司为此提供的证据，本院不作认证。

关于装修差价问题，杨某认为房屋装修价值未达到10,000元/m²、要求房产公司赔偿装修差价。本院认为，买卖双方均知晓交易的房屋为精装修房屋，协商确定的总房价是包含精装修部分的总价款，《商品房买卖合同》未对毛坯房部分和装修部分价款加以区分，而是按照一个单价结合建

---

① 因本案所涉系列案裁判理由均相同，笔者取其中一案判决说理部分进行展示。下文"二审法院认为"部分同理。

· 359 ·

筑面积确定房屋总价。可见，此时的单价综合考虑了按建筑面积计算面积和按精装修标准交付房屋两个因素，是综合单价，无法区分毛坯房屋和装修部分的各自单价。因此，杨某认为房屋装修价值为 10,000 元/m²，缺少合同依据。至于《T市商品房预售方案》以及透明售房网上的信息，不属于买卖双方合意的内容，不能约束房产公司。故杨某要求房产公司赔偿装修差价没有依据，本院不予支持，亦不准许杨某要求对涉案房屋精装修部分价值进行鉴定的申请。

一审判决后，原告方上诉，并以精装修差价作为主要上诉理由，认为案涉装修价 10,000 元/m² 应作为双方合同约束内容，并向二审法院提交案涉同小区商品房（非案涉）的精装修工程造价鉴定报告，以此作为新证据要求退还实际装修价值与合同约定装修价的差额部分。

笔者在巩固一审代理思路的基础上，针对业主方提出的上诉理由及非案涉商品房的精装修工程造价鉴定报告，梳理代理思路如下：

本案上诉人在上诉中放弃了房屋维修的相应请求，提出两个上诉请求，一是逾期交房违约金，二是装修差价赔偿。

一、关于逾期交房违约金问题。

首先，是否存在逾期交房关键在于是否具备交房的条件。案涉商品房买卖合同第9条明确约定房屋验收、备案、通水通电基本满足正常居住就可以达到居住条件，因此，装饰装修是否符合约定与逾期交房并无关联。

其次，房屋是否具备交房条件应按照合同约定，即便案涉房屋不符合装饰装修相关约定，上诉人拒绝接收房屋本身就存在违约。且根据现有证据，合同约定交房期限为 2019 年 9 月 30 日，被上诉人于 2019 年 8 月开始通知业主交房，并于 2019 年 9 月进行了微信群发，于 2019 年 10 月又另行通知。因此，不存在逾期交房，上诉人主张逾期交房违约金没有事实依据。

二、关于装修差价赔偿问题。

上诉人主张装修造价只有 5000 元/m²，被上诉人卖 10,000 元/m²，存在大约 5000 元/m² 的差价。但在不计算公共部位的情况下，合同附件四约定的部分设备单价就高达数万元，上诉人主张显然不符合事实。另外，上诉人提供案涉同小区商品房（非案涉）的精装修工程造价鉴定报告中的装饰装修工程仅为半包工程，装饰装修所用部分材料由案涉房产公司直接供应，故该工程造价对案涉精装修价值而言不具有任何参考性。

二审法院经审理，判决驳回上诉人上诉请求。二审法院认为：

本案系商品房预售合同纠纷，各方当事人争议的主要焦点在于以下三个方面：（1）关于"装修价10,000元/m²"是否对上诉人与被上诉人具有约束力。……本院认为，装修价10,000元/m²的意思表示内容确定，属于对商品房买卖合同基本条款的补充说明，亦与被上诉人向有关行政主管部门备案资料内容一致，足以让上诉人产生信赖而签订商品房买卖合同，应当视为有效的要约内容，在商品房买卖合同订立后，对双方当事人具有约束力。

（2）关于上诉人要求被上诉人退还实际装修价值与合同约定装修价的差额部分是否应予支持。本院认为，从上诉人与被上诉人签订的商品房买卖合同来看，被上诉人应当交付的标的物为经装饰装修已具备基本居住使用功能的商品房。被上诉人交付标的物的装修质量应当符合有关法律、法规的规定，建设工程质量、安全标准和相应技术规范，以及当事人的约定。虽然案涉商品房装修价为10,000元/m²属于合同的组成部分，但商品房买卖合同单价的条款设定目的在于约定商品房计价方式，合同中并未对精装修部分的价值标准应当符合相应装修价予以约定。且在本案商品房买卖合同中双方当事人于装修质量以及相应违约责任方面作了较为明确而具体的约定，上诉人并未提供充分有效的证据证明被上诉人所交付的房屋不符合合同相关约定。现上诉人主张被上诉人所提供的精装修商品房的装修价值应当符合合同约定的装修价，并据此申请对房屋实际装修价值进行司法鉴定，于法无据，本院不予采纳。

（3）关于逾期交房的违约责任。如前所述，上诉人以被上诉人交付的房屋装修价值不符合合同约定的价格标准为由拒绝收房，该理由缺乏正当性。根据本案已查明的事实，2019年9月30日之前，被上诉人通过微信以及邮寄的方式通知上诉人相关交房事项。2019年10月2日，被上诉人通过微信告知上诉人于2019年10月11日前往房产公司办理所购商品房的交付手续。一审据此认定被上诉人的交房不存在逾期，并无不当。

裁判结果

椒江区人民法院于 2021 年 8 月 2 日作出（2020）浙 1002 民初×××× 号民事判决：

（1）被告房产公司于本判决生效后一个月内对原告杨某购买的位于××××的房屋餐厅大理石缝隙、部分泛黄、主卫侧面镜面储物柜反弹器失效、主卧地板坑洼点、餐厅墙面墙纸脱胶等瑕疵进行修复；

（2）驳回原告杨某的其他诉讼请求。

杨某、林某等业主方不服一审判决，提起上诉。台州市中级人民法院于 2021 年 12 月 31 日作出（2021）浙 10 民终×××号民事判决：驳回上诉，维持原判。

复盘研析

自"南京富力案"[①] 发生以来，业主与开发商之间关于精装修差价退赔纠纷引起热议。在精装修商品房市场秩序与业主私有利益的价值取舍中，"南京富力案"一审与二审法院均驳回业主的诉讼请求，但该案再审法院以宣传的样板房为对照组，委托鉴定机构对该案讼争房屋精装修工程进行造价鉴定，并在扣除施工单位税金、管理费等合理利润基础上改判认定精装修差价。对于该案再审裁判思路，笔者不甚赞同。

笔者认为，精装修有别于全装修，精装修价格系综合因素在双方合意基础上形成，区分于装修成本，无法通过鉴定得出实际价值（即便有鉴定结论，亦无法代表精装修价值）。因此，无论精装修价格是否经过报批，也无论该报批价格是否为行政行为，均作为房屋销售价格的一种计价方式。根据双方当事人意思自治原则，购房者即业主应当遵守契约精神，应对其形成真实意思表示的精装修价格"禁反言"。进一步而言，

[①] 陆某某诉富力南京地产开发有限公司商品房预售合同纠纷案，江苏省南京市中级人民法院（2017）苏 01 民再 18 号民事判决书。

第十七章 精装修商品房装修差价赔偿争议的类案处理思路

在该类精装修差价赔偿争议案件中，除非交付的精装修房屋不符合合同约定的精装修标准，否则，购房者不存在要求赔偿精装修差价的请求权依据。

本案核心问题在于案涉商品房精装修差价是否存在以及是否应予赔偿。针对这一类案的基本思路为：首先厘清商品房精装修价格的性质与特点，在此基础上论证主张赔偿商品房精装修差价的请求权基础不成立，最后提出解决这一问题的可行性建议。基于此，笔者对类案精装修价格性质及差价认定作以下评析，并以本案为视角提出处理该类案件的可行建议，以探讨于实务。

一、精装修价格的性质：综合因素形成的双方真实意思表示的市场销售价格

（一）精装修价格系一种市场销售价格

精装修商品房为特殊的大宗交易商品，亦接受市场规则的约束。精装修商品房交易市场中，精装修价格一般有两种呈现形式：第一种形式系作为房屋整体销售价格的组成部分，如本案中 10,000 元/m^2 精装修价格系包含在住宅销售价格中，其作为住宅销售价格的一种计价方式；第二种形式系单列精装修价格作为独立于房屋基础价格的销售价格。该两种形式均为商品房精装修部分物化在交易市场中的精装修价格。因此，无论是作为房屋销售价格组成部分还是作为独立精装修价格，精装修部分无论通过开发商出售还是第三方装修公司出售，均属于市场销售价格。

申言之，精装修价格是否进行备案、是否报批、是否公示，属于行政行为或商品房所在地有关部门的监管行为，该行为归于行政法范畴评价，而不影响精装修价格在民商事活动中的市场销售价格之性质。

（二）精装修价格系市场供求关系、区域位置、品牌溢价、合理利润等综合因素形成的价格

精装修未有法律法规对其作出明确界定，但综观实践，可以概括得出精装修的内涵：按照合同约定装修质量标准进行装修施工，以使交付房屋达到一定的装修档次和规格（通常体现为精致、豪华装修）。因此，精装

修价格包含房产公司商誉品牌、市场供求关系、合理利润空间等综合因素，高于单项用材或材料简单累加的装修实际成本是正常的市场行为，也是精装修商品房区别于全装修商品房、毛坯房的应有之义。

当前司法实务一般不予认定购房者赔偿精装修差价的诉讼请求，亦认为不能通过鉴定区分精装修商品房的实际价值。如广东省清远市中级人民法院在（2020）粤18民终2705号[①]案件中指出："装修价格并非政府指导价，而是受市场、当事人意思表示等因素的影响，故不能仅以单方委托的评估价作为认定涉案房屋装修价值的依据。其次，涉案合同约定按套出售，是建立在买卖双方对商品房价值认可的基础上达成的一致意见，中恒公司备案的装修价格实际上只是购房价款的一部分，并非真实的装修成本，故梁某以此为由要求中恒公司返还装修款差额，理由不成立。"

（三）精装修价格系双方真实意思表示

在不存在《民法典》第146条、第153条、第154条等规定民事法律行为无效的情形下，精装修价格作为市场销售价格，房产开发商作为出卖人，根据市场价格变化因素，对该销售价格具有自主决定权，而业主作为买受人，对于是否接受这一销售价格具有自主选择权。因此，当双方建立商品房买卖的法律关系时，意味着双方对这一房屋销售价格及精装修价格形成合意，该合意是双方真实意思表示，当属合法有效，双方均应受其约束。本案中，房产公司按照案涉合同附件四约定的商品房装饰、设备标准进行交付精装修商品房，而业主方在交付商品房符合案涉合同约定精装修标准时主张赔偿精装修差价，不具有合法性根据。

二、商品房装修差价的认定：原则上无法认定，也不应认定商品房装修差价

商品房装修差价系指商品房精装修价格与实际装修价值之间的差额。在商品房装修差价赔偿纠纷的类案中，业主往往以实际装修成本或者装修

---

① 梁某与广东中恒房地产开发有限公司商品房预售合同纠纷案，广东省清远市中级人民法院（2020）粤18民终2705号民事判决书。

工程造价作为实际装修价值，或者提出对所涉商品房精装修部分价值进行鉴定，由此主张要求赔偿该价格与销售精装修价格之间的差额。对此，笔者认为，这一权利主张路径至少存在以下三方面的问题。

一是有悖于市场规律。承前所述，精装修价格乃市场销售价格，销售价格高于成本价格当属合法合理的商业行为。但在这一类案件中，业主所认为的实际装修价值即指装修成本，质言之，业主认为装修中各类单项材料或单项项目施工用材的简单累加即为其购买的实际装修价值，由此进一步认为精装修价格畸高而要求赔偿差价。这一逻辑显然有悖于市场规律，亦不符合社会通常观念。如山东省青岛市李沧区人民法院在（2021）鲁0213民初1221号[1]案件中指出，申请对装修造价进行评估不具有实际参考意义："装修价格也并不等同于装修造价成本，商品房具有交易商品的属性，其在出售过程中必然包含开发商的可得利润，合同约定的房屋综合单价是开发商综合了交易市场的供求关系、价值规律、利润空间等各种因素，在原被告双方自愿平等协商的基础上形成的，并非对房屋装修中各单项项目用材及施工价值的简单累加，合同约定的装修价格或者登记的被告装修价格高于实际交付的装修价值是符合商品市场正常运行规律的。"

二是技术上无法确定精装修价值。就技术上而言，即便对所涉商品房精装修部分进行了鉴定，该鉴定结果在一般情况下必然会低于用以市场销售的精装修价格，且精装修价值包含有形价值与无形价值，有形价值可以通过装修所用材料、设备等体现，但品牌档次、供求关系、商誉溢价等无形价值无法通过鉴定确定。因此，该鉴定结果无法真实反映精装修价值，事实上，也不可能通过鉴定途径确定精装修价值。更何况，精装修价格与精装修价值本就属于不同的概念，二者并不必然等同。

三是主张权利的请求权基础问题。在该类案件中，业主诉讼请求一般描述为："要求对……的质量问题进行修复""要求……承担精装修价格与

---

[1] 张某与北京城建青岛兴华地产有限公司商品房预售合同纠纷案，山东省青岛市李沧区人民法院（2021）鲁0213民初1221号民事判决书。

实际价值差额部分的赔偿（或补偿）责任""要求对……的质量问题承担赔偿（或补偿）精装修差价"等。虽体现为精装修质量问题，但业主主张赔偿精装修差价的请求权基础实际上系基于合同关系的违约责任请求权。因此，关于赔偿约定装修价格与实际装修价值的差价部分争议，实质上是对所涉约定精装修标准的理解与认定问题存在分歧。

本案中，精装修标准已明确约定于案涉合同附件四，业主方与房产公司应接受合同约定商品房装饰、设备标准等装修标准及房屋销售价格等内容约束。房产公司应当按照合同约定商品房装饰、设备标准进行交付，如果业主方认为房产公司未按照上述约定标准交付，可要求房产公司按此标准履行。但在房产公司实际已按合同约定装饰、设备标准进行装修，交付商品房已达到合同约定标准的情况下，业主方仍以主观臆断苛责房产公司赔偿精装修差价，实则缺乏事实基础，业主方据此要求赔偿装修差价的请求权基础不能成立。江苏省南京市中级人民法院（2021）苏01民终2678号①案与本案同旨："根据市场规律，价格与价值并非相同概念，装修价格与装修标准亦存在区别。金碧公司与徐某、曹某约定的计价方式为以建筑面积计价，双方约定了购房单价及总房价款，并未将房屋套内的装饰装修款单独计价。双方在合同附件中也已约定了交付标准，金碧公司也对房屋装修材料的品牌和档次进行了公示，徐某、曹某对此也已知晓。金碧公司对于精装修标准声明属其对装修标准的重申，徐某、曹某并未提供证据证明金碧公司交付的案涉房屋装修标准不符合双方的约定，其要求对案涉房屋装饰装修进行评估，一审法院未予准许，并无不当。徐某、曹某主张金碧公司赔偿装修差价的诉讼请求，本院不予支持。"

因此，笔者认为，对于精装修差价赔偿争议，原则上无法认定精装修差价，也不应认定精装修差价。因为在技术上无法对精装修价值进行准确界定或鉴定。另外，基于私法自治原则及维护精装修商品房市场秩序的考量，除当事人举证证明所涉精装修违反双方约定的精装修标准外，均应以

---

① 徐某、曹某与南京金碧房地产开发有限公司商品房预售合同纠纷案，江苏省南京市中级人民法院（2021）苏01民终2678号民事判决书。

更为审慎和严苛的立场谨慎认定精装修是否符合约定标准以及在不符合约定精装修标准时如何处理的问题。

三、关于该类精装修差价赔偿争议案件的处理建议

承上所述，在该类案件中应以双方约定为依据认定讼争精装修是否达到约定精装修标准。在当事人没有充分证据证明所涉精装修不符合约定精装修标准的情况下，不应认定精装修差价。

在当事人举证证明所涉精装修不符合约定或违反约定精装修标准时，根据《民法典》第577条"当事人一方不履行合同义务或者履行合同义务不符合约定的，应当承担继续履行、采取补救措施或者赔偿损失等违约责任"以及第179条"承担民事责任的方式主要有：……（七）继续履行；（八）赔偿损失；（九）支付违约金；……"之规定，除赔偿装修差价外，还可以通过要求房产开发商继续履行、采取补救措施等方式处理。

相较于直接认定赔偿装修差价这一结果，笔者认为，大部分业主购买房屋在于满足居住与使用目的，而大宗房屋交易处理不当可能会引发社会群体性事件，因此，应尽可能采取对市场秩序、社会稳定等影响较小的处理方式。比如，在可以通过房产开发商继续履行，以及采取维修、保修等措施使精装修恢复或达到约定精装修标准的情况下，当事人理当采取该等较为缓和的权利主张方式。另外，裁判者应引导双方当事人在该等可替代的较为平缓的责任承担形式中解决所涉讼争。

本案一审与二审法院均认为，业主方在现场勘验时提出的非主体结构且不影响使用的瑕疵问题，根据合同约定，属于房产公司维修、保修范围，业主方可要求房产公司及时进行维修，并不影响房屋整体价值。本案一审法院与二审法院的处理方式值得肯定。

在双方没有约定精装修标准或约定精装修标准不明确时，如何确定精装修标准系认定所涉精装修是否符合约定的前提。《民法典》第616条[①]、

[①] 《民法典》第616条规定："当事人对标的物的质量要求没有约定或者约定不明确，依照本法第五百一十条的规定仍不能确定的，适用本法第五百一十一条第一项的规定。"

第510条①及第511条②规定了一般标的的买卖合同没有约定或约定不明时的处理规则，认定顺位为：当事人对质量、价款、报酬、履行地点等内容没有约定或约定不明确的，可以协议补充；不能达成补充协议的，按照合同相关条款或者交易习惯确定；如不能按照上述途径确定的，依次按照强制性国家标准、推荐性国家标准、行业标准、通常标准或符合合同目的的特定标准确定。

应当指出的是，商品房为特殊的买卖标的物，其精装修质量标准确定问题能否适用一般买卖合同的规定，尚有探讨空间。笔者认为，在当前并无精装修商品房相关法律法规的明确规定时，如何认定没有约定或约定不明确时的精装修标准确为实务难题。在个案中，裁判者应当具体情况具体分析，可参照上述一般标的买卖合同的相关规则进行适用，但从根本上解决这一问题，仍有待相关立法或规范进一步明确和指引。

---

① 《民法典》第510条规定："合同生效后，当事人就质量、价款或者报酬、履行地点等内容没有约定或者约定不明确的，可以协议补充；不能达成补充协议的，按照合同相关条款或者交易习惯确定。"

② 《民法典》第511条规定："当事人就有关合同内容约定不明确，依据前条规定仍不能确定的，适用下列规定：（一）质量要求不明确的，按照强制性国家标准履行；没有强制性国家标准的，按照推荐性国家标准履行；没有推荐性国家标准的，按照行业标准履行；没有国家标准、行业标准的，按照通常标准或者符合合同目的的特定标准履行。（二）价款或者报酬不明确的，按照订立合同时履行地的市场价格履行；依法应当执行政府定价或者政府指导价的，依照规定履行。（三）履行地点不明确，给付货币的，在接受货币一方所在地履行；交付不动产的，在不动产所在地履行；其他标的，在履行义务一方所在地履行。（四）履行期限不明确的，债务人可以随时履行，债权人也可以随时请求履行，但是应当给对方必要的准备时间。（五）履行方式不明确的，按照有利于实现合同目的的方式履行。（六）履行费用的负担不明确的，由履行义务一方负担；因债权人原因增加的履行费用，由债权人负担。"

| 第十八章 | 关于高层建筑红线外、用地红线内区域建筑物区分所有权的权利行使及权利归属问题

——业主委员会诉某智能停车有限公司建筑物区分所有权纠纷案

本章提要

在房地产项目规划中，高层建筑红线内*区域通常为居住区或住宅区，系业主建筑物区分所有权之权属范围，而高层建筑红线外、用地红线内区域（通常体现为居住区围墙外至城市道路之间区域）的权利归属问题，当前并未有统一规则，各地区实践也有所差异。

本案讼争区域位于案涉小区居住区外南面的广场，在案涉项目用地规划中位于高层建筑红线外、用地红线内的区域。因该地区城市规划和交通管制需要，该地区政府有关部门将讼争区域划归城市公共停车区域，并委托某智能停车有限公司（以下简称智能停车公司）进行收费管理。案涉小区业主委员会诉至法院要求确认该讼争区域为全体业主共有区域，并要求智能停车公司交还讼争区域。本案一审及二审法院均认为双方对于案涉区域的争议属土地争议，应适用《土地管理法》第14条①的规定，未经人民

---

* 道路红线、用地红线、建筑红线、高层建筑红线等四条线在项目用地规划中用以界分不同功能的建筑区划，下文中将对该四条线的概念和定位进行厘清。——笔者注

① 《土地管理法》第14条规定："土地所有权和使用权争议，由当事人协商解决；协商不成的，由人民政府处理。单位之间的争议，由县级以上人民政府处理；个人之间、个人与单位之间的争议，由乡级人民政府或者县级以上人民政府处理。当事人对有关人民政府的处理决定不服的，可以自接到处理决定通知之日起三十日内，向人民法院起诉。在土地所有权和使用权争议解决前，任何一方不得改变土地利用现状。"

政府处理而直接起诉的，不符合《民事诉讼法》第122条①规定的起诉条件，故驳回原告业主委员会的起诉。

笔者接受智能停车公司之委托代理本案。本案一审及二审法院虽从程序上驳回原告起诉，但从本案双方讼争焦点可以看到，讼争区域的权利归属问题不仅是双方权属之争，更涉及私权利与社会公共利益的冲突与平衡，换言之，对讼争区域的权属争议实际上系对政府有关部门对该区域作出具体行政行为的合法性、合理性及公益性的论证问题，本案中讨论讼争区域归属问题的实践意义也在于此。

本章将以本案为切入点，通过对本案经办思路的回顾，延伸探讨《民法典》第271条②规定的业主建筑物区分所有权的权利行使，高层建筑红线外、用地红线内区域权利归属等问题，以期为实务提供有益参考。

案情概述

2007年，台州市某房地产有限公司获得台州市建设规划局建造某区某1地块的建设工程规划审批许可，并建成某住宅小区。

2017年6月30日，该区就治理城市交通拥堵问题出台《某区治理城市交通拥堵工作领导小组专题会议纪要》，明确将该小区南面广场纳入差异化停车收费范围，并明确由该区住建局负责人行道改造；该区综合行政执法局负责收费招标管理工作；市交警直属二大队负责停车位优化管理；该区治堵办负责综合协调工作等。

2017年7月24日，该区发展和改革局发布《关于对环城东路等路段实施停车收费管理的通知》，决定对该小区南面广场等划分区域实施差异化停车收费管理，并交由该区某国有资产经营有限公司负责具体的收费管理工作。

2018年10月8日，该区政府《专题会议纪要》明确由该区某城市建

---

① 《民事诉讼法》第122条规定："起诉必须符合下列条件：（一）原告是与本案有直接利害关系的公民、法人和其他组织；（二）有明确的被告；（三）有具体的诉讼请求和事实、理由；（四）属于人民法院受理民事诉讼的范围和受诉人民法院管辖。"

② 《民法典》第271条规定："业主对建筑物内的住宅、经营性用房等专有部分享有所有权，对专有部分以外的共有部分享有共有和共同管理的权利。"

第十八章 关于高层建筑红线外、用地红线内区域建筑物区分所有权的权利行使及权利归属问题

设集团负责城区智能停车收费系统建设,停车收费软件系统选用智能停车公司现有系统,同时决定从 2018 年 10 月 1 日开始将城区差异化停车收费管理权转入该区某城市建设集团。该区某城市建设集团委托智能停车公司对该小区南面广场区域进行停车收费管理。

2020 年 11 月 19 日,该小区业主选举业主代表诉至黄岩区人民法院,要求智能停车公司归还该小区南面广场的建筑物所有权。黄岩区人民法院认为起诉主体并非适格原告,裁定驳回起诉。

2021 年 4 月,该小区业主委员会再次向黄岩区人民法院提起诉讼,要求依法确认该小区南面广场的产权归该小区全体业主所有,并要求判决智能停车公司 3 日之内搬离该小区南面广场,将南面广场交还该小区业主委员会所有。

争议焦点

本案审理过程中,原告业主委员会认为,讼争区域属于建筑红线以内区域,其建筑物区分所有权应由该小区全体业主共同享有。笔者接受被告智能停车公司之委托后,仔细研究了该小区建设规划图,认为讼争区域在高层退让红线之外,严格意义上不属于建筑红线以内的区域,智能停车公司有权根据政府要求对此进行收费管理。此外,双方对该小区南面广场区域争议的实质在于确定该区域的所有权或使用权归属问题,故在权利主张的程序上,能否直接就土地权属争议诉至法院,亦是本案一个焦点问题。因此,本案争议焦点有二:

1. 本案土地权属争议能否由法院直接审理;
2. 讼争区域的权利归属问题。

代理思路

该小区业主委员会诉称该小区南面广场系建筑红线内区域,根据《民法典》第 274 条[①]"建筑区划内的其他公共场所、公用设施和物业服务用

[①] 《民法典》第 274 条规定:"建筑区划内的道路,属于业主共有,但是属于城镇公共道路的除外。建筑区划内的绿地,属于业主共有,但是属于城镇公共绿地或者明示属于个人的除外。建筑区划内的其他公共场所、公用设施和物业服务用房,属于业主共有。"

房，属于业主共有"之规定，讼争区域为建筑区划范围内区域，属于该小区组成部分，其所有权应归该小区全体业主共有。

对此，笔者从程序和实体两个维度论证该小区业主委员会的请求权基础不能成立，主要代理思路如下。

首先，从程序上指出本案属土地所有权和使用权争议，理当由人民政府前置处理，不能直接诉至法院，且本案小区业主委员会并非适格原告主体，具体如下。

一、本案不属于法院受理民事诉讼范围。

（一）本案争议属于对土地使用权发生的争议，不属于法院受理范围。

《土地管理法》第14条规定："土地所有权和使用权争议，由当事人协商解决；协商不成的，由人民政府处理。单位之间的争议，由县级以上人民政府处理；个人之间、个人与单位之间的争议，由乡级人民政府或者县级以上人民政府处理。当事人对有关人民政府的处理决定不服的，可以自接到处理决定通知之日起三十日内，向人民法院起诉。在土地所有权和使用权争议解决前，任何一方不得改变土地利用现状。"

本案中，原告第一项诉请是请求确认诉争区域产权归属，第二项诉请是要求交还诉争区域，即返还使用权。而被告认为诉争区域位于建筑红线外，原告方不享有所有权，被告有权使用。因此，本案双方的争议属于对土地所有权和使用权发生的争议，根据《土地管理法》的规定，原告应当先履行行政前置程序，如其对政府有关处理决定不服，方可向法院起诉。

（二）被告依照具体行政行为履行工作职责，原告认为其侵权行为系具体行政行为导致。

原告第二项诉请要求被告撤离并交还诉争区域。被告作为黄岩城建集团子公司，仅代为收费，而真正导致原告诉称侵权行为的是停车位的划定与设置。划定诉争区域停车位的相关文件如下：

1.2017年6月30日的《某区治理城市交通拥堵工作领导小组专题会议纪要》明确将诉争区域纳入差异化停车收费范围，并明确由区住建局负责人行道改造；区综合行政执法局负责收费招标管理工作；市交警直属二大队负责停车位优化管理；区治堵办负责综合协调工作。

第十八章　关于高层建筑红线外、用地红线内区域建筑物区分所有权的权利行使及权利归属问题

2. 2017年7月24日该区发展和改革局发布《关于对环城东路等路段实施停车收费管理的通知》，决定对案涉区域实施差异化停车收费管理，并交由该区某国有资产经营有限公司负责具体的收费管理工作。

3. 2018年10月8日该区人民政府《专题会议纪要》明确由该区某城市建设集团负责城区智能停车收费系统建设，同时决定从2018年10月1日开始将城区差异化停车收费管理权转入某区城建集团。

从上述文件可见，案涉停车位系经多个行政部门召开工作协调会议审批后，发布文件设立。上述行为属于具体行政行为。根据《行政诉讼法》的规定，原告认为行政机关作出的具体行政行为侵犯了其合法权益的，应提起行政诉讼。

综上所述，根据《民事诉讼法》第122条①的规定，不论本案属于土地权属争议还是行政诉讼，都不属于法院受理范围，法院应当裁定驳回起诉。

二、原告业主委员会诉讼主体不适格。

《民法典》第278条规定："下列事项由业主共同决定：……（九）有关共有和共同管理权利的其他重大事项。业主共同决定事项，应当由专有部分面积占比三分之二以上的业主且人数占比三分之二以上的业主参与表决。……决定前款其他事项，应当经参与表决专有部分面积过半数的业主且参与表决人数过半数的业主同意。"

本案中，原告仅仅提供了《公示关于召开业主大会的通知》《某小区业主大会决议（公告）》两份材料来证明业委会已取得业主大会的授权，该两份材料仅有原告业主委员会盖章，没有业主签字，无法体现业主大会组织召开、投票表决、决议作出等程序是否符合法律法规规定，无法确定决议公告所述情况是否与业主大会实际表决情况一致。

其次，从该小区建筑规划图可以看到，讼争区域位于高层退让红线之外的区域，并非《民法典》第274条规定的建筑区划范围，不属于业主共有区域，具体如下：

---

① 《民事诉讼法》第122条规定："起诉必须符合下列条件：（一）原告是与本案有直接利害关系的公民、法人和其他组织；（二）有明确的被告；（三）有具体的诉讼请求和事实、理由；（四）属于人民法院受理民事诉讼的范围和受诉人民法院管辖。"

根据《民法典》第274条规定:"建筑区划内的道路,属于业主共有,但是属于城镇公共道路的除外。建筑区划内的绿地,属于业主共有,但是属于城镇公共绿地或者明示属于个人的除外。建筑区划内的其他公共场所、公用设施和物业服务用房,属于业主共有。"因此,业主共有区域应符合以下条件:(1)位于建筑区划内;(2)属于公共场所、公用设施和物业服务用房;(3)公共场所中城镇公共道路、城镇公共绿地或明确属个人的绿地除外。

但根据现有证据及本案事实,诉争区域并不符合以上业主共有区域的相关条件。

其一,诉争区域不在建筑区划范围内。

该区建设规划局规划管理处2006年3月27日出具的案涉项目《选址通知书》的设计要求规定:"南退26.0米引泉路规划道路红线不少于8.0米,其中高层最小不少于24.0米。"结合案涉项目地块总平面图,案涉地块南侧建筑红线系在用地红线后退24.0米,即小区建筑红线应为总平图中的"建筑红线(高层)",而诉争区域即小区南面广场系位于"建筑红线(高层)"以外。

该《选址通知书》第12点明确规定:"在地块西侧沿引泉路要加大后退距离,留出规划的小广场空间。"可见,讼争区域本身规划设计旨在建筑红线(高层)外区域。

因此,诉争区域并不在建筑区划也就是建筑红线(高层)范围内,不属于小区业主共有。原告诉请确认该小区南面广场的产权归小区全体业主所有,没有事实和法律依据。

本案讼争区域示意图如下(见图18-1)。

其二,诉争区域属于公共场所中的城市公共道路。

1. 从规划设计来看,诉争区域即该小区南面广场属市政公共广场。

案涉项目《选址通知书》第14点规定:"该区块设计要在《区商业街区调整地块详细规划》总体布局的基础上优化和完善,将该区块塑造成为商业街区的制高点,形成住宅区、商业内街两个相对独立且相互联系的功能区块。"

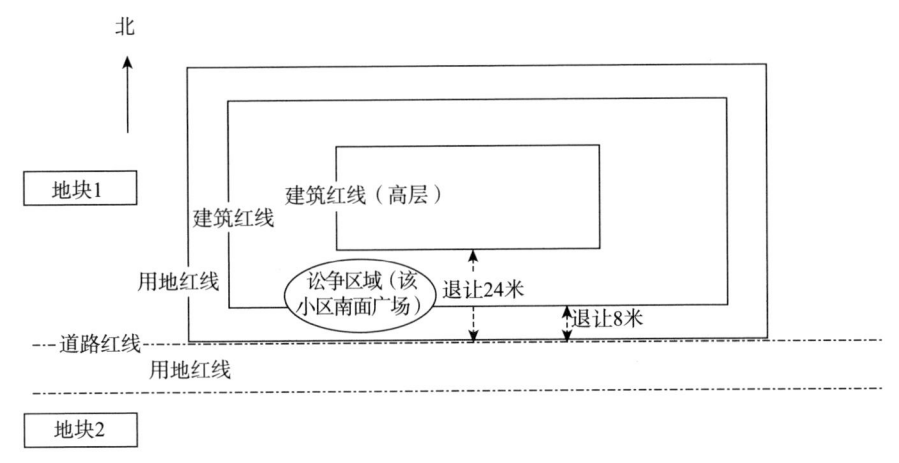

第十八章　关于高层建筑红线外、用地红线内区域建筑物区分所有权的权利行使及权利归属问题

图 18-1　本案讼争区域（该小区南面广场）示意图

根据该设计要求可以看出该小区南面广场所在的商业街区与住宅区是相对独立的，且该区域与该小区建筑红线（高层）以内区域存在物理隔离，有明显的功能划分，即任何行人24小时均可以在该区域通过、逗留，故该区域性质上明显属于市政公共广场。

2. 诉争区域与周边道路作为整体进行规划设计。

地块1和地块2之间就是宽度约26米的引泉路，诉争区域的用地红线紧靠引泉路一侧，若将用地红线内的所有范围都用于建造房屋，那么行人将无法通行。所以在规划设计之初，就将用地红线后退24米的区域也就是诉争区域作为城镇道路以便行人及车辆通行。

3. 就权属性质而言，诉争区域属于城市道路。

《城市道路管理条例》第2条规定："本条例所称道路，是指城市供车辆、行人通行的，具备一定技术条件的道路、桥梁及附属设施。"

《浙江省城市道路管理办法》第2条规定："本办法所称城市道路是指城市建成区、建制镇和独立工业区范围内的主干路、次干路、支路、街坊路等道路设施和桥梁设施。道路设施包括：车行道、人行道、街巷道路、楼间通道、路面边缘至现有合法建筑物之间的土路、公共广场、公共停车场、隔离带以及路肩、人行道护栏、车行道隔离栏、安全岛、道路两侧边坡边沟、照明设施、路名牌、吨位牌等附属设施。"

· 375 ·

根据上述规定，诉争区域明显位于小区总体建筑之外，位于小区建筑与引泉路之间，属于城市公共道路。

4. 从公共利益及实际使用情况来说，诉争区域属于城市公共空间。

诉争区域小广场从建设之前就已形成，而非建设单位后期设计，建设单位后期设计中也未在诉争区域外设置围墙，概因诉争区域并非归业主共有，并非用于业主通行、活动需要。诉争区域是开放给公众的道路，不设任何限制，是规划之初考虑到商业街整体行人、车辆通行、人流疏散等需要设立。既能够优化城市空间景观，又极大地方便了行人、车辆的通行需求，是城市生活便民的城市空间。

最后，进一步论证在诉争区域设置停车位的合法性依据。

《道路交通安全法》第33条第2款规定："在城市道路范围内，在不影响行人、车辆通行的情况下，政府有关部门可以施划停车泊位。"

《浙江省城市道路管理办法》第29条规定："任何单位和个人不得擅自占用城市道路，下列情况确需临时占用城市道路的，应当报经市政工程主管部门和公安交通管理部门批准，并按核定的收费标准缴纳城市道路占用费后方可占用：（一）施工建设的临时辅助场地；（二）临时经营性设施；（三）设置临时停车场（点）。"

《台州市城市规划管理暂行规定》第20条规定："在城市规划道路两侧进行建设的单位或个人，在征用土地时，应按规定同时征用规划道路部分土地，无偿提供城市道路建设。"

区相关政府部门已通过文件形式确认对包括诉争区域在内的多个区域实施差异化停车收费管理，并且将部分停车收费上缴财政，剩余费用留作道路维护、养护使用。根据上述规定可知，相关政府部门在城市道路上设置停车位实行停车收费的行为符合法律法规规定。

此外，设置停车位系为缓解商业街停车压力，不以获利为目的。根据被告提交的三份停车收费依据文件可知，与私人停车场不同，诉争区域停车短时停车不收费、非停车高峰期不收费、设置最高收费金额，可见诉争区域停车收费主要是为了缓解人流高峰期商业街的停车压力。诉争区域停车收费收入的20%上缴财政，剩余部分用于长期以来诉争区域的高额地面

第十八章　关于高层建筑红线外、用地红线内区域建筑物区分所有权的权利行使及权利归属问题

维修、养护费用及停车收费系统、人员的维持。

因此，诉争区域停车位系政府部门根据职责为公共利益需要设置。政府相关部门关于施划停车位并进行差异化停车收费的决定并不违反法律规定。

黄岩区人民法院采纳了笔者的观点，认为本案争议应由人民政府前置处理，不能直接诉至人民法院，裁定驳回原告起诉。一审法院认为：

《土地管理法》第14条规定："土地所有权和使用权争议，由当事人协商解决；协商不成的，由人民政府处理。单位之间的争议，由县级以上人民政府处理；个人之间、个人与单位之间的争议，由乡级人民政府或者县级以上人民政府处理。当事人对有关人民政府的处理决定不服的，可以自接到处理决定通知之日起三十日内，向人民法院起诉……"本案系原、被告之间因土地使用权发生的争议，根据法律规定，双方当事人协商不成的，先由人民政府处理，对处理决定不服的，可向人民法院起诉。现原、被告之间的争议未经人民政府处理，尚不具备起诉条件，应当予以驳回。

该业主委员会不服一审判决，上诉至台州市中级人民法院，其上诉称：（1）本案系物权纠纷，而非土地使用权纠纷，不属于《土地管理法》调整范围，而应适用《民法典》第274条[①]、第275条[②]的规定，诉争区域属小区组成部分，且在建筑红线之内，应认定业主共有。（2）一审裁定遗漏原告同时代表住宅业主和商业业主的重要事实，原告已提交了包括住宅、商业业主签字超过2/3的证据。（3）小区南面开放式广场允许本小区外的人通过广场，是出于商业需要而开放，并不因此改变权属性质。

台州市中级人民法院经审理后维持了一审裁定。二审法院认为：

上诉人某业委会主张讼争区域是小区组成部分且在建筑红线内，属于业主共有，被上诉人智能停车公司抗辩讼争区域位于建筑红线外且属于城

[①] 《民法典》第274条规定："建筑区划内的道路，属于业主共有，但是属于城镇公共道路的除外。建筑区划内的绿地，属于业主共有，但是属于城镇公共绿地或者明示属于个人的除外。建筑区划内的其他公共场所、公用设施和物业服务用房，属于业主共有。"

[②] 《民法典》第275条规定："建筑区划内，规划用于停放汽车的车位、车库的归属，由当事人通过出售、附赠或者出租等方式约定。占用业主共有的道路或者其他场地用于停放汽车的车位，属于业主共有。"

市道路，故本案所涉土地存在权属争议，依照《土地管理法》第 14 条之规定，应当由人民政府先行处理，当事人对有关人民政府的处理决定不服的才可以起诉。一审法院据此裁定驳回某业委会的起诉并无不当。

裁判结果

黄岩区人民法院于 2021 年 6 月 11 日作出（2021）浙 1003 民初×××× 号一审民事裁定：驳回原告业主委员会的起诉。

该业主委员会不服一审裁定，向台州市中级人民法院提出上诉。台州市中级人民法院于 2021 年 7 月 30 日作出（2021）浙 10 民终×××号二审民事裁定：驳回上诉，维持原裁定。

复盘研析

《民法典》第 271 条规定业主的建筑物区分所有权包括：业主对建筑物内的住宅、经营性用房等专有部分享有所有权，对专有部分以外的共有部分享有共有和共同管理的权利。在实践中，高层建筑红线之内区域往往是业主住宅区，该区域中除住宅外的其他区域属于业主共有区域，理当没有争议。但高层建筑红线之外、用地红线之内的区域是否属于业主共有区域，历来为房地产领域中的常见争议。本案即属这一情形。

本案智能停车公司是否有权在讼争区域进行停车管理收费，关键在于讼争区域是否为业主共有区域，换言之，相关部门是否有权对讼争区域作出划归停车场、管理收费等具体行政行为。此外，本案虽系建筑物区分所有权争议，实际上系对该区域土地性质及权属有所争议，故对此的权利主张方式亦有必要厘清。基于本案实践，笔者意于在下文探讨以下问题。

一、业主主张建筑物区分所有权的权利行使问题

从本案裁判结果可以观之，业主在主张建筑物区分所有权时，有必要考虑以下三方面问题。

（一）关于诉讼主体资格的认定问题

业主建筑物区分所有权包括业主对专有部分及共有部分的权利，应区

第十八章　关于高层建筑红线外、用地红线内区域建筑物区分所有权的权利行使及权利归属问题

分专有部分或共有部分的不同情形确定诉讼主体。对于专有部分而言，业主对其住宅、经营性用房等专有部分具有独立的可排他使用的权利，因此，权利受到侵害的特定业主可以根据《民法典》第272条[①]主张其享有的占有、使用、收益和处分的权利。但专有部分以外的共有部分系由全体业主共有和共同管理，故单个业主不能作为原告起诉主张权益。根据《民法典》第278条[②]的规定，应当至少由专有部分面积占比2/3以上的业主且人数占比2/3以上的业主共同决定行使诉讼权利，否则不能代表业主的意愿。而在实践中，通常由业主委员会作为原告主体起诉，但正如案涉业主委员会作为原告起诉要求确认案涉区域属于全体业主共有，其应向法院提交证明专有部分面积占比2/3以上的业主且人数占比2/3以上的业主同意的证据，以证明其权利源于全体业主授权。

（二）关于主张权利程序的问题

对于业主专有部分的权利讼争问题，实践中通常体现为商品房买卖合同纠纷、物权确认请求权、排除妨害请求权等合同纠纷或针对房屋的物权纠纷，不涉及土地争议，故当事人可以直接向法院提起诉讼主张权利。但业主共有部分常见于小区绿化区、住宅楼外墙面与顶端、小区公用设施等区域，其中地面部分或近地区域的权属争议应为土地所有权或使用权争议，需要注意是否存在未经行政程序前置处理的问题。比如，本案中讼争区域系小区南面广场，本案一审与二审法院均认定双方对该区域的讼争问题实际上是对该区域土地所有权和使用权的争议，应当适用《土地管理

[①] 《民法典》第272条规定："业主对其建筑物专有部分享有占有、使用、收益和处分的权利。业主行使权利不得危及建筑物的安全，不得损害其他业主的合法权益。"

[②] 《民法典》第278条规定："下列事项由业主共同决定：（一）制定和修改业主大会议事规则；（二）制定和修改管理规约；（三）选举业委会或者更换业委会成员；（四）选聘和解聘物业服务企业或者其他管理人；（五）使用建筑物及其附属设施的维修资金；（六）筹集建筑物及其附属设施的维修资金（七）改建、重建建筑物及其附属设施；（八）改变共有部分的用途或者利用共有部分从事经营活动；（九）有关共有和共同管理权利的其他重大事项。业主共同决定事项，应当由专有部分面积占比三分之二以上的业主且人数占比三分之二以上的业主参与表决。决定前款第六项至第八项规定的事项，应当经参与表决专有部分面积四分之三以上的业主参与表决人数四分之三以上的业主同意。决定前款其他事项，应当经参与表决专有部分面积过半数的业主参与表决人数过半数的业主同意。"

法》第 14 条"土地所有权和使用权争议，由当事人协商解决；协商不成的，由人民政府处理。单位之间的争议，由县级以上人民政府处理；个人之间、个人与单位之间的争议，由乡级人民政府或者县级以上人民政府处理。当事人对有关人民政府的处理决定不服的，可以自接到处理决定通知之日起三十日内，向人民法院起诉。在土地所有权和使用权争议解决前，任何一方不得改变土地利用现状"的规定。该规定认定案涉争议应先由人民政府处理，未经人民政府处理而直接向人民法院提起诉讼的，不符合《民事诉讼法》第 122 条规定的起诉条件，法院应裁定驳回起诉。

设置行政前置程序具有明确行政机关与司法机关职能、减少矛盾纠纷讼累、维护社会经济稳定等功能，其法理内涵在于，适用行政前置程序的讼争行为本质上系具体行政行为或因具体行政行为而影响行政相对人的合法权益，因此使行政程序先行于司法程序，符合权利与救济的对应性和关联性。在此应当指出的是，土地所有权和使用权争议应适用行政前置程序，即仅要求先由人民政府处理，但土地、矿藏、水流、森林、草原等自然资源所有权和使用权确权纠纷要求适用行政复议前置程序[①]，即在向行政复议机关申请行政复议后，行政相对人仍对复议决定有不同意见的，才可向人民法院提起行政诉讼。此外，纳税争议、商标注册争议、专利申请争议等情形[②]亦要求行政复议前置程序。

（三）关于是否属于民事诉讼管辖范围

在某些特定情境中，具体行政行为与民事法律行为在表征上具有重合性，容易混淆行政诉讼与民事诉讼管辖范围。在本案中，虽然一审与二审法院均以原告业主委员会未尽到行政前置程序为由驳回其起诉，但笔者认为，从本案讼争问题的本质观之，双方对案涉区域之所以产生争议，其原

[①] 《行政复议法》第 30 条规定："公民、法人或者其他组织认为行政机关的具体行政行为侵犯其已经依法取得的土地、矿藏、水流、森林、山岭、草原、荒地、滩涂、海域等自然资源的所有权或者使用权的，应当先申请行政复议；对行政复议决定不服的，可以依法向人民法院提起行政诉讼。根据国务院或者省、自治区、直辖市人民政府对行政区划的勘定、调整或者征收土地的决定，省、自治区、直辖市人民政府确认土地、矿藏、水流、森林、山岭、草原、荒地、滩涂、海域等自然资源的所有权或者使用权的行政复议决定为最终裁决。"

[②] 参见《税收征收管理法》第 88 条、《商标法》第 34 条、《专利法》第 41 条等规定。

第十八章　关于高层建筑红线外、用地红线内区域建筑物区分所有权的权利行使及权利归属问题

因在于相关政府部门将案涉区域划定为城市停车位并对这一区域作出停车收费的决定，故解决案涉区域的权属问题，实际上系对案涉区域划定停车位、决定收费管理等具体行政行为合法性与合理性的论证问题，换言之，本案讼争问题应为所涉具体行政行为是否合法、是否合理的问题，即使原告认为南面广场被侵占，也应针对这一具体行政行为进行权利救济，故本案应属行政诉讼管辖范围，而不属于民事诉讼管辖范围，业主委员会应先向有关部门寻求救济途径或提起行政诉讼，并不属于民事诉讼管辖。

二、高层退让红线之外、用地红线之内区域的权属问题

在探讨高层建筑红线之外、用地红线之内区域的权属问题之前，首先应当厘清项目建设用地规划图纸中的"四条线"，即道路红线、用地红线、建筑红线和高层建筑红线。

《民用建筑设计统一标准》（GB 50352－2019）[①] 第2.0.6项至第2.0.8项对道路红线、用地红线和建筑控制线作出定义：道路红线是指城市道路（含居住区级道路）用地的边界线；用地红线是指各类建筑工程项目用地使用权属范围的边界线；建筑控制线又称建筑红线，指规划行政主管部门在道路红线、建设用地边界内，另行划定的地面以上建（构）筑物主体不得超出的界线。从空间上观之，以道路中心至建设用地的辐射顺序，分别为道路红线、用地红线、建筑红线。为契合城市规划需要，在建筑红线内，多层建筑通常会根据相关部门规划要求，退让道路红线一定距离，此时的退让距离线称为多层退让红线，一般又以多层建筑红线、建筑红线（多层）进行标注。而高层建筑后退道路红线的距离与多层建筑相比更远，此时高层建筑退让距离线称为高层退让红线，一般在项目建设规划中又以高层建筑红线、建筑红线（高层）进行标注。为便于理解以上内容，笔者将道路红线、用地红线、建筑红线、高层退让红线的空间位置简要示意图如下（见图18－2）。

---

① 2019年10月1日，住建部批准《民用建筑设计统一标准》（GB 50352－2019）为国家标准，并生效实施，原国家标准《民用建筑设计通则》（GB 50352－2005）同时废止。

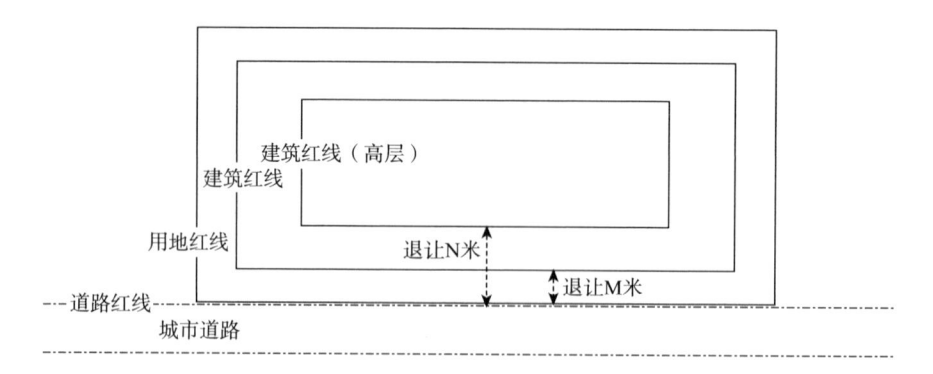

图 18 - 2　道路红线、用地红线、建筑红线、建筑红线（高层）示意图

从图 18 - 2 可见，道路红线内包括机动车道、非机动车道、绿化隔离带、人行道等道路的两侧最外边的控制线。用地红线一般与道路红线重叠或接近（如不重合，则道路红线与用地红线之间的区域属城市用地，由城市规划部门确定，建设单位不得占用，且建筑物的任何部位不得超出用地红线），用地红线之内区域为各类建设工程项目用地使用权属范围。

但在建设工程和房地产实践中，房产项目开发公司并不享有对其审批登记的项目地块所有面积的建造权与开发权，而是仅在项目规划的框架下进行相应功能区的建筑建造，换言之，并非所有用地红线之内区域均可用于建设建筑物或构筑物。因为基于各地区城市规划、交通规划、整体布局的规定，要求必须在退让道路一定距离之外才能允许划定建筑范围，此时被允许建筑范围的控制线成为建筑红线，在建筑红线之内区域可以建设建筑物或构筑物，建筑红线的意义在于规制建筑物、构筑物的基地位置不得超出建筑红线。

同时，在建筑范围内，建筑高度应符合所在地城乡规划的有关规定，尤其是沿城市道路的建筑物，应根据道路红线的宽度及街道空间尺度控制线控制建筑裙楼和主体的高度[1]，以及规定多层建筑与高层建筑应退让道路红线的距离，以满足美观度、光照度等居住需求以及城市规划管理要求。通常而言，多层建筑红线与建筑红线重合或相近，高层建筑红线在多层建筑红线之内，而高层建筑红线之内的区域通常包括住宅、小区公共

---

[1] 参见《民用建筑设计统一标准》（GB 50352 - 2019）第 4.5.1 项。

第十八章　关于高层建筑红线外、用地红线内区域建筑物区分所有权的权利行使及权利归属问题

绿地、小区公共设施等功能区域。高层建筑红线具有重要意义，在本案中，业主住宅区位于高层建筑红线之内，既满足消防、地下管线、交通安全、防灾、绿化和工程施工等方面的规范以及由城市规划主管部门制定的相关规划要求，同时兼顾城市布局、景观市容、人流量、商业需要等因素。

由上分析可知，《民法典》第271条[①]规定的业主所享有的专有部分和共有部分的建筑物区分所有权范围均应在《民法典》第274条[②]规定的业主建筑区划内。建筑区划系指按照统一的城市规划要求，遵循统一规划、合理布局、因地制宜、综合开发、配套建设的原则规划建设，对能满足人们生产、生活需要的建筑物聚集区进行的区域划分。[③] 按照主要建筑物的功能主要区分为居住区、商业区、行政管理区等建筑区划，划分依据主要是城市规划道路、设施设备、建筑物规模、行政管理、物业管理等因素。

实践中，居住区（通常在高层建筑红线之内的区域）权属归住宅业主所有，但对于高层建筑红线之外、用地红线之内区域的权属问题（通常体现为临街建筑到道路红线之间的区域，以下简称建筑退红区域），目前立法上缺少完善规定，而各地区有关部门因地制宜地管理城市规划和道路统筹，故各地区有关此区域的实践做法亦不相同，且有些地区对此区域未有规定，导致此区域处于权责不明的状态。从当前已有的各地区总体实践来看，可以看到各地区倾向性做法系由所在地有关部门对该建筑退红区域归属、使用与管理问题进行统筹规划。例如，2021年赤峰市住建部门发布的《赤峰市中心城区临街建筑退红线区域管理暂行办法（试行草案）》[④] 界定

[①] 《民法典》第271条规定："业主对建筑物内的住宅、经营性用房等专有部分享有所有权，对专有部分以外的共有部分享有共有和共同管理的权利。"

[②] 《民法典》第274条规定："建筑区划内的道路，属于业主共有，但是属于城镇公共道路的除外。建筑区划内的绿地，属于业主共有，但是属于城镇公共绿地或者明示属于个人的除外。建筑区划内的其他公共场所、公用设施和物业服务用房，属于业主共有。"

[③] 参见最高人民法院民法典贯彻实施工作领导小组主编：《中华人民共和国民法典物权编理解与适用》（上），人民法院出版社2020年版，第353页。

[④] 参见赤峰市住房和城乡建设局：《关于〈赤峰市中心城区临街建筑退红线区域管理暂行办法（试行草案）〉公开征求意见的公告》，载微信公众号"赤峰市住房和城乡建设局"2021年2月2日，https：//mp.weixin.qq.com/s/h1t6oMih73b--bY-mgPTSw。

临街建筑外墙或围墙（栏）与城市道路红线之间的区域属临街建筑退红线区域，其性质系向社会公众开放、供公共使用和活动的场所，并进一步明确自然资源主管部门审批建设用地规划许可时需明确土地使用权人必须将该区域移交属地城管部门统一管理、维护，向公众开放，供公共使用。《常州市人民政府关于印发〈常州市城市道路管理实施办法〉的通知》第2条明确将临街建筑退红线区域一并纳入城市道路统一管理。[1]

从散见于各地区的部分规范性文件或有关政策中可以看到，建筑退红区域具有公益性、公共性、无偿性的特征，其应与城市整体规划空间相互协调统一，理应视为城市公共道路的延伸，其性质应属于城市道路或市政公共区域，并交由所在地政府及有关部门统一规划和管理，以便于实现公共利益最大化。而在个案中对该区域的权属争议，综合所涉项目选址规划、所在地有关部门相关规定等因素进行分析，应可论证该区域的权属问题。

以本案为例，首先，案涉项目用地《选址项目规划书》中已对案涉广场区域明确规划为"小广场空间""住宅区、商业区相对独立的功能区块"。其次，案涉项目用地以高层建筑红线为界，按照功能特征区分，在高层建筑红线内的区域系小区业主的住宅区或居住区，业主享有权属范围应仅限于此。本案讼争小区南面广场区域位于本案建设项目高层建筑红线之外，显然系区别于高层退让红线内的小区全体业主所有的住宅区的、另外的、独立的一片建筑区划，不属于业主共有区域，非小区业主权属范围。再次，笔者在经办本案件时，曾向该小区所在地土地管理部门以及不动产部门查询，获悉该小区业主分摊的面积（除专用部分外）仅是所在住宅楼的建筑面积，且房产公司仅登记了物业服务用房，进一步说明该小区业主并未对高层建筑红线外区域进行登记，换言之，讼争区域不属于小区业主共有区域。复次，案涉讼争广场区域划定为公共停车区域，具有合法

---

[1] 《常州市人民政府关于印发〈常州市城市道路管理实施办法〉的通知》第2条规定："本办法适用于本市行政区域内城市道路的规划建设、养护维修及其监督管理，临街建筑退红线区域与城市道路一并纳入统一管理。"

性和合理性，理由在于，案涉项目选址规划时即预留小广场空间，目的是为位于建筑红线之外的商业区提供人流疏散、交通便利的区域，任何人、任何车辆都可往来、停泊，故根据《浙江省城市道路管理办法》第2条①的规定，案涉广场区域本就具有市政公共区域或城市道路的属性，亦符合该区政府及相关部门的政策、规定及要求，也没有违背法律法规的强制性规定，符合行政合法性原则。最后，案涉讼争广场区域位于商业区（项目用地建筑红线外）附近，考虑到商业集聚效应以及该区停车位紧缺的现状，规划停车位符合该区城市建设的现实需要，故该区有关部门对案涉讼争区域进行停车位规划、收费、管理，系基于社会公益目的，而非商业目的，且对此相关区域交通管制、地面维护与修复均由相关部门负责，在此情况下作出的具体行政行为，俨然符合行政合理性原则。因此，本案原告业主委员会混淆了建筑红线与高层建筑红线的概念与定位，其未正确理解建筑区划与业主共有部分建筑物区分所有权，导致其错误地适用《民法典》第271条②主张权利。总结而言，笔者认为，案涉讼争广场区域不属于业主共有区域，理应认定为城市公共道路或市政公共场所，相关政府部门有权对此划定停车区域和收费管理。

三、结语

根据以上分析，业主在依据《民法典》第271条③主张建筑物区分所有权时，应当区分专有部分和共有部分的不同情形下的权利主张方式。业主可以就其专有部分直接起诉主张权利，但对于共有部分，在不涉及土地

---

① 《浙江省城市道路管理办法》第2条规定："本办法所称城市道路是指城市建成区、建制镇和独立工业区范围内的主干路、次干路、支路、街坊路等道路设施和桥梁设施。道路设施包括：车行道、人行道、街巷道路、楼间通道、路面边缘至现有合法建筑物之间的土路、公共广场、公共停车场、隔离带以及路肩、人行道护栏、车行道隔离栏、安全岛、道路两侧边坡边沟、照明设施、路名牌、吨位牌等附属设施。"
② 《民法典》第271条规定："业主对建筑物内的住宅、经营性用房等专有部分享有所有权，对专有部分以外的共有部分享有共有和共同管理的权利。"
③ 《民法典》第271条规定："业主对建筑物内的住宅、经营性用房等专有部分享有所有权，对专有部分以外的共有部分享有共有和共同管理的权利。"

争议的情况下，可以由业主委员会在符合《民法典》第 278 条①规定的情况下作为适格原告主体起诉。

根据道路红线、用地红线、建筑红线及高层建筑红线的概念，《民法典》第 273 条②、第 274 条③规定业主共有部分应在业主享有的建筑区划内，而业主享有的建筑区划范围应限于高层建筑红线内区域，故案涉诉争区域并非业主共有区域。关于高层建筑红线之外、用地红线之内区域的权属问题，从各地区现有的实践来看，应当认为属于城市道路或市政公共区域，统一划归政府有关部门统筹使用与管理。

---

① 《民法典》第 278 条规定："下列事项由业主共同决定：（一）制定和修改业主大会议事规则；（二）制定和修改管理规约；（三）选举业主委员会或者更换业主委员会成员；（四）选聘和解聘物业服务企业或者其他管理人；（五）使用建筑物及其附属设施的维修资金；（六）筹集建筑物及其附属设施的维修资金；（七）改建、重建建筑物及其附属设施；（八）改变共有部分的用途或者利用共有部分从事经营活动；（九）有关共有和共同管理权利的其他重大事项。业主共同决定事项，应当由专有部分面积占比三分之二以上的业主且人数占比三分之二以上的业主参与表决。决定前款第六项至第八项规定的事项，应当经参与表决专有部分面积四分之三以上的业主且参与表决人数四分之三以上的业主同意。决定前款其他事项，应当经参与表决专有部分面积过半数的业主且参与表决人数过半数的业主同意。"

② 《民法典》第 273 条规定："业主对建筑物专有部分以外的共有部分，享有权利，承担义务；不得以放弃权利为由不履行义务。业主转让建筑物内的住宅、经营性用房，其对共有部分享有的共有和共同管理的权利一并转让。"

③ 《民法典》第 274 条规定："建筑区划内的道路，属于业主共有，但是属于城镇公共道路的除外。建筑区划内的绿地，属于业主共有，但是属于城镇公共绿地或者明示属于个人的除外。建筑区划内的其他公共场所、公用设施和物业服务用房，属于业主共有。"

第十九章 以司法拍卖方式取得土地使用权时土地出让金缴纳与否的相关问题辨析

——浙江某纸品有限公司与某市自然资源和规划局国有土地行政管理案

本章提要

出让土地使用权再转让对于制造型、生产型企业扩产增能具有重要作用。本案委托人浙江某纸品有限公司（以下简称D公司）系一家制造型民营企业，其通过司法拍卖方式高价取得案涉土地使用权，但在要求办理案涉土地过户手续时，T市自然资源和规划局某分局作出《土地出让金缴款通知》，要求D公司补缴土地出让金706万元。

笔者接受D公司之委托代理本案。本案系笔者首次代理行政诉讼案件，在接受D公司委托之初，笔者对T市自然资源和规划局某分局作出《土地出让金缴款通知》的具体行政行为及其依据进行审慎分析，并认真研析行政案件与民商案件权利主张的逻辑异同点。经庭前充分准备及庭审据理力争，法院判决支持撤销《土地出让金缴款通知》的诉讼请求，使D公司成功维护其已取得土地使用权的合法权利。

本章通过回顾本案代理思路，引申探讨以司法拍卖方式取得出让土地使用权的物权变动模式，出让土地使用权再转让时是否补缴土地出让金，具体行政行为所依据的规范性文件合法性审查等问题，以期为实务中同类案件提供有益参考。

案情概述

2003年，T市国土资源局某分局（现为T市自然资源和规划局某分局，以下简称自规局某分局）与台州市某电动车有限公司（以下简称L公司）签订《国有土地使用权出让合同》，将案涉位于某区某镇某村的土地使用权出让给L公司，出让年限为50年，并同时约定了土地使用权转让条件。2009年6月3日，L公司取得案涉土地使用权的权属证书。

2012年，浙江某印刷发展有限公司（以下简称G公司）通过司法拍卖方式取得案涉土地使用权，但一直未办理该土地使用权的产权过户登记手续。

2019年，路桥区人民法院又将G公司享有的案涉土地（登记在L公司名下）不动产权予以司法拍卖。D公司通过司法拍卖方式以4418万元价格取得该土地使用权，并于2019年12月23日与路桥区人民法院签订拍卖成交确认书，确认D公司已按约缴纳完拍卖成交款，可凭拍卖成交确认书、拍卖款收款收据、民事裁定书等材料自行到房地产管理部门办理产权过户手续。

2020年5月20日，自规局某分局作出《土地出让金缴款通知》，要求D公司根据《国有土地使用权出让合同》约定补缴土地出让金706万元。

D公司不服该缴款通知，以T市自然资源和规划局（以下简称自规局）为被告，于2020年9月25日向台州市椒江区人民法院提起诉讼，请求法院依法撤销该《土地出让金缴款通知》，并对该《土地出让金缴款通知》所依据的××××土资（2006）92号文件（以下简称92号文件）进行合法性审查。

2021年1月19日，台州市椒江区人民法院作出（2020）浙1002行初××××号判决书，判决撤销被告自规局于2020年5月20日作出的《土地出让金缴款通知》。

以上案情梳理如下（见图19-1）。

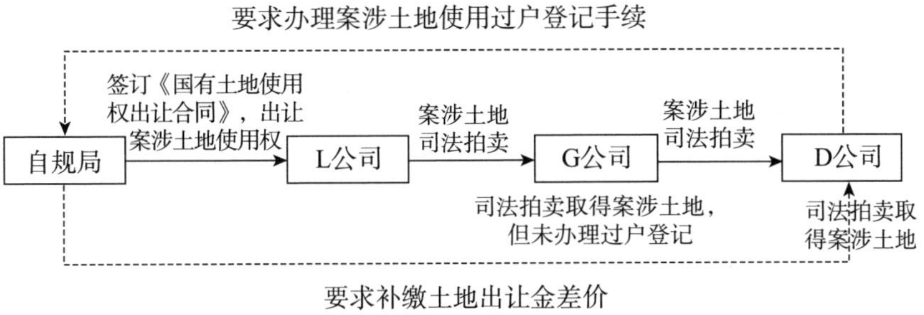

第十九章　以司法拍卖方式取得土地使用权时土地出让金缴纳与否的相关问题辨析

图 19-1　本案事实关系概况

争议焦点

在案件的审理过程中，双方对案涉事实均无异议。双方争议焦点为：

1. D 公司是否应当补缴案涉土地出让金？D 公司要求撤销自规局作出《土地出让金缴款通知》能否成立？

2. 是否应当审查案涉 92 号文件的合法性？

代理思路

本案中自规局系依据其与 L 公司签订的《国有土地使用权出让合同》以及自规局 2006 年 92 号文件作出《土地出让金缴款通知》，要求 D 公司补缴土地出让金 7,053,806 元。因此，主张撤销该《土地出让金缴款通知》能否成立，关键在于论证自规局作出该具体行政行为是否符合行政合法性原则和行政合理性原则。此外，应当强调的是，本案 D 公司通过司法拍卖方式取得案涉土地使用权，且法院已出具拍卖成交确认书、拍卖款收款收据、民事裁定书等法律文书，明确案涉土地使用权归 D 公司所有，根据物权变动规则，本案 D 公司理应已取得案涉土地使用权，至于是否履行土地过户登记转让手续、是否应补缴土地出让金，均不能阻却物权变动之效力。

基于此，本案代理思路如下：

一、案涉《国有土地使用权出让合同》系 L 公司与自规局签订，根据合同相对性，其不能约束 D 公司，且 D 公司取得案涉土地使用权时系二次转让，故不能适用该合同以及92号文件，自规局作出《土地出让金缴款通知》没有事实和法律依据，应予撤销。

案涉《国有土地使用权出让合同》中关于"首次转让时甲方可按本合同地价优先收购"以及调整该条款的《实施意见》的内容，仅对L公司与自规局具有约束力。案涉土地经2012年路桥区人民法院司法变卖处置，又经2019年路桥区人民法院司法拍卖处置，根据当时《物权法》第28条①的规定，案涉土地使用权应归属D公司所有。因此，自规局依据该合同作出《土地出让金缴款通知》，缺乏事实和法律依据，应予撤销。

二、L公司已履行完毕其与自规局之间《国有土地使用权出让合同》约定的国有土地使用权出让金缴纳义务，对于案涉土地而言，客观上不存在D公司需另行补缴国有土地使用权出让金差价的情形。

土地使用权出让金是指国家将土地使用权出让给土地使用者，并向受让人收取的国家放弃若干年土地使用权的全部货币或其他物品及权利折合成货币的补偿。L公司作为第一次土地使用者，在受让涉案国有土地使用权后已支付完毕土地受让相关款项，其中包括用地报批税费及出让合同约定的土地使用权出让金，而L公司在已履行完毕缴纳国有土地使用权出让金义务后取得案涉土地《国有土地使用证》，因此，D公司不应另行补缴国有土地使用权出让金差价。

三、案涉92号文件不应作为土地使用权过户登记及缴纳土地出让金的依据，应当对其合法性进行审查。

其一，案涉92号文件系自规局内部文件，该文件在2006年订立时不具备法律依据，其规定的收费主体亦不具备收款主体资格，再适用当前（本案于2020年起诉时）实际情况，不具有合理性。

其二，该文件关于出让土地使用权转让时"按现行对应区域的工业用地协议出让价扣除原合同地价后全额补交出让差价"的规定，因抵触上位法《城市房地产管理法》第8条、第39条，《城镇国有土地使用权出让和

---

① 《物权法》第28条已被《民法典》第229条吸收。《民法典》第229条规定："因人民法院、仲裁机构的法律文书或者人民政府的征收决定等，导致物权设立、变更、转让或者消灭的，自法律文书或者征收决定等生效时发生效力。"

第十九章 以司法拍卖方式取得土地使用权时土地出让金缴纳与否的相关问题辨析

转让暂行条例》第21条之规定而无效，违反依法行政原则。

其三，该文件出台是为了避免地块炒作，而D公司通过公开拍卖程序依法取得案涉土地使用权，是为了公司正常经营所需，不符合该文件的适用背景，故该文件不能作为本案案涉国有土地使用权过户登记的依据。

其四，依法行政应当依据的文件是法律、法规及其他规范性文件，该文件既不合法又不合理，其效力应认定为无效，不属于依法行政用以依据的文件范围。

其五，即便按照92号文件规定，D公司以远高于该文件规定的工业协议价的价格拍卖竞得涉案土地使用权，亦不存在土地使用权出让金差价的情形。

四、根据诚信原则，自规局应为D公司办理土地使用权过户登记手续。

假定本案存在土地使用权出让金的缴纳问题，该问题亦是自规局与L公司之间的法律问题，自规局将土地使用权出让金的缴纳义务转嫁至D公司，属于违法行为，违反了依法行政原则和诚信原则，严重损害了D公司的合法信赖利益。根据《最高人民法院关于当前形势下进一步做好房地产纠纷案件审判工作的指导意见》的实质精神，为切实维护国有土地使用权转让市场，自规局应当尽快为D公司办理土地使用权过户登记手续。

台州市椒江区人民法院经审理，采纳了笔者观点，认为自规局作出《土地出让金缴款通知》缺乏事实与法律依据，判决撤销自规局作出的《土地出让金缴款通知》。一审判决作出后，自规局并未上诉，本案已生效。

一审法院认为：

原T市国土资源局某分局与T市L公司签订的土地出让合同，关于"首次转让时甲方可按本合同地价优先收购"以及调整该条款的《实施意见》的内容，仅对合同双方当事人具有约束力。本案案涉土地，在2012年即通过路桥区人民法院司法变卖处置，并经（2011）台路执指字××××号执行裁定书，明确该土地使用权归买受人G公司所有。虽然G公司未办理不动产权过户登记手续，但当时《物权法》第28条规定，因人民法院、仲裁委员会的法律文书或者人民政府的征收决定等，导致物权设立、变更、转让或者消灭的，自法律文书或者人民政府的征收决定等生效时发生效力。《最高人民法院关于人民法院民事执行中拍卖、变卖财产的规定》第29条亦规定，不动产、动产或者其他财产权拍卖成交或者抵债后，该不动产、动产的所有权、其他财产权自拍卖成交或者抵债裁定送达买受人或者承受人时起转移。人民法院在执行程序中作出的拍卖成交裁定书，具有形成力，文书生效时相关实体权利已经实际形成，物权已经发生变动。因此，案涉不动产权利在2012年经（2011）台路执指字第××××号执行裁定书明确归买受人G公司所有时即已完成首次转让。路桥区人民法院在后续（2014）台路执民字第××××号案件执行过程中，亦再次明确案涉不动产权虽然登记在L公司名下，但属于G公司所有。故原告在2019年通过司法拍卖竞得案涉土地并经法律文书确认产权时，该次转让属于二次转让，不适用合同约定和《实施意见》规定的首次转让规则。根据合同相对性原则，关于补缴差价约定的效力已经阻断，原告不受合同该项内容羁束，92号文件也因此不适用于本案，该文件的合法性本院亦无须审查。综上，被告基于其与L公司的土地出让合同，直接要求本案原告补缴土地出让金，缺乏事实和法律依据，本院不予支持。

裁判结果

台州市椒江区人民法院于2021年1月19日作出（2020）浙1002行初××××号一审行政判决：

撤销被告T市自然资源和规划局于2020年5月20日作出的《土地出让金缴款通知》。

该判决为生效判决。

复盘研析

从本案中可以看到，补缴土地出让金与物权是否发生变动分属两个不同的法律体系，前者归入行政管理范畴，后者适用民法体系中物权制度调

第十九章 以司法拍卖方式取得土地使用权时土地出让金缴纳与否的相关问题辨析

整。以司法拍卖方式取得出让土地使用权，符合《民法典》第229条①确立的法律文书导致的物权变动规则，至于土地是否办理过户登记手续、是否应补缴土地出让金，均不能阻却该物权变动之效力。对于是否撤销《土地出让金缴款通知》的问题，应从其作出的依据及该具体行政行为本身的合法性与合理性进行评判。基于本案实践，笔者对此分述如下。

一、以司法拍卖方式取得出让土地使用权的物权变动模式

根据我国物权变动理论，物权变动包括两类，即基于法律行为引起的物权变动和非基于法律行为引起的物权变动。前一类物权变动规则系以当事人意思表示为前提，原则上要求登记或交付等公示行为作为生效要件，如《民法典》第209条第1款②规定的不动产物权变动以登记作为生效要件，《民法典》第224条③规定动产物权变动以交付作为生效要件，但在《民法典》第333条④、第355条⑤规定的土地承包经营权的设立与转让中，仅以登记作为对抗要件，《民法典》第374条⑥规定的地役权设立亦采此例外规则。后一类物权变动规则系以法律事实作为物权变动的基础，并不以登记或交付为生效要件，只有在法律特别规定的情形下才能适用，如《民法典》第231条⑦规定的因合法建造、拆除房屋等事实行为发生而导致物权变动。

本案中 D 公司通过司法拍卖方式取得案涉土地使用权，并由路桥区人

---

① 《民法典》第229条规定："因人民法院、仲裁机构的法律文书或者人民政府的征收决定等，导致物权设立、变更、转让或者消灭的，自法律文书或者征收决定等生效时发生效力。"

② 《民法典》第209条第1款规定："不动产物权的设立、变更、转让和消灭，经依法登记，发生效力；未经登记，不发生效力，但是法律另有规定的除外。"

③ 《民法典》第224条规定："动产物权的设立和转让，自交付时发生效力，但是法律另有规定的除外。"

④ 《民法典》第333条规定："土地承包经营权自土地承包经营权合同生效时设立。登记机构应当向土地承包经营权人发放土地承包经营权证、林权证等证书，并登记造册，确认土地承包经营权。"

⑤ 《民法典》第355条规定："建设用地使用权转让、互换、出资或者赠与的，应当向登记机构申请变更登记。"

⑥ 《民法典》第374条规定："地役权自地役权合同生效时设立。当事人要求登记的，可以向登记机构申请地役权登记；未经登记，不得对抗善意第三人。"

⑦ 《民法典》第231条规定："因合法建造、拆除房屋等事实行为设立或者消灭物权的，自事实行为成就时发生效力。"

民法院出具拍卖成交确认书、民事裁定书等法律文书，明确案涉土地使用权归 D 公司所有。《民法典》第 229 条规定："因人民法院、仲裁机构的法律文书或者人民政府的征收决定等，导致物权设立、变更、转让或者消灭的，自法律文书或者征收决定等生效时发生效力。"故本案物权变动方式属非基于法律行为引起的物权变动。这一物权变动模式系依据公法进行的变动，因有公权力的介入，其物权变动本身已具有很强的公示性，能够满足物权变动对排他效力的要求，因此不必进行登记或者交付而直接生效。[1] 因此，在本案中，即便未办理案涉土地过户手续，案涉土地使用权亦归属 D 公司所有。换言之，由于 D 公司已取得案涉土地使用权，故 D 公司有权要求自规局协助办理案涉土地过户手续，此时案涉土地是否登记在 D 公司名下，仅是一种公示行为，但不会对 D 公司取得案涉土地使用权的物权变动效力产生影响。

应当指出的是，从性质上区分，法律文书包括确认性文书、给付性文书和形成性文书，但并非所有法律文书均可不经登记或交付直接引发物权变动。《最高人民法院关于适用〈中华人民共和国民法典〉物权编的解释（一）》第 7 条规定："人民法院、仲裁机构在分割共有不动产或者动产等案件中作出并依法生效的改变原有物权关系的判决书、裁决书、调解书，以及人民法院在执行程序中作出的拍卖成交裁定书、变卖成交裁定书、以物抵债裁定书，应当认定为民法典第二百二十九条所称导致物权设立、变更、转让或者消灭的人民法院、仲裁机构的法律文书。"该条明确了可以直接导致物权变动的法律文书应指形成性文书，确认性文书和给付性文书不能适用《民法典》第 229 条[2]的规定，其法理在于，确认性文书仅就某种权利、法律关系或事实存在与否进行宣告，给付性文书仅赋予当事人之间既存的法律关系、法律事实或权利义务以强制执行力，此二者均不以变动或消灭当事人之间民事法律关系为目的，不符合物权变动时法律关系、

---

[1] 参见最高人民法院民法典贯彻实施工作领导小组主编：《中华人民共和国民法典物权编理解与适用》（上），人民法院出版社 2020 年版，第 160 页。
[2] 《民法典》第 229 条规定："因人民法院、仲裁机构的法律文书或者人民政府的征收决定等，导致物权设立、变更、转让或者消灭的，自法律文书或者征收决定等生效时发生效力。"

第十九章 以司法拍卖方式取得土地使用权时土地出让金缴纳与否的相关问题辨析

法律状态和法律事实创设、改变或消灭的法律特征。因此，仅与物权变动直接相关的判决书、裁决书、调解书、以物抵债裁定书等形成性文书才能直接导致物权变动，人民法院、仲裁机构作出该类法律文书的生效时间应为当事人物权设立、变动的时间。

强制拍卖在性质上属于产生私法上权利变动后果的公法行为。[1] 关于网络司法拍卖情形下物权变动的生效时间，《最高人民法院关于人民法院网络司法拍卖若干问题的规定》第22条规定："网络司法拍卖成交的，由网络司法拍卖平台以买受人的真实身份自动生成确认书并公示。拍卖财产所有权自拍卖成交裁定送达买受人时转移。"《最高人民法院关于人民法院民事执行中拍卖、变卖财产的规定》第26条亦规定："不动产、动产或者其他财产权拍卖成交或者抵债后，该不动产、动产的所有权、其他财产权自拍卖成交或者抵债裁定送达买受人或者承受人时起转移。"因此，在司法拍卖模式中不动产、动产的所有权或其他财产权自拍卖成交裁定或以物抵债裁定送达买受人或承受人之时转移。

另应注意的是，形成性法律文书具有直接导致物权变动的效力，但该法律文书仅针对特定当事人，对于当事人以外的一般人或第三人来说，其仍需一定的公示行为以彰显该物权变动的公信力，故《民法典》第232条规定："处分依照本节规定享有的不动产物权，依照法律规定需要办理登记的，未经登记，不发生物权效力。"当物权变动和公示存在"时间差"时，善意第三人的权利请求可以对抗和排斥真正权利人的物权。[2]

二、关于出让土地使用权再转让时是否应补缴土地使用权出让金的问题

根据《最高人民法院关于审理涉及国有土地使用权合同纠纷案件适用法律问题的解释》第1条[3]、《城镇国有土地使用权出让和转让暂行条例》

---

[1] 参见肖建国主编：《民事执行法》，中国人民大学出版社2014年版，第235~236页。
[2] 参见最高人民法院民法典贯彻实施工作领导小组主编：《中华人民共和国民法典物权编理解与适用》（上），人民法院出版社2020年版，第164页。
[3] 《最高人民法院关于审理涉及国有土地使用权合同纠纷案件适用法律问题的解释》第1条规定："本解释所称的土地使用权出让合同，是指市、县人民政府土地管理部门作为出让方将国有土地使用权在一定年限内让与受让方，受让方支付土地使用权出让金的合同。"

第8条①、《城市房地产管理法》第8条②等规定，土地使用权出让是指国家以土地所有者的身份将土地使用权在一定年限内让与土地使用者，并由土地使用者向国家支付土地使用权出让金的行为。土地使用者在受让土地使用权时，必须按照其与国家之间签订的出让合同约定，支付土地使用权出让金，如未按约支付土地使用权出让金，土地管理部门有权解除合同，并有权请求违约赔偿。因此，缴纳土地使用权出让金系土地使用者在受让土地使用权时负有的法定义务，该法定义务亦是双方约定义务。就土地使用权出让金数额、支付条件、支付方式等而言，在综合考虑所在地有关土地出让规定或政策的情况下，土地使用者与土地管理部门可以根据意思自治原则协商一致进行约定。

上述规定仅明确土地使用权首次让与给土地使用者时，土地使用者必须缴纳土地使用权出让金的规则。在此情况下，当土地使用者又将土地使用权再次转让给其他受让人时，其他受让人是否还应缴纳该土地使用权出让金？或者是否需要对前手土地使用权未缴纳土地使用权出让金承担补充责任？现行法律法规并未对此问题进行明确规定，但根据上述规定，依据文义解释，可知土地使用权出让金缴纳义务应遵循首次土地使用者与土地管理部门之间签订的出让合同约定，该约定亦为法定义务，因为只有土地管理部门代表国家作为合同签订主体，相对方才会产生缴纳土地使用权出让金的义务。换言之，在出让土地使用权再转让中，前手土地使用者将出让土地使用权转让给后手土地使用者，此时转让人与受让人之间可在对土地剩余使用年限、地理位置、经济价值等因素综合考量下，约定一个公允合理的转让价格，但该转让价格与土地使用权出让金相互区分，因为土地使用权出让金性质为国有资产有偿使用费用，在财政体系上应等同于税金的地位，具有公法性质，而该转让对价仅为一般合同场景中的履行对价，

---

① 《城镇国有土地使用权出让和转让暂行条例》第8条规定："土地使用权出让是指国家以土地所有者的身份将土地使用权在一定年限内让与土地使用者，并由土地使用者向国家支付土地使用权出让金的行为。土地使用权出让应当签订出让合同。"

② 《城市房地产管理法》第8条规定："土地使用权出让，是指国家将国有土地使用权在一定年限内出让给土地使用者，由土地使用者向国家支付土地使用权出让金的行为。"

适用民法典合同制度的有关规定调整。对此,《最高人民法院关于审理涉及国有土地使用权合同纠纷案件适用法律问题的解释》第 7 条已经明确规定:"本解释所称的土地使用权转让合同,是指土地使用权人作为转让方将出让土地使用权转让于受让方,受让方支付价款的合同。"因此,该支付价款并非土地使用权出让金。况且,根据《城市房地产管理法》第 39 条的规定,首次土地使用者能够将出让土地使用权再转让的前提系已缴纳完毕土地使用权出让金,并取得相应土地使用权证书。因此,出让土地使用权再转让时的受让人并不受首次土地使用者与土地管理部门之间契约约束,原则上其不负有缴纳土地使用权出让金的义务,也不存在补缴土地使用权出让金的可能性,除非其与前手土地使用者另有约定。

回归到本案中,本案 D 公司非案涉土地首次使用人,其通过司法拍卖方式取得案涉土地使用权,在向路桥区人民法院支付完毕相应拍卖款项后,路桥区人民法院出具拍卖成交确认书、民事裁定书等形成性法律文书确定案涉土地使用权归本案 D 公司所有,本案 D 公司取得案涉土地使用权时也未有任何特别约定其需承担自规局与 L 公司之间的出让合同约定义务。因此,笔者认为,本案 D 公司无法定或约定的补缴土地出让金差价的义务,自规局以补缴土地出让金为由阻却 D 公司办理土地过户登记手续,不具有合法性和合理性,其作出的《土地出让金缴款通知》系错误的具体行政行为,应予撤销该具体行政行为。

三、具体行政行为所依据的规范性文件合法性审查等问题

笔者在本案审理过程中提出应一并对自规局作出《土地出让金缴款通知》所依据的 92 号文件进行合法性审查,本案法院根据合同相对性,认为关于补缴土地使用权出让金差价约定的效力已经阻断,92 号文件亦不适用本案,故对该 92 号文件的合法性亦无须审查。从这一裁判思路可以看到,基于规范性文件的公信力和影响力,在行政诉讼中,裁判者对于规范性文件合法性审查的问题保持比较审慎的态度与立场。

行政诉讼中规范性文件合法性审查制度规定于《行政诉讼法》,其第 53 条第 1 款规定:"公民、法人或者其他组织认为行政行为所依据的国务

院部门和地方人民政府及其部门制定的规范性文件不合法，在对行政行为提起诉讼时，可以一并请求对该规范性文件进行审查。"该条第2款同时但书规定："前款规定的规范性文件不含规章。"可见能够请求审查规范性文件的范围仅包括除规章以外的依据国务院部门和地方人民政府及其部门制定的规范性文件。将规范性文件合法性审查归入行政诉讼审理范围，实质上是司法权监督行政权的重要体现，对于发挥行政诉讼的功能价值具有重要作用，有利于从行政行为的源头上解决行政争议，更好保障公民、法人和其他组织的权益，同时也能及时发现行政机关制定的规范性文件存在的违法之处，及时进行修改或废止。

基于司法审慎原则，规范性文件合法性审查应遵循严格的审查程序。《最高人民法院关于适用〈中华人民共和国行政诉讼法〉的解释》第147条至第151条的规定进一步明确了规范性文件一并审查制度。

在审查程序上，法院在对规范性文件审查过程中发现规范性文件可能不合法的，应当听取规范性文件制定机关的意见。制定机关申请出庭陈述意见的，人民法院应当准许。行政机关未陈述意见或者未提供相关证明材料的，不能阻止人民法院对规范性文件进行审查。因此，法院对于规范性文件的审查并不中止其对案涉事实及法律关系等实体内容的审查，但本案法院从实体法律关系上认定没有审查规范性文件的必要，对于解决案涉讼争具有更大的现实意义。

在实体认定上，人民法院可以从规范性文件制定机关是否超越权限或者违反法定程序、作出行政行为所依据的条款以及相关条款等方面对规范性文件进行一并审查。《最高人民法院关于适用〈中华人民共和国行政诉讼法〉的解释》第148条列举了属于《行政诉讼法》第64条规定的"规范性文件不合法"的五种情形。

在适用规则和监督程序的衔接上，《最高人民法院关于适用〈中华人民共和国行政诉讼法〉的解释》第149条至第151条对法院审查规范性文件合法与不合法的不同情形时的处理规则进行明确规定，如审查规范性文件合法，则应当作为认定行政行为合法的依据，如经审查认为不合法，不作为法院认定行政行为合法的依据，并在裁判理由中予以阐明。对于经审查认为不合法的规范性文件，人民法院应在裁判生效后报送上一级人民法院备案，涉及国务院部门、省级行政机关制定的规范性文件，司法建议还应当分别层报最高人民法院、高级人民法院备案。作出生效裁判的人民法院还应向规范性文件的制定机关提出处理建议，并可以抄送制定机关的同级人民政府、上一级行政机关、监察机关以及规范性文件的备案机关，也可以在裁判生效之日起三个月内，向规范性文件制定机关提出修改或者废止该规范性文件的司法建议。规范性文件由多个部门联合制定的，人民法院可以向该规范性文件的主办机关或者共同上一级行政机关发送司法建议。接收司法建议的行政机关应当在收到司法建议之日起 60 日内予以书面答复。情况紧急的，人民法院可以建议制定机关或者其上一级行政机关立即停止执行该规范性文件。

  应当注意的是，对行政规范性文件的审查其目的在于促进行政规范性文件的源头治理，从而为依法行政提供合法依据，因此，审查行政规范性文件理应遵循行政诉讼全面审查原则。尽管目前规范性文件仍属于行政诉讼附带审查范围，但有论者认为，行政规范性文件乃至抽象行政行为的直接可诉性属于必然趋势，现今一并全面审查行政规范性文件可为将来抽象行政行为的直接诉讼制度建设积累经验。[①] 笔者对行政法并无深耕经验，但粗浅认为，对于能否直接诉讼审查规范性文件的问题，在尚无完备的相应制度体系时，仍应遵循当前行政诉讼一并审查规范性文件的制度，否则将会动摇行政机关的公信力和规范性文件的稳定性，同时也会增加司法审判机关的负累，无益于当前诉源治理工作的推进与实施。

[①] 参见黄学贤：《行政诉讼中行政规范性文件的审查范围探讨》，载北大法宝 2019 年，https：//www.pkulaw.com/specialtopic/614fc802ad40755344f1b87fecacc164bdfb.html? way = listView。

第二十章　房屋占有使用费与合同无效损失的权利基础及认定标准之比较分析

——某村民委员会诉王某合同纠纷案

本章提要

房屋租赁合同被认定无效后会产生两项权利请求：一是房屋占有使用费请求权，二是因合同无效受到的损失请求权。根据《最高人民法院关于审理城镇房屋租赁合同纠纷案件具体应用法律若干问题的解释》第4条①的规定，该两项请求权的认定具有不同的适用依据和认定标准，但实务中通常将《民法典》第157条②无效合同处理的一般规则适用于租赁合同无效时房屋占有使用费的认定，但笔者不赞同这一处理方式。

本案系出租人某村民委员会（以下简称村委会）诉承租人王某合同纠纷案，案涉房屋租赁合同因建筑物违法而被认定无效，村委会诉请承租人按照合同约定租金标准支付房屋占有使用费。本案一审法院按照合同无效的一般处理规则，将约定租金标准认定为双方履行损失，并根据双方过错判定村委会承担60%责任、王某承担40%责任。在合同被认定无效的一

---

① 《最高人民法院关于审理城镇房屋租赁合同纠纷案件具体应用法律若干问题的解释》第4条规定："房屋租赁合同无效，当事人请求参照合同约定的租金标准支付房屋占有使用费的，人民法院一般应予支持。当事人请求赔偿因合同无效受到的损失，人民法院依照民法典第一百五十七条和本解释第七条、第十一条、第十二条的规定处理。"

② 《民法典》第157条规定："民事法律行为无效、被撤销或者确定不发生效力后，行为人因该行为取得的财产，应当予以返还；不能返还或者没有必要返还的，应当折价补偿。有过错的一方应当赔偿对方由此所受到的损失；各方都有过错的，应当各自承担相应的责任。法律另有规定的，依照其规定。"

第二十章 房屋占有使用费与合同无效损失的权利基础及认定标准之比较分析

般场合，这一裁判思路无可厚非，但房屋占有使用费的权利基础并非来自缔约过失责任的信赖利益保护，笔者认为，一审法院混淆了房屋占有使用费与合同无效损失的权利基础，进而导致认定错误。

笔者接受村委会之委托代理本案二审案件。在本案二审审理过程中，笔者向法院指出了一审裁判的不当之处，并阐述村委会过错与否不构成承租人不支付房屋占有使用费的法定理由，本案中村委会主张房屋占有使用费按照合同约定租金支付具有合法性与合理性。本案二审法院采纳了笔者的观点，纠正了一审法院的法律适用问题，改判支持了村委会的诉讼请求，最终判决王某按照合同约定租金标准向村委会支付房屋占有使用费。

不同的请求权基础会导致权利实现效果的差异，如本案所揭示的意义，基于房屋占有使用费和合同无效损失的权利基础不同，二者在认定标准上亦适用不同规则，由此导致当事人权利实现效果亦不同。因此，笔者就本案所涉相关法律问题为切入点，通过比较分析房屋占有使用费和合同无效损失的权利基础、认定标准、适用依据等问题，为实务中处理类案时请求权基础的选择、诉讼请求、代理思路等实际操作问题提供有益参考。

案情概述

2019年5月16日，村委会与王某签订一份房屋租赁合同。合同主要约定：村委会将村办公楼对面房屋（已出租的部分外）的其余房屋全部租赁给王某作为营业场所；租赁期限12年，自2019年7月1日起至2031年6月30日止，第1年到第3年租金按1,100,000元计算，第4年到第6年租金按1,155,000元计算，第7年到第9年租金按1,212,750元计算，第10年到第12年租金按1,273,387.5元计算；付款方式为第一年租金在签订合同之日一次性付清，次年后每年提前一个月付清当年租金，否则村委会有权收回房屋；王某有权转租出租房屋的部分面积，无须另行征得原告同意；若房屋漏水，则由村委会修复等内容。

合同签订后，王某支付了第一年租金1,100,000元。王某承租上述房屋后，将部分店面转租给他人并收取了租金。

2021年2月8日，王某向村委会发送一份解除合同通知函，认为村委会未告知其案涉房屋系违章建筑、漏水问题未修复，村委会存在违约，故要求解除合同。

2021年2月11日，村委会向王某发送一份告知函，认为村委会已全面履行合同义务，同意解除合同，要求王某结清租金。

2021年3月23日，村委会向台州市椒江区人民法院提起诉讼，诉讼请求：（1）解除原告、被告双方签订的房屋租赁合同；（2）判令被告支付自2020年7月1日起至实际腾空交房之日止按年1,100,000元标准计算的租金。

本案审理过程中另查明，案涉地块的土地性质为建设用地，2007年5月11日经街道办事处与村委会协商确定，街道办事处同意将该地块归还村里，并由村里自行开发。截至法庭辩论终结，案涉地块的房屋未取得相应的建设工程规划许可证。

台州市椒江区人民法院于2021年7月5日作出（2021）浙1002民初××××号判决：（1）原告村民委员会与被告王某于2019年5月16日签订的房屋租赁合同无效；（2）被告王某于本判决发生法律效力之日起1个月内腾空案涉房屋并返还原告村委会；（3）被告王某于本判决发生法律效力之日起1个月内支付原告村委会截至2021年6月30日的占有使用费220,000元，并支付自2021年7月1日起至实际腾退之日止按每月55,000元标准计算的占有使用费；（4）驳回原告村委员会的其他诉讼请求。

村委会不服一审判决，向台州市中级人民法院提起上诉。台州市中级人民法院于2022年1月10日作出（2021）浙10民终××××号判决，改判被上诉人王某于本判决发生法律效力之日起1个月内支付被上诉人村委会租赁房屋的占有使用费（自2020年7月1日起至实际交房之日止按年1,100,000元标准计算）。

争议焦点

本案争议焦点为合同无效损失认定及责任承担问题。

第二十章　房屋占有使用费与合同无效损失的权利基础及认定标准之比较分析

> **代理思路**

笔者接受村委会之委托，代理本案二审。

本案一审法院认为：

《最高人民法院关于审理城镇房屋租赁合同纠纷案件具体应用法律若干问题的解释》第2条规定：出租人就未取得建设工程规划许可证或者未按照建设工程规划许可证的规定建设的房屋，与承租人订立的租赁合同无效。但在一审法庭辩论终结前取得建设工程规划许可证或者经主管部门批准建设的，人民法院应当认定有效。原告承租的案涉房屋未曾取得建设工程规划许可证，故2019年5月16日，原告与被告王某签订的房屋租赁合同应为无效。关于原告主张被告支付房屋租金的问题。根据当时《合同法》第58条[①]的规定，合同被确定为无效后，有过错的一方应当赔偿对方因此所受到的损失，双方都有过错的，应当各自承担相应的责任。本案中，双方对合同无效均具有过错，根据双方过错承担及房屋实际使用情况，被告应当对案涉房屋是否符合具有建设工程规划许可证等出租条件负有谨慎注意义务，且被告现已通过转租房屋的方式获取一定收益，其应当承担主要过错责任，确定其承担60%的责任。按照原告、被告应承担的责任比例，扣除被告已付款项，被告尚需支付截至2021年6月30日的占有使用费为220,000元（1,100,000 × 2 × 60% − 1,100,000 = 220,000元），并按照每月55,000元（1,100,000 ÷ 12 × 60% = 55,000）标准支付占有使用费至实际腾退之日止。

在细致研析本案一审案件的基础上，经与当事人充分沟通，本案二审代理思路要点如下：

一、被上诉人王某应当按照合同约定租金标准支付上诉人村委会案涉房屋占有使用费（自2020年7月1日起至实际腾空交房之日止按年1,100,000元标准计算）。

根据《最高人民法院关于审理城镇房屋租赁合同纠纷案件具体应用法

[①] 《合同法》第58条已被《民法典》第157条吸收。

· 403 ·

律若干问题的解释》第 4 条第 1 款 "房屋租赁合同无效,当事人请求参照合同约定的租金标准支付房屋占有使用费的,人民法院一般应予支持"之规定,本案中,上诉人与被上诉人签订的《房屋租赁合同》虽然无效,但双方已明确约定房屋租金标准。上诉人在合同签订后即将房屋交付给被上诉人使用,因此,被上诉人应按照合同约定的租金标准支付上诉人案涉房屋占有使用费。

二、在被上诉人已实际占有使用房屋,且不存在任何损失的情况下,确定由上诉人承担房屋租金 40% 的责任,系事实认定和适用法律错误。

1. 在合同签订时,被上诉人已知晓案涉房屋并未取得建设工程规划许可证、未经主管部门批准建设,故本案合同系双方的真实意思表示。

根据现有证据显示,2009 年 4 月 25 日,上诉人将案涉房屋租给案外人徐某(被上诉人系徐某外甥),并与其签订房屋租赁合同。案外人徐某明确知道案涉房屋未取得建设工程规划许可证及未经主管部门批准建设。该合同到期后,经上诉人村委会与街道办事处集体讨论后,继续出租给徐某使用。2019 年 5 月 16 日,案外人徐某由被上诉人出面与上诉人签订《房屋租赁合同》。因此,被上诉人明确知晓案涉房屋建筑违章的情况,不存在上诉人隐瞒的情况,案涉合同亦是双方真实意思表示。

2. 被上诉人已实际占有使用案涉房屋,且被上诉人未因合同无效而受到任何损失。

现根据证据材料显示,被上诉人向上诉人支付了 2019 年度的租金 110 万元,而其向转租户收取的租金却达 75.8 万元之多,在不考虑被上诉人占有使用两间一层店面及二层整层的情况下,租金差额仅为 34.2 万元。即便按照一审错误的逻辑来确定损失,最多也只能按 34.2 万元的百分比来确定损失,也不能直接以 110 万元租金来确定损失。

更何况,无效租赁合同下的损失仅包括装修赔偿损失和房屋扩建损失,显然本案不存在任何装修赔偿损失和房屋扩建损失。相反,被上诉人因无效合同而受益其转租租金近 80 万元。

3. 一审法院判定上诉人承担租金 40% 的责任没有事实与法律依据。

其一,被上诉人未因合同无效受到损失,反而因此获得收益,不符合

第二十章　房屋占有使用费与合同无效损失的权利基础及认定标准之比较分析

民法的公平原则，亦违反了当时《合同法》第58条之规定。案涉房屋租赁合同签订后，上诉人按约交付了房屋，被上诉人也将部分房屋分别转租给第三方，每年收取租金计75.8万元，其余未出租房屋也由被上诉人占有使用。如按照一审法院判决确定被上诉人承担60%的责任，被上诉人仅需向上诉人支付租金66万元，远低于被上诉人占有使用及将房屋转租所获得的收益，被上诉人反而因合同无效每年获得9万多元的收益，违反了公平和诚信原则。

其二，当时《合同法》①规定的是无效合同中各方当事人民事责任承担与否的问题，而未规定具体损失赔偿金额，因此，一审法院适用当时《合同法》确定损失赔偿金额属于法律适用错误，而应适用当时《最高人民法院关于审理城镇房屋租赁合同纠纷案件具体应用法律若干问题的解释》第4条第2款"当事人请求赔偿因合同无效受到的损失，人民法院依照合同法有关规定和本司法解释第九条、第十三条、第十四条的规定处理"②之规定确定租赁合同无效产生的具体损失赔偿金额。

其三，一审法院在确定责任比例后，未确定损失金额，直接以租金作为损失金额系事实认定错误。前文已述租赁合同纠纷中的损失仅限于装修、装饰及改扩建的费用损失。退一步讲，即便损失包括租金的损失，那也应由被上诉人向法院举证证明存在租金损失。现根据证据材料显示，被上诉人向上诉人支付了2019年度的租金110万元，而其向转租户收取的租金却达75.8万元之多，在不考虑被上诉人占有使用两间一层店面及二层整层的情况下，租金差额仅为34.2万元，最多也只能按34.2万元的百分比来确定损失，也不能直接以110万元租金来确定损失。更何况，就被上诉人而言，不存在任何租金损失的问题，故不能直接以租金损失抵销被上诉人应当承担的占有使用费支付责任。

三、在租金已经支付结算，且被上诉人没有实际损失的情况下，一审法院判决上诉人承担租金40%的责任，扰乱了市场经济秩序，可能引发社

---

① 《合同法》已被《民法典》合同编吸收。
② 2021年1月1日公布实施的《最高人民法院关于审理城镇房屋租赁合同纠纷案件具体应用法律若干问题的解释》，对该条中引致的《民法典》及条文次序进行了修正。

会矛盾。

被上诉人占有使用案涉房屋长达2年之久,但房屋租金仅支付1年。如按一审判决逻辑,假如被上诉人占有使用了10年,或者10年均已转租并获得租金收益,但只要合同无效,出租人就要返还承租人10年租金的40%。这意味着只要承租人起诉,就可以获得年化40%的高收益。

此外,根据区域实际情况,与案涉房屋性质相同且进行出租的情况在案涉区域普遍存在。如均按一审裁判逻辑处理本案,各地承租人势必会在合同到期前向法院起诉确认合同无效来达到仅支付60%租金、逃避租金支付责任的非法目的,包括本案中案外人徐某亦会起诉要求上诉人返还10年租金的40%,由此以来,足以扰乱市场经济秩序,引发社会矛盾冲突。

台州市中级人民法院采纳了笔者的观点,依法改判支持村委会的上诉请求。二审法院认为:

《最高人民法院关于审理城镇房屋租赁合同纠纷案件具体应用法律若干问题的解释》第4条规定:"房屋租赁合同无效,当事人请求参照合同约定的租金标准支付房屋占有使用费的,人民法院一般应予支持。"本案双方当事人对租金标准已作约定,承租方已对房屋占有使用,出租方要求按约定的租金标准计算占有使用费,应当予以支持。本案承租人未提供证据证明租赁物不能使用或租赁物未实际使用的事实,故一审法院将约定的租金认定为双方的合同履行损失不妥,应予纠正。由于被上诉人未提起因合同无效造成其损失的反诉,故对其他损失的责任承担,本院暂不予评判。

裁判结果

台州市椒江区人民法院于2021年7月5日作出(2021)浙1002民初××××号一审民事判决:

1. 原告村委会与被告王某于2019年5月16日签订的房屋租赁合同无效。

2. 被告王某于本判决发生法律效力之日起1个月内腾空案涉房屋并返还原告村委会。

3. 被告王某于本判决发生法律效力之日起 1 个月内支付原告村委会截至 2021 年 6 月 30 日的占有使用费 220,000 元，并支付自 2021 年 7 月 1 日起至实际腾退之日止按每月 55,000 元标准计算的占有使用费。

4. 驳回原告村委员会的其他诉讼请求。

村委会不服一审判决，向台州市中级人民法院提起上诉。台州市中级人民法院于 2022 年 1 月 10 日作出（2021）浙 10 民终×××号二审民事判决：

1. 维持台州市椒江区人民法院（2021）浙 1002 民初×××号民事判决第一、二项。

2. 撤销台州市椒江区人民法院（2021）浙 1002 民初×××号民事判决第三、四项。

3. 由被上诉人王某于本判决发生法律效力之日起 1 个月内支付被上诉人村委会租赁房屋的占有使用费（自 2020 年 7 月 1 日起至实际交房之日止按年 1,100,000 元标准计算）。

复盘研析

本案一审与二审的争议焦点为合同无效损失认定和责任承担问题。本案一审法院与二审法院基于对案涉诉请"按照约定租金标准支付房屋占有使用费"的不同理解，导致认定事实和适用法律不同。本案一审法院将约定租金认定为双方履约损失，并按双方过错程度划定责任承担比例。这是《民法典》第 157 条[1]规定的因合同无效而受到损失的一般处理规则。但本案讼争问题为房屋租赁合同无效时占有使用费认定问题，《最高人民法院关于审理城镇房屋租赁合同纠纷案件具体应用法律若干问题的解释》第 4 条第 1 款规定："房屋租赁合同无效，当事人请求参照合同约定的租金标准支付房屋占有使用费的，人民法院一般应予支持。"该规定明确了房屋

---

[1] 《民法典》第 157 条规定："民事法律行为无效、被撤销或者确定不发生效力后，行为人因该行为取得的财产，应当予以返还；不能返还或者没有必要返还的，应当折价补偿。有过错的一方应当赔偿对方由此所受到的损失；各方都有过错的，应当各自承担相应的责任。法律另有规定的，依照其规定。"

租赁合同无效时,房屋占有使用费应当参照约定租金标准支付。该司法解释第4条第2款规定:"当事人请求赔偿因合同无效受到的损失,人民法院依照民法典第一百五十七条和本解释第七条、第十一条、第十二条的规定处理。"该规定进一步明确了房屋占有使用费请求权与因合同无效受到的损失请求权分属两个不同的权利请求权。一审法院混淆了房屋占有使用费与因合同无效受到的损失的概念与适用问题,笔者在代理二审过程中指出了这一问题,故二审法院对此予以纠正。

从本案实践可以看到,在诉讼中精准定位请求权基础,能够对纠正法律适用和裁判结果产生关键性的积极作用。而在房屋租赁合同无效的情形下,实践中常有混淆房屋占有使用费及因合同无效所受损失这两项权利请求的情形,因此,笔者在下文中对二者的权利基础与认定标准进行分析,以期为类案处理提供有益参考。

一、房屋占有使用费与合同无效损失的权利基础

关于合同无效损失的性质,根据债法理论,无效合同自始没有法律约束力,一方当事人应返还因此取得的财产以及赔偿另一方当事人因此所受的损失,因此,合同无效损失的权利基础系缔约过失责任请求权,具有补偿无过错方信赖利益损失的性质。缔约过失责任产生系因一方当事人违反基于诚实信用原则而产生的协助、告知、保护、保密等义务而造成对方当事人信赖利益损失,包括缔约费用、准备履行合同和实际履行合同所支付费用、因丧失与第三人另行订立合同的机会而产生的损失等。

关于房屋租赁合同无效时占有使用费的性质,曾有不当得利与缔约过失(或履行损失)之争。主张不当得利者认为,房屋租赁合同被认定无效后,承租人对房屋所享有的占有利益已丧失了约定或法定根据,已构成不当得利,故应采用占有使用费形式返还其占有期间的不当得利。主张缔约过失或履行损失者认为,在房屋租赁合同无效案件中,出租人主张房屋占有使用费实际为其所受的房租损失,缔约过失或履行损失乃这一特定之债的发生原因。

对此,笔者认为,合同无效时房屋占有使用费的性质应认定为不当得

第二十章　房屋占有使用费与合同无效损失的权利基础及认定标准之比较分析

利。首先，在合同无效的情况下，承租人曾取得出租人对房屋享有的有形及无形占有利益的法律根据缺失，符合《民法典》第985条①所规定的不当得利的构成要件。具体到个案中，承租人为得利人，出租人为受损失的人，承租人应当返还房屋，并根据公平原则，以房屋占有使用费方式向出租人支付其实际占用利益的合理对价。其次，《最高人民法院关于审理城镇房屋租赁合同纠纷案件具体应用法律若干问题的解释》第4条第1款与第2款分别对房屋占有使用费与合同无效损失进行区分规定，可见房屋占有使用费与合同无效损失的权利基础并不相同。再次，房屋占有使用费不等同于租金损失，合同被认定无效时，不存在履约损失的问题，故不应混淆占有使用费与租金损失的概念。最后，不当得利、缔约过失、无因管理等均属债发生的原因，该等原因之间属于并列关系，不能竞合适用，如以合同无效的缔约损失主张占有使用费损失，则需审理双方过错程度，再进一步确定各自承担损失比例，故从权利实现效果上看，将房屋占有使用费认定为不当得利更有利于出租人实现权利。

二、房屋占有使用费与合同无效损失的认定标准

承前所述，租赁合同无效时房屋占有使用费与合同无效损失具有相互独立的权利基础，基于二者不同的请求权基础，其认定范围及适用依据亦不相同。

对于因房屋租赁合同无效而受到的损失认定问题，根据《最高人民法院关于审理城镇房屋租赁合同纠纷案件具体应用法律若干问题的解释》第4条第2款"当事人请求赔偿因合同无效受到的损失，人民法院依照民法典第一百五十七条和本解释第七条、第十一条、第十二条的规定处理"之规定，在房屋租赁合同无效情形中，合同无效损失范围仅包括《最高人民法院关于审理城镇房屋租赁合同纠纷案件具体应用法律若干问题的解释》

---

① 《民法典》第985条规定："得利人没有法律根据取得不当利益的，受损失的人可以请求得利人返还取得的利益，但是有下列情形之一的除外：（一）为履行道德义务进行的给付；（二）债务到期之前的清偿；（三）明知无给付义务而进行的债务清偿。"

第 11 条①、第 12 条②规定的房屋装饰装修及改扩建损失这两类直接损失，而不包括承租人的经营损失、员工遣散费等间接损失。同时，根据《民法典》第 157 条规定的合同无效的处理规则，按照双方过错程度判断各自应承担的损失赔偿责任，但积极主张损失一方应充分举证证明其所遭受的实际损失，该信赖利益损失最终认定结果不包括亦不应超过可得的合同履行利益。本案中，承租人王某对案涉租赁房屋并不存在任何装饰装修损失及改扩建费用，故承租人王某不存在任何损失费用，在此情况下，一审法院显然不能适用合同无效的一般处理规则认定房屋占有使用费。

房屋占有使用费应理解为合同无效时行为人应返还因该行为取得财产的一种方式。承租人因无效租赁合同而取得对租赁房屋的财产包括有形财产与无形财产，有形财产指租赁房屋，无形财产指承租人对房屋享有的占有、使用利益，这部分财产不能直接返还，故通过折价补偿的方式返还，而房屋占有使用费系作为折价补偿的主要形式。基于这一逻辑，一审法院根据《民法典》第 157 条规定的合同无效处理规则认定讼争双方责任比例，无可厚非。但是，《最高人民法院关于审理城镇房屋租赁合同纠纷案件具体应用法律若干问题的解释》第 4 条第 1 款对房屋占有使用费的认定问题进行了明确规定："房屋租赁合同无效，当事人请求参照合同约定的租金标准支付房屋占有使用费的，人民法院一般应予支持。"该规定与《民法典》第 157 条规定显属"特别法"与"一般法"的关系，因此，根据特别法优先于一般法的适用原则，应当适用该款规定认定房屋租赁合同无效时房屋占有使用费的具体数额。

具体到个案中，在适用该条规定认定房屋占有使用费具体数额之前，首先应当讨论，在房屋租赁合同被认定无效后，承租人是否必然支付房屋

---

① 《最高人民法院关于审理城镇房屋租赁合同纠纷案件具体应用法律若干问题的解释》第 11 条规定："承租人未经出租人同意装饰装修或者扩建发生的费用，由承租人负担。出租人请求承租人恢复原状或者赔偿损失的，人民法院应予支持。"

② 《最高人民法院关于审理城镇房屋租赁合同纠纷案件具体应用法律若干问题的解释》第 12 条规定："承租人经出租人同意扩建，但双方对扩建费用的处理没有约定的，人民法院按照下列情形分别处理：（一）办理合法建设手续的，扩建造价费用由出租人负担；（二）未办理合法建设手续的，扩建造价费用由双方按照过错分担。"

第二十章 房屋占有使用费与合同无效损失的权利基础及认定标准之比较分析

占有使用费的问题。实践中较为争议的情形是，承租人未实际使用租赁房屋，是否还应支付合同无效时的房屋占有使用费。有观点认为，房屋占有使用费支付的前提是占有与使用，仅占有而未使用，不应给付房屋占有使用费。也有观点指出，不符合合同目的，不构成不支付占有使用费的法定理由，即便租赁房屋交付给承租人后未实际使用，在房屋租赁合同被法院宣告无效时，仍应参照合同约定的租金标准支付房屋占有使用费，但需区分承租人占有但未使用的原因分别处理：如因出租人提供的房屋不具备使用条件致使承租人无法使用，不应支付占有使用费；如房屋具备使用条件而承租人未使用，仍应支付占有使用费。[1]

笔者赞同后一种观点。笔者认为，承租人与出租人签订房屋租赁合同的目的在于通过实际占有房屋而取得使用、收益等权益，因此，无论承租人是否实际使用，也无论出租人在订立合同时是否具有未告知租赁房屋属于违章建筑等主观过错，只要租赁房屋不存在因出租人原因导致无法使用的情形，承租人在占有房屋期间已实际享有出租人对房屋的占有权益，其理当向出租人支付房屋占有使用费。本案中，二审法院关注到了这一问题，在说理部分指出："本案承租人未提供证据证明租赁物不能使用或租赁物未实际使用的事实"，进一步认定本案承租人应当给付房屋占有使用费。

关于房屋占有使用费具体数额如何认定的问题，《最高人民法院关于审理城镇房屋租赁合同纠纷案件具体应用法律若干问题的解释》第4条第1款规定："房屋租赁合同无效，当事人请求参照合同约定的租金标准支付房屋占有使用费的，人民法院一般应予支持。"该规定明确了合同无效时参照合同约定租金标准确定房屋占有使用费，司法实践中亦大多以租金标准作为裁判尺度。但有少部分观点认为，该款规定的是"参照"合同约定租金标准支付，并非必须根据合同约定租金标准进行裁判，否则，可能会出现无效合同事实上按照合同有效情形处理的矛盾，违背合同无效的法律

---

[1] 参见叶露、唐宏杰：《房屋租赁合同无效时占有使用费的认定》，载《人民司法》2020年第8期。

意义和处理原则。① 裁判者可以根据个案具体情况确定合理的认定标准，如按照房屋被占用期间同地段租赁市场价格或采用评估方式确定，这一自由裁量权利归属于裁判者。

对此，笔者认为，房屋占有使用费系合同被宣告无效之前，承租人实际占有房屋而应当支付的费用，原则上应按照合同约定的租金标准认定，主要理由在于，合同约定的租金标准符合双方对合同无效后可能承担的民事责任的合理预期，同时，参照合同约定租金标准可以免去当事人在举证责任上的技术问题，如当事人难以举证房屋被占用期间同地段租赁市场价格。因此，以合同约定租金标准作为计算标准确定房屋占有使用费，通常与合同签订时的市场行情相符，易于双方当事人认可，且标准明确，有利于人民法院判断掌握，亦可避免采用评估方式确定房屋使用费，增加当事人诉讼成本，延长案件审理期间等弊端，② 更契合当前审判实践的客观需要。

但笔者认为，这一认定规则尚有探讨空间，即不宜简单地、直接地、完全地按照合同约定的租金标准确定出租人应给付的房屋占有使用费。在承租人对房屋享有的实际利益因房屋不能使用、不能被登记注册为经营地址、合同约定租金严重背离市场价格等因素受到消极影响时，承租人在占有房屋期间获取的实际占有利益可能减损；或者在租赁市场价格发生大幅波动等情况发生时，如完全参照合同约定租金标准，出租人本因承租人不当得利返还的占有使用费亦可能减损，因此，在发生上述情况时，如机械参照合同约定租金标准，可能会导致双方当事人之间的利益失衡。在此情况下，笔者认为，应参照同地段同类型租赁市场价格确定占有使用费或根据个案具体情况确定一个适当的计算标准，可能更为公平合理。

此外，应要注意的是，案涉房屋性质为违法建筑，我国法律对违法建

---

① 参见最高人民法院民事审判第一庭编著：《最高人民法院关于审理城镇房屋租赁合同纠纷案件司法解释的理解与适用》，人民法院出版社2016年版，第76页。
② 参见《最高人民法院民一庭负责人就〈关于审理城镇房屋租赁合同纠纷案件具体应用法律若干问题的解释〉答记者问》，载中国法院网2010年2月23日，https://www.court.gov.cn/shenpan-xiangqing-190.html。

第二十章 房屋占有使用费与合同无效损失的权利基础及认定标准之比较分析

筑及违法建筑租赁合同效力作否定性评价,根据"不能因违法行为而获益"的基本原则,出租人因出租违法建筑而可能获得的收益、补偿、赔偿等利益亦不应受到法律保护。对此,有论者指出,建设者对违法建筑物不享有所有权(本权),但因为建设者对该违法建筑物的建设付出劳力和成本,并对其进行实际的管理与控制,已形成一种占有,该占有作为一种事实状态,体现了财产秩序,应受法律保护。[①]"违法建筑因为其违法性而不能取得所有权,但违法建筑本身体现了一定的利益,因此虽然没有所有权,但违法建筑仍受到我国《物权法》有关占有的保护。"[②] 因此,即便出租人对违法建筑物不享有所有权,即便违法建筑物租赁合同无效,但出租人基于违法建筑物而享有的收益权、不当得利请求权、占有使用费请求权等权利仍受到法律保护,而该等请求权的权利基础正是源于出租人(一般为建设者)对违法建筑物的占有利益或事实上的占有状态。

基于此,笔者认为,除上文所析的不当得利解释视角之外,还可从物权视角对占有使用费请求权的权利基础作出合理解释:对于出租人违法建筑物租赁合同无效占有使用费请求权的保护,本质上是对其物权占有状态的保护,即出租人基于租赁合同关系将其对违法建筑物的有权占有让渡与承租人,当租赁合同被认定无效时,承租人从合同订立时起至将标的物返还出租人期间的占有构成无权占有,根据《民法典》第460条"不动产或者动产被占有人占有的,权利人可以请求返还原物及其孳息"之规定,占有使用费具有无权占有的孳息之性质,承租人应返还其占有的房屋,还应给付出租人占有使用费。[③]

[①] 参见郭峰:《农村违法建筑物租赁合同无效但收益权受保护》,载《人民司法》2014年第10期。

[②] 王利明:《物权法研究》,中国人民大学出版社2013年版,第85-86页。

[③] 有观点指出,在我国现行法律下,占有人并没有收取孳息的权利,因此,这一解释逻辑存在这样一个问题,即违法建筑物的建设者不享有所有权,仅凭借占有无法主张违法建筑物被占有的孳息(而该孳息归属于国家所有),这又与保护违法建筑物的占有使用收益权能相违背,在结果上不具有可接受性。由此而言,笔者认为,从债法上的不当得利理论解释占有使用费的权利基础,更具合理性和恰当性。

三、结语

根据以上之对比分析，可以得出以下结论：

第一，实践中容易将《民法典》第 157 条[①]规定的合同无效的一般处理规则适用于房屋占有使用费，但房屋占有使用费与合同无效损失的权利基础、性质及认定均不同，应当进行区分。

第二，主张合同无效损失的权利基础是缔约过失责任，房屋占有使用费的性质虽有债法上和物权法上的不同解释视角，但应认为房屋占有使用费的权利基础为不当得利请求权。

第三，应根据《最高人民法院关于审理城镇房屋租赁合同纠纷案件具体应用法律若干问题的解释》第 4 条[②]区分认定房屋租赁合同被认定无效后房屋占有使用费与合同无效损失。房屋占有使用费原则上参照合同约定租金标准确定，但法院可以根据租赁房屋实际使用状况、获利情况、增贬值情况、社会效应、市场波动等因素自由裁量是否参照合同约定租金标准以及如何参照合同约定租金标准合理认定占有使用费，而因房屋租赁合同无效受到的损失仅包括装修装饰损失及改扩建费用，需主张损失方举证证明。

[①] 《民法典》第157条规定："民事法律行为无效、被撤销或者确定不发生效力后，行为人因该行为取得的财产，应当予以返还；不能返还或者没有必要返还的，应当折价补偿。有过错的一方应当赔偿对方由此所受到的损失；各方都有过错的，应当各自承担相应的责任。法律另有规定的，依照其规定。"

[②] 《最高人民法院关于审理城镇房屋租赁合同纠纷案件具体应用法律若干问题的解释》第4条规定："房屋租赁合同无效，当事人请求参照合同约定的租金标准支付房屋占有使用费的，人民法院一般应予支持。当事人请求赔偿因合同无效受到的损失，人民法院依照民法典第一百五十七条和本解释第七条、第十一条、第十二条的规定处理。"

| 第二十一章 | **未签订书面劳动合同的二倍工资争议、未休年休假工资及补偿社会保险费用之劳动纠纷热点问题解读**

——王某诉某商会有关二倍工资等劳动争议纠纷案

本章提要

近年来，企业劳动争议纠纷逐渐成为企业劳动用工出现的高发问题。企业劳动争议纠纷主要集中在未签订书面劳动合同的二倍工资争议、未休年休假补偿及补缴社会保险费用等方面。笔者较少代理劳动争议案件，但在为某商会提供公司综合法律服务时，某商会就其所涉劳动争议案件委托笔者代理。本案恰涉此三大热点问题。

本案中，王某系某商会综合办公室主任，负有管理人事劳动合同签订职责，其因个人原因辞职后，向区劳动人事争议仲裁委员会申请仲裁，要求某商会支付未签订劳动合同的二倍工资135,000元，支付年休假工资20,680元，补偿2019年11月至2020年6月社会保险5899.84元。这就涉及三方面的法律问题：一是具有负责落实签订书面劳动合同等劳动人事职责的劳动者诉请未签订书面劳动合同的二倍工资能否成立；二是未休年休假补偿的计算基数及未休年休假的时间如何认定；三是用人单位补缴社会保险基金的义务边界问题。

对此，笔者一一向仲裁庭进行阐述分析，指出王某的仲裁请求缺乏事实基础和法律依据，仲裁庭采纳笔者观点，裁决驳回王某的二倍工资、社

· 415 ·

会保险补偿等请求。王某不服裁决，向台州市椒江区人民法院提起诉讼，一审判决结果基本维持了仲裁裁决结果。王某不服一审判决，向台州市中级人民法院提起上诉，二审法院判决驳回上诉，维持原判。

在当前企业劳动用工法律服务需求日渐增多的环境下，本案对于企业劳动纠纷争议解决具有比较典型的意义。因此，本章通过回顾本案，对本案所涉二倍工资争议、未休年休假工资及补偿社会保险费用等三大劳资热点问题做延伸分析，以期为实务提供有益参考。

案情概述

2019年10月14日，某商会发布招聘公告，其上载明："招聘出纳兼工程建设相关工作岗位的人员，薪资福利70,000元至180,000元（具体面谈）。"

王某到某商会应聘，应聘时向某商会提交了简历，简历上自述其于1997年3月开始工作。

2019年11月7日，王某到某商会下设的大厦工程建设指挥部（以下简称指挥部）工作。

2020年3月3日，指挥部印发《关于金某、石某、王某同志任职的通知》，其上公告："王某任指挥部总指挥助理，具体分管指挥部综合办主持工作、财务、文秘、部门协调（部分）、其他总指挥交办的工作。"

2020年1月至4月，指挥部员工林某申请加班时，王某在《加班申请表》上科室意见处签署"同意"，在备注栏目以红笔书写"已支付"字样。

2020年7月16日至17日、21日、8月20日至21日，王某请事假。

2020年7月24日下午，王某因党员会议请假半天。

2020年8月31日后，王某离职。

2020年9月22日，王某向区劳动人事争议仲裁委员会提出仲裁申请，要求：（1）某商会支付未签订劳动合同的二倍工资135,000元；（2）某商会支付年休假工资20,680元；（3）某商会补偿2019年11月至2020年6月社会保险5899.84元。

第二十一章 未签订书面劳动合同的二倍工资争议、未休年休假工资及补偿社会保险费用之劳动纠纷热点问题解读

2020 年 12 月 11 日，区劳动人事争议仲裁委员会作出仲裁裁决：（1）由本案被申请人支付给申请人未休年休假工资报酬 8275.86 元，于本裁决书生效后 15 日内付清。（2）驳回申请人的其他仲裁请求。

王某不服裁决，向台州市椒江区人民法院提起诉讼，台州市椒江区人民法院作出一审判决：（1）被告某商会于本判决生效后 10 日内支付给原告王某 2019 年度、2020 年度未休年休假报酬共计 9425.34 元；（2）被告某商会于本判决生效后 10 日内支付给原告王某 2020 年 4 月至 6 月社会保险费用中单位应缴纳部分的费用 722.55 元；（3）驳回原告王某的其他诉讼请求。

王某不服二审判决，向台州市中级人民法院提起诉讼，台州市中级人民法院于 2021 年 7 月 19 日作出二审判决：驳回上诉，维持原判。

争议焦点

本案劳动仲裁审理争议焦点为：

1. 关于本案申请人要求被申请人支付其二倍工资 135,000 元的仲裁请求是否应予支持。

2. 关于本案申请人要求被申请人支付其未休年休假工资 20,680 元的仲裁请求是否应予支持。

3. 关于本案申请人要求被申请人补偿其 2019 年 11 月至 2020 年 6 月社保 5899.84 元的仲裁请求是否应予支持。

本案一审法院审理争议焦点为：

某商会是否应支付未签订劳动合同的另一倍工资、未休年休假工资以及补偿社会保险费。

本案二审法院审理争议焦点为：

1. 上诉人王某应休未休年休假工资报酬计算是否有误。

2. 上诉人在某商会工作期间有无分管综合办工作。

3. 某商会是否应当支付上诉人未签订劳动合同的二倍工资。

代理思路

一、从王某提供证据材料中找到本案突破口

笔者接受某商会委托后,仔细审阅了王某提供的证据材料,发现王某提供的指挥部 2019 年 11 月至 2020 年 8 月的工资表中:2019 年 11 月至 2020 年 5 月的工资表记载的制表人为王某,2020 年 3 月、4 月、5 月的工资表上分管领导或分管人处由王某签名,2020 年 6 月的工资表上审核人处由王某签名。上述工资表记载:2019 年 11 月王某应发工资、实发工资为 12,500 元(包括基本工资 12,000 元以及其他工资 500 元);2019 年 12 月王某应发工资、实发工资为 17,500 元(包括基本工资 12,000 元、其他工资 500 元以及奖金 5000 元);2020 年 1 月至 6 月王某每月应发工资、实发工资均为 15,000 元(包括基本工资 14,500 元、其他工资 500 元);2020 年 7 月王某应发工资为 15,000 元(包括基本工资 14,500 元、其他工资 500 元),扣除养老保险 1063.04 元、失业保险 66.44 元、医疗保险 33.22 元、公积金 216 元、2019 年度个税汇缴扣回 450 元,实发工资为 13,171.30 元,备注部分为其中补缴 4 月至 6 月养老保险、失业保险;2020 年 8 月王某应发工资为 15,000 元(包括基本工资 14,500 元、其他工资 500 元),扣除养老保险 265.76 元、失业保险 16.61 元、医疗保险 35.76 元、公积金 216 元、扣回社保 725.09 元,实发工资为 13,740.78 元,备注部分为扣回 4 月至 6 月未减免部分社保 722.55 元及 7 月医疗增加 2.54 元,共 725.09 元。王某与某商会均明确 8 月工资备注部分的扣回 4 月至 6 月未减免部分社保 722.55 元是指 4 月至 6 月社保费用中单位应缴纳部分费用。

由此,笔者注意到王某系担任劳动人事管理职责领导职务,为证明这一事实,笔者向仲裁委申请某商会其他工作人员作为证人出庭。根据其他某商会员工证人证言,王某于 2019 年 11 月 7 日入职,入职时某商会主席在会议上直接宣布王某担任出纳、工程管理、办公室主任、总指挥助理,开会时参会人员有做记录,在 3 月 4 日时王某通过微信发过两份任命文

件，王某主持综合办全面工作、财务管理工作、文秘管理、部门协调及其他总指挥交代的事务。

关于社会保险费补缴问题。根据调取的王某社会保险缴纳证明，王某于2003年1月至2020年3月的社会保险缴费单位为浙江某建筑装饰工程有限公司，2020年4月至8月的社会保险缴费单位为某商会，此后为王某个人参保。王某在某商会工作期间曾为社会保险费缴纳事宜与某商会其他工作人员发生争执，在某商会其他工作人员催促王某办理社会保险费用缴纳手续时，王某明确陈述"等浙江某建筑装饰工程有限公司的事情处理好了就办手续"，有相关录音在卷作证。直至2020年3月，王某的社会保险缴费单位转为某商会。

二、本案劳动仲裁阶段、一审审理阶段及二审审理阶段的代理要点

本案仲裁庭、一审法院及二审法院均围绕案涉未签订劳动合同的二倍工资争议、未休年休假工资及补偿社会保险费用的争议焦点进行审理。围绕争议焦点，笔者梳理具体代理思路如下：

（一）关于某商会是否应支付王某未签订劳动合同的另一倍工资的问题

王某以某商会未签订书面劳动合同为由，主张未签订书面劳动合同的另一倍工资。对此，笔者通过王某提交的证据材料中发现，王某作为分管劳动人事的领导，本身负有落实签订书面劳动合同的义务，其怠于履行签订书面劳动合同的职责，故其对于未能签订书面劳动合同具有重大过错，其要求某商会支付二倍工资不能成立。代理要点为：

王某作为综合办领导，在履职过程中存在重大过错，应承担相应不利后果，其关于二倍工资的请求不应得到支持。王某自2019年11月7日入职某商会，任综合办主任，2020年3月3日起分管大厦工程建设指挥部综合办主持工作、财务、文秘部门协调和总指挥交办的其他工作，系享有劳动人事管理职权的高级管理人员。劳动合同签订事宜是王某应尽职责范围，其本身就应帮助某商会完善劳动合同事宜。而且，某商会也多次要求

王某办好劳动合同签订事宜。现王某因个人履职过错要求某商会支付二倍工资，不应支持。此外，王某按月工资15,000元的标准计算二倍工资，也无事实及法律依据。王某2019年每月基本工资为12,000元、2020年每月基本工资为14,500元。王某未履行好工作职责给某商会造成巨大损失，某商会保留追究责任的权利。王某负责综合办工作，应当知道不签劳动合同的后果，应当完善劳动合同事宜。王某不签订劳动合同并企图以仲裁、诉讼的方式获取非法利益，这种恶意行为不应得到支持。

（二）关于某商会是否应支付王某未休年休假工资的问题

关于本案中王某未休年休假工资的问题，主要在于厘清王某未休年休假的天数及补偿计算基数。王某主张其在某商会工作期间未休年休假，要求支付未休年休假报酬。对此，笔者从事实层面提出如下代理意见：

王某的入职时间为2019年11月7日，入职某商会工作未满一年，且一直没有向某商会提供其连续工作满一年的依据，某商会无法核实其是否具有休年休假的条件。即便王某有年休假可以享受，关于2019年度年休假的享受问题，王某亦没有提供其在前一个单位工作期间享受年休假情况的相关证据。此外，王某称其于2020年9月1日离职，实际上并未与被告办理任何离职手续与工作交接。按正常情况，某商会完全可以在剩余的4个月给王某安排年休假，但王某未经同意不来上班，致使其无法休年休假，相应过错在王某自身，某商会没有任何过错。因此，王某主张三倍工资没有依据，对某商会也极为不公平。再者，王某向某商会申请休假的天数至少有5.5天，该5.5天某商会并未扣任何工资，实为某商会安排给王某的年休假。王某主张未休年休假工资的计算基数为2068元、计算10天，也没有依据。即使需要计算，也应当以月基本工资为标准，而非以到手的劳动报酬为标准。

（三）关于补偿社会保险费用的计算问题

关于补偿社会保险费的问题，笔者根据调取的王某社会保险缴纳证明及王某"等浙江某建筑装饰工程有限公司的事情处理好了就办手续"等陈述，代理要点如下：

首先，根据社保缴纳记录等证据来看，王某社保一直按月缴纳，不存在需要补缴的事实。其次，根据庭审中当庭播放的视频及三位证人陈述，某商会多次要求王某将社保转至某商会，但王某自述其因证书原因将社保挂靠在原单位，所以没有将在其他单位的社保停缴并将社保关系转到某商会。而同一个人在同一个辖区无法同时缴纳两份社保，由此可以证实，因王某个人原因导致社保关系未能转至某商会，其过错在于王某，相应后果应由其自行承担，与某商会无关。此外，王某将社保关系转至被申请人单位后，被申请人单位均按月为其缴纳社保，故不存在需要补偿申请人社保费用的事实。

三、本案仲裁庭、一审法院及二审法院的认定

本案仲裁庭、一审法院及二审法院均采纳笔者观点，但基于裁判者理解不同，裁项金额或判项金额存在出入。仲裁庭仅支持被申请人支付给申请人未休年休假工资报酬8275.86元，驳回申请人王某的其他仲裁请求。一审法院判决某商会支付给原告王某2019年度、2020年度未休年休假报酬共计9425.34元，以及2020年4月至6月社会保险费用中单位应缴纳部分的费用722.55元，驳回王某其他诉讼请求。二审法院维持一审法院判决，具体如下。

仲裁庭认为：

本案申请人王某系被申请人某商会招用的员工，双方建立的劳动关系应受法律保护。

关于本案申请人要求被申请人支付其二倍工资135,000的仲裁请求，本委认为，双方自2019年11月建立劳动关系，虽然被申请人发布的招聘岗位为"出纳兼工程建设相关工作"，但给出的薪资福利区间为7万元至18万元，跨度巨大，具体工作内容应以双方之后协商确定为准。被申请人提交的2019年11月7日会议记录显示申请人兼任综合办主任，之后会议及记录中亦有申请人总负责协助指挥部工作及请销假制度，办公室请半天假需向申请人请假等相关内容，结合被申请人提供的证据中的聊天记录及证人证言和庭审调查，本委认为，不管申请人具体岗位设置是否经过××

商会大厦工程建设领导小组决定，申请人实际兼任综合办公室工作，申请人对此知情，且申请人自身参与指挥部的对外宣传材料的制作，对宣传材料中设定的其自身职能分工也未提出异议，应当认定申请人实际承担着相应的人事管理工作，及时与劳动者签订书面劳动合同也在申请人职责范围之内。综上，本委认为本案双方当事人未签订书面劳动合同的原因不可归责于被申请人，对申请人二倍工资的主张不予支持。

关于本案申请人要求被申请人支付其未休年休假工资20,680元的仲裁请求，本委认为，本案申请人工作期间确实请假5.5天，但根据被申请人提供的请假申请表，已明确其中5天为"事假"，另有0.5天为参加党员会议，均不应抵扣申请人享有的年休假。申请人连续工作10年以上不满20年，每年应享有年休假10天。关于其2019年度年休假的享受问题，因申请人未提供其在前一单位工作期间享受年休假情况的相关证据，本委不予支持。关于其2020年度年休假的享受问题，申请人在被申请人处实际工作到2020年8月31日，折算其年休假天数为6.67天。双方解除劳动关系时未安排申请人年休假，应按折算天数支付年休假工资，但折算不足1整天部分不支付未休年休假工资。综上，被申请人应按申请人日工资收入的300%支付未休年休假工资报酬，除去被申请人支付申请人正常工作期间的工资收入外，被申请人还需向申请人支付8275.86元（15,000÷21.75×6×200%）。

关于本案申请人要求被申请人补偿其2019年11月至2020年6月社保5899.84元的仲裁请求，经庭审查明，申请人2019年11月至2020年6月的社会保险均已参保，申请人要求被申请人补偿社保费用没有法律依据，本委不予支持。

王某不服仲裁裁决，提起诉讼。王某认为其并非办公室分管领导，仅是普通员工，要求二倍工资合法有据，并且年休假工资、社会保险费用应予补偿。笔者在仲裁庭审理的基础上再次强调了代理要点，一审法院采纳了笔者的观点。

一审法院认为：

本案双方争议的主要内容为某商会是否应支付未签订劳动合同的另一

第二十一章　未签订书面劳动合同的二倍工资争议、未休年休假工资及补偿社会保险费用之劳动纠纷热点问题解读

倍工资、未休年休假工资以及补偿社会保险费。针对未签订劳动合同的另一倍工资问题，某商会认为未签订劳动合同的原因在王某，其无须支付另一倍工资；王某则认为自己是财务室的普通员工，不是办公室分管领导，对于书面劳动合同未签订没有过错。本院认为，某商会招聘公告载明招聘人员为出纳兼工程建设相关工作岗位的人员，薪资福利为7万元至18万元，具体工作岗位不明确，薪资待遇跨度也较大。由此可见，所招聘人员从事工作或岗位需商会与招聘人员进一步协商确定。从王某工作期间的应发工资来看，基本上每月工资都在12,000元以上，与工资表记载的丁某、林某、张某等人每月2000元或3000元的应发工资，明显不相同；而且，王某对林某加班申请、员工工资表的制作等进行审批，这与一般工作人员的职责范围也不相同；结合某商会3月3日发布的任命文件以及与王某共事的领导、同事的陈述，王某在某商会工作期间分管综合办方面工作具有高度可能性。劳动合同签订工作一般由综合办完成，金某、丁某在仲裁庭审过程中也提及领导要求王某做好劳动合同签订工作，王某曾要求丁某做劳动合同签订工作，说明书面劳动合同的签订属于王某的职责范围。因此，王某未与某商会签订书面劳动合同，原因不可归责于某商会，王某以此为由要求支付未签订劳动合同的另一倍工资，本院不予支持。

关于未休年休假报酬问题。王某主张，在某商会工作期间未休年休假，要求支付未休年休假报酬；某商会则认为，其无法核实王某能否享受年休假，同时工作期间请假的5.5天应计算为年休假。本院认为，王某能否享受年休假与其工作时间有关。王某入职时已向某商会提供了简历，且有关单位为王某缴纳社保费记录的情况某商会也可以进行核实，故某商会认为无法核实王某能否享受年休假，缺乏依据。根据王某参加社会保险的记录，2019年、2020年时王某累计工作时间已满10年不满20年，可每年度各享受年休假10天。某商会抗辩，王某未提供2019年度在其他单位享受的年休假情况。本院认为，2019年度王某在其他单位享受的年休假情况，与某商会无关，某商会应根据王某该年度在本单位的工作时间折算其应享受的年休假时间。对于2020年度的年休假，某商会抗辩请假实为年休假，这与请假申请表记载的事假以及党员会议明显不相符，对某商会的抗辩，本院不予采纳。

本案中没有证据表明工作期间某商会为王某安排了年休假，本院根据王某当年度已工作时间折算支付应休未休年休假报酬的当年度天数。经折算，2019年度为1天［（55÷365）×10］，2020年度为6天［（244÷365）×10］。王某2019年度的月平均工资为574.71元（12,500÷21.75），2020年度的月平均工资为689.66元（15,000÷21.75）。扣除某商会已支付的工资后，某商会还应支付2019年度、2020年度未休年休假报酬9425.34元（574.71×1×200%＋689.66×6×200%）。

关于补偿社会保险费问题。用人单位应当与员工共同缴纳社会保险费。王某自2019年11月进入某商会工作，某商会从2019年11月起就负有与王某共同缴纳社会保险费的义务。王某社会保险缴费记录未出现中断情形，并结合工作期间其曾与某商会人员为社会保险缴费事宜的争执内容，可以看出王某未及时办理社会保险缴费单位变更为商会的手续的原因不在某商会。上述情况下，如存在王某社会保险费用未及时缴纳产生的利息、滞纳金、罚款等不应由某商会承担，但这并不意味着可以免除某商会缴纳社会保险费中单位应承担部分费用的义务。王某主张2019年11月至2020年3月社会保险费中单位应承担的费用应由某商会向其支付，但从社会保险费缴纳记录来看，上述时间段的缴费单位为浙江某建筑装饰工程有限公司，王某未提供证据证实费用系自己缴纳，要求该部分费用支付给王某，本院不予支持。至于2020年4月至6月社会保险费中单位应承担的费用722.55元，双方均认可该部分款项由王某支付，某商会应支付给王某，故某商会应支付给王某2020年4月至6月社会保险费中单位应缴纳部分的费用722.55元。

王某不服一审判决，提起上诉。王某提起上诉称，其并非分管综合办的领导，仅从事财务工作，签订劳动合同并非王某职责范围，一审法院认为未签订书面劳动合同的原因在于王某，系事实认定错误，要求改判支持王某的诉讼请求。王某向二审法院提交某商会其他员工的微信聊天记录及通话音频作为新证据，证明某商会其他员工不知道王某分管领导身份的事实。对于王某提交的新证据，笔者从形式上指出该证据内容的不完整性，对该新证据的真实性与合法性提出异议。

第二十一章 未签订书面劳动合同的二倍工资争议、未休年休假工资及补偿社会保险费用之劳动纠纷热点问题解读

二审法院经审理，采纳了笔者的观点。二审法院认为：

本案二审的争议焦点是：(1) 上诉人王某应休未休年休假工资报酬计算是否有误；(2) 上诉人在某商会工作期间有无分管综合办工作；(3) 某商会是否应当支付上诉人未签订劳动合同的二倍工资。

关于未休年休假工资报酬计算问题，根据《职工带薪年休假条例》第5条、《企业职工带薪年休假实施办法》第5条、第12条，年休假在1个年度内安排完成，新进单位人员，以及职工解除、终止劳动合同时，按照当年已工作时间折算，折算后不足1整天的部分不支付未休年休假工资报酬，一审法院折算上诉人2019年度未休年休假天数为1天（55÷365×10），2020年度为6天（244÷365×10）的结果无误。《企业职工带薪年休假实施办法》第10条、第11条规定，月工资是剔除加班工资后的平均月工资，《浙江省劳动和社会保障厅关于企业职工工资支付有关问题的批复》中认为工资是劳动合同中约定的工资标准，并认为如约定不明确按企业正常生产期间本人休假前12个月的平均实得工资的70%为基数计发。此处的月工资是指正常工作情况下的月工资，奖金更多是福利性的待遇，不是正常工作的应得工资范畴，而且从发放金额来看，王某2019年每月基本工资是12,500元相对明确，2020年每月基本工资是15,000元相对明确，故一审法院按照12,500元确定上诉人2019年的月工资是正确的。

关于王某工作分工问题，×××（2020）×号文件系×××商会大厦工程建设指挥部发文，并非可以随意编造的，上诉人在二审中未能提交有效证据反驳×××商会大厦工程建设指挥部对其分管综合办工作的任命，也不能证明该文件虚假，故对×××（2020）×号文件的真实性予以确认。被上诉人在二审期间提交的会议记录和会议录音进一步证明了上诉人是明确知道自己的工作内容包含分管综合办，因此一审法院认为上诉人在商会工作期间分管综合办方面工作的结论并无不当。

关于商会是否应当支付上诉人未签订劳动合同的二倍工资问题，劳动合同签订一般属于综合办职责范围，上诉人在分管综合办工作期间未能勤勉尽责完成商会与上诉人自身的劳动合同签订工作，应当由上诉人自行承担过错责任，商会不应支付另一倍工资。综上所述，上诉人王某的上诉请

求不能成立,一审判决认定事实清楚,适用法律正确。

裁判结果

2020年12月11日,某劳动人事争议仲裁委员会作出浙×××劳人仲案(2020)××××号仲裁裁决:

1. 由本案被申请人支付给申请人未休年休假工资报酬8275.86元,于本裁决书生效后15日内付清。

2. 驳回申请人的其他仲裁请求。

王某不服一审判决,向台州市椒江区人民法院提起诉讼,台州市椒江区人民法院作出(2021)浙1002民初×××号一审民事判决:

1. 被告某商会于本判决生效后10日内支付给原告王某2019年度、2020年度未休年休假报酬共计9425.34元。

2. 被告某商会于本判决生效后10日内支付给原告王某2020年4月至6月社会保险费用中单位应缴纳部分的费用722.55元。

3. 驳回原告王某的其他诉讼请求。

王某不服二审判决,向台州市中级人民法院提起诉讼,台州市中级人民法院于2021年7月19日作出(2021)浙10民终×××号二审民事判决:驳回上诉,维持原判。

复盘研析

基于本案实践,以下三方面问题值得探讨:一是具有负责落实签订书面劳动合同等劳动人事职责的劳动者诉请未签订书面劳动合同的二倍工资能否成立;二是未休年假补偿的计算基数及未休年假的时间如何认定;三是用人单位补缴社会保险基金的义务边界问题。笔者逐一分析如下:

一、负有管理书面劳动合同签订职责的劳动者主张未签订书面劳动合同的二倍工资能否成立

代理本案时,笔者通过证明案涉劳动者王某系某商会综合办领导的身份,其负有落实签订书面劳动合同的职责,因其自身怠于履行工作职责而

第二十一章　未签订书面劳动合同的二倍工资争议、未休年休假工资及补偿社会保险费用之劳动纠纷热点问题解读

导致未签订书面劳动合同，过错在于王某，而不在于某商会，故王某未签订书面劳动合同不能归责于用人单位，王某主张二倍工资的请求不能成立。

从本案可以看到，如果劳动者本身负有劳动人事管理、落实签订书面劳动合同之职责，因其工作职责的特殊性，其自身对于未能签订书面劳动合同必然存在重大过错，并不能归责于用人单位，其主张未签书面劳动合同的二倍工资不能成立。换言之，劳动者不能以其自身失职行为或不作为而获取更大的利益，这是当前司法主流立场。例如，在 2019 年 4 月 29 日江苏省淮安市中级人民法院发布的陈某与淮安某劳务公司劳动争议纠纷案[①]中，法院明确指出，负有签订书面劳动合同职责的人力资源经理等高级管理人员主张未签合同的二倍工资差额不应支持。江门市人力资源和社会保障局和江门市中级人民法院联合发布 2015 年度江门市劳动争议十大典型案例之方某与某家具公司劳动争议纠纷案[②]、广州法院劳动争议典型

[①] 参见《江苏省淮安市中级人民法院 2019 年 4 月 29 日发布十大劳动争议典型案例之九：陈某与淮安某劳务公司劳动争议纠纷一案——负有签订书面劳动合同职责的人力资源经理等高级管理人员主张未签合同的双倍工资差额不应支持》，载北大法宝 2019 年 4 月 29 日，https：//www. pkulaw. com/pfnl/a6bdb3332ec0adc4a4b005bb4f2f33b136b120ed10a417cbbdfb. html? keyword =% E9% 99% 88% E6% 9F% 90% E4% B8% 8E% E6% B7% AE% E5% AE% 89% E6% 9F% 90% E5% 8A% B3% E5% 8A% A1% E5% 85% AC% E5% 8F% B8% E5% 8A% B3% E5% 8A% A8% E4% BA% 89% E8% AE% AE% E7% BA% A0% E7% BA% B7% E4% B8% 80% E6% A1% 88% 20&way = listView。

[②] 参见《江门市人力资源和社会保障局和江门市中级人民法院联合发布 2015 年度江门市劳动争议十大典型案例之七：方某与某家具公司劳动争议纠纷案——公司高管恶意不签劳动合同要求双倍工资》，载北大法宝 2015 年 12 月 17 日，https：//www. pkulaw. com/pfnl/a6bdb3332ec0adc4e921bf012d554bf8516d5440fae65edbbdfb. html? keyword =% E6% B1% 9F% E9% 97% A8% E5% B8% 82% E4% BA% BA% E5% 8A% 9B% E8% B5% 84% E6% BA% 90% E5% 92% 8C% E7% A4% BE% E4% BC% 9A% E4% BF% 9D% E9% 9A% 9C% E5% B1% 80% E5% 92% 8C% E6% B1% 9F% E9% 97% A8% E5% B8% 82% E4% B8% AD% E7% BA% A7% E4% BA% BA% E6% B0% 91% E6% B3% 95% E9% 99% A2% E8% 81% 94% E5% 90% 88% E5% 8F% 91% E5% B8% 832015% E5% B9% B4% E5% BA% A6% E6% B1% 9F% E9% 97% A8% E5% B8% 82% E5% 8A% B3% E5% 8A% A8% E4% BA% 89% E8% AE% AE% E5% 8D% 81% E5% A4% A7% E5% 85% B8% E5% 9E% 8B% E6% A1% 88% E4% BE% 8B% E4% B9% 8B% E4% B8% 83% EF% BC% 9A% E6% 96% B9% E6% 9F% 90% E4% B8% 8E% E6% 9F% 90% E5% AE% B6% E5% 85% B7% E5% 85% AC% E5% 8F% B8% E5% 8A% B3% E5% 8A% A8% E4% BA% 89% E8% AE% AE% E7% BA% A0% E7% BA% B7% E6% A1% 88% E2% 80% 94% E2% 80% 94% E5% 85% AC% E5% 8F% B8% E9% AB% 98% E7% AE% A1% E6% 81% B6% E6% 84% 8F% E4% B8% 8D% E7% AD% BE% E5% 8A% B3% E5% 8A% A8% E5% 90% 88% E5% 90% 8C% E8% A6% 81% E6% B1% 82% E5% 8F% 8C% E5% 80% 8D% E5% B7% A5% E8% B5% 84% 20&way = listView。

案例（2014—2016）之蔡某诉广州某新能源科技有限公司劳动争议案①等案，均可见裁判者审判裁量二倍工资争议的做法，在社会效果上更加注重对社会价值导向的正确引导。

本案揭示了负有签订书面劳动合同职责的劳动者主张未签合同二倍工资不能成立的规则，实际上，这一规则系基于劳动者不能从其自身失职、不作为或过错中获利的基本原则。因此，值得进一步探讨的是，因劳动者未能签订书面劳动合同，劳动者因此主张未签书面劳动合同的二倍工资是否应一律不予支持？对这一问题，笔者认为，应在区分劳动者过错的具体情形及过错程度的基础上再进行判断，不应一概而论。

本案中劳动者自身怠于履职导致未能签订书面劳动，可认为此类劳动者本身具有重大过错，理应对其怠于履职承担不利后果。但在劳动者仅为一般过错的情况下，如主观上不具有故意，仅过失的情况下错过签订书面劳动合同的期限，用人单位是否要为此承担二倍工资责任？或者，如未签书面劳动合同均非劳动者、用人单位双方过错或过失，因客观原因导致未签订书面劳动合同，劳动者是否有权要求用人单位支付二倍工资？笔者认为，以上非因用人单位过错导致劳动者未签订书面合同的情形下，劳动者主张用人单位支付二倍工作的请求权基础有待商榷。

根据《劳动合同法》第82条"用人单位自用工之日起超过一个月不满一年未与劳动者订立书面劳动合同的，应当向劳动者每月支付二倍的工资。用人单位违反本法规定不与劳动者订立无固定期限劳动合同的，

---

① 参见《广州法院劳动争议典型案例（2014—2016）之九：蔡某诉广州某新能源科技有限公司劳动争议案——支付未签订劳动合同双倍工资差额例外情形的认定》，载北大法宝2017年5月，https://www.pkulaw.com/pfnl/a6bdb3332ec0adc4eb917538f841625005a1440acd72adb4bdfb.html?key word=%E5%B9%BF%E5%B7%9E%E6%B3%95%E9%99%A2%E5%8A%B3%E5%8A%A8%E4%BA%89%E8%AE%AE%E5%85%B8%E5%9E%8B%E6%A1%88%E4%BE%8B%EF%BC%882014-2016%EF%BC%89%E4%B9%8B%E4%B9%9D%EF%BC%9A%E8%94%A1%E6%9F%90%E8%AF%89%E5%B9%BF%E5%B7%9E%E6%9F%90%E6%96%B0%E8%83%BD%E6%BA%90%E7%A7%91%E6%8A%80%E6%9C%89%E9%99%90%E5%85%AC%E5%8F%B8%E5%8A%B3%E5%8A%A8%E4%BA%89%E8%AE%AE%E6%A1%88%20&way=listView。

第二十一章 未签订书面劳动合同的二倍工资争议、未休年休假工资及补偿社会保险费用之劳动纠纷热点问题解读

自应当订立无固定期限劳动合同之日起向劳动者每月支付二倍的工资"之规定，应当认为该条规定仅适用用人单位故意未在法定时间内及时与劳动者订立书面劳动合同的情形，系对用人单位规避书面确定用工义务的惩罚性规定，旨在保护劳动者的劳动权益。但在不可归责于用人单位原因以及由于劳动者自身原因未能订立书面劳动合同时，不应适用该条规定对用人单位加以苛责，毕竟系劳动者过错未能签订书面劳动合同，可以视作劳动者对其应有签订书面劳动合同权利的消极放弃。例如，在合肥法院发布2015—2016年度构建和谐劳动关系十大典型案例之查某与合肥某宾馆劳动合同纠纷案[1]中，法院认为劳动者故意不签劳动合同不得主张二倍工资赔偿。在《劳动合同法实施条例》第5条[2]中关于劳动者不签订书面劳动合同、用人单位无须支付经济补偿的规定亦有体现。需要注意的是，在该条适用情形中，经用人单位书面通知后，劳动者不与用人单位订立书面劳动合同，用人单位"将错就错"未书面通知劳动者终止劳动关系，用人单位可以豁免承担二倍工资、经济补偿的责任。例如，在2020年11月20日北京市人力资源和社会保障局发布的北京市涉新冠肺炎疫情劳动争议仲裁十大典型案例之陈某与某教育咨询公司追索劳动报

---

[1] 参见《合肥法院发布2015—2016年度构建和谐劳动关系十大典型案例之八：查某与合肥某宾馆劳动合同纠纷案——劳动者故意不签劳动合同不得主张双倍工资赔偿》，载北大法宝2016年5月10日，https://www.pkulaw.com/pfnl/a6bdb3332ec0adc4a7835d0ee85244858107792b3da03367bdfb.html?keyword = %E5%90%88%E8%82%A5%E6%B3%95%E9%99%A2%E5%8F%91%E5%B8%83 2015 - 2016%E5%B9%B4%E5%BA%A6%E6%9E%84%E5%BB%BA%E5%92%8C%E8%B0%90%E5%8A%B3%E5%8A%A8%E5%85%B3%E7%B3%BB%E5%8D%81%E5%A4%A7%E5%85%B8%E5%9E%8B%E6%A1%88%E4%BE%8B%E4%B9%8B%E5%85%AB%EF%BC%9A%E6%9F%A5%E6%9F%90%E4%B8%8E%E5%90%88%E8%82%A5%E6%9F%90%E5%AE%BE%E9%A6%86%E5%8A%B3%E5%8A%A8%E5%90%88%E5%90%8C%E7%BA%A0%E7%BA%B7%E6%A1%88%E2%80%94%E2%80%94%E5%8A%B3%E5%8A%A8%E8%80%85%E6%95%85%E6%84%8F%E4%B8%8D%E7%AD%BE%E5%8A%B3%E5%8A%A8%E5%90%88%E5%90%8C%E4%B8%8D%E5%BE%97%E4%B8%BB%E5%BC%A0%E5%8F%8C%E5%80%8D%E5%B7%A5%E8%B5%84%E8%B5%94%E5%81%BF%20&way = listView。

[2] 参见北京市人力资源和社会保障局发布北京市涉新冠肺炎疫情劳动争议仲裁十大典型案例之四：陈某与某教育咨询公司追索劳动报酬纠纷案——未订合同，用人单位事先通知可免责支付二倍工资。

酬纠纷案①中，明确用人单位在事先履行通知签订劳动合同义务后，客观上（如受疫情影响）无法实现订立或续订劳动合同的，用人单位可免除支付未订立或未续订书面劳动合同二倍工资差额的责任。

综上，笔者认为，当前《劳动合同法》、《劳动合同法实施条例》及相关规定，虽以保护劳动者合法权益为立法宗旨，但综观司法实践，涉及二倍工资争议的立场较为公平合理，在适用《劳动合同法》第82条规定时亦为谨慎，注重未签订书面劳动合同的归责问题，而非一概认定为用人单位的责任问题。此外，应当注意的是，因约束用人单位签订书面劳动合同的法定义务，实践中不乏有劳动者恶意讼争二倍工资，借机向用人单位索取利益，鉴于此，司法审判应当更加审慎甄别二倍工资争议之归责，同时用人单位应当更加规范劳动用工，重视人事管理的证据留存，以证明用人单位已尽到要求劳动者签订书面劳动合同之义务，避免被"碰瓷"承担二倍工资责任。

二、未休年休假的补偿基数及未休年休假时间如何认定

关于未休年休假工资问题，应以基本工资作为基数计算，因为奖金更多是福利性的待遇，不是正常工作的应得工资范畴，如以实际到手劳动报酬作为计算基数，对用人单位而言有失公允。

---

① 参见《北京市人力资源和社会保障局发布北京市涉新冠肺炎疫情劳动争议仲裁十大典型案例之四：陈某与某教育咨询公司追索劳动报酬纠纷案——未订合同，用人单位事先通知可免责支付双倍工资》，载北大法宝2020年11月20日，https://www.pkulaw.com/pfnl/a6bdb3332ec0adc49b42170d1f554862b847815e2fccbba1bdfb.html? keyword=%E5%8C%97%E4%BA%AC%E5%B8%82%E4%BA%BA%E5%8A%9B%E8%B5%84%E6%BA%90%E5%92%8C%E7%A4%BE%E4%BC%9A%E4%BF%9D%E9%9A%9C%E5%B1%80%E5%8F%91%E5%B8%83%E5%8C%97%E4%BA%AC%E5%B8%82%E6%B6%89%E6%96%B0%E5%86%A0%E8%82%BA%E7%82%8E%E7%96%AB%E6%83%85%E5%8A%B3%E5%8A%A8%E4%BA%89%E8%AE%AE%E4%BB%B2%E8%A3%81%E5%8D%81%E5%A4%A7%E5%85%B8%E5%9E%8B%E6%A1%88%E4%BE%8B%E4%B9%8B%E5%9B%9B%EF%BC%9A%E9%99%88%E6%9F%90%E4%B8%8E%E6%9F%90%E6%95%99%E8%82%B2%E5%92%A8%E8%AF%A2%E5%85%AC%E5%8F%B8%E8%BF%BD%E7%B4%A2%E5%8A%B3%E5%8A%A8%E6%8A%A5%E9%85%AC%E7%BA%A0%E7%BA%B7%E6%A1%88%E2%80%94%E2%80%94%E6%9C%AA%E8%AE%A2%E5%90%88%E5%90%8C%EF%BC%8C%E7%94%A8%E4%BA%BA%E5%8D%95%E4%BD%8D%E4%BA%8B%E5%85%88%E9%80%9A%E7%9F%A5%E5%8F%AF%E5%85%8D%E8%B4%A3%E6%94%AF%E4%BB%98%E5%8F%8C%E5%80%8D%E5%B7%A5%E8%B5%84%20&way=listView。

第二十一章　未签订书面劳动合同的二倍工资争议、未休年休假工资及补偿社会保险费用之劳动纠纷热点问题解读

《企业职工带薪年休假实施办法》第10条规定："用人单位经职工同意不安排年休假或者安排职工年休假天数少于应休年休假天数，应当在本年度内对职工应休未休年休假天数，按照其日工资收入的300%支付未休年休假工资报酬，其中包含用人单位支付职工正常工作期间的工资收入。用人单位安排职工休年休假，但是职工因本人原因且书面提出不休年休假的，用人单位可以只支付其正常工作期间的工资收入。"该办法第11条进一步规定："计算未休年休假工资报酬的日工资收入按照职工本人的月工资除以月计薪天数（21.75天）进行折算。前款所称月工资是指职工在用人单位支付其未休年休假工资报酬前12个月剔除加班工资后的月平均工资。在本用人单位工作时间不满12个月的，按实际月份计算月平均工资。职工在年休假期间享受与正常工作期间相同的工资收入。实行计件工资、提成工资或者其他绩效工资制的职工，日工资收入的计发办法按照本条第一款、第二款的规定执行。"

同时，根据《浙江省劳动和社会保障厅关于企业职工工资支付有关问题的批复》第2条规定："关于企业职工享受产假、哺乳假、探亲假、婚丧假、年休假等带薪假期间的工资支付口径问题。职工依法享受产假、哺乳假、探亲假、婚丧假、年休假等国家规定的假期期间，工资应以国家规定和劳动合同中约定的工资标准为基数计发。若劳动合同中没有约定或约定不明确以及实行计件工资的，工资应按企业正常生产期间本人休假前12个月的平均实得工资的70%为基数计发。以上带薪假期间的月工资基数不得低于当地最低月工资标准。"

以上内容明确规定劳动者享有年休假的权利，并明确规定用人单位未安排劳动者休年休假时，应当给予劳动者的补偿，即应在本年度内对职工应休未休年休假天数，按照其日工资收入的300%支付未休年休假工资报酬，其中包含用人单位支付职工正常工作期间的工资收入。此外，《企业职工带薪年休假实施办法》阐明该"工资"是指劳动者的工资报酬去除加班工资后的金额，因此，该"工资"并不包含劳动者的奖金等福利待遇。因为奖金存在一定的福利性质，并不属于劳动合同中明确约定的工资标

准,同时,奖金数额具有相当大的不确定性,因此不能算作"工资"范畴,不属于未休年休假报酬的范畴。

三、补偿社会保险费用以及未依法缴纳社保时用人单位的法律风险

解决劳动者补偿社会保险费用争议,关键在于查清劳动者在用人单位的社会保险应缴纳期间、实际缴纳期间以及是否存在因劳动者过错而用人单位免责的事实。

根据《劳动合同法》及相关规定,用人单位负有为劳动者缴纳社会保险的法定义务。本案中,王某在2019年11月与某商会建立劳动关系,此时为某商会应为王某缴纳社会保险的时间。但直至2020年3月,王某社会保险才转入某商会。本案中因已证明某商会已履行催告王某转入社会保险的通知义务,其间系因王某个人原因未将社会保险及时转入,因此某商会得以豁免这一期间的补缴责任。

在现行《劳动法》及《社会保险法》框架下,用人单位被苛以法定的缴纳社会保险义务。《劳动法》第100条规定:"用人单位无故不缴纳社会保险费的,由劳动行政部门责令其限期缴纳;逾期不缴的,可以加收滞纳金。"《社会保险法》第62条规定:"用人单位未按规定申报应当缴纳的社会保险费数额的,按照该单位上月缴费额的百分之一百一十确定应当缴纳数额;缴费单位补办申报手续后,由社会保险费征收机构按照规定结算。"《社会保险法》第63条规定:"用人单位未按时足额缴纳社会保险费的,由社会保险费征收机构责令其限期缴纳或者补足。"为此,如用人单位故意未缴纳社会保险,或以签订劳务合同形式规避缴纳社会保险义务,会导致民事责任及行政责任。

据此,用人单位应当依法为劳动者缴纳社会保险费用,否则将面临劳动用工行政责任或民事责任。《劳动合同法》第38条规定:"用人单位有下列情形之一的,劳动者可以解除劳动合同:(一)未按照劳动合同约定提供劳动保护或者劳动条件的;(二)未及时足额支付劳动报酬的;(三)未依法为劳动者缴纳社会保险费的……"《劳动合同法》第46条规定:"有下列情形之一的,用人单位应当向劳动者支付经济补偿:(一)劳动者依照

第二十一章 未签订书面劳动合同的二倍工资争议、未休年休假工资及补偿社会保险费用之劳动纠纷热点问题解读

本法第三十八条规定解除劳动合同的……"劳动者发生工伤时，未缴纳社保的用人单位将全额赔偿关于工伤的所有费用。《工伤保险条例》第62条规定："用人单位依照本条例规定应当参加工伤保险而未参加的，由社会保险行政部门责令限期参加，补缴应当缴纳的工伤保险费，并自欠缴之日起，按日加收万分之五的滞纳金；逾期仍不缴纳的，处欠缴数额1倍以上3倍以下的罚款。"而对于没有尽到为员工缴纳社会保险的用人单位，或将承担劳动者的养老金支付义务。《社会保险法》第15条规定："基本养老金由统筹养老金和个人账户养老金组成。基本养老金根据个人累计缴费年限、缴费工资、当地职工平均工资、个人账户金额、城镇人口平均预期寿命等因素确定。"《社会保险法》第16条规定："参加基本养老保险的个人，达到法定退休年龄时累计缴费满十五年的，按月领取基本养老金。"

因此，用人单位应合法合规为劳动者足额缴纳社会保险，以规避不必要的劳资纷争。即使因劳动者个人原因暂无法将社会保险转入用人单位，用人单位仍应积极履行催告转入社会保险的通知义务，只有在履行该义务后客观上无法转入，用人单位才得以豁免此期间的社会保险补缴义务。同时，用人单位履行通知或催告义务时，应当注重书面通知或者内部流程的留痕，最大限度减少用人单位损失。

第二十二章　财产保全损害责任相关问题的实务分析

——浙江某机电有限公司诉某银行申请财产保全损害责任纠纷案

本章提要

财产保全制度系民事诉讼制度的重要组成部分，旨在保证人民法院的生效裁判得以顺利执行。但实践中不乏恶意申请财产保全损害被申请人的现象，此时便产生了财产保全损害责任的问题。财产保全损害责任属于一般侵权责任范畴，应从一般侵权责任的构成要件严格认定财产保全损害责任成立与否以及责任范围。

本案中，某银行（以下简称银行）基于最高额保证合同关系，在本案相关两个关联案件（以下简称前案两个关联案件）中均申请对浙江某机电有限公司（以下简称机电公司）的相关财产进行保全。因法院在前案第二个关联案件中驳回了银行的诉讼请求，机电公司认为银行保全错误，并诉至法院要求银行承担损害赔偿责任。

本案涉及前案两个关联案件，所涉事实细节繁杂。笔者在接受银行委托后，全面梳理了本案所涉相关事实，针对财产保全损害责任的构成要件进行逐一分析，并向法庭充分论证了银行保全行为的合法性与正当性。本案一审法院与二审法院均采纳了笔者观点，认定银行不存在申请财产保全损害责任，判决驳回了机电公司的诉讼请求。

从本案实践中可以看到，财产保全制度是一把"双刃剑"，应秉持善意文明的诉讼理念,合理适当申请财产保全措施,由此达到保障顺利执行生效裁判的目的。本章以本案为切入点,对财产保全制度、财产保全损害责任认定等相关问题进行阐述,以期对实务中慎用财产保全制度及保全过错损害救济相关实际问题提供有益参考。

案情概述

2013年9月13日,机电公司与银行签订了编号为×××0028号的《最高额保证合同》,合同约定机电公司自愿在最高债权本金余额3000万元整的范围内为借款人浙江某供应链集团有限公司(以下简称供应链公司)自2013年9月13日起至2014年9月13日止的期间内同银行连续签订的多个《流动资金借款合同》项下债务提供连带责任保证担保;保证担保的范围为主债权本金、利息、逾期利息、罚息、复利、违约金、损害赔偿金、银行为实现债权发生的费用及其他所有主合同债务人的应付费用。保证期间为2年,任一笔债务的履行期限届满日早于或同于被担保债权的确定日时,保证人对该笔债务承担保证责任的保证期间起算日为被担保债权的确定日;任一笔债务的履行期限届满日晚于被担保债权的确定日时,保证人对该笔债务承担保证责任的保证期间起算日为该笔债务的履行期限届满日。

2014年3月13日,银行同蔡某、许某分别签订了编号为×××0009号和×××0010号的《个人最高额保证合同》,该两份合同约定,蔡某、许某自愿在最高债权本金余额5000万元整的范围内为供应链公司自2014年3月13日起至2015年4月30日止的期间内同银行连续签订的多个《流动资金借款合同》项下债务提供连带责任保证担保,合同还对其他事项做了约定。

上述最高额保证合同项下共发生三笔借款,分别是编号为×××0030号的《流动资金借款合同》,合同项下贷款本金为2000万元整;编号为×××0029号和×××0031号的《流动资金借款合同》,每笔合同项下贷款本金各1500万元整。同时,为确保债权的实现,银行与某环保集团股份有限公司(以下简称A公司)、某控股集团有限公司(以下简称 B 公司）、某房地产开发有限公司（以下简称 C 公司）分别签订了编号为 ×××0030-13 号、×××0030-11 号、×××0030-12 号的保证合同，与项某、陈某分别签订了编号为 ×××0030-14 号和 ×××0030-15 号的《个人保证合同》，该五份合同均约定 A 公司、B 公司、C 公司、项某、陈某自愿为供应链公司与银行所签订的编号为 ×××0030 号的《流动资金借款合同》项下债务提供连带责任保证担保。

上述合同签订后，银行依约向供应链公司发放了贷款。

2014 年 9 月 12 日，银行与供应链公司、蔡某及机电公司签订了编号为 ×××0076 和 ×××0075 的《展期协议》，对编号为 ×××0029 号和 ×××0031 号的《流动资金借款合同》项下两笔借款合计 3000 万元进行了展期。两份展期协议均约定合同项下展期金额各为 1500 万元，展期后借款到期日为 2015 年 3 月 13 日，担保人均继续承担担保责任。

2014 年 10 月 13 日，借款人供应链公司资不抵债，经玉环市人民法院裁定受理其破产重整申请。

2014 年 12 月 15 日，银行向供应链公司管理人申报债权为借款本金 5000 万元。

2015 年 6 月 2 日，玉环市人民法院裁定批准供应链公司重整计划草案。该重整计划草案对于普通债权计划分三期清偿，第一期在重整计划经法院裁定批准之日起 30 个工作日内清偿，第二期在 2016 年 5 月 30 日前清偿，第三期在 2017 年 4 月 30 日前清偿。

2015 年 7 月 1 日，银行在重整计划的第一期清偿计划中受偿 824 万元。

2016 年 4 月 13 日，银行以机电公司、蔡某、许某、A 公司、B 公司、C 公司、项某、陈某为被告向椒江区人民法院提起保证合同纠纷案，请求法院判决机电公司、蔡某、许某承担连带保证责任，立即向银行清偿借款本金 2505.6 万元及至实际清偿日的利息（含利息、罚息、复利等）；蔡某、许某、A 公司、B 公司、C 公司、项某、陈某承担连带保证责任，立即向银行清偿借款本金 1670.4 万元及至实际清偿日的利息（含利息、罚息、复利等）。

2016 年 8 月 9 日，椒江区人民法院作出（2016）浙 1002 民初××××号民事判决书（以下简称前案第一个关联案件一审判决），判决：（1）机电公司、蔡某、许某于本判决发生法律效力且供应链公司破产程序终结后 10 日内偿还银行借款本金 2505.6 万元在供应链公司破产程序中未受清偿的部分；（2）蔡某、许某、A 公司、B 公司、C 公司、项某、陈某于本判决发生法律效力且供应链公司破产程序终结后 10 日内偿还银行借款本金 1670.4 万元在供应链公司破产程序中未受清偿的部分；（3）驳回银行的其余诉讼请求。

银行不服该判决，认为一审法院判决保证人在破产程序终结后履行保证义务属于适用法律错误，并认为保证人承担保证责任的范围不应适用《企业破产法》关于破产债权停止计息的规定，故向台州市中级人民法院提起上诉。

台州市中级人民法院于 2016 年 10 月 24 日作出（2016）浙 10 民终××××号民事判决书（以下简称前案第一个关联案件二审判决），判决驳回上诉，维持原判。

银行不服该判决，以同一理由向浙江省高级人民法院申请再审。浙江省高级人民法院于 2017 年 9 月 11 日作出（2017）浙民申××××号民事裁定书（以下简称前案第一个关联案件再审裁定），裁定驳回银行的再审申请。

经银行申请，椒江区人民法院于 2017 年 5 月 18 日作出（2016）浙 1002 民初××××号之一民事裁定书，裁定冻结机电公司享有的经（2016）浙××××民初××××号[①]民事判决书所确认的到期债权中的 65 万元。

经银行申请，椒江区人民法院于 2017 年 8 月 31 日作出（2016）浙 1002 民初××××号之二民事裁定书，裁定冻结机电公司名下在玉环市人民法院案号为（2017）浙××××执××××号[②]案件的执行款 65 万元。

---

① 机电公司与案外人的已判决案件。
② 机电公司与案外人的已执行案件。

2017年9月7日，椒江区人民法院将（2016）浙1002民初×××号之二民事裁定书以及协助执行通知书送达玉环市人民法院执行局。

2017年2月8日，银行以机电公司为被告向椒江区人民法院提起保证合同纠纷案，请求法院判决机电公司对编号为×××0030号《流动资金借款合同》项下债务在本金1184.4万元及其利息范围内向银行承担连带保证责任，立即清偿相应款项。经银行申请，椒江区人民法院于2017年2月28日作出（2017）浙1002民初×××号民事裁定书（以下简称前案第二个关联案件财产保全裁定书），裁定冻结机电公司名下在玉环某电镀有限公司（以下简称电镀公司）金额为500万元的股权，以及在浙江某机械有限公司（以下简称机械公司）金额为684.4万元的股权。同日，椒江区人民法院将该民事裁定书和协助执行通知书向玉环市市场监督管理局送达。

2017年6月14日，椒江区人民法院作出（2017）浙1002民初×××号之一民事裁定书（以下简称前案第二个关联案件一审裁定），审查认为："原、被告之间保证合同纠纷已经椒江区人民法院（2016）浙1002民初×××号一案审理，且该案已判决生效。在该案庭审中，原告明确表示被告机电公司仅对编号为×××0029号、×××0031号的《流动资金借款合同》项下债务承担保证责任，考虑编号为×××0030号《流动资金借款合同》项下借款用途为替母公司某控股集团有限公司还贷，基于公平合理因素考虑，编号为×××0030号《流动资金借款合同》项下债务不要求被告机电公司承担。综上，原告再次就编号为×××0030号《流动资金借款合同》项下债权提起诉讼，属于重复诉讼。"法院裁定驳回银行的起诉。

银行不服该裁定，向台州市中级人民法院提起上诉，台州市中级人民法院于2017年7月28日作出（2017）浙10民终×××号民事裁定书（以下简称前案第二个关联案件二审裁定），审查认为："上诉人在（2016）浙1002民初×××号保证责任纠纷案中，已就包括案涉的×××0030号《流动资金借款合同》项下债务在内的三笔债务起诉，分别要求包括被上诉人在内的各保证人承担相应保证责任，一审法院作出的（2016）浙

1002 民初×××号民事判决也已经对其主张作出实体处理并发生法律效力。在该案审理中已涉及上诉人与被上诉人之间关于×××0030号《流动资金借款合同》项下债务的保证责任问题,而上诉人作出的处分其实体权利的意思表示也较为明确。现上诉人在本案一审时单独就×××0030号《流动资金借款合同》项下债权向被上诉人主张保证责任,既有违诚实信用原则,也有违'一事不再理'之诉讼原理。"法院裁定驳回上诉,维持原裁定。

经银行申请,椒江区人民法院于2017年8月4日作出(2017)浙1002民初×××号之一民事裁定书(以下简称前案第二个关联案件解除财产保全裁定书),裁定解除机电公司名下在电镀公司金额为500万元的股权以及在机械公司金额为684.4万元的股权的冻结。2017年8月8日,椒江区人民法院将该民事裁定书以及协助执行通知书送达玉环市市场监督管理局。

2017年11月16日,机电公司向椒江区人民法院提起因申请诉中财产保全损害责任纠纷,要求:(1)银行立即赔偿因恶意诉讼、错误保全造成的损失246.4万元(包括向社会调资的利息损失98.8万元、社会借款与银行借款利息差损失25万元、律师费损失22.6万元以及损害公司商誉的经济损失100万元),并按银行同期同档次基准贷款利率计算自起诉之日起至实际清偿之日止的利息损失;(2)银行立即消除其因恶意重复诉讼、错误保全对原告造成的影响,并在《中国商报》和挖贝网主页上向原告赔礼道歉。

争议焦点

因申请诉中财产保全损害责任纠纷本质上系侵权责任纠纷,仍应按照侵权行为的基本构成要件判断银行是否应承担侵权责任,因此,本案争议焦点为:

1. 本案是否存在损害事实?
2. 侵权行为与损害结果之间是否存在因果关系?
3. 行为人主观上是否存在过错?

代理思路

笔者接受银行之委托代理本案。机电公司主张银行承担财产保全损害责任的主要理由在于，银行在提起前案第一个关联案件、前案第二个关联案件中存在恶意重复诉讼、虚假诉讼，相应财产保全错误，导致机电公司遭受有形和无形的损害。机电公司要求银行承担的赔偿责任主要包括：

1. 导致机电公司及子公司或关联公司的征信减损严重，商誉受到极大损害，严重影响企业经营，单就该两次诉讼就导致原告商誉损失达1,000,000元以上。

2. 导致机电公司对被冻结财产处分权受到损害，银行对机电公司及子公司或关联公司的抽资严重，抽资总额达6400万元，公司融资成本明显增加，其中向社会调资支付的利息损失98.8万元、社会借款与银行借款利息差损失25万元。

3. 造成原告律师费等应诉费用损失，上述两批案件实际支出律师费达22.6万元。

针对机电公司提出的事实理由与诉讼请求，笔者以侵权责任的构成要件为切入点，反复推敲本案基础事实，从事实出发论证银行起诉及保全行为属于合法正当的权利处分行为，主观上亦不存在过错，在客观上并未造成机电公司所主张的损害结果，机电公司也未充分举证证明，具体代理思路如下：

一、原告诉称的事实及理由与客观事实不符。

被告依据与原告签订的《最高额保证合同》的约定，依法向法院主张要求原告承担担保责任，该诉讼主张得到法院支持，尽管在担保责任的时间节点以及保证责任范围等方面存在争议，但并不能改变被告起诉的合法性、正当性、合理性。

同时，基于原告的非法逃债行为，为维护自身合法权益，被告依法申请财产保全也不存在主观恶意和过错。原告诉称其对财产保全提出异议后被告不同意解封也不变更保全措施的事实，与客观事实不符。相反，根据在案证据，原告没有在保全裁定下达后向法院提出异议，而是恶意转移财产至实际控制人名下,[①] 故意导致机电公司缺少履行担保责任的能力。

二、原告的诉讼请求没有事实基础和证据支持,应予以驳回。

原告诉称被告起诉造成其商誉受到极大损害,冻结财产造成银行对其及关联公司抽资,没有事实依据,具体如下:

(一)在本案债务人违约后,原告应依法诚信履行担保义务而没有履行,且通过转移资产方式逃避担保债务,同时根据本案债务人的破产重整计划方案,银行无法全部受偿债权。更何况,银行已多次向原告催告履行担保义务并协商调解无果,在此情况下,银行在前案第一个关联案件、前案第二个关联案件中起诉及申请保全具有客观合理性与必要性,系合法合理行使诉讼权利。

(二)银行依据双方签订的《最高额保证合同》提起诉讼,法院已经认定该合同合法有效,如法院认为银行系虚假、恶意诉讼,法院会依法进行处罚,但前案第一个关联案件、前案第二个关联案件相关判决书及财产保全裁定书均已认定银行在当时提起诉讼及申请保全的合法性和有效性,因此,不存在原告捏造事实起诉及损害原告的主观过错的事实,银行依法行使诉讼权利系维护自身权益的合法行为,不具有任何的恶意与过错。

(三)银行并未通过社会新闻媒体、网络等途径公开发布对其不符合事实的信息或评价,对其商誉损害无从谈起。更何况,机电公司在银行内部评价系统信誉的降低并不必然系银行起诉及保全所致。假定银行起诉对机电公司造成商誉损害,但本案其他当事人亦未主张对其造成商誉损害。冻结财产造成银行对其及关联公司抽资与本案没有关系,关联公司不是本案的当事人,被冻结股权也不是关联公司的资产,故银行抽资与被告申请财产保全亦无因果关系。

(四)在银行提起诉讼及申请财产保全时,机电公司承担法律责任的结果尚未明确,同时,根据机电公司提供的2014年6月后的银行抽贷情

---

① 笔者在调查机电公司工商档案时获悉,机电公司持有其关联公司某机械公司53.56%的股权及登记于其名下的土地厂房,但在2015年7月30日(本案借款人供应链公司破产重整后)将其所持有股份全部转让给实际控制人及其家属,同年,机电公司将其名下的土地厂房也一并转让给了该关联公司,导致机电公司成为空壳公司,无力履行对银行的担保责任。

况,进一步说明银行2014年已经开始抽贷,而银行自2016年以后才提起诉讼。因此,银行起诉及保全行为与机电公司所称受到的有形与无形的损害没有关系,机电公司也没有提交证据证明因财产保全原因引起的财产损失,其所称商誉损失无任何证据提供,利息损失差等也仅是机电公司单方制作的表格,没有任何事实依据。

综上所述,侵权责任需要符合以下要件:(1)被告起诉及保全具有主观过错;(2)被告采取了损害原告的恶意侵权行为;(3)原告因起诉或保全造成损失;(4)该损失与被告的行为具有因果关系。从目前在案证据来看,被告起诉及保全具有合法、合理依据,其主观目的是维护被告自身的合法权益,不存在任何主观恶意过错,被告也没有采取超出法律允许范围的维权行为,没有实施任何恶意损害原告合法权益的行为,原告提交的证据不能证明因被告起诉及保全行为造成了损失,原告提交的所谓损失证据与被告没有任何因果关系,故请法院依法驳回其诉讼请求。

一审法院经审理,采纳了笔者观点,认为银行在前案第一个关联案件、前案第二个关联案件该两起案件中并不存在恶意诉讼及财产保全错误的行为,判决驳回了机电公司诉讼请求。

一审法院认为:

机电公司提起本案诉讼的基本理由是,银行提起(2016)浙1002民初×××号、(2017)浙1002民初×××号案件系恶意诉讼以及相应的财产保全错误,应承担侵权责任。恶意诉讼、申请财产保全错误,本质上属于一种民事侵权行为,应当结合具体案情,通过审查行为人是否存在过错、受害人是否存在损失、过错与损失之间是否存在因果关系等因素进行考量。

关于(2016)浙1002民初×××号案件以及财产保全,银行基于与机电公司签订的《最高额保证合同》提起保证合同诉讼,系对诉权的正当行使,并且双方之间的保证合同经法院认定为合法有效,法院也判决由机电公司承担相应的保证责任,故银行提起的该诉讼不存在恶意诉讼之说。即使机电公司提供的玉环县企业债务危机处置工作领导小组办公室出具的函是真实的,也只能说明该领导小组办公室对供应链公司破产重整事宜进行过协调，但该函记载的"'不起诉'政策"内容不能对抗法律赋予当事人的诉讼权利。而后，银行基于对法律规定的不同理解，行使其提起上诉、申请再审的权利，并非滥用诉权，因此也不能认定为恶意诉讼。在该案诉讼过程中，银行为判决顺利执行申请财产保全，申请保全的金额没有超过已判决的金额，尽到合理的注意义务，不存在故意以申请保全的方式侵害机电公司合法权益的行为。因此，对机电公司关于该案诉讼系恶意诉讼、相应的财产保全错误的主张，本院不予认定。

关于（2017）浙1002民初××××号案件以及财产保全，银行对编号为××××0030号《流动资金借款合同》项下债权提起保证责任纠纷，经两级法院审查认为，（2016）浙1002民初××××号案件中已涉及银行与机电公司之间关于××××0030号《流动资金借款合同》项下债务的保证责任问题，而银行作出的处分其实体权利的意思表示也较为明确，则银行单独就××××0030号《流动资金借款合同》项下债权向法院提起的诉讼"既有违诚实信用原则，也有违'一事不再理'之诉讼原理"，因此，银行提起该诉讼主观存在过错，同时基于该诉讼申请的财产保全亦存在过错。但是，机电公司提供的证据，即相关银行对机电公司的内部评级不足以证明银行提起的该诉讼致其征信受损进而导致银行的抽资、减贷等事实，更不能证明机电公司的子公司或者关联公司被银行抽资、减贷与该诉讼存在因果关系，故其主张银行赔偿社会调资支付的利息损失、社会借款与银行借款利息差损失的请求，本院不予支持；机电公司未提供证据证明银行提起的该诉讼以及保全造成对其社会评价的降低、商誉受损的事实，故对其要求赔偿商业损失以及消除影响、赔礼道歉的请求，本院不予支持；机电公司主张的律师费损失并非诉讼会必然产生的损失，故对该主张本院不予支持；此外，机电公司在庭审中也陈述在保全期间其未有转让等方式处分对在电镀公司以及机械公司名下股权的意图，本院亦无法认定该错误保全所造成的损失。

对于机电公司诉称的上述两起案件存在虚假诉讼的事实，缺乏证据，本院不予采纳。

机电公司不服该判决，向台州市中级人民法院提起上诉，其上诉称：

1. 前案第二个关联案件系银行恶意、重复起诉，并恶意冻结上诉人股权等财产，本案一审判决已认定"银行提起该诉讼主观存在过错，同时基于该诉讼申请的财产保全亦存在过错"，银行恶意诉讼和错误保全造成了上诉人的损害，而承担侵权责任的方式主要有赔偿损失、赔礼道歉等方式，但一审判决银行不承担任何民事责任，属于明显的事实认定错误。

2. 上诉人提供的关于银行恶意重复诉讼导致上诉人损失惨重的证据充分。一审无视上诉人提供的损害事实证据（包括评估审计报告），属于事实认定错误，二审应予以纠正。

3. 一审对股权被错误保全造成的损失与上诉人股权因被冻结无法处分等问题认识错误，二审应予以纠正。因上诉人股权被冻结，导致上诉人转让股权的意图落空，进而导致上诉人丧失潜在的股权溢价价值。

针对机电公司的上诉请求，笔者梳理答辩思路如下：

一、上诉人的上诉请求及事实理由均不能成立。无论一审法院是否认定银行在前案两个关联案件中是否有主观过错，但本案系侵权责任，应审查上诉人是否存在客观的损失。根据现有在案证据，无法证明上诉人存在客观损失。被上诉人银行行使诉讼权利系正当地维护自身权利的行为，不存在任何主观恶意或过错。

二、上诉人认为评估报告可以作为认定其损失惨重的证据不能成立。假定其商誉有所损害，但在客观上无法对这一无形价值进行评估。更何况，该评估并非法定的审计报告，仅是第三方出具的一份见证报告，其中数据均源于上诉人单方陈述，不具有客观性和真实性，不应予以采信。因此，一审法院认定上诉人其提供证据无法证明其是否受到损失，认定事实正确。

三、上诉人认为一审法院对股权冻结无法处分的问题存在认识错误，不能成立。上诉人上诉称因股权被冻结无法处分导致其丧失股权溢价价值，但一审审理中上诉人明确陈述其并未有将查封股权转让的意图，也未对查封事实提出任何异议，可见根本不存在上诉人所称的损失。此外，该股权并未进行相应实缴，即便股权被冻结，亦不影响股权自身价值。

四、银行对本案所涉前案第一个关联案件、前案第二个关联案件两个案件的诉讼行为及申请保全行为不存在过错。在前案第一个关联案件中，银行就该生效判决冻结上诉人对案外人享有的到期债权，属正当行使权利行为。前案第二个关联案件并不属于一事再审，且没有证据证明错误诉讼是否造成损失，即便存在损失，与银行诉讼行为亦不存在必然的因果关系。此外，商誉损失的赔礼道歉、赔偿损失都不适用于当时《民事诉讼法》第105条①的规定。

二审法院经审理，维持了一审判决，驳回了机电公司的上诉请求。

二审法院认为：

财产保全错误造成损失的行为与一般的民事侵权行为并无区别，仍应按照侵权行为的基本构成要件来判断申请人是否承担侵权责任，主要包括：（1）损害事实的存在；（2）违法行为与损害后果存在因果关系；（3）行为人主观上有过错。根据二审中双方的诉辩意见，双方对一审法院关于案涉的第一个案件，即（2016）浙1002民初×××号案件财产保全的处理意见没有异议，主要争议焦点是案涉的第二个案件，即（2017）浙1002民初×××号案件财产保全，银行是否需要就此承担赔偿责任。机电公司主张银行申请保全错误导致机电公司受到了有形和无形的损失，一是导致机电公司及其子公司或关联公司的征信减损严重，商誉受到损害；二是导致银行对机电公司及其子公司或关联公司的抽资严重，股权被冻结无法进行股权质押融资，致使向社会调资借款支付高额利息；三是造成机电公司因本案所支付律师费等应诉费用。如上所述，按照侵权行为构成要件对（2017）浙1002民初×××号案件财产保全措施评判如下：首先，机电公司提供的银行对其内部评级变化的事实，因银行对其客户评级系根据系统性风险、财务风险、信用记录、基本面风险等多方面进行的全方位、综合性评价，该评级结果变化并不能直接反映出为该保全措施所引起，机电公司也未提供其他证据进一步佐证保全导致银行内部评级变化，故机电公

---

① 旧《民事诉讼法》第105条被现行《民事诉讼法》第108条所吸收。《民事诉讼法》第108条规定："申请有错误的，申请人应当赔偿被申请人因保全所遭受的损失。"

司未举证证明保全导致其征信受损。同理，对于商誉受损的事实，机电公司也未能举证证明。因而对机电公司在二审中提出要求鉴定保全造成其商誉、征信降低的损失价值的申请，本院认为缺乏事实依据，不予采纳。其次，引起银行抽资行为的因素是多方面的，机电公司仅提供了各相关银行的抽贷情况汇总，亦不足以证明（2017）浙1002民初×××号案件保全冻结股权导致了银行抽贷。而银行抽贷行为并不必然引起机电公司向社会融资借款支付高额利息的后果，机电公司选择采取向社会融资的非常规方式不应归责于案涉保全措施。至于股权冻结是否影响机电公司融资、质押的问题，因本案中所冻结股权质押权仅是可期权益，目前尚不存在该股权的现实质押，对尚未发生的间接性的损害在机电公司未证明其具有因果关系的情况下本院不予认定。故对案涉保全措施导致机电公司因股权冻结、银行抽资且无法融资而向社会调资支付高额利息产生巨额损失的意见，因缺乏相关因果关系不予采纳。进而，上诉人提出的申请鉴定保全造成财产损失的数额实无必要，本院不予采纳。最后，机电公司因应诉所支付的律师费等诉讼费用，因银行行使诉权是合法权利，而机电公司应诉并聘请律师也是其自主选择，因此诉讼费用的产生不能认定为保全所造成的损失。综上，机电公司未能举证证明（2017）浙1002民初×××号案件保全措施对该公司造成了征信、商誉上的损失或其相关损失是由该保全措施引起。在上述侵权构成要件不具备的情形下，本院不再赘述分析银行主观过错方面的构成要件。

综上所述，机电公司的上诉请求不能成立，一审判决认定事实清楚，适用法律正确。

裁判结果

椒江区人民法院于2017年11月16日受理了机电公司的起诉，经过依法审理，于2018年2月12日作出（2017）浙1002民初×××号一审民事判决：

驳回原告浙江某机电股份有限公司的诉讼请求。

机电公司不服该判决，向台州市中级人民法院提起上诉。台州市中级人民法院于 2018 年 6 月 15 日作出（2018）浙 10 民终×××号二审民事判决：驳回上诉，维持原判。

复盘研析

财产保全制度在争议解决实务中具有重要地位，是当事人更有效实现权利的合法措施和保障手段，对于诉源治理、定分止争、社会稳定具有积极作用。《民事诉讼法》第 108 条[①]平衡了申请人与被申请人之间的利益保护问题，赋予被申请人在保全错误导致被申请人遭受损害时的救济权利。财产保全错误导致被申请人遭受损害，实质上是一种侵权责任，因此，在认定因申请财产保全损害责任时，应从侵权责任的构成要件上进行评判。本案即属于因申请财产保全损害责任纠纷，本案一审与二审法院均从侵权责任成立要件上对原告机电公司的请求权基础进行审查，最终认定委托人银行不存在申请财产保全损害责任。

从本案实践出发，放眼至司法实务中，财产保全损害救济制度的意义在于，通过审查讼争财产保全行为是否符合侵权责任的构成要件，以此避免错误财产保全对被申请人利益的不当减损，从而达到制衡财产保全制度的权利滥用，维护法律生效文书权威，肃清因财产保全衍生的担保业务市场秩序乱象等效果。因此，厘清财产保全制度、财产保全损害责任性质、认定、赔偿标准等相关问题具有实践意义。笔者在总结本案的基础上，逐一分析如下：

一、财产保全制度概述

财产保全制度具有促和解、促调解、促执行的功能，能够降低申请执行人权利落空的风险。[②] 当前我国财产保全制度主要规定于《民事诉讼法》第 103 条至第 111 条，明确规定对于可能因当事人一方的行为或者其他原因，使判决难以执行或者造成当事人其他损害的案件，根据对方当事人的申请，人民法院可以裁定对其财产进行保全、责令其作出一定行为或者禁

[①] 《民事诉讼法》第 108 条规定："申请有错误的，申请人应当赔偿被申请人因保全所遭受的损失。"
[②] 参见《最高人民法院关于落实"用两到三年时间基本解决执行难问题"的工作纲要》。

止其作出一定行为；在当事人没有提出申请的情况下，人民法院在必要时也可以裁定采取保全措施。根据申请保全时间，可以分为诉前保全或诉中保全。对于在提起诉讼或申请仲裁前申请采取保全措施的，申请人必须提供担保；对于当事人在提起诉讼或申请仲裁后申请采取保全措施的，人民法院可以要求申请人提供担保。但在当前实践中，为避免财产保全错误，无论是诉前保全还是诉中保全，人民法院在当事人申请财产保全时通常均要求提供相应担保，同时还要求当事人提供财产信息。曾有论者对此持批判态度，认为财产保全制度有关司法解释及各地法院实践已将财产保全的必要性审查"异化"为"申请书+财产信息+担保"的形式审查，其中对财产信息和担保的审查严重影响财产保全供给的质量与数量，导致财产保全处于低水平供给状态。[①]

但不可否认的是，财产保全制度的实施有效提高了审判与执行的效率，故在民商事诉讼中，尤其针对大标的财产案件，申请财产保全已成为当事人提起诉讼或申请仲裁时应然的配套措施。但基于当事人权利维护与实现的迫切性，以及诉讼中双方当事人天然的对抗性，实务中存在申请保全错误，甚至当事人恶意申请保全，导致被申请人遭受损失的情形。为此，《民事诉讼法》第108条确立了被申请人因申请财产保全损害的救济制度：申请有错误的，申请人应当赔偿被申请人因保全所遭受的损失。但判断申请人是否存在申请保全损害行为，还应根据其诉讼请求、所依据的事实理由、申请保全标的额、保全对象与方式等因素综合考察其申请财产保全是否适当，因此，在实践中，认定被申请人因申请财产保全损害具有较为严苛的评判标准。

二、财产保全损害责任的性质、认定与赔偿标准

（一）财产保全损害责任的性质

财产保全损害责任属于侵权责任，这一法律定性在理论与实务中均已达成共识。《民事案件案由规定》第392条将因申请财产保全损害责任纠纷

[①] 参见庞申威：《财产保全制度的运行现状、实践困局和优化路径》，载微信公众号"中国上海司法智库"2019年4月16日，https://mp.weixin.qq.com/s/m2PThVkIN4ouxj8T_1Ey5Q。

归于侵权责任纠纷，进一步明确了财产保全损害责任属于侵权责任范畴。

财产保全损害责任应适用《民法典》侵权责任制度。《民法典》侵权责任编第1165条第1款①、第2款②及第1166条③分别规定了过错责任原则、过错推定责任原则及无过错责任原则，该三种归责原则所对应证明标准依次递减，意味着当事人所要负担的举证难度依次递减。根据《民事诉讼法》第108条"申请有错误的，申请人应当赔偿被申请人因保全所遭受的损失"之规定，根据文义解释，无法直接得出申请保全错误应当适用何种归责原则的结论。对于这一问题，实务中曾存在过错责任与无过错责任之争，但现今主流观点认为申请保全错误应当适用过错责任归责原则，*因为从体系解释观之，过错推定责任归责原则与无过错责任归责原则均需有《民法典》规定的特殊侵权情形或相关法律明确规定，而过错归责原则适用于一般侵权情形，申请保全错误理当归于一般侵权范畴，并适用过错责任归责原则。

在当前审理因申请财产保全损害责任纠纷案件的司法实务中，裁判者均采用过错归责原则，即不以事实错误进行"一刀切"的审理，而是以申请人是否尽到合理注意义务、是否存在故意或重大过失的主观过错等主观状态作为归责的必要条件。例如，最高人民法院在（2017）最高法民终118号④案、（2019）最高法民再252号⑤案、（2021）最高法民申7152号⑥案等中均明确指出，申请财产保全错误的赔偿责任，属于一般侵权责任，适

---

① 《民法典》第1165条第1款规定："行为人因过错侵害他人民事权益造成损害的，应当承担侵权责任。"

② 《民法典》第1165条第2款规定："依照法律规定推定行为人有过错，其不能证明自己没有过错的，应当承担侵权责任。"

③ 《民法典》第1166条规定："行为人造成他人民事权益损害，不论行为人有无过错，法律规定应当承担侵权责任的，依照其规定。"

＊ 笔者检索的近年最高人民法院及各地法院有关因申请财产保全损害责任纠纷案件中，均采用过错责任归责原则的裁判标准。——笔者注

④ 参见青岛中金渝能置业有限公司与青岛中金实业股份有限公司、滨州市中金豪运置业有限责任公司财产保全损害责任纠纷案，载《最高人民法院公报》2018年第10期。

⑤ 参见北京东方大地地基基础技术开发有限公司、巴州俊发房地产开发有限责任公司因申请诉前财产保全损害责任纠纷案，最高人民法院（2019）最高法民再252号民事判决书。

⑥ 参见中国平安财产保险股份有限公司、焦作亿祥房地产开发有限公司等因申请诉中财产保全损害责任纠纷案，最高人民法院（2021）最高法民申7152号民事裁定书。

用过错责任原则。本案一审与二审法院均采用此裁判规则。

过错责任原则虽对当事人提出了更高的举证要求，但笔者认为，相较于无过错责任原则，过错责任原则更具有合理性和普适性。实践中曾对无过错责任原则或过错责任原则的争论关键在于对《民事诉讼法》第108条规定的"申请有错误的"中"错误"的理解不同，持无过错责任原则立场者将此理解为"事实错误"，即不问申请人过错，只要申请人的诉讼请求未被法院支持，申请人的申请行为即构成事实错误，应向被申请人承担损害赔偿责任。这一纯粹的以裁判结果为导向的裁判立场无疑对申请人的诉讼能力提出过高的要求，反而限制了当事人诉权的行使，使当事人不敢申请保全，尤其在诉前保全的紧急状况中，很有可能会导致有关财产被转移或处分，最终申请人的实体权益会受到难以弥补的损害。[①]

而过错责任原则并不以诉讼请求被支持与否作为认定保全错误的充分条件，因为在一般情况下，申请人在提起诉讼或申请仲裁时对其裁判结果不具有预见性，其申请财产保全系其诉讼权利的正当行使。因此，过错责任原则更符合财产保全制度的立法本意和功能定位，其要求查明申请人在申请财产保全时是否存在主观故意或过错，需要综合申请人对案件事实的认识情况、申请财产保全的理由、申请人诉讼请求未被支持的原因、申请人是否预见被申请人因保全而损失、所涉诉讼复杂程度及不确定程度、申请人维护其合法权利正当性与紧迫性等因素进行整体考虑，同时要求申请人证明其已尽到一般理性人的合理谨慎的注意义务。总结而言，以过错责任原则作为财产保全损害责任的归责原则，兼顾了司法审慎、利益平衡和实质公平的原则。

(二) 财产保全损害责任的认定

财产保全损害责任归属侵权责任，且适用一般侵权责任的过错责任原则，故认定申请人是否承担损害赔偿责任，应从一般侵权责任的构成要件上进行判断，包括以下四方面：一是主观过错，即申请人申请财产保全存

---

① 参见王勇：《财产保全申请人承担赔偿责任应适用过错责任原则》，载《人民司法》2014年第16期。

在过错;二是侵权行为,即保全错误行为;三是损害结果,即客观上存在确定的实际损失;四是因果关系,即实际损失与保全错误行为之间具有因果关系。

1. 申请人申请财产保全存在过错的认定

申请人主观过错的认定问题系财产保全损害责任纠纷案件中最具争议的问题,关于过错的认定标准存在主观标准与客观标准两种评判依据。主观标准系指结合行为人的个性化因素,包括年龄、性别、知识水平、认知能力等因素考察其对于损害是否具有预见的可能性,客观标准系以一般理性人为衡量视角,以相同条件下应尽的注意义务为标准来衡量其是否具有过错。[1] 当前主流立场系以客观标准为主,主观因素作为具体案件中考察的次要因素。司法实践通常以当事人行为表征以及个案中具体的相关事实作为判断申请人申请财产保全是否存在过错的依据,笔者在检索类案中总结出以下主要情形:

(1) 诉讼请求部分支持或未被支持并不必然认定申请人申请财产保全存在主观过错

在过去的司法判例中认为,如果申请人的诉讼请求没有得到人民法院生效判决的支持,就意味着申请人申请财产保全和先行责令被告停止侵权存在错误。这一观点之后被最高人民法院修正。最高人民法院在(2018)最高法民申 2027 号[2]这一公报案例中指出:"由于当事人的法律知识、对案件事实的举证证明能力、对法律关系的分析判断能力各不相同,通常达不到司法判断所要求的专业水平,因此当事人对讼争事实和权利义务的判断未必与人民法院的裁判结果一致。对当事人申请保全所应尽到的注意义务的要求不应过于苛责。如果仅以保全申请人的诉讼请求是否得到支持作为申请保全是否错误的依据,必然会对善意当事人依法通过诉讼保全程序维护自己权利造成妨碍,影响诉讼保全制度功能的发挥。而且,《侵权责

---

[1] 参见肖建国、张宝成:《论民事保全错误损害赔偿责任的归责原则——兼论〈民事诉讼法〉第 105 条与〈侵权责任法〉第 5 条的关系》,载《法律适用》2016 年第 1 期。

[2] 参见宜兴市建工建筑安装有限责任公司与张某1、张某2申请诉中财产保全损害赔偿责任纠纷案,载《最高人民法院公报》2018 年第 9 期。

任法》(已失效)第六条和第七条规定,侵权行为以过错责任为原则,无过错责任必须要有法律依据,但《侵权责任法》(已失效)所规定的无过错责任中并不包含申请保全错误损害赔偿责任。因此,申请保全错误,须以申请人主观存在过错为要件,不能仅以申请人的诉讼请求未得到支持为充分条件。"该裁判明确指出诉讼请求是否得到支持仅系考察申请保全行为的正当性因素之一,但并非认定申请人申请财产保全存在过错与否的充分条件。最高人民法院在较早的(2012)民申字第1282号[①]案中即采此旨。最高人民法院在(2021)最高法民终503号[②]案中进一步指出:"司法实践中,财产保全的申请人对自身权利的衡量与人民法院最终认定之间存在差异是常态,如仅因申请人败诉即认定其与保全错误存在主观过错,则有违法律规定和民事诉讼实际。因此,对于申请人在财产保全错误上的过错认定,应当根据所涉诉讼复杂及不确定程度、申请金额、误差合理性等因素加以综合判断。"这一观点已成为当前司法实践的主流观点。

当诉讼请求部分支持的金额与申请保全金额存在较大差距时,举重以明轻,亦不能作为判断申请人申请保全存在过错与否的充分条件。最高人民法院在(2019)最高法民再252号[③]案中指出:"案件裁判结果仅应当作为考察'过错'情形的参考因素而非唯一因素。案件争议当事方的法律知识、法律分析与法律判断能力各不相同,在提起诉讼当时对案件裁判结果的预判能力也各有差异,当事人对诉争事实和权利义务的判断未必与法院裁判的最终结果一致。如果仅以保全申请人的诉讼请求是否得到法院支持作为判断申请保全是否存在过错的唯一依据,并以诉讼请求与人民法院生效判决之间的差值确认财产保全申请人过错的有无与过错程度,实际上否定了对申请人主观因素的考察,容易导致以最终裁判结果来判断保全申请人是否构成侵权的结果归责。"最高人民法院在(2020)最高法民终

[①] 参见李某诉柴某财产损害赔偿纠纷案,载《最高人民法院公报》2014年第3期。
[②] 参见敦化市立通房地产有限公司与秦某因申请诉中财产保全损害责任纠纷案,最高人民法院(2021)最高法民终503号民事判决书。
[③] 参见北京东方大地地基基础技术开发有限公司、巴州俊发房地产开发有限责任公司因申请诉前财产保全损害责任纠纷案,最高人民法院(2019)最高法民再252号民事判决书。

552号[①]案中亦阐明:"在人民法院没有对案件争议作出最终判断之前,江都公司基于自己对案件的理解,提出具有事实基础的诉讼请求,系正当行使诉讼权利。当事人的法律知识、举证能力、对法律关系的分析判断能力各不相同,对诉争事实和权利义务的判断与人民法院及鉴定机构的专业判断之间较难实现一致,诉请金额与裁判结果及鉴定意见之间存在差距较为常见,仅此不足以证明江都公司存在虚高诉讼标的额的故意或者过失。"在(2021)最高法民申1944号[②]案中,最高人民法院进一步明确:"司法实践中,由于当事人的法律知识、对案件事实的举证证明能力以及对法律关系的分析判断能力各不相同,不应当苛责于当事人达到司法裁判所要求的专业水平,对当事人申请保全所应尽到的注意义务不应过于严格。如果仅以保全申请人的诉讼请求是否得到支持作为申请保全是否错误的判断标准,必然会对善意当事人依法通过诉讼保全程序维护自己权利造成妨碍,影响诉讼保全制度功能的发挥。一般情况下,在申请人对财产保全错误存在故意或重大过失的情形时,应当认定申请人的保全申请存在错误。保全申请人的诉讼请求是否得到支持,是判断申请人对财产保全错误存在故意或重大过失的一项重要标准,但不能作为唯一的标准,还要结合案件的具体情况、申请人维护其合法权益的正当性和紧迫性,以及对方当事人是否有过错等因素综合判断。"

由此可见,诉讼请求是否被支持,或者支持金额是否与保全金额存在较大差异,均不能作为认定主观过错的充分条件,如果仅以裁判结果作为认定主观过错与否的唯一依据,将妨害申请人通过诉讼途径行使权利,有违民事诉讼和财产保全制度的设置初衷。因此,当前主流裁判立场否定了财产保全错误唯裁判结果论的观点,而是综合案件事实、申请金额、误差合理性等因素在个案中具体分析。

(2)不适当或缺乏正当性的财产保全行为作为认定申请人申请财产保

[①] 参见西安华中房地产投资有限公司与江苏江都建设集团有限公司因申请诉中财产保全损害责任纠纷案,最高人民法院(2020)最高法民终552号民事判决书。
[②] 参见管某、沈某因申请诉中财产保全损害责任纠纷案,最高人民法院(2021)最高法民申1944号民事裁定书。

全时主观过错的考量标准

不适当或缺乏正当性的财产保全行为主要包括超标的保全、未及时解封保全措施、保全对象与方式不适当、阻却被申请人以担保置换保全标的等情形，这些情形在个案中作为判断申请人过错与否的考量依据之一，但非唯一认定依据。

①超标的保全可能认定为申请人存在主观过错

超标的保全是被申请人主张申请人财产保全时主观过错的常见事由。《民事诉讼法》第105条①明确规定申请人申请财产保全标的应限于诉讼请求范围，不得明显超标的查封、扣押、冻结。在此要指出的是，并非所有超标的保全行为均为申请保全错误，在金钱给付案件中，保全金额未明显超出诉讼标的合理范围的，不应认定为存在主观过错。因为当事人在提起金钱给付案件诉讼时，诉讼标的额通常为计算至起诉时的暂定额，由于审判与执行时间不可确定，诉讼标的额一般处于持续增长的波动状态，因此，当事人申请财产保全金额在合理范围内超出诉讼请求标的额，不应认定为过错。例如，江苏省高级人民法院在（2020）苏民申7750号②案中认为："根据该违约金的计算标准，在申请保全时东晖公司诉讼请求已逾350万元，考虑到双方争议较大、诉讼结果的不确定性及案件审结时间等因素，东晖公司以450万元作为申请诉讼保全标的额不存在主观恶意，其保全行为也不存在故意或重大过失。"最高人民法院在（2021）最高法民申5810号③案与此同旨："东阳三建公司的诉讼主张为要求进福房地产公司支付拖欠的工程款34,550,986.72元以及相应的利息，并赔偿损失及违约金。依据该诉讼请求，东阳三建公司向一审法院申请冻结进福房地产公司存款4000万元或查封其相同价值的其他财产及权益，并未明显超过其诉讼请求，无法认定其对于财产保全的主张存在主观故意或者过错。"但对

---

① 《民事诉讼法》第105条规定："保全限于请求的范围，或者与本案有关的财物。"
② 参见江苏金坛第一建筑安装工程有限公司与东晖电子（常州）有限公司财产保险合同纠纷案，江苏省高级人民法院（2020）苏民申7750号民事裁定书。
③ 参见上海进福房地产开发有限公司、浙江省东阳第三建筑工程有限公司因申请诉中财产保全损害责任纠纷案，最高人民法院（2021）最高法民申5810号民事裁定书。

于未超过诉讼标的合理范围的判断，在个案中由裁判者针对保全财产价值与诉讼标的数额进行自由裁量，例如，最高人民法院（2020）最高法民终275号[1]案中认为："二审法院依据《和解协议》改判兴富公司承担8000万元的责任，故三龙公司在该《和解协议》签订后，应当能预见兴富公司的责任范围不超过8000万元，其申请冻结兴富公司银行账户资金174,176,000元，对超出合理范围部分的94,176,000元，亦未及时申请解封，主观上存在一定过错，客观上给兴富公司造成了损失，应当承担损害赔偿责任。"

此外，如因新的案件事实发生或诉讼请求变更导致诉讼标的变化的，未及时对超出诉讼标的合理范围的部分申请解除财产保全措施，也有可能被认为存在主观故意或过失，尤其在被申请人申请和法院释明后，申请人仍不申请解封的情况下，应当认定申请人具有主观故意。[2]

②未及时申请解封时可以认定申请人存在主观过错

除以上超标的合理范围的部分未及时解封的情形外，在诉讼请求未被全部支持、案件事实变化、保全异议成立等情形发生时，申请人财产保全的正当性缺失，申请人应当及时申请解除财产保全措施，如其怠于申请解除保全措施或故意拒绝履行申请解除财产保全措施的义务，应当认为申请人具有明显的主观过错。例如，前引的最高人民法院（2020）最高法民终275号案，最高人民法院认为申请人未对超出合理范围的部分及时申请解封，其主观上存在一定过错。[3] 在（2018）最高法民终356号[4]案中，最高人民法院认为另案判决已经确认争议燃料油归被申请人所有，且在一审法院已经作出撤销执行裁定并中止执行的情况下，申请人仍然不对依据其申请而保全的财产解除保全，且在收到执行裁定后，即向一审法院提起申请执行人执行异议之诉，导致讼争燃料油因此继续处于查封中，其错误财

---

[1] 参见江西三龙建设工程有限公司、云南兴富高速公路管理有限公司因申请诉中财产保全损害责任纠纷案，最高人民法院（2020）最高法民终275号民事判决书。
[2] 参见最高人民法院民事裁定书，（2013）民申字第1520号。
[3] 参见最高人民法院民事判决书，（2020）最高法民终275号。
[4] 参见金猴国际控股有限公司、星誉化工（漳州）有限公司因申请诉中财产保全损害责任纠纷案，最高人民法院（2018）最高法民终356号民事判决书。

产保全行为阻却了被申请人对案涉燃料油的销售，申请人具有明显的主观过错，应当对被申请人承担损失赔偿责任。

③保全对象和保全方式不适当可以作为认定申请人主观过错的主要理由之一

根据《民事诉讼法》第105条"保全限于请求的范围，或者与本案有关的财物"之规定，适当的财产保全对象与方式应当限于请求范围或讼争案件有关的财物。参照《最高人民法院关于人民法院办理财产保全案件若干问题的规定》第13条第1款"被保全人有多项财产可供保全的，在能够实现保全目的的情况下，人民法院应当选择对其生产经营活动影响较小的财产进行保全"之规定的精神，申请财产保全应尽量避免对被申请人的生产经营活动产生影响，其目的在于禁止申请人滥用保全手段实现与其诉求无关的个人私利，提倡善意文明的诉讼理念。正如《最高人民法院关于在执行工作中进一步强化善意文明执行理念的意见》第5条规定中所强调的："灵活采取查封措施，对能'活封'的财产，尽量不进行'死封'，使查封财产能够物尽其用，避免社会资源浪费。"

因此，对于金钱或可替代金钱给付的诉讼请求，一般限于银行账户资金等可以用于清偿债务的概括财产而非某一特定财产，或者申请人也可以向法院提供相应的财产线索以对被申请人的特定财产采取保全措施。① 对于非金钱或无法以金钱代替给付的诉讼请求，仅可针对特定物采取保全措施，不能以被申请人任何可供清偿的财产作为保全对象。② 例如，《最高人民法院关于人民法院办理财产保全案件若干问题的规定》第13条第2款规定，对厂房、机器设备等生产经营性财产进行保全时，指定被保全人保管的，应当允许其继续使用。该规定第15条第2款规定，可供保全的土地、房屋等不动产的整体价值明显高于保全裁定载明金额的，人民法院应当对该不动产的相应价值部分采取查封、扣押、冻结措施，但该不动产在使用上不可分或分割会严重减损其价值的除外。

---

① 参见刘君博：《财产保全救济程序的解释与重构》，载《清华法学》2018年第5期。
② 参见冀宗儒、徐辉：《论民事诉讼保全制度功能的最大化》，载《当代法学》2013年第1期。

在具体个案中,申请保全对象和方式不适当系认定申请人申请保全错误的依据之一。例如,最高人民法院在(2017)最高法民终118号①案中认为:"中金实业公司在可以通过冻结青岛渝能公司房屋销售账户以保护其实现股权回购后的利益的情况下,采取保全措施查封青岛渝能公司土地使用权,阻止案涉项目的正常销售,其申请保全的对象和方式不适当。"该案中将申请人申请保全的对象和方式不适当作为认定申请人主观过错的理由之一。与此相对,在(2012)民申字第1282号②案中,双方讼争标的系股票,申请人对案涉股票申请保全,法院从正面肯定这一保全行为本身的合法性和适当性。

④阻却被申请人担保置换保全行为具有违法性,可以认定申请人具有主观过错

被申请人以担保置换保全行为的权利规定于《最高人民法院关于适用〈中华人民共和国民事诉讼法〉的解释》第167条,其规定:"财产保全的被保全人提供其他等值担保财产且有利于执行的,人民法院可以裁定变更保全标的物为被保全人提供的担保财产。"在前引的最高人民法院(2017)最高法民终118号③案中,法院认为在被申请人提供1.2亿元存款作为担保,置换解封土地使用权的情况下,申请人为对抗被申请人的解封不断增加诉讼请求标的额及查封限额,导致项目土地使用权长达一年多时间处于被查封状态,申请人保全行为明显不适当,并据此作为申请人过错的主要理由之一。

由此可见,在申请财产保全损害责任认定中的保全行为并不仅仅限于申请人申请保全这一单一行为,对其内涵应作体系解释,即包括诉讼保全相关制度中规定的申请人与被申请人的相关权利义务所涉的其他行为,例如,被申请人有权以担保置换保全,若申请人对此进行恶意阻却,则应认

---

① 参见青岛中金渝能置业有限公司与青岛中金实业股份有限公司、滨州市中金豪运置业有限责任公司财产保全损害责任纠纷案,载《最高人民法院公报》2018年第10期。
② 参见李某诉柴某财产损害赔偿纠纷案,载《最高人民法院公报》2014年第3期。
③ 参见青岛中金渝能置业有限公司与青岛中金实业股份有限公司、滨州市中金豪运置业有限责任公司财产保全损害责任纠纷案,载《最高人民法院公报》2018年第10期。

为申请人保全行为存在主观过错。

（3）申请人申请财产保全行为因提起诉讼过错而被认定过错

承前所述，裁判结果仅系考察申请人过错情形的参考因素而非唯一因素，但结合查明的案件相关事实、申请人在起诉时对于诉讼请求能否被支持的预见性程度、申请保全目的等因素，如果可以认定申请人在提起诉讼时即存在主观过错，一般亦认定申请人申请财产保全存在主观过错。这一裁判规则主要包括以下三种情形：

第一种情形是申请人在明知诉讼条件未成就的情况下，仍然提起诉讼并申请财产保全，此时应认定申请人申请保全存在过错，如在无任何证据证明的情况下提起诉讼并申请财产保全，最高人民法院在前引（2017）最高法民终118号[①]案中认为："中金实业公司在没有相应证据证明青岛渝能公司的经营行为明显损害公司利益的情况下，将青岛渝能公司列为共同被告，并要求青岛渝能公司停止项目任何形式的处置行为，缺乏事实基础。"此外，在证据明显瑕疵时未经核查而贸然提起诉讼并采取财产保全措施，应当认定申请人在申请财产保全时主观上持放任态度。最高人民法院在（2020）最高法民终558号[②]案中认为："普天能源公司在当时情形下能向相关经办人核查而不核查，在《担保合同》存在明显瑕疵情况下贸然提起前案诉讼，并轻率申请巨额财产保全，显示出普天能源公司在申请财产保全时主观上的放任。一审判决据此并结合案涉其他相关事实，认定普天能源公司在申请财产保全过程中没有尽到合理的谨慎注意义务，主观上具有重大过失，存在过错，并无不当。"

第二种情形是申请人明知或应当预见败诉的情况下，仍然提起诉讼并申请财产保全，此时应当认定申请人明显存在主观过错。例如，最高人民法院在（2020）最高法民终268号[③]案中认为："耀祥公司将明显不具备

---

① 参见青岛中金渝能置业有限公司与青岛中金实业股份有限公司、滨州市中金豪运置业有限责任公司财产保全损害责任纠纷案，载《最高人民法院公报》2018年第10期。

② 参见上海普天能源科技有限公司、浙江省仙居新区发展有限公司因申请诉中财产保全损害责任纠纷案，最高人民法院（2020）最高法民终558号民事判决书。

③ 参见黔西南州中银房地产开发有限公司、中国平安财产保险股份有限公司贵州分公司因申请诉中财产保全损害责任纠纷案，最高人民法院（2020）最高法民终268号民事判决书。

清算性质的《审查报告》视为清算文件,并在应当预见到主张分配未到期债权条件不具备,可能存在败诉风险的情况下,仍然申请财产保全,导致中银公司价值 3000 万元的财产被较长时间查封、冻结,且在贵州省高级人民法院、最高人民法院对其诉中银公司、远腾房开公司、唐某债权转让合同纠纷案先后作出一审判决、终审判决,驳回其诉讼请求的情况下,仍未申请解除对案涉财产的查封、冻结,明显存在主观过错。"

第三种情形是相同争议事实已在关联案件中审理,在关联案件尚未审理终结前,申请人就此提起新的诉讼并申请财产保全的,申请人存在主观过错。例如,上海市高级人民法院在(2015)沪高民二(商)申字第 266 号[1]案中认为:"爱晚亭公司在租赁 1 号案件没有定论的情况下,又以同一房屋租赁合同诉至法院,请求久大公司履行相应合同义务,并申请诉中财产保全,致久大公司 600 万元存款被冻结而发生向其他银行贷款产生利息差的损失。……综观上述事实,所涉房屋租赁合同的签约和实际履行主体均为久元公司,并非久大公司,爱晚亭公司申请保全久大公司的财产存在错误。"这一情形在保全行为上属于财产保全对象错误,笔者将在下文针对保全错误行为类型的分析中进行阐述,在此不赘述。

(4)申请保全目的违背财产保全制度初衷的,属于保全错误,申请人具有主观过错

财产保全制度作为诉讼制度的衍生制度,其立法目的在于保障将来人民法院生效裁判文书的顺利执行,当事人在民事诉讼活动中申请财产保全的目的不能背离这一设立初衷,否则系滥用权利,主观上具有过错。最高人民法院在(2022)最高法民终 101 号[2]案中明确了这一新的裁判规则,最高人民法院认为:"申请财产保全的目的应是为保证判决的顺利执行,而本案根据大新华公司和海航资管公司在二审中的陈述,其之所以在 46 号案中申请财产保全系因为游艇公司的财产和证照等已被转移,导致其无

---

[1] 参见上海爱晚亭实业有限公司诉上海久大置业有限公司因申请诉中财产保全损害赔偿责任纠纷案,上海市高级人民法院(2015)沪高民二(商)申字第 266 号民事裁定书。
[2] 参见上海大新华实业有限公司、海航资产管理集团有限公司等财产保险合同纠纷案,最高人民法院(2022)最高法民终 101 号民事判决书。

法对游艇公司进行实际经营管理，因此只能通过诉讼保全的形式，防止案涉 3.1 亿元执行款被转移。据此，可以认定大新华公司和海航资管公司在 46 号案中申请财产保全的主要目的并非保证该案生效判决能够得到顺利执行，有违财产保全制度的初衷。一审判决认定大新华公司和海航资管公司申请保全案涉 3.1 亿元执行款有对抗执行之嫌，并无不当。……因大新华公司和海航资管公司的错误保全行为，导致案涉 3.1 亿元执行款长期被冻结，造成九龙山度假城公司产生资金占用损失，一审判决参考案涉财产保全金额、保全期间、保全期间银行存款利率等因素，酌定大新华公司和海航资管公司连带赔偿九龙山度假城公司损失 458 万元，亦无不当。"

以上系笔者在检索类案过程中归纳的认定申请人主观过错的常见情形。应当强调的是，为便于读者能够快速地理解财产保全损害责任认定的主观要件，笔者在上述内容中仅将一般民商事诉讼场合中所涉主观过错认定规则进行梳理与分析。实际上，财产保全制度在另有法律规定可采取临时保护措施的特定情形中，财产保全损害责任主观过错的认定因素往往更为复杂，通常涉及对该类特定案件所涉专业或技术因素进行考察。例如，《专利法》第 72 条、第 73 条分别规定了专利知识产权案件当中的财产保全、行为保全与证据保全制度，申请人还可以依据《知识产权海关保护条例》第 28 条第 2 款的规定向海关部门申请知识产权临时保护措施，并同时依据《民事诉讼法》申请财产保全。在此情况下，如双方对存在保全行为与临时保护措施行为发生讼争，应一并对申请财产保全损害责任与申请知识产权临时措施损害责任两种法律责任进行审查，除考察申请财产保全损害责任中影响主观过错的因素之外，还应对专利权本身涉及的有关因素进行考察。例如，浙江省高级人民法院在（2022）浙民终 483 号[①]案中指出了此类案件的裁判规则："损害赔偿责任的承担以过错归责为原则，涉及申请财产保全和海关保护措施错误的上述法律法规或相关司法解释，均未明确规定这两种赔偿责任系无过错责任，因此应当适用《中华人民共和

---

① 参见宁波捷时进出口有限公司、宁波腾裕汽车零部件有限公司、宁波博纳汽车零部件有限公司与慈溪市佳宝儿童用品有限公司申请海关知识产权保护措施损害责任纠纷及申请诉中财产保全损害责任纠纷案，浙江省高级人民法院（2022）浙民终 483 号民事判决书。

国民法典》第一千一百六十五条第一款的过错责任原则,认定行为人是否应当承担赔偿责任……判断行为人是否存在过错,应当根据个案具体情况,审查行为人是否尽到了合理的注意义务。对于因申请财产保全和海关知识产权保护措施错误而引发的损害赔偿纠纷,尤其要妥善平衡申请人与被申请人的利益,既不能对申请人设定过高的注意义务导致其不敢申请上述措施维护自身合法权益,也不能放任申请人随意申请甚至滥用上述措施损害被申请人利益。一般而言,对被申请人利益可能造成的影响越大,申请人在申请过程中的注意义务应当越高,申请行为应当越审慎。除此之外,在专利侵权纠纷中,判断财产保全或海关保护措施的申请人是否尽到合理注意义务的考量因素还包括:专利权本身的稳定性、申请保全的财产金额或申请扣留的货物范围是否合理、申请保全的具体措施是否适当……在财产保全和海关保护措施影响有限的情况下,不能仅以申请人在申请时笼统地知晓其行为有可能对对方造成损害为由,就反推申请人存在侵权过错。"

此外,在认定申请财产保全损害责任的主观要件框架下,还应厘清过错程度及过错时段的问题。首先应当指出,是否存在过错与过错程度系两个不同的概念。过错概念理当包含一般过失的情形,而构成申请财产保全损害责任主观要件的主观过错应指故意或重大过失的情形。法律法规虽未对因申请财产保全损害责任纠纷的主观要件过错程度和情形进行明确规定,但当前司法实践已对此达成基本共识,即以故意或重大过失情形作为认定申请人存在主观过错的认定标准。例如,在(2019)最高法民再252号[①]案中,最高人民法院明确指出:"判断申请人'过错'的有无,应当对其行为是否存在故意或者过失进行考察。同时,过错与过错程度是不同的法律概念,原审判决认定'在申请人对财产保全错误存在故意或重大过失的情况下,应当认定属于申请有错误'将过错与过错程度相混淆,遗漏了'过错'概念中必然包含的'一般过失'情形,应当予以纠正。"最高

[①] 参见北京东方大地地基基础技术开发有限公司、巴州俊发房地产开发有限责任公司因申请诉前财产保全损害责任纠纷案,最高人民法院(2019)最高法民再252号民事判决书。

人民法院在较早的（2015）民申字第 1147 号[①]案中早已明确这一规则："该条法律规定的'申请有错误'，应当理解为不仅包括人民法院的裁判结果与申请人诉讼请求之间存在差异，申请人的诉讼请求未能全部得到人民法院支持的客观方面，亦应包括申请人主观上存在故意或重大过失等过错的主观方面。"当前实务亦适用这一过错程度的认定标准。例如，在较新的（2021）最高法民申 1944 号[②]案中，最高人民法院亦明确指出："一般情况下，在申请人对财产保全错误存在故意或重大过失的情形时，应当认定申请人的保全申请存在错误。"

关于申请人主观过错发生时段与范围的问题，根据《民事诉讼法》第 105 条、第 108 条等规定，笔者认为，根据诉讼财产保全制度的应有之义，申请财产保全错误救济制度规范的范围应当是诉前保全和诉中保全，不包含执行中的保全。因此，对于申请人主观状态上是否过错的判断，应当严格限制在诉前保全或诉中保全中的"申请保全"时段，不包括执行中的申请保全过错，更不包括合同履行阶段的过错。最高人民法院在（2020）最高法民终 552 号[③]案与（2019）最高法民再 252 号[④]案中分别指出："《民事诉讼法》第 105 条规范的对象是诉前保全和诉中保全，不包含执行中的保全。""对'过错'的判断应当严格限定在'保全申请'的范围和时段，基础合同项下是否存在违约行为与保全申请是否存在过错是两个不同问题，不应将合同履行阶段的过错与保全申请阶段的过错相互混淆。"

2. 保全错误行为的认定

申请人主观过错是认定财产保全损害责任的前提，其在客观上体现为保全错误行为，而客观行为可以反推当事人的主观状态。在上述保全过错

[①] 参见宁化县永龙房地产开发有限公司诉陈某等财产保全责任纠纷案，最高人民法院（2015）民申字第 1147 号民事裁定书。

[②] 参见管某、沈某因申请诉中财产保全损害责任纠纷案，最高人民法院（2021）最高法民申 1944 号民事裁定书。

[③] 参见西安华中房地产投资有限公司与江苏江都建设集团有限公司因申请诉中财产保全损害责任纠纷案，最高人民法院（2020）最高法民终 552 号民事判决书。

[④] 参见北京东方大地地基基础技术开发有限公司、巴州俊发房地产开发有限责任公司因申请诉前财产保全损害责任纠纷案，最高人民法院（2019）最高法民再 252 号民事判决书。

所涉及的主要情形的基础上，笔者侧重于从客观上对保全错误行为作类型化分析。保全错误行为主要包括金额错误、对象错误、方式错误、基础错误四种类型。

金额错误系指申请人申请保全的财产价值远远超出其诉讼请求标的额。上文已析，申请保全金额在合理限度内超出诉讼请求标的额的，不属于保全错误，只有远远超出诉讼请求标的额合理限度外的部分，才可能认定为保全错误。在个案中不可一概而论，应根据案件事实、裁判结果、诉请支持金额与诉请标的额差距等综合因素，由裁判者对这一合理限度进行自由裁量。

对象错误系指申请人保全了不应保全的对象。例如，在前引的（2015）沪高民二（商）申字第266号[1]案中，应保全对象系久元公司财产，而申请人在关联案件尚未审理终结前就同一讼争事实提起新的诉讼，并错误保全了久大公司的财产，导致财产保全对象错误。一般而言，在对象错误的财产保全损害纠纷中，可以认定申请人具有明显的故意或重大过失，申请人应当对其财产保全对象错误的行为承担损失赔偿责任，其主要逻辑在于申请人在申请财产保全时负有合理的注意义务，例如，申请人在向法院提供被申请人可被保全的财产线索时，应当负有对被保全财产权属真实性的谨慎调查和合理注意义务，如明知该保全财产权属存在争议但仍申请保全，由此导致的保全错误和风险后果由申请人承担。[2]《最高人民法院关于当事人申请财产保全错误造成案外人损失应否承担赔偿责任问题的解释》进一步明确规定，当事人申请财产保全错误造成案外人损失的，应当依法承担赔偿责任。

方式错误系指申请人采取错误的财产保全方式，或者以不当行为阻却被申请人行使以担保置换保全等保全制度确立的相关有权行为。《最高人民法院关于人民法院办理财产保全案件若干问题的规定》《最高人民法院关于在执行工作中进一步强化善意文明执行理念的意见》等规定均对申请

---

[1] 参见上海市高级人民法院民事裁定书，（2015）沪高民二（商）申字第266号。
[2] 参见上海市第二中级人民法院民事判决书，（2015）沪二中民四（商）终字第988号；湖北省高级人民法院民事判决书，（2015）鄂民一终字第00040号。

人申请财产保全时选择保全财产、保全方式的适当性与合理性进行指引，适当的财产保全方式应尽可能不影响被申请人的生产经营，如在有多种保全财产可供选择的情况下，选择查封被申请人土地使用权或不动产房屋，而不选择查封其银行账户，导致被申请人无法对外销售，属于保全方式错误。申请人违反《最高人民法院关于适用〈中华人民共和国民事诉讼法〉的解释》第167条[1]规定，阻却被申请人以足额担保置换保全财产，亦属于保全方式错误。相关情形所涉实例已在上文进行详细阐述，在此不再赘述。

基础错误系指申请人提起诉讼本身具有过错或缺乏适当性，基于错误的诉讼行为而申请的财产保全错误。主要体现在明知起诉条件未成就而提起诉讼，未核实关键证据的情况下贸然提起诉讼，明知或应当预见败诉的情况下仍提起诉讼、虚高诉讼请求等情况下的错误保全行为，相关情形已在上文具体展开，在此不再赘述。此外要注意的是，在较早的（2016）闽民终189号[2]案、（2016）京01民终785号[3]案中，法院曾认为申请人诉讼请求未被支持等同于申请人提起诉讼过错，进一步认为申请人的保全行为在客观上是错误的，申请人应承担败诉及错误保全造成被申请人损失的风险和后果。对此，在上文分析主观要件时已述，该"唯裁判结果论"的裁判思路已被实务摒弃，当前裁判立场立足于从提起诉讼时本身是否具有过错和正当性的角度予以考察，故在此所述的提起诉讼是否有过错亦指申请人在提起诉讼时其本身对于诉讼请求、案件事实、证据材料等诉讼要素及主观状态是否具有合理性和正当性。

3. 损害结果认定

构成申请财产保全损害责任的损害结果要件应指客观上存在确定的实际

---

[1] 《最高人民法院关于适用〈中华人民共和国民事诉讼法〉的解释》第167条规定："财产保全的被保全人提供其他等值担保财产且有利于执行的，人民法院可以裁定变更保全标的物为被保全人提供的担保财产。"

[2] 参见福建多棱钢业集团有限公司等与永安市恒盛合金钢铸造有限责任公司申请诉中财产保全损害责任纠纷案，福建省高级人民法院（2016）闽民终189号民事判决书。

[3] 参见安富利（中国）科技有限公司与北京康拓科技有限公司因申请诉中财产保全损害责任纠纷案，北京市第一中级人民法院（2016）京01民终785号民事判决书。

损失，不包括间接损失。以下将对银行账户资金、房产、土地使用权、车辆、存货、股票、股权等常见保全财产类型损害结果认定问题进行分析：

（1）针对银行账户资金的保全

银行账户资金系金钱给付或可替代金钱给付案件中申请财产保全的主要标的，在银行账户资金作为保全财产的情况下，如保全错误，在被申请人有证据证明融资或借贷事实的情况下，损害结果体现为被申请人融资利息或借贷利息差值，即以该融资利息损失或借贷利息损失确定实际损失；在被申请人不能证明该银行账户资金上存在融资或借贷事实时，该保全错误导致的实际损失结果可以参照中国人民银行同期贷款基准利率与同期活期存款利率之差进行确定。

（2）针对房产、土地使用权等不动产保全

在此需要区分不动产是否处于交易中的不同情形，如针对被申请人自有的若干住宅房产进行保全时，除限制被申请人处分该保全房产的自由外，被申请人仍享有占有与使用权利，且房产市场价格相对比较稳定，即便存在保全错误，也不会给被申请人造成可计算的明显损失。

针对开发商在售商品房或其土地使用权进行财产保全时，损害结果包括无法按时交付房屋的违约责任、融资成本损失等，但该等损害结果必须基于真实的、确定的事实基础，要求被申请人举证证明产生违约责任的是哪些房屋买卖合同，提供相应购房人购房款凭证、购房人主张违约金数额等确定发生的损失。

对于在售商品房或其土地使用权被错误保全时产生的融资成本损失问题，在过往司法实践中认为，处于交易中的商品房具有融资功能，如保全错误，除不能及时办理产权转移承担的违约金外，申请人还应赔偿被申请人无法交易、融资不能等损失，不能及时销售房屋回笼资金的资金成本等损失，但损失计算问题，当时各法院之间的处理方式有所不同。唐山市中级人民法院在（2012）唐民三终字第188号[1]案中认为，申请人超标的查

---

[1] 参见北京朝阳田华建筑集团公司与唐山市南北房地产开发有限公司因申请诉中财产保全损害责任纠纷、建设工程施工合同纠纷案，河北省唐山市中级人民法院（2012）唐民三终字第188号民事判决书。

封导致被申请人20套商品房无法销售,导致资金无法回笼,从而向他人高息借款,其申请保全原告财产过程中未尽到合理注意义务,给被申请人造成损失,应按照贷款利率4倍计算利息损失,给予被申请人额外损失赔偿。江苏省盐城市中级人民法院在(2016)苏09民终2693号[①]案中认为,被申请人以明显高于同期银行贷款利率的利息借贷,不恰当地扩大了损失,即使房产被查封而无法销售以回笼资金,被申请人仍有合法融资渠道,无须以高息向他人借款,故按照中国人民银行发布的同期同类贷款基准利率作为损失计算标准仍有失公允,酌定按照一审法院确认损失额的60%作为最终损失额。

这一掺杂推定或酌定意味的裁判思路已被实务扬弃。当前司法实践对于融资成本损失问题采取严格的事实认定规则,如非基于已发生的事实,仅以查封商品房完全出售后可得回笼资金为前提主张融资成本增加的损失,并不属于实际损失,一般不予认定。即便被申请人举证证明为查封房产而额外增加的融资利息,法院还应考察融资行为的适当性、被申请人是否履行适当减损义务等因素。在前引(2019)最高法民再252号[②]案、(2020)最高法民终268号[③]案中,最高人民法院在审查案中房产查封损失时分别认为:"在没有证据可以证明在被保全的时间段内可以完全售出并回笼资金的前提下,俊发公司以被保全的房屋完全可以售出为前提主张损失缺乏事实依据。""中银公司未明确产生违约责任的是哪些房屋买卖合同,亦未提供购房人支付购房款凭证、购房人主张的违约金数额等可以证明损失真实存在、确定发生的证据。关于中银公司主张的被查封房屋不能出售并回收房款造成的融资周期加长、成本加大及利息等损失……被保全房屋价值受当地房地产市场价格波动影响,房屋销售亦受多种因素影响,即使房屋未被查封,也未必能够及时售出并回笼资金,并且案涉房屋又被

[①] 参见江苏德惠建设集团有限公司与博思堂地产综合服务股份有限公司因申请诉中财产保全损害责任纠纷案,江苏省盐城市中级人民法院(2016)苏09民终2693号民事判决书。

[②] 参见北京东方大地地基基础技术开发有限公司、巴州俊发房地产开发有限责任公司因申请诉前财产保全损害责任纠纷案,最高人民法院(2019)最高法民再252号民事判决书。

[③] 参见黔西南州中银房地产开发有限公司、中国平安财产保险股份有限公司贵州分公司因申请诉中财产保全损害责任纠纷案,最高人民法院(2020)最高法民终268号民事判决书。

另案查封。"

另外，因房地产销售因素众多，在售商品房或其土地使用权被错误保全时容易产生损失，此时被申请人负有减少损失扩大的义务，因此，被申请人是否采取了适当的、减少损失扩大的措施，系确定最终损失的重要衡量因素。关于被申请人的减少损失扩大义务，笔者在下文再行阐述。

（3）针对车辆、存货等动产保全

针对车辆保全的实务做法有两种：第一种是由人民法院向当地车辆管理有关部门送达协助保全通知，限制被申请人自由处分和转让过户的权利，但被申请人仍可以使用被保全车辆；第二种是由人民法院将被保全车辆查封或扣押在某地，禁止被申请人对该车辆享有任何权利。当前实践中大部分采用第二种做法，这一做法的有利之处在于，避免了车辆在被保全期间仍被占有、使用而导致的车辆折旧，且便于直接拍卖、变卖等后续处置，但弊端在于诉讼和执行程序的时间不确定性，如扣押时间过长将导致车辆本身价值贬值，且对于营运性质的车辆而言，会造成被申请人停运损失。例如，重庆市第五中级人民法院在（2014）渝五中法民终字第01289号[1]案中认为，被保全车辆长期停驶，将导致车辆价值损失和营运损失；北京市第一中级人民法院在（2015）一中民终字第00507号[2]案认定，申请人错误申请保全行为造成了被申请人停运损失及停运期间的停车费损失。

存货保全常见于公司类纠纷，存货保全错误的损害结果包括仓储费、管理费、违约金、存货价格下跌损失等。导致存货保全损失的主要原因有二：一是因保全无法售出而导致的仓储、管理等费用增加，二是存货未进入市场交易导致存货本身贬值。

（4）针对股票、股权等其他财产权益保全

股票作为一种权益凭证，受交易市场影响价值波动大，在解封日时股

---

[1] 参见重庆嘉熙汽车运输有限公司等与余某因申请诉前财产保全损害责任纠纷案，重庆市第五中级人民法院（2014）渝五中法民终字第01289号民事判决书。
[2] 参见徐某等与张某因申请诉前财产保全损害责任纠纷案，北京市第一中级人民法院（2015）一中民终字第00507号民事判决书。

票价格既可能低于基准价格，也可能高于基准价格。当保全措施解除时股票价格低于基准价格，应当认为股票价值贬值，被申请人有权主张股票价格差值作为实际损失，要求申请人赔偿保全错误损害责任。反之，当解除保全时股票价格高于基准价格，即便被申请人认为其抛售股票的收益减少，但一般不能据此主张损失。对于股票被查封期间的损失计算问题，笔者在下文分析赔偿标准时阐述。此外，直接针对股票采取的查封、冻结措施容易导致被申请人因无法抛售而产生股票价值损失，但申请人申请保全股票的目的并不在于此，因此，《最高人民法院关于在执行工作中进一步强化善意文明执行理念的意见》第7条强调在冻结上市公司股票时，要灵活运用可售性冻结："保全冻结上市公司股票后，被保全人申请将冻结措施变更为可售性冻结的，应当准许，但应当提前将被保全人在证券公司的资金账户在明确具体的数额范围内予以冻结。"笔者认为，冻结该交易账户或赎回账户的等值资金，这一转换措施达到了保障申请人债权实现的效果，同时亦不影响申请人出售股票，有效地避免了保全错误带来的损失。

股权保全错误损失主要体现在被申请人不能转让或出质股权时导致的交易损失。但这一交易时段应当发生在股权被冻结之前，在股权被冻结之后，被申请人对股权无法转让交易的状态理应明知，在此情况下，如被申请人仍与相对人进行交易，即便产生了无法对外转让和过户的高额违约损失，也属于被申请人对产生损失的扩大部分，申请人对此不承担损害赔偿责任。例如，北京市朝阳区人民法院在（2014）朝民初字第18988号[1]案中认为，被申请人在明知股权被采取冻结措施后，仍对外签订股权转让协议并约定了高额违约责任，且在签订股权转让协议后，既未告知申请人，亦未向法院提出提供担保并解除保全的申请，放任损害结果的发生，而保全措施在通常情况下并不增加此种损害后果发生的风险，申请人在申请财产保全时亦不能预见此种损害结果的发生。因此，即便损害结果客观存在，被申请人亦对损害结果的发生具有重大过错，法院认定被告的错误财

---

[1] 参见北京兆隆嘉业投资顾问有限公司诉军安投资集团有限公司因申请诉中财产保全损害责任纠纷案，北京市朝阳区人民法院（2014）朝民初字第18988号民事判决书。

产保全申请与原告主张的损失之间不存在因果关系。

总结而言，无论保全财产属于何种类型，认定损害结果的基本原则是客观上已发生的确定的实际损失，并且该实际损失应由被申请人充分举证证明。本案中，尽管机电公司主张其与关联公司的商誉、融资成本利息损失、应诉费用等有形与无形的损害，但其并未举证证明该等损害的实际损失。因此，本案一审及二审法院均认定从客观上无法判断机电公司是否产生实际损失。

4. 实际损失与保全错误行为之间因果关系的认定

根据一般侵权责任的举证规则，被申请人应从申请人申请财产保全存在过错、保全行为错误、确定的实际损失、因果关系等四方面举证证明保全损害赔偿责任成立。其中，实际损失与保全错误行为之间是否具有因果关系是判断财产保全损害责任成立的必要条件。

因果关系指两事物之间的前因后果关系，我国侵权责任制度在因果关系认定上有条件因果关系、必然因果关系、相当因果关系等理论争议。条件因果关系理论认为，凡是引起损害结果的行为或现象均是原因，且在法律上具有等价的因果关系作用，这一理论适用的基本情形为：A行为导致甲受伤，在送往医院救治途中，B行为导致甲死亡，因此A行为与B行为均属于导致甲死亡结果的原因，且A行为与B行为在法律上具有等价地位。这一理论具有损害结果原因无限扩大的局限性，故该理论已被摒弃。在此后出现的必然因果关系理论认为，只有当前一现象与后一现象具有内在、本质、必然的联系，前一现象引发后一现象时，两者之间才存在因果关系。相当因果关系理论将事实因果关系与法律因果关系的判断进行二分处理，即首先判断行为与结果之间是否具有事实上的因果关系，在确定事实上的因果关系后，还应进一步判断二者是否具有法律上的因果关系，即判断行为是否为损害结果的法律结果上的原因。

这三者理论各有侧重立场和切入视角，且当前尚存必然因果关系理论与相当因果关系理论之争。对此，笔者认为，学理上关于因果关系理论争议的分歧在于对从"因"到"果"产生过程的理解不同，故而产生理论解释争议，但不妨碍实务中认定因果关系的判断标准。从当前侵权纠纷的司法实践观之，侵权责任中因果关系的成立应当符合这样的表征：由于此行为，导致此损害结果，若无此行为，必然不会导致此损害结果，且在社会一般观念中，此行为通常会导致此损害结果。例如，在查封在售商品房或其土地使用权场合中，根据社会通识，即便未对在售商品房采取保全措施，在售商品房也未必能够及时、完全出售。因此，保全措施与商品房无法完全出售回笼资金之间不存在因果关系。退一步而言，即使保全措施影响商品房的实质开发或实质销售，但被申请人具有提出保全异议、申请担保置换保全等自救权利，被申请人怠于行使自救权利或放任其损失发生的，在并未充分证据证明造成实际损失的情况下，一般不予认定因果关系。最高人民法院在（2020）最高法民终1316号①案中认为："一般认为，土地的开发利用具有一定的周期性；而执行法院的查封行为仅限制土地使用权人不得办理产权变更手续，并不禁止其对土地的开发利用。因此，案涉保全措施与海南智诚达公司主张的损害后果之间无因果关系。"

（三）财产保全损害责任的赔偿标准

承上所述，如保全财产是银行账户资金的，赔偿标准一般以中国人民银行同期存款利率按保全期间计算存款利息损失。在《最高人民法院关于审理民间借贷案件适用法律若干问题的规定》实施之前，有合同等证据证明因此存在融资或借贷利息损失的，损失赔偿标准应按合同约定的实际利息损失计算，但该利息损失与被冻结资金的银行利息之和不能超过民间借贷时出借人借贷利息的上限，即合同成立时一年期贷款市场报价利率的四倍。②

在保全财产是房屋、土地使用权、股票等存在市场价值变动的财产时，应根据个案进行具体分析判断。保全财产是房屋、土地使用权等不动产的，被申请人的实际损失应为被保全房屋或土地使用权在保全开始时与保全结束时两个时间点的价差，以及开始时的价款对应的资金利息损失。③

---

① 参见海南智诚达房地产开发有限公司与郑某等因申请诉中财产保全损害责任纠纷案，最高人民法院（2020）最高法民终1316号民事判决书。
② 参见最高人民法院民事判决书，（2017）最高法民终118号。
③ 参见海南智诚达房地产开发有限公司与郑某等因申请诉中财产保全损害责任纠纷案，最高人民法院（2020）最高法民终1316号民事判决书。

例如，广东省广州市中级人民法院在（2018）粤01民终10133号[①]案中认为，参照评估低价，以中国人民银行同期同类贷款利率计算涉案地块在两次被查封期间的损失是合理的。

当保全财产是股票时，实际损失一般指申请人在保全期间因无法抛售股票而产生的股票价格跌价损失，因此这一实际损失的计算公式应为基准价至保全解除之日的股票价格差价。但基于股票市场价格波动的不可预见性，先不论保全措施与股票价格损失之间是否一定存在因果关系，关于在计算实际损失时如何确定基准价的问题，一般以保全期间的股票可交易均价作为基准价格，如最高人民法院在（2012）民申字第1282号[②]案中，以保全期间的股票平均价格作为计算损失的股票基价。但也有观点认为，可以保全之日的股票价格或保全期间的最高交易价格为基准价。对此，笔者认为，基于股市的特殊性，股票价格涨跌风险无法预见。因此，如仅以保全期间股票价格波动高低来认定保全损害损失，不具有合理性。在个案中即使确有存在损失，也应以保全期间股票平均价格作为判断股票价值损失与否的标准较为妥当。

股权、车辆、存货等类型财产被保全时，其损失标准应根据保全造成的实际损失进行确定，一般包括合同违约损失、无法交易而增加的额外成本费用、因保全而导致的其本身价值贬值等费用损失，在个案中可以通过举证专业评估或鉴定证明损失数额。

在此要强调的是，在保全错误导致损失的场合，《最高人民法院关于人民法院办理财产保全案件若干问题的规定》第20条规定[③]赋予了被申请人请求处分被保全财产时的合法救济途径。被申请人可以通过积极的权利

[①] 参见深圳新常兴城实业发展有限公司、广州金城房地产股份有限公司因申请诉中财产保全损害责任纠纷案，广东省广州市中级人民法院（2018）粤01民终10133号民事判决书。
[②] 参见李某诉柴某财产损害赔偿纠纷案，载《最高人民法院公报》2014年第3期。
[③] 《最高人民法院关于人民法院办理财产保全案件若干问题的规定》第20条规定："财产保全期间，被保全人请求对被保全财产自行处分，人民法院经审查，认为不损害申请保全人和其他执行债权人合法权益的，可以准许，但应当监督被保全人按照合理价格在指定期限内处分，并控制相应价款。被保全人请求对作为争议标的的被保全财产自行处分的，须经申请保全人同意。人民法院准许被保全人自行处分被保全财产的，应当通知申请保全人；申请保全人不同意的，可以依照民事诉讼法第二百二十五条规定提出异议。"《民事诉讼法》修正后，原第225条现规定于第232条。

救济行为以尽到减少损失扩大的义务,如被申请人可以采取积极自救措施而未采取或放任损失扩大,申请人对损失扩大的部分不承担损失赔偿责任。例如,北京市第三中级人民法院在(2016)京03民终4020号案①中认为,被申请人积极申请以其他房产置换被冻结的在售房屋,而申请人未同意被申请人提供反担保,应认为申请人对造成被申请人交易损失等存在明显过错。另外,被申请人还可以通过采取异议或申请复议、申请担保置换保全标的等行为减少损失,如被申请人未积极采取减损措施的,一般认定其默认保全对其权利的限制,从而不予支持被申请人损失赔偿的诉讼请求。例如,最高人民法院在(2019)最高法民申4118号②案中认为:"据本案查明的事实,四川省成都市中级人民法院裁定保全后,绿旗公司并未申请复议,默认了保全对其权利的限制。"最高人民法院在(2019)最高法民再252号③案中同旨:"案涉房屋在保全期间仅被限制了相关的处分权利,保全期间,俊发公司并未申请变更保全方式或者以提供担保的方式申请解除保全措施。"

在此要指出的是,对于因被申请人未履行减少损失扩大义务,申请人对损失扩大部分不承担责任的裁判规则,笔者认为,这一规则的法理基础在于被申请人对损害的发生或扩大具有故意或重大过失,实质上系对《民法典》第1173条④侵权责任过失相抵规则的适用。司法实践适用该条规定的另一种处理方式是酌情认定申请人与被申请人应当承担损失赔偿责任的比例,如最高人民法院在(2015)民申字第115号⑤案中肯定了浙江省高级人民法院的二审认定结果,认为综合双方过错程度、基础案件审理情

---

① 参见刘某1与刘某2因申请诉中财产保全损害责任纠纷案,北京市第三中级人民法院(2016)京03民终4020号民事判决书。
② 参见绿旗科技集团有限公司、刘某因申请诉前财产保全损害责任纠纷案,最高人民法院(2019)最高法民申4118号民事裁定书。
③ 参见北京东方大地地基基础技术开发有限公司、巴州俊发房地产开发有限责任公司因申请诉前财产保全损害责任纠纷案,最高人民法院(2019)最高法民再252号民事判决书。
④ 《民法典》第1173条规定:"被侵权人对同一损害的发生或者扩大有过错的,可以减轻侵权人的责任。"
⑤ 参见陈某1等诉陈某2因申请诉前财产保全损害责任纠纷案,最高人民法院(2015)民申字第115号民事裁定书。

况、认定事实及理由、被申请人自身存在的原因等多种因素,应酌定申请人与被申请人按比例承担赔偿责任。

三、财产保全担保的类型、性质与责任范围

财产保全担保系指申请人在向人民法院申请财产保全时向人民法院提供的,对因申请财产保全错误而给被申请人造成损害进行赔偿的司法担保。财产保全担保源于《民事诉讼法》第103条①、第104条②之规定,基于诉讼财产保全制度,实践中已衍生出财产保全担保相关的产业与行业。根据体系解释,财产保全担保中的"担保"应与民法典担保制度中的"担保"同义,即申请人为其愿意承受保全风险可能带来的风险而提供担保。

传统的财产保全担保主要包括财产担保和信用担保两种类型,财产担保可为保全标的等价的现金、有明确权属的不动产及动产、有价证券、权益凭证等有形或无形资产,信用担保可为银行或非银行金融机构或担保公司出具的保函,保函中应载明担保人、担保方式、担保范围、担保期限、担保责任等内容。财产担保和信用担保的性质均属于担保,适用民法典担保制度进行调整,在财产保全损害责任中,提供该担保的第三人仅在其担保承诺的范围内承担责任,而非因共同侵权而承担连带责任。③

传统的财产保全担保形式具有成本高昂、流程烦琐、审查严格(如银行出具的保函,通常要求客户提供等额价值财产才能开具保函)等弊端,就申请人而言,需要承担诉讼行为和担保行为的双重风险,增加了当事人

---

① 《民事诉讼法》第103条规定:"人民法院对于可能因当事人一方的行为或者其他原因,使判决难以执行或者造成当事人其他损害的案件,根据对方当事人的申请,可以裁定对其财产进行保全、责令其作出一定行为或者禁止其作出一定行为;当事人没有提出申请的,人民法院在必要时也可以裁定采取保全措施。人民法院采取保全措施,可以责令申请人提供担保,申请人不提供担保的,裁定驳回申请。人民法院接受申请后,对情况紧急的,必须在四十八小时内作出裁定;裁定采取保全措施的,应当立即开始执行。"

② 《民事诉讼法》第104条规定:"利害关系人因情况紧急,不立即申请保全将会使其合法权益受到难以弥补的损害的,可以在提起诉讼或者申请仲裁前向被保全财产所在地、被申请人住所地或者对案件有管辖权的人民法院申请采取保全措施。申请人应当提供担保,不提供担保的,裁定驳回申请。人民法院接受申请后,必须在四十八小时内作出裁定;裁定采取保全措施的,应当立即开始执行。申请人在人民法院采取保全措施后三十日内不依法提起诉讼或者申请仲裁的,人民法院应当解除保全。"

③ 参见最高人民法院民事判决书,(2017)最高法民终118号。

的经济负担和心理负担。因此，财产保全责任保险以保险费率相对较低、保险公司抗风险能力强、法院认可度等优势，跃然成为新兴的司法担保形式。财产保全责任保险作为一种保险产品，但在效果上具有担保功能，因此，理论和实务对其性质问题存在争议，主要有三种观点：

其一，认为财产保全责任保险属于担保合同，相当于银行或非银行金融机构出具的保函，其依据是《最高人民法院关于人民法院办理财产保全案件若干问题的规定》第7条第1款"保险人以其与申请保全人签订财产保全责任险合同的方式为财产保全提供担保的，应当向人民法院出具担保书"之规定。

其二，认为财产保全责任保险属于保证保险，认为该形式具有担保功能和保险责任的双重法律特征，故应认定为保证保险。

其三，认为财产保全责任保险属于责任保险，该观点认为财产保全责任保险符合《保险法》第65条第4款"责任保险是指以被保险人对第三者依法应负的赔偿责任为保险标的的保险"之规定的责任保险特征。

对此，笔者认为，从法律适用、功能机制、责任范围等维度来看，财产保全责任保险应认定为责任保险。由于保险公司不具有经营担保业务的资格，故从法律定性上看，财产保全责任保险不能等同于银行与非银行金融机构出具的保函，其属于《保险法》第2条规定的保险法律关系，应适用《保险法》相关规定。从功能作用上看，财产保全责任保险系转嫁申请人可能因保全错误导致的损害赔偿责任，但其不具有从属性，仅是为财产保全这一司法程序的担保，因此不具有保证的特征，不属于保证保险。从责任范围上看，财产保全责任保险的保险标的系因保全错误导致损害赔偿的侵权责任，不同于保证保险可以确定地为某种特定履行义务提供担保，财产保全责任保险中的责任在人民法院或仲裁机构作出生效法律文书之前，尚处于不确定的或然之债状态，换言之，其承担责任范围应以人民法院或仲裁机构认定的申请人财产保全损害赔偿责任为限，契合责任保险制度的设计与目的。总结而言，财产保全责任保险在性质上应属于责任保险，适用《保险法》有关规定。

四、实务建议

根据以上分析，诉讼财产保全制度作为一项重要的民事诉讼制度，其立法旨意在于保证将来人民法院生效裁判文书顺利得以执行，但实践中存在当事人为其个人目的故意或以不适当方式滥用诉讼财产保全制度，背离保全制度初衷，导致保全错误，在此情况下，被申请人有权主张因申请财产保全错误的损害赔偿责任请求权。

申请财产保全损害责任属于一般侵权责任，应从申请人诉讼请求所依据的事实理由与变化情况、诉讼请求最终支持情况、诉讼请求支持金额与申请保全标的差额程度及合理性、所涉诉讼复杂程度及不确定程度、申请保全目的、申请人主观状态是否存在故意或重大过失、被申请人是否有机会积极采取减少损失措施、申请人维护权益的正当性和紧迫性、被申请人是否具有过错等综合因素考察申请财产保全损害责任成立与否以及申请人与被申请人的损害赔偿责任比例问题。

因此，为合理行使申请财产保全权利，规避财产保全错误可能导致的讼累、时间成本、经济成本等不必要负担，针对申请财产保全行为，笔者提出以下建议，以期为实务提供有益参考：

第一，强调善意文明的财产保全理念。

参照《最高人民法院关于在执行工作中进一步强化善意文明执行理念的意见》中善意文明执行的重要意义，财产保全制度在为申请人保障人民法院生效裁判文书将来顺利执行的同时，亦不应过分损害或限制被申请人的权利。因此，申请人在申请财产保全时应具有善意、文明、规范的诉讼理念，这是避免财产保全过错的应有之义，要求申请人慎用财产保全措施，不应以财产保全措施作为威慑被申请人的手段，更不应恶意滥用财产保全制度对被申请人生产经营造成重大影响。

第二，谨慎提起诉讼。

诉讼请求系申请财产保全的前提，提起诉讼过错与财产保全过错具有法律归责上的牵连性。但提起诉讼过错并非指诉讼请求最终是否被支持，而指当事人在提起诉讼时应当对案件所涉事实、初步证据等基本诉讼要素尽到谨慎的核实审查与理性注意义务，如上文提及的在案件所涉关键证据具有明显瑕疵时，当事人应当先进行核实与核查，如未经核实而贸然提起诉讼，俨然可见其主观放任或故意，难免有恶意诉讼、虚假诉讼之嫌。

第三，注重财产保全行为的适当性和合理性。

财产保全行为本身是否具有正当性是判断财产保全过错与否的重要因素，因此，回归至财产保全行为本身，理当强调保全行为的适当性与合理性，通常要求在保全金额、对象、方式、基础等各个方面以对被申请人影响最小化为原则，以及在提供财产线索、初步审查保全财产等选择保全财产时，应尽到合理的核实审查义务和注意义务。

第四，动态关注所涉财产保全状态。

由于诉讼与执行时间的不确定性，财产保全具有持续性特点，应以动态视角关注案件事实、诉讼请求变更、保全异议或复议成立、被申请人以担保置换保全标的、法院生效文书裁定变更或解除所涉财产保全措施等可能实质影响财产保全措施解除或变更的情况。在该等情况出现时，应及时采取相应措施积极应对，避免因怠于履行相关法定义务而导致财产保全错误。

第五，聘请专业律师规避财产保全法律风险。

通常而言，当事人缺乏对法律知识、举证能力、法律关系、讼争事实、权利义务等的专业判断能力，故而难以预见和规避财产保全相关法律风险，对于财产保全错误容易存在重大过失。因此，聘请具有相应争议解决经验的专业律师能够有效解决这一问题，基于专业角度，专业律师能够发挥纠正当事人不当保全理念、规范申请财产保全行为、规避财产保全错误等作用，同时依法为申请人所涉财产保全损害责任纠纷提供法律支持。